Soziale Investitionen

Herausgegeben von
H. K. Anheier, Berlin, Deutschland
A. Schröer, Darmstadt, Deutschland
V. Then, Heidelberg, Deutschland

Bürgerschaftliches Engagement und Stiftungsförderung, Zeit und Geld für gemeinwohlorientierte Zwecke werden immer weniger konsumtiv als „Spende", sondern ihrer eigentlichen Funktion entsprechend als Investition verstanden.

Was sind Potenzial und Grenzen privater Beiträge für das Gemeinwohl? Welche Rolle nehmen Stiftungen, zivilgesellschaftliche Organisationen und Sozialunternehmen ein? Welchen Beitrag können Staat und Wirtschaft leisten? Diese und andere zentrale Fragen werden aus wirtschaftlicher, politischer, gesellschaftlicher, organisationaler und managementrelevanter Sichtweise betrachtet.

Die Reihe richtet sich an Studierende, Kollegen aus unterschiedlichen Wissenschaftsdisziplinen (Soziologie, VWL, BWL, Organisationstheorie, Politikwissenschaft, Pädagogik, Recht) und an die Fachöffentlichkeit, einschließlich Führungskräfte im Dritten Sektor (in Stiftungen, Verbänden, Wohlfahrtsorganisationen, Sozialunternehmen, NGOs), in der Wirtschaft wie auch in der Politik.

Herausgegeben von
Helmut K. Anheier
Hertie School of Gouvernance,
Berlin

Volker Then
Centrum für Soziale Investitionen,
Heidelberg

Andreas Schröer
Evangelische Hochschule, Darmstadt

Udo Dengel

Erfahrung verbindet

Die Potenziale älterer MigrantInnen im Tätigkeitsfeld des Migrations- und Integrationsengagements

Udo Dengel
Universität Duisburg-Essen
Deutschland

Dissertation Ludwig-Maximilians-Universität München, 2014

D 19

Gefördert vom Generali Zukunftsfonds im Rahmen des Doktorandenkollegs Bürgerschaftliches Engagement am Centrum für soziale Investitionen und Innovationen (CSI) der Ruprecht-Karls-Universität Heidelberg.

OnlinePLUS Material zu diesem Buch finden Sie auf
http://www.springer-vs.de/978-3-658-09863-6

Soziale Investitionen
ISBN 978-3-658-09863-6   ISBN 978-3-658-09864-3 (eBook)
DOI 10.1007/978-3-658-09864-3

Die Deutsche Nationalbibliothek verzeichnet diese Publikation in der Deutschen Nationalbibliografie; detaillierte bibliografische Daten sind im Internet über http://dnb.d-nb.de abrufbar.

Springer VS
© Springer Fachmedien Wiesbaden 2015
Das Werk einschließlich aller seiner Teile ist urheberrechtlich geschützt. Jede Verwertung, die nicht ausdrücklich vom Urheberrechtsgesetz zugelassen ist, bedarf der vorherigen Zustimmung des Verlags. Das gilt insbesondere für Vervielfältigungen, Bearbeitungen, Übersetzungen, Mikroverfilmungen und die Einspeicherung und Verarbeitung in elektronischen Systemen.
Die Wiedergabe von Gebrauchsnamen, Handelsnamen, Warenbezeichnungen usw. in diesem Werk berechtigt auch ohne besondere Kennzeichnung nicht zu der Annahme, dass solche Namen im Sinne der Warenzeichen- und Markenschutz-Gesetzgebung als frei zu betrachten wären und daher von jedermann benutzt werden dürften. Der Verlag, die Autoren und die Herausgeber gehen davon aus, dass die Angaben und Informationen in diesem Werk zum Zeitpunkt der Veröffentlichung vollständig und korrekt sind. Weder der Verlag noch die Autoren oder die Herausgeber übernehmen, ausdrücklich oder implizit, Gewähr für den Inhalt des Werkes, etwaige Fehler oder Äußerungen.

Gedruckt auf säurefreiem und chlorfrei gebleichtem Papier

Springer Fachmedien Wiesbaden ist Teil der Fachverlagsgruppe Springer Science+Business Media
(www.springer.com)

Danksagung

Diese sozialwissenschaftliche Forschungsarbeit ist dem Doktorandenkolleg des Centrums für Soziale Investitionen und Innovationen (CSI) der Universität Heidelberg, „Bürger unternehmen Zukunft – Bürgerschaftliches Engagement von und für ältere Menschen" eingefügt. Ich danke zunächst den Finanziers des Kollegs ‚Generali Zukunftsfond'. Sehr zu danken ist dem CSI, vertreten durch Dr. Volker Then und Konstantin Kehl, die den Rahmen produktiver Arbeitstreffen für die Stipendiaten des Kollegs geschaffen haben. Transdisziplinäre Diskussionen des Themas trugen zur Erweiterung der Perspektive auf die eigene Forschungsarbeit bei. Ich danke besonders Frau Prof. Dr. Angelika Poferl, die mich in Einzelbesprechungen und Doktorandenkolloquien sowohl in der theoretischen als auch empirischen Arbeit unterstützte. Meinen Kolleginnen der Interpretationsgruppe danke ich ebenfalls sehr für ihren Beitrag zur Entwicklung und gemeinsamen Überprüfung von Lesarten des Materials. Edda Dengel und Miriam Grupe danke ich sehr für die Lektorierung des Textes. Nicht zuletzt bedanke ich mich bei meinen Interviewpartnern und -partnerinnen, die sich die Zeit genommen haben, mir ihre Geschichte zu erzählen.

Inhaltsverzeichnis

Danksagung 5
Inhaltsverzeichnis 7
Abbildungsverzeichnis 11
Abstract 12
I   Forschungsfrage im Kontext empirisch begründeter Theoriebildung 13
II   Sozialtheoretische Perspektiven 19
     1   Sozialkonstruktivistische Grundlegung 19
     2   Zur sozialtheoretischen Fundierung von Migration/Integration, Alter und Engagement 22
         2.1   Migration und Integration: Teilnahme an verschiedenen Welten 22
         2.2   Alter: ungleiche Wissensverteilung 23
         2.3   Engagement: Laien oder Experten 24
     3   Erfahrung: eine besondere Wissensform 26
         3.1   Der Stellenwert von Erfahrungswissen als Analysekategorie 27
             3.1.1   Erfahrung im Kontext von Eigenem und Fremdem 29
             3.1.2   Erfahrung und Alter: Generationenfrage 31
                   3.1.2.1   Exkurs: Generationenerfahrung 31
                   3.1.2.2   Exkurs: Die Generation ‚Alter' – Erfahrung und Prestige 32
             3.1.3   Erfahrung und Grenzziehungen im Kontext von Berufsarbeit und Engagement 33
         3.2   Biografie: eine theoretische Perspektive auf Erfahrung 35
             3.2.1   Biografie und Alter 37
             3.2.2   Biografie und Migration 38
             3.2.3   Berufs- und Engagementbiografie 39
             3.2.4   Die „biografische Illusion" 39
             3.2.5   Trajectory und Verlauf: Biografie(forschungs)vertiefung 40
     4   Forschungsdesign: Grounded Theory und biografisch-leitfadengestützte Interviews 42
         4.1   Interviewführung: biografisch-narrativ und leitfadengestützt 43
         4.2   Exkurs: Interviewsprache 45
         4.3   Analytisches Werkzeug 47

| III | Gesellschaftstheoretischer Rahmen | 51 |

5	Zivilgesellschaft und Engagement	51
	5.1 Zivilgesellschaft in unterschiedlichen kulturellen Kontexten	52
	5.2 Zivilgesellschaftliche Modellierung und der Leitbegriff der Verantwortung	53
	5.2.1 Normative Einbettung des Zivilgesellschaftsbegriffs	54
	5.2.2 Zivilgesellschaft als Verantwortungsgesellschaft	55
	5.3 Wandel in der Zivilgesellschaft und Wandel am Arbeitsmarkt	57
	5.4 Das zivilgesellschaftliche Engagement älterer Menschen	60
	5.5 Das zivilgesellschaftliche Engagement von Migranten	61
	5.6 Der zivilgesellschaftliche Beitrag älterer Migranten: integrationszentrierte Präzisierungen	64

6	Integration von Migranten in Gesellschaft und Kultur	65
	6.1 Integration von Migranten in Gesellschaft: normative Modellierungen	66
	6.2 Integration von Migranten in Kultur: Annäherung an Kultur	67

| IV | Die Arbeit im Feld – Empirische Ergebnisse | 71 |

7	Forschungspraxis	71
	7.1 Feldzugang und Sampling	71
	7.2 Interviewverlauf	77
	7.2.1 Interviewführung zur Generierung biografischer Narrative und thematisch fokussierter Erzählungen	77
	7.2.2 Sprachliche Probleme in Interviews	78

8	Die Stellung der Migrationsarbeiter im Kontext der Biografie	81
	8.1 Die Einbettung von Migrationsarbeitern in Verläufe und Handlungsnetzwerke	81
	8.2 Biografische Kristallisationspunkte	82

9	Vergleichsperspektiven auf Engagementstrategien	84
	9.1 Bedeutung von Migration und Integration: regional-ethnisch-kulturelle Hintergründe und das Problem der Status(un)sicherheit	86
	9.1.1 Regional- ethnisch-kulturelle Ähnlichkeit	86
	9.1.2 Vom Problem der Status(un)sicherheit zur Besonderheit	90
	9.1.2.1 Herkunftsgesellschaftliche (In-)Stabilitätserfahrungen	91
	9.1.2.2 Irritationen im Aufnahmeland und erste Orientierungen: Aushandlung von Zugehörigkeit	94
	9.1.2.3 Spezialmigrant-Sein: nützliche Abgrenzung zu Migranten und Professionellen	100
	9.2 Bedeutung des Alters: Vorteil durch mehr Erfahrung	102
	9.2.1 Alterspositionierung zum Zeitpunkt des Engagements	102

		9.2.2	Mehrerfahrung und lebenszeitliche Sozialisierung 104
		9.2.3	Migrationsverantwortlichkeit zum Zeitpunkt der Migration 106
	9.3	Bedeutung von Engagement: Aufweichen von Definitionen 107	
		9.3.1	Engagement(de)konstruktionen 108
		9.3.2	Engagementausrichtung strukturiert nach organisationaler Einbindung, Alter und ethnisch-kultureller sowie Migrationserfahrung 112
10	Kernkategorien 115		
	10.1	Kategorie I: Kulturkritisch-aufklärendes Engagement 116	
		10.1.1 Spezialisten der Erfahrung (Funktion) 116	
			10.1.1.1 Abgrenzung von Migranten und Weitergabe von Wissen an hilfesuchende Migranten 117
			10.1.1.2 Abgrenzung von Deutschen und Weitergabe von Erfahrungswissen an Deutsche 119
		10.1.2 Quasi-familiäre Fürsorge (Haltung) 121	
			10.1.2.1 Traditionell familiäre Rollenverteilung durch Helfer 121
			10.1.2.2 Traditionell familiäre Rollenverteilung nachgefragt von hilfesuchenden Migranten 123
			10.1.2.3 Migrations(mehr)verantwortlichkeit durch Arbeit in der Herkunftsfamilie 124
		10.1.3 Am Menschen arbeiten (Praxis) 125	
			10.1.3.1 Kreative Tipps 126
			10.1.3.2 Raumsuche und Rausziehen 129
			10.1.3.3 Arbeit in der Zuständigkeit für herkunfts- und erfahrungsähnliche Migranten 131
			10.1.3.4 Einbezug relevanter Personen 134
	10.2	Kategorie II: Pragmatisch-helfendes Engagement 136	
		10.2.1 Quasi-professionelle Hilfe (Funktion) 136	
			10.2.1.1 Karrierestreben zwischen professionellem Expertentum und laienhaftem Migrationswissen 137
			10.2.1.2 Prekaritätsengagement 142
		10.2.2 Casemanagement (Praxis) 144	
			10.2.2.1 Casemanagement im Kontext biografischer Kontinuität. 145
			10.2.2.2 Fälle werden zu Fällen gemacht 146
			10.2.2.3 Zielgruppenneutralität 147

　　　　　　　10.2.2.4　Wissensgenerierung aus Klientengesprächen und allgemeinem Integrationswissen der (Wohlfahrts-) Organisationen 149

　　　　　　　10.2.2.5　Beratende Vermittlung – Routine mit Einschränkungen. 150

　　　　10.2.3　Verantwortung für Zuständigkeiten (Haltung) 152

　11　Einzelfallinterpretationen 155

　　11.1　Türkei W 60+ 155

　　　　11.1.1　Privilegierte Zuwanderung 155

　　　　11.1.2　Orientierung in Deutschland aus Distanz: Bemerken von Migrantennöten 156

　　　　11.1.3　Widerständen trotzen – keine Vereinnahmungen zulassen 156

　　　　11.1.4　Frauen- und Familienzentrierung 159

　　11.2　Kasachstan M 60+ 163

　　　　11.2.1　Herkunft: Unterprivilegierung und Diskriminierung 163

　　　　11.2.2　Entwertung des Mitgebrachten in Deutschland 164

　　　　11.2.3　Orientierung in Deutschland in strategischer Auseinandersetzung . 165

　　　　11.2.4　Methodisch-doppeltkulturell und väterlich-patenhaft 166

　　　　11.2.5　Direktanknüpfung an Erfahrungen der Migranten 168

　　　　11.2.6　Vermittlung – Reinziehen 170

　　11.3　Bosnien W 60+ 171

　　　　11.3.1　Auswegsuche und Flucht 171

　　　　11.3.2　Selbstbehauptung: Abgrenzung und Identifikation im Aufnahmeland 173

　　　　11.3.3　Ganzheitlichkeit im Engagement: menschlich-mütterlich 176

　　11.4　Ghana M 60+ 180

　　　　11.4.1　Koloniale Unterprivilegierung ausgleichen 180

　　　　11.4.2　Anlehnung an Community – Einfinden in Engagement(-formen) .. 181

　　　　11.4.3　Autonome Bestimmung des Hilfsradius 182

V　Zusammenfassende Gedanken zur Untersuchung 189

　12　Rückblick auf die Ergebnisse und Ausblick 189

　13　Abschließende Anmerkungen zur Konzeptionalisierung der Untersuchung 197

Literaturverzeichnis 199

Anhang auf OnlinePLUS 209

Abbildungsverzeichnis

Abbildung 1: Biografische Kristallisationspunkte und Vergleichsdimensionen als Bedingungen von Engagementstrategien. 86
Abbildung 2: Die Bedeutung natio-ethno-kultureller Hintergründe für das Engagement und das Problem der (Status-)Unsicherheit als Einflussfaktoren für das Engagement. 101
Abbildung 3: Die Bedeutung des Alters als „Vorteil" in der Migrationsarbeit. 107
Abbildung 4: Die Bedeutung des Engagements „Definitionsverschiebung". 115
Abbildung 5: Die Kernkategorie des ‚kulturkritisch-aufklärenden Engagements'. 135
Abbildung 6: Die Kategorie des ‚pragmatisch-helfenden Engagements'. 154
Abbildung 7: Gliederung der Einzelfallinterpretationen, farblich veranschaulicht nach den biografischen Kristallisationspunkten 188

Abstract

Untersuchungsgegenstand ist (migrations-)biografisches und quasi-professionelles Erfahrungswissen älterer, herkunftsheterogen verorteter Migranten und Migrantinnen in dem Tätigkeitsfeld des Migrations- und Integrationsengagements in Deutschland. Es wird untersucht, wie das Wissen von vornehmlich älteren, erfahrenen Menschen mit Migrationsgeschichte in der Unterstützung für andere Migranten modifiziert in neuen Integrationsstrategien in Erscheinung tritt. Die Verbindung von (Erfahrungs-)Wissen und konkreter Praxis erfordert eine sozialkonstruktivistisch und hermeneutisch-wissenssoziologisch angelegte Arbeitskonzeptualisierung. Die theoriegerierende Analyse empirischen Materials (fünfundzwanzig biografisch-narrative und zum Teil leitfadengestützte Interviews) liefert eine Forschung jenseits festgelegter Bindestrich-Soziologien (Alters-, Migrations- oder auch Engagementsoziologie). Die Ergebnisse spiegeln typische Haltungen, Handlungen und Funktionen der Unterstützung bei engagierten Migranten und Migrantinnen, die quer zu ethnisch-kulturellen Grenzen in einem neu gedeuteten Tätigkeitsrahmen zwischen Distanz gegenüber ‚Dritten' und persönlicher Nähe zu Hilfesuchenden stattfinden. Die Wahl der Untersuchungsgruppe ermöglicht es, Hybriditätsperspektiven auf Identität von Migranten auch auf ältere Menschen auszuweiten – gerade, wenn es um ihr praktisches Engagement für Migranten geht. Das Untersuchungsfeld, im Sinn einer selbst gedeuteten Zuständigkeit von Befragten für Hilfesuchende, beinhaltet und perspektiviert wiederum zugleich neue Definitionen von bürgerschaftlichem beziehungsweise zivilgesellschaftlichem Engagement.

I Forschungsfrage im Kontext empirisch begründeter Theoriebildung

Wissenschaftliche und politische Diskurse haben sich in der neueren Geschichte der Bundesrepublik Deutschland stets und aktuell wieder verstärkt inhaltlich mit dem Problemfeld geeigneter gesellschaftlicher Integration von Menschen mit Migrationsgeschichte[1] beschäftigt. Zwei weitere Themenbereiche erfahren ebenfalls reges Interesse in öffentlichen und fachlichen Debatten. Zum einen wird freiwilliges soziales Engagement als Indiz neuer Solidarität gefeiert und gleichzeitig als subsidiäre Unterhöhlung des Wohlfahrtsstaats kritisiert[2]. Zum anderen geraten ältere Menschen in das Blickfeld des Engagements, spielen sie doch demografisch-quantitativ eine zunehmend wichtige gesellschaftliche Rolle[3]. Dass diese Bereiche für sich jeweils relevante gesellschaftliche Probleme aufgreifen, wird für diese Arbeit vorausgesetzt. In der Konzeptionalisierung der Arbeit greifen sie ineinander, um einem spezifischen Forschungsinteresse zu folgen.

Das Forschungsinteresse richtet sich auf die Untersuchungsgruppe älterer Menschen[4] mit eigenem Migrationshintergrund[5], die sich für Migranten engagieren[6]. Mit dieser Untersuchungsausrichtung soll eine Forschung angestoßen werden, die sowohl in der Engagementliteratur, als auch in der Migrationssoziologie oder der Alterssoziologie so kaum behandelt wurde.

Es wird dabei nicht davon ausgegangen, dass Menschen aus dieser Untersuchungsgruppe als Ältere oder als Migranten in irgendeiner Form ‚doppelt benachteiligt' sind und aus

---

1 Als besondere Adresse im öffentlich-politischen Diskurs um Migration und Integration gilt der Migrationsbericht des Bundesamtes für Migration und Flüchtlinge, z. B. der Migrationsbericht 2010, einsehbar unter www.bamf.de.
2 Bedeutung und Entwicklung freiwilligen Engagements wird von der dafür eingesetzten Enquetekommission der Bundesregierung zusammengetragen. Nachzulesen ist der Bericht der Kommission (2002) unter http://dipbt.bundestag.de.
3 Demografische Entwicklungen werden unter anderem im Auftrag der Bertelsmann Stiftung erarbeitet, z. B. (2007) nachzulesen unter „Das vielfältige Engagement älterer Menschen als gesellschaftliche Ressource erkennen", http://www.bertelsmann-stiftung.de.
4 Mit der Benennung ‚ältere Menschen' wird gemeinhin die sogenannte Generation 50plus angesprochen. Eine Präzisierung von Alter infolge einer Öffnung dieser definitorischen Altersgrenze folgt empirisch-theoriebildender Arbeit (siehe Kapitel 9.2).
5 Mit ‚Migrationshintergrund' wird die Migrationsgeschichte von Personen bezeichnet. Migration als Ereignis kann dabei selbst erlebt oder aber generational aus zweiter Hand erfahren worden sein (siehe Kapitel 3.1.2 und 9.2).
6 Auf die Beschreibung des ‚Engagements für Migranten' mit den Begriffen ‚bürgerschaftlich' oder ‚zivilgesellschaftlich' wird im Folgenden weitgehend verzichtet. Diese Begriffe sind inhaltlich mit Bedeutungen gefüllt, die für die Untersuchung nicht vorausgelegt sein sollen (siehe dazu genauer Kapitel 5). Engagement für Migranten folgt hier ebenfalls empirisch-theoriebildender Arbeit (siehe dazu Kapitel 9.3).

dieser ‚Intersektionalität der Benachteiligungen' heraus geringe Ressourcen für ein Engagement in der Migrationsarbeit mitbringen[7]. Im Gegenteil kann eine Untersuchung der Engagementpotenziale der Untersuchungsgruppe nur auf einem methodologischen Zugang beruhen, der Nachteile nicht voraussetzt, sondern umgekehrt Vorteile in den Blick bekommen will, die sich wiederum in der Akkumulation von Merkmalen des Alters und der Migrationserfahrung herauskristallisieren können.

Ergebnissen der zumeist quantitativen Engagementforschung, die einen vergleichsweise geringen Anteil des bürgerschaftlichen Engagements (älterer) Migranten messen[8], stehen mit der vorliegenden qualitativen Untersuchung die Potenziale, Strategien und Einsatzgebiete Engagierter in der Migrationsarbeit gegenüber, die zunächst untersucht werden – immer unter Berücksichtigung ihrer Bedeutungssetzungen, die sie insbesondere als ‚Ältere' und ‚Migranten' einbringen.

Mit der Fokussierung auf diese Untersuchungsgruppe werden die in der Fachliteratur abgegrenzten Themenbereiche Migration und Integration, Engagement und Demografie zu integrieren versucht. Forschung in diesen Themenbereichen richtet sich zumeist einzeln auf Entwicklungen der Migration und Integration, des freiwilligen Engagements *oder* der Demografie.

Zuweilen wird Forschung auch quer zu den Themengebieten betrieben, zum Beispiel wird das Engagement älterer Menschen untersucht oder die Integration älterer Menschen mit Migrationsgeschichte. Dafür wird bevorzugt auf wissenschaftlich etablierte Definitionen zurückgegriffen, die Integration, Engagement und Alter kategorial voraussetzen. Es scheint, als sei die Definition dessen, was diese Begriffe bedeuten, abgeschlossen, und einem gesellschaftlichen Ordnungsrahmen irreversibel einverleibt. Gesellschaftlichen Wandel durch Migration, durch Neukonstitution von Arbeits- und Engagementverhältnissen und Demografie vor Augen, bleibt die Frage nach Bedeutungssetzungen der hier fokussierten Untersuchungsgruppe, also derer, die Migrationsgeschichte aufweisen, die sich im Feld der Migrations- und Integrationsarbeit aufhalten und demografische Entwicklung verkörpern, nicht aus.

Wenn sich herkömmliche Kategorien zur Analyse von Migration/Integration, Engagement und Alter überleben, wenn mit ihnen kaum mehr auf Fragen der Integration oder des Engagements für Integration geantwortet werden kann, bietet es sich an, ‚diskursive Ränder' zu erforschen. Damit wird den Menschen, die sich vor dem Hintergrund eigener Erfahrung für die Integration von Migranten tagtäglich engagieren, Raum zur Artikulation gegeben. Konkret ist zu fragen:

Auf welche Einsichten und Erfahrungen greifen ältere Menschen mit Migrationshintergrund in ihrem Engagement in der Integrationsarbeit zurück? Was sind ihre Vorstellungen von gelingender Integration und deren Vermittlung? Wo liegen dabei die Potenziale älterer Migranten[9], wo die Hindernisse, Barrieren, Konflikt- und Spannungsfelder? Wie wird damit in der Praxis konkret umgegangen und wo liegen in der Konsequenz der Untersuchung Ansatzpunkte zur Etablierung neuen Integrationswissens?

---

7 Von methodologischen Aspekten der ‚Intersektionalität' wird vor dem Hintergrund der Schwerpunktsetzung dieser Untersuchung abgesehen.
8 Siehe dazu Bundesministerium für Familie, Senioren, Frauen und Jugend (2010): Hauptbericht des Freiwilligensurveys 2009: 23.
9 Es wird angesichts der Komplexität der Bezeichnung der Untersuchungsgruppe im Folgenden stellvertretend für beide Geschlechter die männliche Form verwendet.

Forschungsinteresse, das sich in dieser Form darstellt, erfordert ein methodologisch und methodisch offenes Herantreten an gesellschaftliches Wissen darüber, was Engagement in der Migrations- und Integrationsarbeit bedeutet, wie Wissen über Engagement konstruiert wird und wie es sich konstituiert.

Sozialkonstruktivismus[10] und daran anschließend auch hermeneutische Wissenssoziologie[11] dienen der theoretisch-methodologischen Konkretisierung des Forschungsinteresses. Danach beziehen sich Wissen und Handeln wechselseitig aufeinander und unterliegen einem Prozess ständiger Weiterentwicklung. Weiterentwicklung geschieht im Zuge des Umgangs mit Problemen, indem Probleme dazu auffordern, handelnd Wissen zu erweitern (vgl. Berger/Luckmann 2007 [1969]: 27, Reichertz/Schröer 1994: 60). Habitualisiertes und typisiertes gesellschaftliches Wissen dient nicht einseitig der Reproduktion gesellschaftlicher Faktizität, es schafft im Gegenteil Raum für Innovation (vgl. Berger/Luckmann 2007 [1969]: 57).

Für diese Untersuchung gilt Wissen vor allem als (biografisches) Erfahrungswissen älterer Menschen mit Migrationsgeschichte. Dieses Wissen ist Grundlage ihres Problemlösungshandelns im Feld der Migrations- und Integrationsarbeit. Einerseits ist das Wissen von migrierten Menschen oder Menschen mit Migrationsgeschichte zu untersuchen, das sich als kulturelles ‚mitgebrachtes' und im Aufnahmeland zur eigenen Integration erworbenes Wissen konstituiert. Andererseits ist das Wissen zu analysieren, welches sich in der Arbeit mit Migranten herausbildet, wenn das kulturelle Wissen[12] beziehungsweise die biografisch geprägte Erfahrung der Migrations- und Integrationshelfer zielgerichtet Anwendung findet und im Prozess stetiger Modifikation zu neuem Wissen führt.

Auf der Grundlage (biografischen) Erfahrungswissens und darauf aufbauenden Vorstellungen angemessener Integration wird einerseits Handlung durch ältere Migranten in der Migrations- und Integrationsarbeit entworfen. In der Migrationsarbeit entsteht wiederum Wissen, welches in den individuellen Wissensvorrat eingeht, und mit dieser Untersuchung auch in den gemeinsamen, gesellschaftlich-kollektiven Wissensvorrat bezüglich Strategien für Integration Eingang finden soll.

Die forschungsleitende Arbeitshypothese lautet entsprechend: Ältere Menschen mit Migrationshintergrund besitzen wichtige Ressourcen für das Engagement in der Migrations- und Integrationsarbeit[13]. Sie eignen sich spezifisches Wissen in eigener ‚biografischer Leistung' an und nutzen es in ihrer Arbeit mit Migranten.

Die Zielgruppe der Untersuchung zeichnet sich durch vielfältige und spezifische Charakteristika aus:
– Ältere Migranten entwickeln durch biografisch lange Erfahrung ein doppeltes
– Kulturwissen aus der Herkunfts- und der Aufnahmegesellschaft.
– Sie haben eigene Migrationserfahrungen und Erfahrungen mit Integrationsproblemen.
– Sie haben Erfahrungen mit der Bewältigung dieser Probleme. Ihr besonderes Wissen beziehungsweise ihr besonderes Know-how erlaubt ihnen einen Rückgriff auf adäquate Problemhandhabungs- und -lösungsstrategien.

---

10 Vgl. Berger, Peter L./Luckmann, Thomas (2007 [1969])
11 Vgl. Hitzler/Reichertz/Schröer (2003 [1999])
12 ‚Kulturell' ist an dieser Stelle nicht ausschließlich mit ‚herkunftskulturell' gleichzusetzen.
13 Im Folgenden werden die Begriffe Migrations- und Integrationsarbeit und Migrations- und Integrationsengagement synonym verwendet. Deutungen von Arbeit und Engagement sollen an dieser Stelle nicht definitorisch festgelegt werden.

- Sie erfüllen transnationale biografische und identitätsstiftende Voraussetzungen, um Menschen mit Integrationsproblemen zu unterstützen.
- Sie haben vor diesem Hintergrund Ressourcen für ein Engagement in der Migrations- und Integrationsarbeit.

Aspekte des Alters, der Migration und Integration, aber auch des Engagements sind der Fragestellung und den Arbeitshypothesen eingeschrieben. Die Fragestellung muss entlang dieses thematischen Feldes, das sie selbst eröffnet, bestimmen, was dazu gehört.

Im Sinne einer empirisch begründeten Theoriebildung ist der Blick über die einzelnen diskursiven Stränge, die die forschungsleitenden Aspekte des Alters, der Migration beziehungsweise Integration und des Engagements bereithalten, hinweg selektiv, aber offen zu halten. Wenngleich Definitionen über das, was Erfahrung älterer Migranten in der Migrationsarbeit ausmacht und nicht ausmacht, was im Zuge von Migration als eigen und als fremd definiert wird und was zu Engagement gehört und was nicht dazu gehört, diskursiv vorhanden sind, sind sie durch die Überlappung der Aspekte der Fragestellung bedeutungsoffen. Die Fragestellung legt gerade nahe, zu untersuchen, wie sich Bedeutungen neu konstituieren.

Die genannten Aspekte, die untersucht werden, müssen vorab geprüft werden, bevor sie analytisch eingebracht werden können. Sie werden in dieser Arbeit zunächst sozialtheoretisch und unter Berücksichtigung relevanter Fachliteratur eingeführt (Kapitel II), das heißt, sie werden im Rahmen der für die Untersuchung maßgeblichen theoretischen Konzepte beziehungsweise Begriffe der Biografie und Erfahrung entsprechend eines relevanten theoretischen Forschungsstandes diskutiert. Alter, Migration beziehungsweise Integration und Engagement werden dann in den Kontext des gesellschaftstheoretischen Rahmenkonzeptes ‚Zivilgesellschaft' eingearbeitet (Kapitel III). Nach diesen Überlegungen wird im empirischen Teil der Untersuchung die Prüfung ihrer analytischen Eingangsberechtigung dargestellt (Kapitel IV). Alle drei kategorialen Vorauslegungen (Alter, Migration/Integration und Engagement) sind nicht von Anfang an Analyse- und/oder Ergebniskategorien, sondern mit Glaser/Strauss (1967) Konzepte, die in die Fragestellung eingebracht wurden und deren Relevanz sich erst herausstellen muss. Als Analysekonzept ist es ‚Alters-Erfahrung' mit ‚Migration beziehungsweise Integration' und ‚Engagement beziehungsweise Nichtengagement' gemeinsam, dass „they [are not] likely to become part of the core explanatory categories (…) [they] are more likely to be concepts about the problem itself" (ebd.: 45).

Im Ergebnisteil stellen Alter, Migration/Integration und Engagement für die Präsentation der Kernkategorien empirisch hervorgebrachte *Vergleichskategorien* dar (Kapitel 9). Sie stehen als empirisch begründete Konzepte *hinter* den kernkategorialen Aussagen der Untersuchung. Die Kernkategorien bilden den theoretisch abstrahierten Ergebnisteil und beinhalten Unterkategorien, die bis zu einem gewissen Grad in das empirische Material zurückführen (Kapitel 10). Einzelfallinterpretationen werden in Anlehnung an herausgearbeitete biografische Kristallisationspunkte (Kapitel 8.2) am Schluss der Arbeit mit der Intention angefügt, ausschnitthaft eine intensive Materialanbindung der Untersuchung zu veranschaulichen (Kapitel 11).

Damit soll dem Anspruch einer Theoriegenerierung ‚mittlerer Reichweite' Genüge getan werden. Durch eine sensitive Analyse von Daten und nicht allein durch die deduktivlogische Hypothesenprüfung wird Gegenstandstheorie im Sinne von Glaser und Strauss (vgl. 1967: 31 ff.) erstellt, und zwar auf den Ebenen der Vergleichs- und Kernkategorien inhaltlicher Typisierung von Haltungs- und Handlungsstrategien sowie von Funktionen im Engagement vornehmlich älterer Migrationsengagierter. Die offen gestellte Frage nach den Potenzialen älterer Migranten in der Migrationsarbeit beinhaltet eine Orientierung am Prozess des Zustandekommens dieser Potenziale: Wie wird Wissen und Erfahrung in Engagementhaltungen, -handlungen und -funktionen eingebracht. Diese ‚Prozessorientierung' (vgl. Strauss/Corbin 1996: 23) wird im Folgenden durch eine sozialtheoretische Grundlegung in dieser Untersuchung spezifiziert.

II   Sozialtheoretische Perspektiven

1   Sozialkonstruktivistische Grundlegung

Das Erkenntnisinteresse der vorliegenden Untersuchung bezieht sich auf die Entstehung und Verwendung von (Erfahrungs-)wissen für ein Engagement von Migranten für Migranten. Es geht darum, wie ältere Migranten[14] auf vorfindbares, gesellschaftlich gegebenes sowie auf ihr biografisch erlangtes Wissen zu Migration und Integration zurückgreifen, und wie dieses Wissen von ihnen wiederum in der alltäglichen Praxis der eigenen Integration und der Integrationshilfe für andere (neu) entwickelt wird.

Angelehnt an sozialkonstruktivistisch eingelassene hermeneutische Theorierichtungen geht es ganz allgemein darum, „wie Handlungssubjekte – hineingestellt und sozialisiert in historisch und sozial entwickelte Routinen und Deutungen des jeweiligen Handlungsfeldes dies einerseits *vor*finden und sich aneignen (müssen), andererseits diese immer neu ausdeuten und damit auch *er*finden (müssen)" (Reichertz/Schröer 1994: 60, Hervorhebungen im Original).

Wissen gilt in dieser Perspektive als Grundlage und Produkt des Handelns. Es bezieht sich stets auf Handlungsprobleme und Lösungsmöglichkeiten, hier im Feld der Migration und Integration. Es bietet Migranten als Akteuren der Migration und Integration Deutungsmöglichkeiten an und es dient ihnen beim Handeln in Engagementsituationen als Orientierungsrahmen.

Grundlegend halten Berger und Luckmann (2007 [1969]) im Sozialkonstruktivismus fest, dass ein Individuum in seiner Sozialisation die gesellschaftliche Wirklichkeit nicht als menschliches Produkt erfährt, sondern sie ihm als „objektive Faktizität" (ebd.: 20) erscheint, als gegebene soziale Wirklichkeit. Dies beschreiben Berger und Luckmann als Aufeinander-Bezogenheit von drei wesentlichen Merkmalen der sozialen Welt: „Gesellschaft ist ein menschliches Produkt. Gesellschaft ist eine objektive Wirklichkeit. Der Mensch ist ein gesellschaftliches Produkt" (ebd.: 65). Durch Externalisierung wird Wissen objektiviert, es wird gegenständlich gemacht. Dadurch wird für andere eine wahrnehmbare, objektive Wirklichkeit geschaffen. Die Wirklichkeit, die Individuen in einer Gesellschaft erfahren, ist demnach immer „vergegenständlichte menschliche Tätigkeit" (ebd.: 65). Dies gilt sowohl für Wirklichkeit als Produkt individuellen Handelns als auch als Folge von Institutionalisierung. Die auf diese Weise produzierte objektive Wirklichkeit eignet sich das Individuum wiederum durch Internalisierung im Zuge der Sozialisation an. Während einerseits gesellschaftliche Wirklichkeit durch die Menschen produziert wird, erleben sie sie gleichzeitig als gegeben

---

14   Die Autoren Berger und Luckmann ([2007] 1969) gehen von der Vielfalt der Perspektiven auf Gesellschaft aus (ebd.: 91). Daraus wird in der vorliegenden Untersuchung die Perspektive der helfenden insbesondere älteren Migrantinnen und Migranten herausgegriffen. Diese Perspektive gibt Aufschluss über die Ausstattung der Handlungen älterer Migranten mit sozialem Sinn.

und eignen sich diese Gegebenheiten als vorhandenes Wissen an. Dies bedeutet eine fortlaufende Entstehung gesellschaftlichen Wissens durch Externalisierung, Objektivierung und Internalisierung. Wissen stellt die Gesamtheit dessen dar, was in einer *bestimmten Gesellschaft* als Wirklichkeit angesehen wird. Dementsprechend steht Wissen im Mittelpunkt des dialektischen Prozesses der Konstruktion von Wirklichkeit: Wissen über die Gesellschaft bedeutet das „Erfassen der objektivierten gesellschaftlichen Wirklichkeiten und das ständige Produzieren eben dieser Wirklichkeit" (ebd.: 71).

Akteure „handeln [also] und interpretieren auf der Grundlage eines durch Sozialisation und Erfahrung erworbenen und innerhalb *ihrer Gesellschaft* weitgehend geteilten und ebenso weitgehend routinisierten Vorwissens, das ihnen jeweils ein mehr oder weniger bewusstes Repertoire von typischen Bedeutungen, Handlungen und Auslegungen zur Verfügung stellt" (Soeffner 2004: 161). Das Vorwissen steht a priori zur Verfügung und organisiert sowohl Erfahrungen und Ereignisse als auch Interaktionen und Beziehungen (vgl. ebd.: 167). Hineingesetzt in diesen Orientierungsrahmen werden Situationen definiert[15] und Handlungen ausgeführt (vgl. ebd.: 162). Relevant oder bedeutsam für Individuen sind Interaktionen, weil sie in den Bedeutungszusammenhang ‚einer Gesellschaft' eingeordnet werden können.

Wenn aber dieser Bedeutungszusammenhang überholt ist, weil Gesellschaft als solche kaum mehr lokalisierbar ist, wenn Ordnungen und Bedeutungszusammenhänge für Subjekte verschwimmen, muss die Beschaffenheit sozialer Ordnung aus der Untersuchung der Lebenspraxis neu generiert werden (vgl. Reichertz 2003: 17).

Sogenanntes objektiviertes Wissen, das Menschen Routinen des ‚Zurechtkommens'[16] bereithält, kann für Migrierende im Zuge ihrer Migration unverlässlich werden.

Der in sozialkonstruktivistischer Perspektive grundsätzlich dialektisch gedachte Bezug von Wissen und Handeln zeigt implizit die Möglichkeit der Akteure auf, kulturell spezifisch geprägtes (Erfahrungs-)Wissen in Handlungen umzusetzen. Präsoziologisch angelegt ist der Mensch ‚weltoffen' (vgl. Berger/Luckmann 2007 [1969]: 50). Vor dem Hintergrund dieses Charakteristikums werden Grundlagen des Umgangs von Menschen miteinander stetig habitualisiert, typisiert und routinisiert. Auch wenn Menschen aus unterschiedlichen „gesellschaftlichen Welten kommen, die in historischer Trennung voneinander entstanden sind" (Berger/Luckmann 2007 [1969]: 59), bleibt Raum für neue Typisierungen – bis hin zu Institutionalisierungen von Wissen.

Berger und Luckmann, die Wegweiser sozialkonstruktivistischer Wissenssoziologie, können selbst als ‚multikulturelle' Sozialtheoretiker bezeichnet werden[17]. Zwar gibt es in ihrem Werk keinen expliziten Kulturbegriff. Die Internalisierung „fremder Welten als Wirklichkeit" (Berger/Luckmann 2007 [1969]: 141) wird beiseitegelassen. Implizit spielt der Kulturbegriff aber zum Beispiel für Luckmann eine wichtige Rolle, weil „Geschichtlichkeit einer jeden sozialen Ordnung und die Analyse ihrer kulturellen Formen an zentraler Stelle" steht (Schnettler 2006: 170 f.).

---

15   Situationsdefinitionen laufen „kaum bewußt" ab, sondern Individuen verhalten sich „bis auf weiteres entsprechend" (Soeffner 2004: 162).

16   ‚Zurechtkommen' wird in dieser Untersuchung alternativ zu dem Begriff der ‚Integration' verwendet, um normative Implikationen des Integrationsbegriffs zu umgehen.

17   Thomas Luckmann ist als Sohn eines Österreichers und einer Slowenin im Raum Österreich-Ungarn geboren und hat deshalb selbst ‚zwischen den Kulturen' seine Herkunft (vgl. Schnettler 2006: 170). Nicht weniger kann Peter Berger als ‚Wanderer zwischen Welten' verstanden werden: Er ist in Österreich geboren, seine wissenschaftliche Karriere macht er in den USA.

1 Sozialkonstruktivistische Grundlegung

Folgt man zunächst Luckmanns Anlehnung an Schütz'sche phänomenologische Positionen, werden „Strukturen der Lebenswelt" „diesseits", „jenseits" oder schlicht „vor" aller Kultur verortet und menschliche Bewusstseinsstrukturen werden universal-anthropologisch gesetzt (vgl. ebd.). Allerdings: Phänomenologie „gibt uns nur indirekt Auskunft über die Welt und nur in dem Maße, als die Welt in alltäglicher, menschlicher Erfahrung gespiegelt ist" (Luckmann 1979: 197). Diese Erfahrung bewegt sich im Rahmen von Grenzen der Sozialwelt. „Die Kulturgeschichte zeigt, wie überaus variabel diese Grenze ist. Gelten in der einen Gesellschaft die Angehörigen des Nachbarstammes schon nicht zu dieser Sozialkategorie, so mögen die Ahnen hingegen als ‚Interaktionspartner' hohen Stellenwert genießen. Wenngleich die Setzung dieser Grenze auf einer grundlegenden menschlichen Sinnübertragung in Form einer ‚universalen Projektion' auflagert, so wird diese später im Verlauf der Interaktion und als Folge kultureller Sinnablagerung modifiziert und eingeschränkt" (Schnettler 2006: 172).

Der *Konstitution* von Strukturen als kulturelles Apriori, in das Menschen immer hineingestellt sind, ist mit der *Konstruktion* von Kultur zu begegnen, also der Frage danach, wie aus subjektivem Erleben für Menschen objektive Faktizität wird und wie diese Faktizität subjektiv (neu) gedeutet wird (vgl. Berger/Luckmann 2007 [1969]: 20). Unser gesamtes Wissen von der Welt, sei es im wissenschaftlichen oder im alltäglichen Denken, ist Konstruktion. „Genau genommen gibt es nirgends so etwas wie reine und einfache Tatsachen." (Schütz 2004: 158) Zwar gibt es Routinen und Regeln, die überliefert und angeeignet werden. Regeln wiederum „im Sinne eines kollektiv abgesicherten ‚Man tut, wenn…' oder ‚Man tut nicht, wenn…' [sind] (…) immer *erst ex* post in Sprache gegossen, das heißt (…) erst formuliert worden, nachdem sie bereits kollektiv angewendet wurden (…). ‚Es gibt zwar keine Regeln, aber wir verhalten uns danach' – und – ‚Es gibt zwar Regeln, aber wir verhalten uns nicht danach'" (Soeffner 2004: 169, Hervorhebungen im Original). Diese Aussage spiegelt die Variabilität der Konstruktion (kultureller) Ordnungen im Zuge von Institutionalisierung und subjektiver Aneignung.

(Neu-)Konstruktion von Wissen und Regeln fällt im Verlauf der sogenannten ‚Sinnkrise der Moderne' verstärkt auf (vgl. Schnettler 2006: 180). Gesellschaftlich objektive Realität unterliegt immer schon, und in der Zweitmoderne vielleicht in höherem Maße, gesellschaftlicher Relativität im Sinne von „Seinsrelativität" (Mannheim 1985 [1929]: 234), das heißt nicht der Ordnungslosigkeit, sondern entsprechend gesellschaftlichem Wissen historischer Variabilität. Was in einer Gesellschaft als Wirklichkeit betrachtet wird, hängt davon ab, welche Wissensbestände in dieser Gesellschaft als richtig und wichtig oder schlicht bedeutend angesehen werden (vgl. Berger/Luckmann 2007 [1969]: 3). Diese Wissensbestände lassen Menschen die gleichen Gegenstände oft unterschiedlich beurteilen (vgl. im Folgenden Mannheim 1985 [1929]: 234): Unterschiedlich kulturell oder sozial gelagerte Menschen unterhalten sich unterschiedlich und agieren unterschiedlich. Sie legen von ihrem jeweiligen Standort Wirklichkeit unterschiedlich aus. Dadurch ist sinnbehaftetes Sein bestimmt: Es beinhaltet und gibt einen Standort an, von dem aus sinnhaft Aussagen gemacht werden können, von dem aus sinnhaft gehandelt werden kann. Gleichwohl kann dieser Standort ein territorial räumlicher oder national ideen- und identitätsgeschichtlicher Ort sein oder viel eher ein kulturell kaum eingrenzbarer Ort.

Für den Kontext dieser Arbeit gelten die grundlegenden Annahmen sozialkonstruktivistischer Perspektiven. Sie besagen zunächst, dass Migrationsarbeit auch von Migranten stets in sozialisierter Ordnung vollzogen wird. Jedoch ist der sozialisierte Ordnungsrahmen von Migranten keine territorial einzugrenzende (nationale) Gesellschaft. Der Umgang von Migranten mit Migration und Integration speist sich aus ihrer biografischen Erfahrung der Auseinandersetzung mit unterschiedlichen kulturellen Ordnungen, die Deutungen zu dem, was Integration bedeuten kann, bereitstellen.

Nicht nur *Integration* kann vor dem Hintergrund sozialkonstruktivistischer Perspektive beleuchtet werden, wenngleich die Befassung mit Integration für diese Arbeit zentral ist, weil sie inhaltlich die interessierende Handlungsrichtung von Protagonisten vorgibt. Auch kann der Aspekt der *(generationalen) Weitergabe* von Integrationswissen im Rahmen der Migrationsarbeit von Migranten sozialtheoretisch fundiert werden. Was zum Beispiel für eine (erste) Generation von Migranten in gesellschaftlicher Aushandlung entstandenes Integrationswissen darstellt, kann als „objektive Welt (…) an eine neue Generation weitergegeben werden" (Berger/Luckmann 2007 [1969]: 63)[18].

Um sozialkonstruktivistisch angeleiteten theoretischen Befassungen nicht das Feld zu überlassen und damit empirischen Hervorbringungen vorzugreifen, beschränke ich mich im Folgenden auf die Darstellung eines Forschungsstandes, der sich in die gewählte sozialtheoretische Perspektive einfügt und die Aspekte der Fragestellung aufgreift.

2 Zur sozialtheoretischen Fundierung von Migration/Integration, Alter und Engagement

In diesem Kapitel wird die Fragestellung vor dem Hintergrund der sozialtheoretischen Grundlegung der Untersuchung anhand eines geeigneten Forschungsstandes diskutiert.

2.1 *Migration und Integration: Teilnahme an verschiedenen Welten*

‚Soziale Welt(en)' und ‚Lebenswelt(en)' bilden den theoretischen Rahmen, der Migration und Integration sowohl begrifflich einordnen als auch analytisch veranschaulichen kann.

Soeffner und Zifonun stellen sich die Aufgabe, Migrations- und Integrationsforschung wissenssoziologisch aufzuarbeiten (zum Beispiel Soeffner/Zifonun 2005). ‚Lebenswelt' als Erfahrungsraum der Alltags- und symbolischen Sinnwelt[19] oder ‚soziale Welten', die als „relativ dauerhafte, relativ stabile Routinen ‚arbeitsteilig' abgesicherte, das heißt ‚institutionalisierte' Wahrnehmungs- und Handlungsräume" (Soeffner 1991: 6) bezeichnet werden, bilden dabei den begrifflichen Ausgangspunkt. Sie sind sogenannte ‚Sonderwissensbereiche', das heißt nicht notwendiger Weise territorial organisierte Räume. „Entscheidend ist die Konstitution der Teilhabe ihrer Mitglieder" (Soeffner/Zifonun 2008: 120). In der Lebenswelt wird Einverständnis darüber entwickelt, was als ‚normal' gilt (vgl. ebd.). Eine fortlaufende Deutung ist dafür konstitutiv.

Auf diesen Überlegungen aufbauend wird Schütz' Konzept des ‚Fremden' in der Moderne gesprengt. Schütz fasst Integration noch in nationalgesellschaftlich begrenzten Dimen-

---

18 Dies erfolgt im *Engagement* älterer Migranten für Migranten, das sich bei Berger und Luckmann mitunter als ‚Tüchtigkeit von Greisen' (vgl. Berger/Luckmann 2007 [1969]: 101) legitimiert.
19 In anderem Kontext spricht Honer (1999: 64) von Lebenswelt als dem „Insgesamt von Sinnwelten", das heißt Alltags- und Symbolwelten. Ihre Trennung sei analytisch – Lebenswelt bleibe dennoch der Raum der Erfahrung.

sionen[20]. In der Moderne treten jedoch in national verstandenen Gesellschaften vermehrt Wissensasymmetrien auf, Normalität wird zusehends krisenhaft. Integration von Migranten in ‚eine soziale Welt' kann dabei nicht notwendig als Integration in die Gesamtgesellschaft verstanden werden (vgl. ebd.: 121). Individuen werden Teilhaber an verschiedenen sozialen Welten und gelangen zu individualisierten Mischidentitäten. Migranten als Teilhaber nehmen an diesen Welten teil und integrieren diese Welten biografisch, es kommt zu einer „Vervielfältigung internalisierter sozialer Welten" (ebd.: 125). Damit wird die Position von Migranten *zwischen* verschiedenen kulturellen Welten in Abrede gestellt; in *mehreren* Welten gleichzeitig stellen sie dafür die Fragen nach dem ‚wer bin ich' beziehungsweise ‚wer sind wir'. In Aushandlung beziehungsweise Anzeigen wechselseitiger Relevanzen entfalten sich neue Formen der Interaktion. „Herkömmliche ethnische Stereotype (...) [machen neuen] Stereotypen der Interkulturalität Platz" (ebd.: 126). Man kann sich zu mehreren ethnischen Welten zugehörig rechnen und dabei seinen Platz in mehreren Kulturen gleichzeitig gefunden haben.

Mit Soeffner und Zifonun (2008) verlagert sich der Ausgangspunkt von Untersuchungen im Bereich der Migration und Integration hin zu lebensweltlichen Perspektiven handelnder Individuen. Es stellt sich in diesem Zusammenhang die Frage nach der Konstruktion und Veränderung alltagsweltlicher Kulturmuster. Entgegen prominenter Migrationsdebatten wendet sich mit der wissenssoziologischen Perspektive die Sicht hin zu einer Pluralisierung der sozialen Lebenswelten, an denen der Einzelne teilhat.

Eine Untersuchung der Betätigung (älterer) Migrations- beziehungsweise Integrationsarbeiter mit Migrationshintergrund erfordert in doppelter Weise einen wissenssoziologisch gerichteten Blick, einerseits auf ihre Lebenswelt(en) und Wissensvorräte und andererseits darauf, wie sie auf diese Wissensvorräte in der Integrationsarbeit mit Migranten zurückgreifen.

2.2   Alter: ungleiche Wissensverteilung

Zur sozialtheoretischen Fundierung des Aspektes ‚Alter' wird auf einen Ansatz zurückgegriffen, der phänomenologisch und sozialkonstruktivistisch ausgerichtet ist und das ‚Desiderat der Altersforschung' in der Vermittlung zwischen Akteuren und Strukturen sieht[21] (Dallinger 2002: 44).

Inter- oder auch intragenerationales Verstehen ist intersubjektives Verstehen, das zunächst nur vor dem Hintergrund eines gemeinsamen Wissensvorrats von Akteuren denkbar ist. Näherungsweise lässt sich daraus auf Typen beziehungsweise typisches Handeln des

---

20   Näheres zu Schütz' Konzept ‚des Fremden' siehe in Kapitel 3.1.1. Grundlegend für die Migrationssoziologie sind die Klassiker von Park (1964) und Simmel (1992 [1908]). Beide bewegen sich mit ihren Konzeptionen (noch) in der modernen Sichtweise auf national verfasste Gesellschaften, in denen Fremdheit aufgrund von gesellschaftlichen Grenzen noch eindeutiger zu bestimmen erschien.

21   Neben der Literaturarbeit, also zum Beispiel der Arbeit mit soziologischen Klassikern, die darauf abzielt, Theorien für die Alterssoziologie zur Verfügung zu stellen, geht es in der Alterssoziologie zunehmend darum, Theorien beziehungsweise Hypothesen auf der Basis von empirischen Daten zu erarbeiten. Auch wenn beide Vorgehensweisen ihre Berechtigung haben, kann nach Dallinger die qualitative Methodologie alternssoziologisch insbesondere dazu dienen, die immer noch als theorielos kritisierte Alterssoziologie theoretisch-methodologisch zu fundieren.

Gegenübers schließen[22]. Nach Schütz basiert das Verstehen auf Theorie, (Vor-)Wissen sowie Typischem und bringt Theorie beziehungsweise Wissen oder Wissenskonstrukte hervor. Daran knüpft der in dieser Arbeit präferierte sozialkonstruktivistische und phänomenologische Ansatz an, der im Sinne Dallingers „in hervorragender Weise auf die Theoriebildung" abzielt (ebd.: 50).

Alterssoziologische Gegenstände sind dann Wissensvorräte, die verstanden werden als „lebensweltliche *Interpretationsfolien*" (ebd.: 51, Hervorhebungen im Original). Diese Wissensvorräte unterliegen dem Wandel; sie sind ungleich verteilt, wobei Alter möglicherweise ein Kriterium der Ungleichverteilung eben dieses Wissensvorrats ist. Es stellt sich die Frage, ob Generationen anhand von Wissensbeständen voneinander abgegrenzt werden können. Ziel ist es, die „Strukturiertheit der Lebenswelt nach Relevanzstrukturen, die sich aus der ‚*biographisch bestimmten Situation*' ergeben" (ebd.: 51, Hervorhebungen im Original), zu erfassen; dies im Sinne einer zu untersuchenden Wahrnehmung aus einer bestimmten biografischen Position beziehungsweise Perspektive. Die Perspektive auf die Welt weist auf bestimmte Relevanzstrukturen hin, die mit dem Alter des Menschen zusammenhängen.

Die Weitergabe von Wissen, das in Perspektiven eingelassen ist, berührt Fragen nach den gemeinsamen Erfahrungsräumen von Älteren (engagierten Migranten), die ihr Integrationswissen weitergeben, und Jüngeren (Migranten), die zum Beispiel die Empfänger des Integrationswissens sind. Nach Schütz/Luckmann „enthält die Welt der Älteren Bereiche, die (m)einer unmittelbaren Erfahrung grundsätzlich verschlossen sind" (Schütz/Luckmann 2003: 612). Dennoch ist auch für die Autoren die mögliche Einverleibung sogenannter „anonymer [weil selbst nicht durchlaufener] Wissenselemente" (ebd.: 613) essenziell, die jüngere Migranten aufnehmen können. Eine sogenannte ‚stellvertretende Einverleibung' von Wissen bleibt möglich[23].

2.3 Engagement: Laien oder Experten

Engagement in der Migrationsarbeit bezeichnet die Tätigkeit und das Feld, in dem ältere Engagierte als Akteure und Konstrukteure in Erscheinung treten. Neben den der Fragestellung immanenten Aspekten der Migration beziehungsweise Integration und des Alters (als Kategorien lebensweltlich vereinbarer oder ungleicher Wissensverteilung bei Akteuren) wird dem Tätigkeitsfeld der Akteure Aufmerksamkeit gewidmet.

Das Tätigkeitsfeld kann mit Anselm Strauss als eigene soziale Welt gesehen werden, in der eine zentrale Aktivität (das Engagement für Migranten) analytischer Ausgangspunkt ist (vgl. Strübing 2007: 83). Im Engagement wird gearbeitet; zwar nicht notwendig allein im Sinne eines Handelns entlang bestimmter sogenannter Arbeitslinien, die einen Beruf oder eine Profession arbeitsinhaltlich typisch ausmachen (vgl. ebd.: 110), aber dennoch mit Sinn ausgestattet (vgl. ebd.: 100); ebenso nicht notwendig organisiert und beeinflusst von Organi-

---

22 Diesbezüglich geht Dallinger auf das Schütz'sche Konzept des ‚Fremdverstehens' ein. Verstehen fremden Bewusstseins ist zumindest annähernd durch Zurückgreifen auf einen gemeinsamen Wissensvorrat samt darin enthaltener Typisierungen möglich (vgl. Dallinger 2002: 48).
23 Über die Vermittlung von Wissen im Sinne von Erfahrungsweitergabe wird ausführlicher in Kapitel 3.1.1 bezogen auf den Kontext der Migration und in Kapitel 3.1.2 bezogen auf die Generationenfrage berichtet.

sationen (vgl. ebd.: 205)[24], aber dennoch einer „Gruppe mit gemeinsam geteiltem Engagement für bestimmte Aktivitäten" (ebd.: 83) verpflichtet.

Engagierte bewegen sich in diesem Feld, das von dem des Berufs oder der Profession[25] zunächst abzugrenzen ist. Es ist den Regeln beruflichen Handelns nicht oder nur teilweise unterworfen. Nun ist es gleichermaßen nicht adäquat, berufliches Handeln als solches nur anzuerkennen, wenn es funktionalistischen Setzungen, dessen was professionell und was nicht professionell ist, zugeordnet werden kann. „Es geht [auch im Feld der Beruflichkeit und der Profession] ja letztlich darum, herauszufinden, welches die impliziten Regeln der Beobachtung und Interpretation innerhalb (…) [von] Professionen sind" (Soeffner 2004: 264). Profession (und in Anlehnung daran auch Beruflichkeit) kann gleichwohl als „ein – von der alltäglichen Laienwelt (…) – relativ abgegrenzter Orientierungs- und Handlungsbereich" gesehen werden (Pfadenhauer 2003: 48). Hier gilt eine andere Perspektive als die von Laien und damit die der meisten Engagierten. In Beruf und Profession wird auf sogenannte „‚höhersymbolische(r)' [der jeweiligen Wissensdisziplin entnommene] Teilsinnwelten" (ebd.) zurückgegriffen.

Experten verwenden im Beruf „zum Beispiel relativ viel Zeit darauf, sich Probleme erst einmal zu vergegenwärtigen. Und um das Problem zu erfassen, benutzen sie abwechselnd *Metaphern* (…), *Modelle* (…) und *Theorien* (…). Die ‚eigentliche' (…) *Lösung* des Problems erfordert dann relativ wenig Zeitaufwand und erfolgt typischerweise hochabstrakt. Laien hingegen fangen typischerweise sehr schnell an, Problemlösungen auszuprobieren, verwerfen diese dann auch ebenso rasch wieder (…). Laien orientieren sich an als ‚konkret' geltenden Fakten und verfolgen das, was sie für ‚praktische' Interessen halten" (Hitzler 1994: 23, Hervorhebungen im Original). Die Vorgehensweisen der Laien werden seitens der Experten als irrational beurteilt – das Verhalten der Experten wird umgekehrt von Laien als reduziert gesehen (vgl. ebd.)[26].

Greift man auf die definitorischen Einordnungsversuche bürgerschaftlichen Engagements der Autoren der Studie „Quellen Bürgerschaftlichen Engagements" Corsten, Kauppert und Rosa zurück[27], sind für die Abgrenzung von Engagement zu Beruflichkeit mindestens vier Kriterien einzuhalten: Engagement muss freiwillig und nichtbezahlt sein, es muss im öffentlichen Raum stattfinden und zeitliche Konstanz aufweisen. Diese Kriterien bilden

---

24   So reichen für diese Untersuchung ‚professionelle Standards' auch nicht aus, um Engagement in Organisationen zu analysieren. Nur in fortwährender Verhandlung/Aushandlung ist Engagement mitunter in organisationalen Ordnungen erfassbar. Organisation (hier Organisation des Engagements für Migranten) als Ganzes kann von Engagierten, wenn auch zunächst nur im Detail, durch ihr Ver-/Aushandeln geändert werden. Je nach Ausmaß der zur Disposition stehenden Struktur wird aushandelnd umstrukturiert (vgl. Strübing 2007.: 56 ff.).

25   Professionen sind nach Anselm Strauss explizit als soziale Welten zu bezeichnen, als „eine den Mitgliedern gemeinsame Perspektive der Welterfahrung, das heißt ausgrenzbare Interaktions- und Kommunikationsstrukturen sowie Wissens- und Relevanzsysteme" (Pfadenhauer 2003: 47).

26   Als zusätzlich notwendige begriffliche Präzisierung führt Hitzler den ‚Spezialisten' ein, um der Entwicklung des Wissens in einer Gesellschaft mit komplexer Wissensverteilung zu begegnen (vgl. Hitzler 1994: 21). In Zeiten der Expertise und Gegenexpertise gilt der Spezialist auf seinem Gebiet beziehungsweise in seinem Sonderwissensbereich als kompetent (vgl. Hitzler 1994: 22). Im Kontext dieser Arbeit kann der Begriff des ‚Spezialisten' der Einordnung erfahrungsbiografigrafisch angeleiteter Migrationsarbeiter dienlich sein. Siehe dazu vorausblickend empirische Ergebnisse in Kapitel 10.1.1.

27   Die Studie von Corsten, Kauppert und Rosa ist nicht in den methodologischen Kontext sozialkonstruktivistischer Perspektiven einzuordnen – mit ihr wird jedoch der Blick auf Abgrenzungen von Engagement und Beruf geschärft.

gewissermaßen einen zusätzlichen Kontrapunkt zu den Abgrenzungsversuchen des laienhaften Engagements hinsichtlich Beruflichkeit und Professionalität. Sie werden bereits für den Studienkontext der Autoren möglichst „allgemein gehalten" (Corsten/Kauppert/Rosa 2008: 12) und können daher, wie auch die obigen Ausführungen, für diese Arbeit lediglich als Vorinformation dienlich sein.

Es kommt in der vorliegenden Arbeit nicht darauf an, vordefinierte Argumente für Engagement oder dagegen gerichtete Ausschlussargumente zu finden, um daran Engagement von älteren Migranten für Migranten zu festzumachen. Es soll dennoch zumindest ein Abgleich bereits definierter Kriterien stattfinden. Für diese Untersuchung reicht es aber nicht aus, sich an theoretischen Vorarbeiten zur Differenzierung von Beruf, Professionalität und ‚freiwilliger' Laienarbeit auszurichten. Es geht gerade darum, die Zwischenräume in den Besonderheiten des Engagements älterer Migranten für Migranten auszuloten und damit Engagement gegebenenfalls neu zu bestimmen. In Erfahrungswissen eingelassene Werteordnungen von Migranten irritieren das Engagement‚geschäft' insgesamt. und fordern damit heraus, diese Irritationen institutionell wirksam werden zu lassen und in die Arbeitshaltung zu inkorporieren oder diese schlicht gelten zu lassen.

Was (ältere) Migranten in ihrem Migrations- und Integrationsengagement auszeichnet, ist ihre Erfahrung der Migration und Integration. Wenngleich Erfahrung auch im Kontext von Beruf und Profession relevant sein kann, findet Migrationserfahrung im Kriterienkatalog von Beruf und Professionen keinen gebührenden Platz. Im Zusammenhang mit der Migrations- und Integrationsarbeit wird ihr dennoch ein Wert zugemessen, der von Organisationen der Wohlfahrt bisweilen als Kompetenz verstanden wird. Es geht für diese Wohlfahrtsorganisationen dann um das Ergebnis von Migrationsarbeit. Dieses überzeugt in der Praxis des Engagements von Laien, indem zum Beispiel „emotionale Befriedigung" (Müller-Kohlenberg 1990: 258) im Zuge des Einsatzes sogenannter alternativer Professioneller, die sich nicht ausschließlich an Expertenwissen orientieren, zustande kommt (vgl. Pfadenhauer 2003: 36).

3   Erfahrung: eine besondere Wissensform

Wie bereits in dem vorhergehenden Abschnitt zur sozialkonstruktivistischen und in Anlehnung daran wissenssoziologisch-hermeneutischen Einordnung der Hauptmerkmale wird der Stellenwert von Erfahrung als besondere Wissensform offenbar. Sie wird bestimmt durch die zu untersuchenden Akteure mit einer Migrationsgeschichte und einer bestimmten Altersstruktur sowie durch das Tätigkeitsfeld der Protagonisten, also ihrem Engagement für Migranten.

Erfahrung erhält in der Befassung mit Migrationsarbeitern mit Migrationsgeschichte eine besondere Qualität: Die fokussierte Untersuchungsgruppe greift in ihrem Engagement für Migranten vor allem auf *biografische Erfahrung* zurück.

Die Migranten der Untersuchungsgruppe bekleiden eine bestimmte Rolle[28], und zwar die der Migrationsarbeitsqualifizierten. Sie werden ausgewählt aufgrund ihrer biografischen oder Lebenserfahrung und dabei insbesondere der Migrationserfahrung. Als ältere Menschen

---

28   Diese Rolle ist noch wenig institutionalisiert. Zur Institutionalisierung von Rollen beziehungsweise zur Funktion von Rollen für Institutionalisierung siehe Berger/Luckmann 2007 [1969]: 76 ff.

besitzen diese Migrationsarbeiter eine Lebenserfahrung, die sie in Situationen der Migration und Integration erworben haben, und die sie in Situationen beispielsweise der Migrations- und Integrationsberatung als typische Erfahrungen an Hilfesuchende weitergeben.

Ältere Migrationsarbeiter mit Migrationsgeschichte agieren vor diesem Hintergrund in ihrer Arbeit anders als berufliche Experten (siehe Kapitel 2.3)[29]. Sie sind Experten ihrer eigenen Biografie und sie können auf ihr biografisches Sonderwissen in ihrer Tätigkeit beziehungsweise ihrem Engagement Bezug nehmen. Biografische Erfahrung gilt als wesentliches Element ihres Wissens: Die biografische Prägung der gegenwärtigen Situation bildet ein Element ihres Wissensvorrats (vgl. Schütz/Luckmann 2003: 163). Migranten können insbesondere auf dem Gebiet der Migration und Integration und den Problemsituationen, die ihnen hier begegnen, auf biografisch aufgeschichtetes Wissen zurückgreifen, jeweils im Rahmen der eigenen Relevanzen[30], also dem, was sie selbst angeht, den Problemen, die ihnen selbst begegnen.

Biografische Erfahrung wird in diesem Kapitel unter Punkt 3.2 als ‚theoretisches Konzept zum Umgang mit Erfahrung' genauer beschrieben und für die Untersuchung fruchtbar gemacht. Dazu wird, entsprechend des bisherigen Vorgehens, ein biografietheoretischer Forschungsstand zu den fragestellungsimmanenten Aspekten der Migration/Integration, des Alters und des Engagements präsentiert.

Zuvor aber wird an dieser Stelle der Erfahrungsbegriff theoretisch fundiert und seine Funktion als grundlegende Analysekategorie für die Untersuchung dargestellt. Dazu wird der Begriff ‚Erfahrung' in seinen Grundlagen phänomenologisch aufgearbeitet (Kapitel 3.1). Seine Einlassung in die fragestellungsimmanenten Dimensionen Migration beziehungsweise Integration, Alter und Engagement wird entlang dieser Grundlagen diskutiert (Kapitel 3.1.1 bis 3.1.3).

3.1 Der Stellenwert von Erfahrungswissen als Analysekategorie

Der Einbezug von Erfahrung als Analysekategorie bedeutet „zurückkehren zu Ereignissen und Erfahrungen; zurück zur ‚Wirklichkeit'" (Szakolczai 2008: 63). Eine Erfahrung gilt dabei als eigenständiges Ganzes, so wie Geschichten eine einheitliche und besondere Handlung haben.

Je nach individueller Relevanz wird zunächst ein bestimmtes Erleben als sogenannter thematischer Kern[31] im Bewusstsein abgelagert (Schütz/Luckmann 2003: 449). Ein Erleben wird zur Erfahrung, indem es sich von Vorangegangenem und Nachfolgendem abhebt. Einzelnen Erlebnissen wird eine erhöhte Aufmerksamkeit entgegengebracht; „das Ich [wendet]

---

29 Sie gelten im Kontext dieser Arbeit zumindest als Spezialisten oder Quasi-Professionelle (siehe vorausblickend Kapitel 10.1.1 und 10.2.1).
30 Zu der Unterscheidung von Relevanztypen vgl. Schütz/Luckmann 2003: 252 ff.
31 Neben dem thematischem Kern wird bei Schütz hierarchisch aufsteigend und jeweils das niedriger stehende Element eingeschlossen, das thematische Feld und ein offener Horizont genannt (Schütz/Luckmann 2003: 447).

seine Aufmerksamkeit [diesen Erlebnissen] zu" (ebd.)[32]. Erfahrung sticht „als eine bleibende Erinnerung" (Dewey 1988: 48) hervor.

Eine Erfahrung ist aber kein isoliert zu betrachtendes Phänomen; sie ist in einen ‚Fluss ohne Lücken' eingebunden und damit als Einheit zu betrachten[33]. Sie führt im Prozess des Lebens in ihrer Konstitution des Besonderen „von etwas weg zu etwas hin" (ebd.). Erst in Bezug zu etwas anderem wird Erfahrung sinnvoll. Sie ist noch kein Sinn. Das andere kann eine andere Erfahrung sein oder ein Erfahrungsschema, das bereits die Eigenschaft einer Problemlösung oder Handlungsrechtfertigung besitzt (vgl. Schütz/Luckmann 2003: 449 ff.). Erfahrungen, die einem Entwurf folgen und nicht nur ‚nachträglich sinnvoll gemacht werden', „erhalten ihren Sinn aus ihrer Beziehung zum Entwurf" (ebd.). Das geschieht nicht passiv, sondern „von mir aus (...) motiviert" (ebd.: 450) und auf das Erreichen eines vom Handelnden selbst entworfenen Ziels ausgerichtet[34].

Erfahrungsanalyse ist Phänomenologie. Erfahrung kann in ‚Erfahrungsräumen' untersucht werden, die zum Beispiel durch Generation oder Milieu gekennzeichnet sind. Mitglieder von Generationen und Milieus teilen in ihren Erfahrungen „konjunktiv bedingte Bedeutungen" (Mannheim 1980: 218). Diese Bedeutungen sind im Kontext historischer und gesellschaftlich-kultureller Relativität zu sehen. Dies macht Erfahrungsanalyse nicht einfach: Im Kontext historischer und gesellschaftlich-kultureller Relativität ist Erfahrung mit der Frage nach nachvollziehbarem innerem Erleben und nach äußeren Vorgängen beziehungsweise äußerem Verhalten nachzuspüren. ‚Nicht leicht' ist dies vor dem Hintergrund, dass Inhalte von Erfahrungen je nach generationalen und kulturellen Lebenswelten von Menschen variieren können (vgl. Schnettler 2008: 141).

Gerade weil aber Lebenswelten historisch und kulturell variieren können, wird Erfahrungsanalyse direkt bei den Menschen wichtiger: „Wenn die soziologische Forschung sich nicht einfach über die von ihr in den Blick Genommenen [Menschen] hinwegsetzen will, kommt man nicht umhin zu akzeptieren, dass es die Gesellschaftsmitglieder selbst sind, welche primäre Evidenz von ihren Erfahrungen haben" (ebd.: 142)[35]. Diese Erfahrungen (und der Erfahrungsaufbau) können dort aufgedeckt werden, wo sie entstehen, also vor allem im Alltag.

Entsprechend generationaler und kultureller Verortung hat Erfahrung Grenzen. Diese Grenzen sind Grenzen des Wissens „um die Transzendenz der Welt" (Schütz/Luckmann 2003: 593)[36]. Begrenzungen offenbaren sich in der Wahrnehmung einer Wirklichkeit, die uns

---

32 Warum sich ein Individuum einer Erfahrung zuwendet, ist abhängig von der speziellen Situation, aber auch von dem subjektiven und gleichzeitig gesellschaftlich geprägten Relevanzsystem und vom subjektiven Wissensvorrat des Individuums (Schütz/Luckmann 2003: 450).

33 Eine Einheit von Erfahrung wird zum Beispiel über Gefühle hervorgebracht. Gefühl bringt nicht an sich Erfahrung hervor; es ist Teil beziehungsweise Eigenschaft von Erfahrung: Gefühl ist als Erfahrungs-Kitt an Objekte gebunden, jedoch kann es durch seine Präsenz im Geist gleichzeitig abgrenzen und vereinbaren; es kann als prägend und entscheidend in die „Regelung einer jeden Situation" (Dewey 1988: 56) eingehen.

34 Über weitere Zusammenhänge, insbesondere zwischen Entwurf, Denken, Wirken bis hin zu Arbeiten siehe Schütz/Luckmann (2003: 451 ff.).

35 Mitzudenken ist, dass erfahrene Wirklichkeiten Menschen nicht ontologisch gegeben, sondern im „Bewusstsein konstruierte Erfahrungswirklichkeiten" (Schnettler 2008: 142) sind.

36 Transzendenzen werden bei Schütz/Luckmann 2003 in kleine, mittlere und große Transzendenzen unterschieden (Schütz/Luckmann 2003: 597 f.), die sich im Alltag, in Krisensituationen oder zum Beispiel im Angesicht des Todes zeigen.

fremd ist. Sie scheint uns weniger fremd, wenn diese Wirklichkeit im Alltag, in allgemeiner „Miterfahrung" (ebd.: 596) transportiert wird; einer Miterfahrung, die mit Mitmenschen geteilt wird, die einen gemeinsamen Lebenslauf haben. Mit räumlicher/zeitlicher Abstandsvergrößerung im Sinne einer Anonymisierung interagierender Menschen wird die Überbrückung transzendentaler Begrenzungen zunehmend erschwert (Berger/Luckmann 2007 [1969]: 31 ff.).

Das transzendentale Verständnis beziehungsweise Nicht-Verständnis der Generationen (als Bezeichnung für zeitlichen Abstand) und Wanderer zwischen gesellschaftlichen Ordnungen (als Bezeichnung für räumlichen Abstand) ist durch ein Ausscheren aus der unmittelbar vermittelten Reichweite leiblich gegenwärtiger Präsenz der Interagierenden gekennzeichnet.

Im folgenden Abschnitt 3.1.1 wird zunächst dem Aspekt der Wanderung als Migration/ Integration klassisch-phänomenologisch nachgespürt, indem Erfahrung in den Kontext der Grenzsetzung und -überschreitung durch ‚Eigenes' und ‚Fremdes' gestellt wird. Darauf folgt in Abschnitt 3.1.2 eine phänomenologisch angeleitete Auseinandersetzung mit dem Begriff der Erfahrung, verknüpft mit Alter als Generationenfrage. In Abschnitt 3.1.3 wird Erfahrung im Zusammenhang mit Berufsarbeit und Engagement betrachtet, wobei ein theoretischer Forschungsstand zu diesem Kontext nicht einzig in phänomenologische Perspektiven, sondern in weitere Literaturlagen zur Bedeutungen von Erfahrung in Berufsarbeit und Engagement einzuordnen ist.

3.1.1 Erfahrung im Kontext von Eigenem und Fremdem

Wenn sie auch nicht in unmittelbarer Miterfahrung geteilt wird, erscheint die Erfahrung sogenannter Zeitgenossen doch einander leicht zugänglich; sogar bei Menschen, die einem aufgrund räumlichen Abstands persönlich nicht bekannt sind,

> „von denen aber anzunehmen ist, dass sie in ihrem Leben (…) ähnliche Erfahrungen gesammelt haben wie ich (…). Aber nicht alle Zeitgenossen sprechen die gleiche Sprache (…). Es ist klar, dass sich die Welt von Zeitgenossen, die eine andere Sprache sprechen als ich, die in ganz andere Schulen gegangen sind oder in gar keine Schule, die andere Märchen gehört oder andere Bücher gelesen haben, deren Leben von anderen örtlichen Geschehnissen geprägt worden war (eine eingedämmte Seuche, ein ‚kleiner', begrenzter Krieg), deren Eltern einer anderen gesellschaftlichen Schicht angehören wie die meinen usw., von meiner Welt immer weiter entfernt. Dennoch sind wir Zeitgenossen. Die gleichen historischen Ereignisse haben in unser Leben eingegriffen (z. B. haben wir einen Weltkrieg von entgegengesetzten Seiten erlebt). Und während mir die Vergangenheit und die Gegenwart dieser Zeitgenossen nur mittelbar und über mehr oder minder anonyme Typisierungen zugänglich ist, ihre Zukunft könnte ich teilen (indem ich zum Beispiel auswandere). Sie könnten meine Mitmenschen werden, ich könnte mich in ihre, mir jetzt wesentlich fremde Welt hineinleben" (Schütz/Luckmann 2003: 611 f.).[37]

Das Zitat von Schütz/Luckmann weist auf Grenzen der Mitmenschlichkeit hin, auf lebensweltliche Unterschiede, die Fremdes und Eigenes kennzeichnen. Gleichzeitig zeigt es Möglichkeiten der Grenzüberwindung.

Grenzen können überschritten werden, indem man in eine andere Ordnung eintritt. Dies passiert zum Beispiel im Zuge umstürzender öffentlicher Ereignisse wie Kriegsausbruch oder Revolution etc. (vgl. Waldenfels 1998: 31 f.). Im Umgang mit (solchen) Krisen wird

---

[37] Im Folgenden werden einige Zitate hervorgehoben, die Erfahrung als Konzept an Beispielen der hier ausschlaggebenden Autoren Schütz/Luckmann verdeutlichen.

das Repertoire aus beispielsweise Alltagswissen oder Sonderwissen benutzt. Dieses Wissen unterscheidet sich je nach Gesellschaft. „Der Grund hierfür ist einfach. Anlässe und Erscheinungsformen der Krisen sind zum Teil unmittelbar gesellschaftlich bestimmt (wie im Fall von Kriegen (...)), mitbedingt (wie im Fall von Hungersnöten (...)) oder wenigstens mittelbar von gesellschaftlichen Verhältnissen abhängig (wie in Fragen der Gesundheit (...))" (Schütz/Luckmann 2003: 630).

Grenz- oder Schwellenerfahrungen zeigen, dass unsere Welt durch Eingrenzung von Unvertrautem bestimmt ist, ebenso aber auch, dass diese Eingrenzungen überschritten werden können. Ein Denken von Grenzen ist stets ein Denken an Grenzen oder Schwellen. Es geht um den Umgang mit Grenzen, die auf Grenzordnungen verweisen. Grenzordnungen betreffen die Ideen eines Binnenraumes, in dem etwas zunächst schlicht da ist und in Nachbarschaft zu etwas anderem existiert. Erst im Verhalten zum Raum entsteht eine Bedeutung der Stellung zum Raum und differenziert das Drinnen und Draußen (vgl. Waldenfels 1998: 30 f.).

Was ist dann fremd und was eigen? Schütz/Luckmann und Waldenfels geraten mit ihren Phänomenologien schnell in Positionen, die von kosmopolitischen[38] Perspektiven überholt zu werden scheinen.

Fremd ist zunächst all jenes, das außerhalb des eigenen Bereiches vorkommt, etwas, das anderen gehört oder von einer fremden Art ist (vgl. Waldenfels 1997: 20). Unter dem Aspekt des Ortes wird Fremdheit in Verbindung zum Nationalstaat gesehen; wer also nicht die gleiche Nationalität besitzt, ist auch in der Soziologie meist der Fremde, meist nicht der Mitmensch oder Zeitgenosse. Mit Husserl spricht jedoch auch Waldenfels davon, dass Fremdheit und Erfahrung von Fremdheit nicht als vorausgesetzte Differenz ontologisiert werden darf. Es geht im Gegenteil um sogenannte „Zugänglichkeit" (Waldenfels 1997: 26); gleichzeitig handelt es sich um die Zugänglichkeit von etwas Unzugänglichem, eine „Art leibhaftige Abwesenheit" (ebd.: 26), die nicht einfach erfasst und integriert werden kann in einen vorgestellten Bekanntheitshorizont.

Fremdheit ist also nicht auszuschließen. Fremd sind wir auch in uns selbst. Eine sogenannte ‚Me and I'-Bestimmung lässt es zu, von einer Anwesenheit des anderen (Fremden) in uns zu sprechen, die prinzipiell unzugänglich ist. Der Blick auf uns selbst ist immer ein gebrochener Blick durch andere (vgl. ebd.: 30 f.). Wenn der andere (auch in uns) stets unzugänglich präsent ist, stellt sich die Frage: Wo beginnt Fremdheit? Zunächst bei uns selbst und dann „im eigenen Hause und im eigenen Lande" (ebd.: 32). Fremdheit ist bestimmt durch Ordnungen im Sinne von Lebenswelten, Sonderwelten, die als Fremdheitszonen umschrieben werden können. Eine strikte Grenzziehung ist jedoch nicht möglich. Es gibt immer Ungleichzeitigkeiten und Überschneidungen (vgl. ebd.: 34 f.), die gesehen werden müssen, will man sich nicht in harten und damit empirisch nicht haltbaren Kategorisierungen des Eigenen und Fremden verirren: „So kann ein und dieselbe Person sich zugleich als einheimisch und fremdländisch, als vertraut und fremdartig entpuppen, und dies umso mehr, je heterogener unsere Gesellschaften werden" (ebd.: 35).

Grenzen sind grundsätzlich fraglich. „Wären die Grenzen zwischen Drinnen und Draußen bereits gezogen, so würde das, was jenseits unseres Erfahrungshorizontes und jenseits

---

38 Eine kosmopolitische Perspektive beispielsweise ermöglicht einen methodologischen Blick, der sich einem ‚Entweder-oder' bezüglich Fremdem und Eigenem widersetzt und eine Haltung des ‚Sowohl-als-auch' nahelegt (siehe Beck 2004: 12).

unserer Erfahrungsschwellen liegt, uns nichts angehen" (ebd.). Dass Erfahrungen, mögen sie Risiken oder Chancen bergen, von außerhalb der Schwellen und Grenzsetzungen zu uns gelangen, bezeugt, dass sie uns doch etwas angehen. Sie beunruhigen und zwingen, den Blick über die Grenzen zu lenken (vgl. ebd.). Wir haben eine Tradition, die darauf ausgelegt ist, das Fremdartige zu bewältigen, indem man es gleichmacht. „Anstatt Grenzerfahrungen vorweg zu moralisieren, sollte man vielmehr versuchen, so etwas wie Ethos von *Grenzachtung* und *Grenzverletzung* her zu denken. Was sich anbietet, ist ein Grenzverhalten, das sich auf Fremdes einläßt, ohne es dem Eigenen gleichzumachen oder es dem Allgemeinen zu unterwerfen (…). Das bedeutet, daß man die Schwelle zum Anderen überschreitet, ohne die Grenze aufzuheben und hinter sich zu lassen" (Waldenfels 1998: 39, Hervorhebungen im Original).

3.1.2 Erfahrung und Alter: Generationenfrage

Vergegenwärtigt man sich Schwellenerfahrungen des Verstehens im Sinne einer Übertragung von Erfahrung zwischen Generationen, werden phänomenologische Grenzen zwischen ‚Alten' und ‚Jungen' aufgezeigt, die noch undurchdringlicher erscheinen als diejenigen, die zwischen Menschen als Fremde im Zuge von Migration durch das Eintreten in andere Ordnungen bestehen und durchbrochen werden (können).

> „Unsere älteren Zeitgenossen erinnern sich noch gut an Leute, in deren Welt es keine Flugzeuge, kein Radio gab. Auch während wir noch zusammen am Leben sind und während uns vieles (…) in gleichartigen und gleichzeitigen (…) Erfahrungen zugänglich ist, enthält die Welt der Älteren Bereiche, die meiner unmittelbaren Erfahrung grundsätzlich verschlossen sind" (Schütz/Luckmann 2003: 612).

Die beiden Autoren Schütz und Luckmann erkennen, dass wir (‚Jüngeren') mit ‚Älteren' zwar gleiche Situationen erleben, wobei Ältere diese Situationen, im Gegensatz zu uns, wahrscheinlich bereits wiederholt erlebt und bewältigt haben:

> „Die Älteren wissen, wie solche Situationen sich zu entwickeln pflegen, aus eigener Anschauung; ich kann es meinem Wissensvorrat nur über den Bericht der Anderen, auf Grund allgemeiner Handlungsmaximen einverleiben. Was für mich mehr oder minder anonyme Wissenselemente sind, ist für ihn Lebenserfahrung. Diese Lebenserfahrung überschreitet die meine unvermeidlich; ebenso unvermeidlich sammle ich meine eigene ‚Lebenserfahrung'" (Schütz/Luckmann 2003: 613).

Wenn Lebenserfahrung als Wissen nur schwer zugänglich ist und seine Rolle und Bedeutung zwischen Generationen variiert, stellt sich die Frage danach, was denn Generationen sind und wie sich die Rolle ihres (Erfahrungs-)Wissens unterschiedlich konstituiert. Dazu folgen zwei Exkurse, wovon der erste sich dem Begriff der Generation diskursiv nähert, dabei den Blick auf die Differenz generationaler Erfahrung beibehält. Der zweite Exkurs befasst sich mit dem Generationenbegriff in seiner Konnotation zu einem strukturell angelegten Konzept der Ehre und des Prestiges, die insbesondere mit der Generation ‚Alter' verbunden werden.

3.1.2.1 Exkurs: Generationenerfahrung

Generation kann gedeutet werden als „zeitgeschichtliche Generation (zum Beispiel Nachkriegsgeneration, 68er Generation)" (Sackmann 1992: 201) beziehungsweise als Gesellschaftsgeneration im Sinne einer erfahrungstypisch abgrenzbaren Kohorte (vgl. Szydlik 2009: 382). Das Deutungsmuster[39] ‚Generation' erhält zudem im Verlauf des Lebens bei allen einen von der anfänglichen zur späten Lebensphase spezifischen Inhalt. Dazu gehört zum Beispiel die Ablösung Jugendlicher von der Familie. Und im Zuge diskursiver Formierungen um die Auflösung der Familie entsteht das Konzept ‚Alter' als eigenständige Generationskategorie (vgl. Sackmann 1992: 203 f.).

Sackmann gewinnt Schütz und Luckmann ab, dass sie eine zeitliche Ausdifferenzierung von Gesellschaft mit dem Generationenmuster umschreiben, wobei zwischen Generationen, beziehungsweise zwischen ihren jeweiligen Erfahrungen die Gültigkeit der Reziprozität der Perspektiven ungültig wird (vgl. ebd.: 121).

„Der Jugendliche lernt die Erzählung seiner Vorfahren einer anderen als seiner Zeit, nämlich der Vorwelt zuzuordnen, er beginnt zu vermuten, daß Unterschiede zwischen den Welten der Generationen vorhanden sind. Er stellt fest, daß die Unterschiede der konjunktiven Erfahrung Auswirkungen auf gegenwärtige Unterschiede in der Denkweise der Generationen haben. Von den Älteren vorgenommene Vergleiche zwischen ihrer biographischen Vergangenheit und der Gegenwart des Jugendlichen werden als unvollständig wahrgenommen, da eine ‚gleiche' Erfahrung in einem anderen Zusammenhang (…) nicht ‚die gleiche' gewesen [sic!] sein [kann]" (ebd.: 123).

Vor dem Hintergrund des Deutungsmusters ‚Generation' nehmen Generationen ihre Erfahrungsinhalte unterschiedlich wahr; sie konstruieren umgekehrt über ihre generationenspezifische Erfahrung zeitliche Differenz in der Gesellschaftsstruktur (vgl. ebd.: 121).

Einige neuere und auch ältere Studien befassen sich mit dem Generationenbegriff aufgrund sehr unterschiedlicher Interessen. Einige nehmen den Generationenbegriff als Erfahrungsbegriff ernst: Sie befassen sich zum Beispiel damit, wie Holocaust-Erfahrungen übertragen werden (Rosenthal 1998) oder arbeiten an dem Thema der Ethnisierung des Generationendiskurses in den USA seit den 20er-Jahren (Jureit/Wild 2005). Andere Studien lassen Bedeutungen, die mit dem Generationenbegriff als Erfahrungsbegriff verbunden werden, verschwimmen: Sie arbeiten zum Thema der Generationengerechtigkeit, wohlfahrtsstaatlichem Umbau (Klundt 2008) und/oder zum Spannungsfeld zwischen Generation und Familie (Lettke/Lange 2007).

3.1.2.2 Exkurs: Die Generation ‚Alter' – Erfahrung und Prestige

Erfahrung ist an Generationen*rollen* gebunden. Diese Rollen sind umgekehrt an sozialstrukturell gruppenspezifisches Wissen gebunden. „Subsinnwelten [des Wissens, das von Gruppen getragen wird,] können ihre gesellschaftliche Struktur verschiedenen Kriterien verdanken: Geschlecht, Alter, Beruf, religiöse Überzeugung, ästhetische Vorlieben und so fort" (Berger/Luckmann 2007 [1969]: 90). Greift man das Kriterium des ‚Alters' heraus kann aus sozialkonstruktivistischer Sicht jüngeren und älteren Menschen ein struktureller und rollenspezifisch jeweils unterschiedlicher Erfahrungs- und Handlungsrahmen zugeschrieben werden.

Dieser Erfahrungs- und Handlungsrahmen beinhaltet das Konzept der Ehre: Ehre scheint der Rolle älterer Menschen in der Gesellschaft eingeschrieben. Vor dem strukturellen

---

39 Ein Deutungsmuster ist eine bestimmte Wissensform und bei Sackmann ein kulturelles Wissen, das Orientierung vorgibt und Realität nicht lediglich konserviert, sondern auch schafft (Sackmann 1992: 199).

Hintergrund, den Ehre der Rollenausübung älteren Menschen bietet, kann wiederum gehandelt werden. Dies ist wie folgt zu begründen:

Der Begriff der Ehre findet im öffentlichen und politischem Diskurs trotz archaischem Anmuten weiterhin Verwendung: „Ehrenbürger und Ehrenmitglieder, Ehrenzeichen und Ehrentitel, Ehrenworte und Ehrenämter, Ehrenkodex und Ehrengericht, Familie- und Berufsehre usw." (Schroeter 2006: 27) sind einige noch immer aktuelle Verwendungsweisen. Daraus kann gefolgert werden, dass Ehre noch immer ein „nicht unwesentlicher Steuerungsmechanismus in der modernen Gesellschaft ist" (ebd.: 17). Mit Tartler (1961) ist eine Verbindung von Ehre und Alter beziehungsweise den Alten als Erfahrenen herzustellen, deren Lebensführung als „soziale Einschätzung der ‚Ehre' (…) [geknüpft an] irgendeine gemeinsame Eigenschaft vieler [hier das Alter]" (Schroeter 2006: 28) zu erklären ist. Es handelt sich bei der Ehre der erfahrenen Alten um Sozialprestige, das trotz historisch-diskursiver Wandlungen Bestand zu haben scheint.

Der nach einem vermeintlich goldenen Zeitalter der Alten einsetzende Statusverlust beziehungsweise Rollenverlust alter Menschen im Industriezeitalter wird bei Rosow (1977 [1974]) deutlich. Prestige wird hier im Alter eingebüßt. Es besteht nicht als Ehre der Erfahrenen fort. Es handelt sich hier um Prestige, welches zuvor durch Erwerbsarbeit erworben wurde. Erwerbsarbeitsethos im Alter offenbart im Industriezeitalter die Rollenlosigkeit alter Menschen: Ihre Erfahrung büßt Wertschätzung ein; ebenso nimmt ihre Macht in ökonomischen Tauschbeziehungen ab, da ihr Wissen obsolet zu werden scheint (Schroeter 2006: 47).

Der Tausch von Freizeit gegen neue Rollen und Positionen im Engagement für andere ist jedoch eine Möglichkeit, das Wissen und die Erfahrung alter Menschen zu nutzen. „Ansehen, Prestige, Rufe [sic!], Ehre, Reputation und Renommee" (ebd.: 48), ebenso Ausgangslage (im Sinne einer materiell abgesicherten Position), Zeit, soziale Kontakte und Beziehungen sind nutzbar, soweit sie tatsächlich vorhanden sind.

3.1.3 Erfahrung und Grenzziehungen im Kontext von Berufsarbeit und Engagement

Weisheit und Erfahrung alter Menschen scheint einerseits gestrig und überholt zu sein, andererseits erlebt das Wissen älterer Menschen heute ein Comeback. Vor allem im Kontext von Beruf und bürgerschaftlichem Engagement sind Tendenzen einer Neubewertung des Erfahrungswissens älterer Menschen auszumachen.

Neues Material zur Befassung mit Erfahrungswissen ist in der Weisheitsforschung, der Arbeitsmarkt- und Berufsforschung, der Lern- und Intelligenzpsychologie und der Managementforschung zu suchen. Definiert und umschrieben wird Erfahrungswissen hier bereits mit Aristoteles, der den „Eigenwert dieser Art [des] Wissens (…) [der] Einsichten (…) [die] auf praktischer, durch wiederholten Umgang mit der Sache gewonnener Erfahrung" basieren, feststellt (Zemann 2002: 10). „Daher komme es vor, dass manche, obwohl sie über eine theoretische Fundierung ihres Könnens nicht verfügen, geschickter im Handeln sind als solche, die darüber verfügen – auch auf anderen Gebieten übrigens: Es sind das die Leute mit praktischen Erfahrungen" (ebd.: 11)[40]. Damit zeigt sich der Praxisbezug des Erfahrungswissens, welches, wenn nicht genutzt, verfallen kann.

---

40 Nach Kiwitz 1989: 118 f.

Erfahrungswissen kann zum Beispiel inhaltlich berufliches Wissen und von der Art her Lebenswissen oder Weisheit sein. Dieses Erfahrungswissen ist immer auch Kontextwissen und damit handlungsleitende Orientierung. Es geht in Fleisch und Blut über und kann intuitiv, gefühlsmäßig rasch angewendet werden (vgl. ebd.: 12.). Es ist deshalb meist irgendwie verborgen (implizit[41]). Das widerspricht nicht dem Gedanken, dass Erfahrungswissen eine besonders hoch entwickelte Form des Expertenwissens sein kann. In der Wissensgesellschaft wird dieses Wissen benötigt als „wichtigste Ressource der kommenden Gesellschaft" (ebd.: 14). Wissensmanagement versucht diese Ressourcen methodisch zu fassen durch Anregen von Reflexionsprozessen, Anregen zur Verbalisierung etc.[42]

Diese Methoden muten vor dem Hintergrund phänomenologischer Befassungen zumindest ambitiös an. Das Vorgehen, Erfahrungsressourcen hervorzulocken, liegt in der Annahme, implizites Wissen bei den Menschen mit Erfahrungswissen selbst explizit machen zu können. Erfahrungswissen ist personengebunden und kann aufgrund der schlechten Verbalisierbarkeit kaum an andere weitergegeben werden. Dokumentation beziehungsweise Speicherung, wie bei anderem (explizitem) Wissen in Organisationen, ist kaum möglich (vgl. ebd.: 16). Weitergabe von Erfahrungswissen bleibt schwierig – es stellen sich Barrieren ein, die aufgehoben sein wollen: Dazu wird eine Vertrauensbasis und eine angemessene Situation für die Weitergabe benötigt (vgl. ebd.: 17).

Es geht bei dem Zustandekommen und der Weitergabe von Erfahrung nicht nur im Rahmen von theoretischen Ausführungen des Wissensmanagements um die „prozesshafte Herstellung von Arbeit durch die Arbeitenden selbst (…) [sondern auch] – phänomenologisch gesprochen – (…) [um] die methodisch gesicherte Dokumentation der intentionalen Akte, in denen sich menschliche Arbeit manifestiert" (Ferber 1991: 16).

Ziel phänomenologischer Forschung kann es sein, dem ehemals abgewerteten weil nicht wissenschaftlich fassbaren Erfahrungswissen (auch älterer Menschen), Kriterien der Objektivierbarkeit und Generalisierbarkeit dieses Wissens entgegenzustellen. Es wurde stets stillschweigend mit Erfahrungswissen umgegangen. Nun wird der Umgang zunehmend offensiv im Zuge pragmatischer Akzeptanz, Transformation, Substitution und der Nutzung sogenannter Tacit Skills (vgl. Böhle et al. 2004: 99 ff.).

Böhle et al., die sich im Bereich der Arbeitsforschung phänomenologisch angeleitet mit Erfahrungswissen beschäftigen, grenzen zwei Formen von Erfahrungswissen voneinander ab: den sogenannten *Erfahrungsschatz* und *Erfahrung machen*. Der *Erfahrungsschatz* ist angesammeltes Routinewissen, das insbesondere in der Diskussion um die nutzbaren Erfahrungen (auch zum Beispiel älterer Mitarbeiter) thematisiert wird. *Erfahrung machen* wird verwendet für Erfahrung, die erst „in der Auseinandersetzung mit Neuem" (ebd.: 102 f.), mit neuer Praxis als (Erfahrungs-)Wissen, weiterentwickelt werden kann. Wissen und Handeln werden durch *Erfahrung machen* in enger Verknüpfung gesehen. Dabei soll nicht nur die Anwendung von Wissen thematisiert werden, sondern auch die „(Um)Strukturierung praktischen Handelns" (ebd.: 104) durch Wissen. In diesem Kontext wird Erfahrungswissen im

---

41 Der Begriff „implizites Wissen" wurde von Polany 1966 geprägt. Es basiert auf einer ganzheitlichen Wahrnehmung als Einfühlung (Neuweg 2004: 134 ff.). Zur Unterscheidung von implizitem und explizitem Wissen siehe auch Schütz/Luckmann 2003: 156 ff.

42 Dazu werden zum Beispiel Instruktionen zu lautem Denken gegeben, Störungen von Routinen veranlasst, um an das implizite Wissen zu gelangen (Rammert 2000).

praktischen Handeln „generiert, erworben und angewandt" (ebd.: 105). Implizites Wissen kann auf dieser Ebene in explizites Wissen transformiert und objektiviert werden[43].

3.2 Biografie: eine theoretische Perspektive auf Erfahrung

Biografien sind in dieser Arbeit Teil des Untersuchungsmaterials. Sie bieten sich als Untersuchungsmaterial an, um das ‚Werden' der Befragten, den Erfahrungsaufbau, das kontinuierliche Erfahrung *machen* nachzuvollziehen und den aktuellen Erfahrungs*schatz* von in der Migrationsarbeit engagierten Migranten zu beleuchten. Der Fokus auf Biografien beinhaltet einen Forscherblick, der den gesamten Lebensverlauf von Individuen beleuchtet, sodass Veränderungen sichtbar werden. Sukzessive kann so das Leben von Biografen[44] nachgezeichnet werden.

In den erhobenen Biografien werden materialübergreifende Kristallisationspunkte erkennbar (siehe vorausblickend Kapitel 8.2), die Ausdruck von Lebenskapiteln sind, die mit ähnlichen Problemen und Lösungsansätzen ausgestattet sind. Insofern sind sie das unabdingbare Instrumentarium zur Erfahrungserfassung und müssen theoretisch-methodologisch einbezogen werden. Sie werden hinsichtlich des (theoretischen) Forschungsstandes zum Konzept der Biografie bearbeitet.

Dieser Abschnitt ist nach Darlegung der Grundzüge biografischer Forschung zur Einordnung von biografischer Erfahrung in ähnlicher Weise wie die vorigen Kapitel aufgebaut. Relevante Forschung wird in Anlehnung an Aspekte der Fragestellung, also des Alters, der Migration/Integration und des Engagements sowie der Berufsbiografie präsentiert[45].

Zunächst zu den Grundlagen einer Theorie der Biografie: Biografie ist Selbstaussage, die in Form gebracht wird, Selbstheit, die ausdrücklich gemacht wird (vgl. Hahn 1988: 49 f.). Damit aber Selbstheit repräsentiert werden kann, müssen neben einem personalen Gedächtnis symbolische Bereitstellungen vorhanden sein, die in soziale Institutionen eingelassen sind: sogenannte „Biografiegeneratoren" (ebd.: 51). Diese vergegenwärtigen sich zum Zeitpunkt der Erzählung und umfassen ebenso Zukunft wie Vergangenheit. Es wird auf bereitgestellte Typisierungen zurückgegriffen, um Simultaneität der (Selbst-)Erzählung herzustellen (vgl. ebd.: 55). Solche Biografiegeneratoren entsprechen der ‚Erfahrungsbiografie', die in der Sozialphänomenologie insbesondere von Alfred Schütz als Strukturkategorie gilt (vgl. Grundmann 2000). Erfahrungsbiografie gibt typisch strukturiert in der Gesellschaft Orientierung vor. Darauf wird in der Konstruktion der individuellen Biografie zurückgegriffen. Biografie als Strukturierungskategorie lässt dennoch Raum für aktives Mitgestalten im Zuge der Artikulation der biografischen Erfahrung. Erfahrungsbiografie ist bedeutsam für das gegenwärtige Erleben und gleichzeitig für zukünftige Handlungsentwürfe, die auf zukünftiges Handeln und zukünftige Handlungsmöglichkeiten gerichtet sind (vgl. Grundmann 2000: 209). Sie schränkt Chancen und Pflichten, die Handeln anleiten, subjektiv ein und

---

43 Nicht-objektivierbare Formen des Wissens, zum Beispiel gefühlsgeleitetes, assoziatives Wissen, „Gefühl für Maschinen (...) das Erahnen von Störungen" (Böhle et al. 2004: 109), haben dennoch handlungspraktischen Anspruch und bleiben nicht bloß subjektive Einschätzung oder Vermutung.
44 Als Biografen werden die Erzähler ihrer eigenen Biografie bezeichnet.
45 Dass sich Engagementbiografie und Berufsbiografie in den biografischen Erzählungen befragter Untersuchungspersonen überschneiden können, zeigt sich in der Darstellung der Ergebnisse.

zeigt Möglichkeiten auf, an denen sich das Individuum in seinem Handeln ausrichten kann (vgl. Grundmann 2000: 209 zit. n. Schütz/Luckmann 1979: 127). In der Erfahrungsbiografie „kommen (...) die sozialen und individuellen Handlungsperspektiven in den Blick, die das Individuum im Laufe des Lebens erworben hat" (Grundmann 2000: 209). Mit der Fähigkeit, Erfahrung und Struktur durch Artikulation zu koordinieren, wird die ‚eigene' Strukturierung von Handlungsstrukturen möglich (vgl. ebd.: 211).

Ein scheinbar anthropologisches Bedürfnis ist die im Zuge dieser Koordination geglückte zusammenhängende Sinnkonstruktion des Lebens. Es handelt sich um „ein eingeborenes Bedürfnis nach Zusammenhang in der psycho-physischen Konstitution des Menschen" (Berger/Luckmann 2007 [1969]: 68). Dieser Zusammenhang wird (immer wieder neu) hergestellt. „Wir selbst sind es, die unser Leben immer wieder neu uminterpretieren. (...). Indem wir uns der Vergangenheit erinnern, interpretieren wird [sic!] sie schon, und zwar in Übereinstimmung mit unseren jeweilig aktuellen Auffassungen von dem, was wir für wichtig halten oder nicht" (Berger 1977: 67). Was wir wiederum für wichtig halten, entspricht zeitlichen und gesellschaftlich-kulturellen Relevanzen.

Diese zeitlichen und gesellschaftlich-kulturellen Relevanzen werden für die Selbstpräsentation in Biografien da zwingend, wo eine bestimmte Gegenwart der Endpunkt unterschiedlicher Vergangenheiten sein kann (vgl. Hahn 1988: 55). Ein „Sprung zwischen Herkunft und späterem Lebensschicksal und die auch später noch wirksame Distanz zu(r) [beispielsweise einer] neuen gesellschaftlichen Gruppe werfen den Erzähler seiner Biographie auf sich selbst zurück, machen ihn selbst zum Rätsel und zum Gegenstand biographischer Reflexion" (ebd.: 58).

In der „Selbstentfremdung" (ebd.), die dadurch entsteht, werden Gewissheiten gebrochen und Deutungsmonopole erschüttert. Vor dem Hintergrund gewandelter gesellschaftlicher Rahmenbedingungen wird Biografiekonstruktion nicht leichter. Oft ist das Ergebnis der Konstruktionsbestrebungen Scheitern und Sinnkrise, wenn zwischen Gegenwart, Vergangenheit und Zukunftsplanungen keine konsistenten Zusammenhangslinien zu ziehen sind (vgl. Marotzki 1991: 412 f.).

Der biografische Ansatz mit sozialwissenschaftlicher Ausprägung trägt zur nachvollziehbaren Einordnung von Lebensläufen und Lebenserfahrungen in veränderliche und veränderte gesellschaftliche Entwicklungen bei. Im Zuge gesellschaftlicher Entwicklungen bildet sich „eine Form sozialer Selbstbeschreibung aus, die das Individuum nicht einfach per Statuszuweisung in der Gesellschaft (...) fixiert, sondern eher seinen Weg in einer lebenszeitlich erstreckten Prozeßdarstellung modelliert; das Individuum wird biographisch beziehungsweise autobiographisch in Bezug zur Gesellschaft gesetzt" (Fischer-Rosenthal/Rosenthal 1997/a: 133). In der Biografie als erzählter Selbstpräsentation spiegelt sich eine wechselseitige Durchdringung von subjektiven Erfahrungen, Erlebnissen und gesellschaftlich vorgegebenen Mustern (vgl. Rosenthal 1995: 12). Im Wechselverhältnis von Individuum und Gesellschaft, also subjektiver und objektiver Perspektive, wird Biografie sichtbar. Sie ist dabei weder ausschließlich „individuelle Leistung" des Subjekts, jedoch „ebensowenig (...) geht sie in gesellschaftlichen Vorgaben auf" (ebd.: 13). In ihrer Eigenschaft der individuellen Lebensbeschreibung und der musterhaft kulturellen Lebensbeschreibung markiert sie eine subjektive und gesellschaftliche Doppelreferenz (vgl. Dausien 2004: 314). In ihr manifestiert sich sowohl das subjektive Innere, das sich in der „erzählten Lebensgeschichte" (Alheit/Dausien 1985: 45) widerspiegelt, als auch das objektive Äußere, das im „Lebensverlauf" (ebd.) seinen Ausdruck findet.

Durch Einbezug einer biografischen Perspektive wird in dieser Untersuchung beabsichtigt, Erfahrung biografisch-lebenszeitlich einzubetten. Mit Blick auf die biografische Lebenserfahrung als markante Analysekategorie sind Biografietheorie[46] und Theorie der Erfahrung zusammenzudenken.

3.2.1 Biografie und Alter

In der Biografietheorie existiert die für Berger (1977) fragwürdige Vorstellung, „daß eine gewisse Reife vorhanden sein muß, wenn jemand wirklich begriffen haben will, was es mit seinem eigenen Leben denn eigentlich auf sich hatte" (ebd.: 64).

Sozialisation und damit Veränderung der Perspektive auf die eigene Biografie findet jedoch ein Leben lang statt (vgl. Berger/Luckmann 2007 [1969]: 157). In der biografisch angelegten Altersforschung erhält dies Aufmerksamkeit[47].

Heinz (2000) betrachtet vor einem explizit biografietheoretischen Hintergrund den Lebenslauf „als Institution, die Individuen in Sozialisations- und Selektionsprozesse, insbesondere in Statuspassagen und Übergängen zwischen Lebensbereichen einbindet" (ebd.: 166). An Übergängen wird im Alter eine Beziehung zu früheren Erfahrungen hergestellt. Hier kommt „die Selbstsozialisation zur Geltung, die sich in unterschiedlichen Ansprüchen an eine autonome Gestaltung der Biographie" (Heinz 2000: 183) ausdrückt. Sozialisationserfahrung ist dann nicht mehr grundlegende und lebenslang wirksame Ressource, sondern „biographischer Ausgangspunkt, der immer wieder zu ergänzen, umzuschreiben und neu zu bewerten ist" (ebd.: 165).

„Älter werden heißt leider nicht immer weiser werden" (Berger 1977: 66). Menschen sind zu jeder Zeit darauf angewiesen, zu planen und sich neu zu orientieren. Sie sind ständig darauf angewiesen, eigene Erfahrung in ihrer Lebenslaufstruktur aktiv zu nutzen. „Sozialisation im Lebenslauf heißt, daß die eigene Lebensgeschichte bei allen Sozialisationsprozessen quasi als Sozialisationsagent in Erscheinung tritt" (Heinz 2000: 176). „Wenn Menschen äußerlich in Bewegung geraten, so verändert sich häufig auch ihr Selbstverständnis" (Berger 1977: 68), und das in jedem Alter.

Biografisch angelegte Sozialwissenschaft richtet ihren Blick auf Alter nicht (mehr) notwendigerweise normativ, determiniert und phasenhaft aus. In älterer Biografieforschung erschien Biografie ‚sozial institutionalisiert' (vgl. Hahn 1988: 51), jedoch nur, wenn sie als normativer Lebenslauf missverstanden wurde, der eine bestimmte Karriere, die von jungem bis zu hohem Alter reicht, vorsieht. Dass nunmehr neuen institutionalisierten Biografisierungszwängen gefolgt werden muss, ergibt sich beispielsweise aus der Individualisierungsforschung. ‚Herkömmliche' Biografieformen, zum Beispiel „erst Student der Medizin, dann Arzt; erst alt, dann weise" (ebd.: 51) werden danach nicht ausgeschlossen. Es ist aber anzuerkennen, dass Biografie als sozialisatorischer Entwicklungsprozess vom Kind zum Erwachsenen und alten Menschen keinen zwingenden, quasi-anthropologisch gegebenen Zwängen folgt.

---

46 Mit Biografietheorie wird in diesem Zusammenhang nicht auf Analyseinstrumente- und Methoden der Biografieforschung verwiesen.
47 Zum Beispiel in Gestalt der Theorie der Altersschichtung (siehe Riley 1991).

3.2.2 Biografie und Migration

Ein Blickwinkel, der Migranten nicht als defizitär in einer ihnen unzugänglichen Umwelt fokussiert, sondern von deren mentaler Freiheit (vgl. Lutz 2010: 117) durch eigene Heterogenität mit „polyphone(n)[m] Charakter" (ebd.: 115) ausgeht, markiert eine Position, die auch für den Kontext der Biografie von Migranten adäquat erscheint. Mit Helma Lutz kann „Er-f(F)ahrung" von Migranten (im Sinne von „experience" englisch) als Analyseeinheit von individuellen und kollektiven „Reiserouten" (ebd.: 118) betrachtet werden. Damit soll der Artikulation der Migranten, die diese Reiserouten gehen, Raum gegeben werden[48].

Biografie von Migranten ist in dieser Sichtweise konstruiert, aber nicht unbedingt bewusst steuerbar, weil sie sich in historisch veränderlichen Formationen gesellschaftlich-kultureller Struktur befindet. Biografie in der Migration ist ein ‚Erfahrungsphänomen' insbesondere der ‚Fremdheits- beziehungsweise Krisenerfahrung' (vgl. ebd.: 121).

Im Zeitalter der Globalisierung sind Annahmen einer ‚Normalbiografie', wie etwa bei Kohli (1987) aufgrund eines darauffolgenden ‚othering' normabweichender Biografie, ohnehin wissenschaftlich kaum mehr haltbar. Hierbei ginge es lediglich um „Re-Affirmation des Selbst (…) und nicht (…) [um die] Beschreibung des Anderen" (Lutz 2010: 123). Das andere, des anderen Biografie, begründete sich dann schlicht über Herkunft aus einem anderen Land, für das eine andere ‚Normalbiografie' gilt, jedoch „mit welcher Normalbiographie welchen Landes soll hier verglichen werden und vor allem: Was bedeutet dies für die individuellen Migranten?" (ebd.: 124).

Um diesem Gedanken zu folgen, wird Migrationsbiografie als längs und quer zu (Herkunfts-)Kultur und Normalbiografien liegender, prozessualer Erfahrungszusammenhang verstanden; jedoch nicht als ethnisch-kulturell spezifisch prinzipiell abweichend.

Zu beachten bei Migrationsbiografien ist nicht ein Ort oder ein bestimmtes Lebensalter. Daran sind sie nicht gebunden – auch nicht an bestimmte Sozialisations- oder Bildungsphasen. Misslingende oder gelingende Biografie beziehungsweise Migrationsbiografie als solche kann damit nicht beurteilt werden.

Migrationserfahrung wird individuell in die Biografie integriert. Sogenannte „Soziale Skripte" oder „biographische Präskripte" (ebd.: 125) im Sinne ‚normal' ablaufender Biografie existieren für Migrationsbiografien nicht. Migrationsbiografien sind aber auch keine ‚Unordentlichkeit'. Daher sollte an die strukturierte Rahmung von Biografien offen herangetreten und die „Rekonstruktion einer doch bei aller Differenz geteilten sinnhaften sozialen Welt in der Interaktion zwischen Neuankömmlingen und der Mehrheitsgesellschaft" (ebd.) angenommen werden.

Ziel muss sein, nicht Fremdheit zu rekonstruieren, sondern „Prozesse der Enteignung und der Fremddefinition (…) freizulegen" (ebd.).

---

48 Die Notwendigkeit dieses Blickwinkels leitet Lutz aus gesellschaftstheoretischen Entwicklungen ab, die unter anderem bei Ulrich Beck und Anjun Appardurai in der Modernisierungs- und Differenzierungsdebatte zu suchen sind, wo von der „Transnationalisierung der eigenen Biografie (…) [infolge] Bedeutungsverlusts staatlicher Grenzen sowie der Verdichtung von Raum und Zeit" (Lutz 2010: 116) die Rede ist, sowie von deren imaginierten Transportierung durch Menschen, Rechte, Waren etc. (vgl. ebd.).

3.2.3 Berufs- und Engagementbiografie

Nicht nur im Kontext der Migration wird Globalisierung und Individualisierung zum Bezugspunkt biografischer Befassungen, sondern auch im Kontext der Diskussion um Sicherheit beziehungsweise Unsicherheit im Beruf. „Nicht mehr nur der Weg, sondern auch das Ziel der biographischen Entwicklung [sind] unsicher und uneindeutig" geworden (Bonß et al. 2004: 214). Biografische Normalitäten, die an Erwerbsbiografien abzulesen waren, sind kaum mehr Mehrheitsmodelle.

Im Anschluss an Ulrich Beck können auch berufliche Risiken als weitgehend individualisiert betrachtet werden; sie sind aber dem eigenen Handeln nicht notwendig zurechenbar. In komplexen Modellen von Möglichkeiten und Unmöglichkeiten, Erwartbarem und Unerwartbarem wird dennoch versucht, berufsbiografischer Ordnung nachzuspüren. Bonß et al. (2004: 222, 231 ff.) stellen anhand einer eigenen Längsschnittuntersuchung eine Bandbreite von biografischen Sicherheitskonstruktionen beziehungsweise Strategien in so einem komplexen Modell dar und gelangen zu Idealtypen, wobei diese Typen erster und/oder zweiter Moderne zurechenbar sind beziehungsweise mit ihren jeweiligen Kriterien vereinbar sind.

Im Anschluss an diese Ausführungen ist bürgerschaftliches Engagement als Alternative zu Berufsarbeit mitzudenken, insbesondere dann, wenn es die Lücke zu beruflicher ‚Normalarbeit', die für eine ‚Normalbiografie' konstitutionell ist, füllen soll. Eine Lücke in Normal(arbeits)biografien entsteht im Zuge des von Ulrich Beck prognostizierten Endes der Vollbeschäftigungsgesellschaft (vgl. Beck 1999: 49). In Anbetracht der Durchlässigkeit der Sphären ‚Beruf' und ‚Engagement' (siehe vorausblickend Kapitel 5.3) wird bürgerschaftliches Engagement biografisch zunehmend wichtig[49].

Ein Abdrängen in schlechter bezahlte Tätigkeiten, bisweilen in Formen von ‚freiwilligem' Engagement, scheint biografisch insbesondere bei Migranten modellhaft. Im Hinblick auf Berufsbiografie und Migration ist eine von Elias/Lerner (2012) durchgeführte Untersuchung hervorzuheben, die den Wertverlust beruflichen Wissens im Zuge von Migration beleuchtet. In ihr werden kulturelle Differenzen identifiziert, die dabei für diesen Wertverlust ausschlaggebend sind. Eine Intersektion beruflich-professioneller und Migrationserfahrung wird offenbar, jeweils in Auseinandersetzung mit verschiedenen Akteuren, Ordnungen und kulturellen Codes. Die Konstruktion von Biografie scheint den Biografen auf eigentümliche Weise aus der Hand genommen. Mit einem Konzept des biografischen ‚trajectory' (siehe Kapitel 3.2.5) wird von den Autorinnen versucht, dieser Konstellation methodologisch beizukommen.

3.2.4 Die „biografische Illusion"[50]

Mit Bourdieu sind soziologische Ansätze der Biografieforschung dahingehend zu kritisieren, dass sie einer „rhetorischen Illusion" (Bourdieu 1991: 76) aufsitzen, indem sie erzählter Identität als Lebensgeschichte von Vornherein Sinnhaftigkeit unterstellen, obwohl sie womöglich ‚nur' eine „historisch überholte Vorstellung vom Leben" (Liebau 1991: 84) reprä-

---

49 Bürgerschaftliches Engagement ‚passt' in diesem Sinne in die Biografie. Das biografisch passende Engagement rekurriert auf die Rahmenbedingungen und Anforderungen eines Engagements (vgl. Jakob 2003: 79).
50 Begriff entliehen von Bourdieu (1991).

sentiert. Dieser Kritik ist sicherlich zuzustimmen, wenn sie auch nicht die gesamte Biografieforschung betrifft.

Der Kritik muss nicht gefolgt werden, jedoch wird mit ihr verständlich, wie Bourdieu zu einem Konzept des „‚trajectoire', der Laufbahn" (ebd.: 88), gelangt. Trajectoire ist „als eine Serie von Positionen zu verstehen, die nacheinander von demselben Akteur (…) in einem Raum eingenommen werden, der sich selbst ständig entwickelt, und der unausweichlichen Transformation unterworfen ist (…) das aber kann nur gelingen, wenn man die individuelle Laufbahn auf die Gesamtheit aller anderen im selben Feld handelnder Akteure bezieht" (ebd.). Einer einzigen erzählten Lebensgeschichte aufzusitzen, ohne Bedingungen und Akteure gebührend mit zu berücksichtigen, wäre damit abgewendet.

Bourdieu begibt sich mit seinen Ausführungen auf einen ähnlichen Weg, der mit Strauss in seiner Grounded Theory ebenfalls trajectory genannt wird – ein Konzept, das auch in der Biografieforschung kein Fremdwort mehr ist. Der in der Biografieforschung ebenfalls dafür verwendete Begriff des trajectorys soll verdeutlichen, dass Bedingungen und Strukturen Laufbahnen vororganisieren, während diese Bedingungen und Strukturen im trajectory handelnd hergestellt werden.

3.2.5 Trajectory und Verlauf: Biografie(forschungs)vertiefung

Strauss' trajectory-Konzept ist ein zentrales Konzept seiner interaktionistischen Aktionstheorie; es geht in den methodologischen Kontext der Grounded Theory ein und damit auch in die Grundkonzeptionalisierung dieser Arbeit als empirisch begründete Theoriebildung. Zunächst wird Strauss' trajectory-Konzept in der Verbindung von Struktur und Handlung beschrieben, um zu zeigen, wie es sich im Spannungsfeld dieses Kontexts konstituiert. Anschließend wird trajectory vor allem im Zusammenhang der sogenannten ‚Verlaufskurve' präsentiert, womit es in einen biografietheoretisch und -methodologisch vertiefenden Kontext gestellt wird.

Das Konzept ‚trajectory' bezeichnet bei Strauss die Einbettung des von Individuen selbst interpretierten individuellen Handelns in Handlungsnetze. In dieser Einbettung ist das trajectory wirksam und nicht allein das individuelle Handeln oder allein die Struktur (vgl. Soeffner 2004: 169). Es wird im trajectory zwar aus „dauerhaften zeitlichen *Bedingungen* von Situationen" (Clarke 1991: 129 zit. n. Strübing 2007: 53 Hervorhebungen im Original) geschöpft; dies geschieht jedoch nicht einseitig deterministisch. Bedingungen von Situationen bezeichnen Strukturen, die in Verbindung mit Handlungen aktiv und damit ‚strukturierend' sind. Akteure wirken „in der Situation – so wie sie sie wahrnehmen" (Strübing 2007: 54) aktiv strukturierend. Strukturen sind Handlungsbedingungen und Handeln ist Bedingung des Strukturwandels.

Ohne einen zentralen Planer verlaufen in einem (biografischen) trajectory Handlungen im Zusammenwirken verschiedener Akteure, die so eine gesellschaftliche Einheit, ein gesellschaftliches Subjekt konstituieren: das trajectory selbst (vgl. Soeffner 1991: 10).

Das trajectory zu erfassen, heißt, seine Akteure mit ihren Perspektiven, Positionen, Plänen, Hoffnungen, Gefühlen etc. zu beachten (vgl. Soeffner 1991: 10) und zwar in den jeweiligen koordinierten Handlungsgefügen (zum Beispiel den Arenen)[51]. Es verläuft interaktiv und niemals alleine (vgl. ebd.: 12).

Verschiedene Akteure konstruieren durch ihr Handeln also ein biografisches trajectory, während der Verlauf des trajectory nicht feststeht.

Durch die prozessuale Eigenlogik der ‚Verlaufskurve' wird ein trajectory einerseits zu einem starren Konstrukt, das sich dem Handeln zu entziehen droht (vgl. Strübing 2007: 118); andererseits handelt es sich niemals um eine Determinierung von Verläufen.

Sogar im Erleiden von Ereignissen, die im Laufe von Biografien unter dem Aspekte der Unumgänglichkeit offenkundig werden, tragen Handlungen und Interaktionen zur Entwicklung eines Verlaufs bei (vgl. ebd.: 119).[52]

Erleiden ist biografisches Phänomen und Prozess. Es impliziert eine Form des ‚Getriebenseins'. Dies wird von Individuen erfahren und hat Auswirkungen auf ihr Leben und ihre Identität; es tangiert die individuelle Biografie, indem das Verhältnis zu sozialen Beziehungen und Welten verändert wird. Biografische Prozesse des Erleidens beeinflussen die gegenwärtige Situation und auch die Erwartungen an die Zukunft und mobilisieren eine Reinterpretation des Lebens (vgl. Schütze/Riemann 1991: 338).

Biografie wird aber nicht nur erlitten; sie bedeutet Arbeit: „Biographical Work" (Strauss 1993: 97) markiert einen bestimmten sogenannten Arbeitstyp. Gearbeitet wird an einem „sense of personal continuity" (ebd.: 136), was Biografie(arbeit) – bezogen auf mögliche und manchmal befürchtete Änderungen der Identität – nicht allein auf innerliche Wiedererkennung oder „inner (thought) processes" (ebd.: 138) auslegt, sondern personenexterne Bedingungsfaktoren berücksichtigt (vgl. ebd.: 136). Als personenextern werden strukturelle Bedingungen, die an das Verhalten herangetragen werden, wahrgenommen (vgl. ebd.: 136 f.).

Erleidens- oder Aktionsphasen ordnet Strauss unter ein Konzept des „Trajectory phasing" (Strauss 1993: 58) ein. Das ‚phasing' beinhaltet Interaktionsphasen für Akteure im Kontext der sie umgebenden Bedingungen, die sie zu Handlung oder Abwarten in Bezug auf erwünschte oder unerwünschte weitere Phasen veranlassen (vgl. ebd.). Ihre Biografie unterliegt damit Aktions- und Erleidensphasen, die nicht zu verwechseln sind mit ‚Normalbiografiephasen'. Phasen verlaufen „beinahe unauffällig" (Soeffner 1991: 11).

Sogenannte ‚gebrochene' oder ‚krisenhafte' Bedingungsfaktoren für Biografiekonstruktion, die im Zuge von Migration und Integration sichtbar werden, können für Biografen eine Herausforderung darstellen. Sie müssen mit „experiential changes" (Strauss 1993: 137) umgehen, die hier insbesondere im Lichte von lebenszeitlich gemachten Erfahrungen in Konfrontation mit (vergangenen und präsenten) Ordnungen und Repräsentanten dieser Ordnungen (re-)interpretiert werden wollen.

Das Konzept des trajectory beinhaltet die Möglichkeit, den Blick verstärkt auf gemeinsam gestaltete Verläufe mit anderen Akteuren der Herkunfts- und Aufnahmegesellschaft zu

---

51 Arenen können in einer weiten Auslegung nationale und weltweite Inszenierungen von Macht, Status, Positionskämpfen bezeichnen und im engeren Bereich Familien/Gruppendarbietungen etc. (vgl. Soeffner 1991: 9).
52 Ebenso veranschaulichen dies Schütze und Riemann (1991). Sie versuchen das Konzept des ‚trajectory' von Strauss von seiner ausgänglichen Forschung im Bereich der Medizin weiter zu verallgemeinern. Sie fragen danach, ob es auch auf zum Beispiel Flüchtlingsarbeiter oder Sozialberater übertragbar ist, das heißt auf ihre Arbeit als Teil eines trajectory (vgl. Schütze/Riemann 1991: 335).

lenken und sie auf biografische Phasen im Sinne von Kristallisationspunkten der Aushandlung zu untersuchen[53].

4 Forschungsdesign: Grounded Theory und biografisch-leitfadengestützte Interviews

Grounded Theory ist im Sinne Anselm Strauss' Theorie der Theoriebildung in empirischen Daten begründet. Sie ist gleichzeitig methodologisch-theoretisch fundiert, das heißt eingebettet in die pragmatistische Philosophie (zum Beispiel Pierce 1931) und in die Schule des Interaktionismus der Chicago School (zum Beispiel Blumer 1969)[54].

Die hier vorgestellte Grounded Theory orientiert sich an den Leitlinien von Strauss und Corbin. Ihr Ansatz lässt Raum zur Weiterführung, stammt er doch aus der Empirie (zum Beispiel Glaser/Strauss 1965 und 1980) und kann gegenstandsadäquat variabel eingesetzt werden. Methodisch betrachtet soll Theoriebildung nicht ohne Alternative erfolgen.

Charmaz (2006) zum Beispiel geht einen Weg der Grounded Theory und zur Bildung einer Grounded Theory, der konstruktivistisch genannt wird[55]. Charmaz legt, im Vergleich zum strengen Methodenvollzug mancher Schüler der Grounded Theory, verstärkt den Fokus auf individuelle Sichtweisen, Werte, Gefühle etc., die im Material vorzufinden sind und an der Konstruktion der zu untersuchenden Phänomene beteiligt sind. Ihre Grounded Theory ist empirisch begründete Theoriebildung, die einem strengen Methodenvollzug kritisch gegenübersteht. Vorgehensweisen, die sich auf methodisch vorgegebene Zusammenhänge berufen, geben ihrem Urteil nach dem Verfahren zu viel Macht über empirisch gewonnene Daten (vgl. Creswell 2007: 65).

Die vorliegende Studie orientiert sich an der methodischen Systematik der Grounded Theory. Sie verschließt sich jedoch durch methodologische Aspekte des Sozialkonstruktivismus der hermeneutischen Wissenssoziologie und der Biografieforschung ohne methodologische Anreicherung, sondern legt Wert darauf, die im Prozess der Biografie erkennbaren Bedeutungssetzungen der Befragten möglichst umfassend zu erheben und ihnen eine gegenstandsadäquat gebührende Stellung in der Untersuchung beizumessen.

In der Untersuchung werden biografieforschungstheoretische Bereiche berührt, die einbezogen werden. Sie werden erklärt (siehe Kapitel 3.2) und konzeptionalisiert, entsprechend der Rolle von Biografien in dieser Untersuchung, die als Instrumentarien lebenszeitlicher Hervorbringung von Haltungen und Handlungen bürgerschaftlich in der Migrationsarbeit engagierter und erfahrener Menschen mit Migrationshintergrund dienen. Datenerhebung orientiert sich in dieser Arbeit an biografisch-narrativer Interviewführung (Kapitel 4.1 und 4.2). ‚Werkzeug' der Analyse der Daten sind Elemente der Grounded Theory (Kapitel 4.3).

---

53 Siehe dazu empirische Hervorbringungen in Kapitel 8. und 9.1.2.
54 In diese Theorietradition ist auch der Sozialkonstruktivismus Bergers und Luckmanns gemeinsam mit Theoriesträngen der Wissenssoziologie einzuordnen.
55 Er ist als methodologisch-theoretische Richtung der Grounded Theory sicherlich der Kritik Glasers ausgesetzt, dem neben Strauss und Corbin zweiten Begründer der Grounded Theory (vgl. zum Beispiel Kelle 2005).

4.1 Interviewführung: biografisch-narrativ und leitfadengestützt

Der Beschreibung der Datenerhebung, angelehnt an Formen biografisch-narrativer Interviewführung, soll vorausgeschickt werden, dass eine Analyse von Daten in dieser Arbeit nicht der sogenannten Narrationsanalyse nach Schütze (1983) und Fischer-Rosenthal/Rosenthal (1997/b)[56] folgt. Alternativ widme ich mich Prinzipien der Grounded Theory, um narrative Interviews in die Untersuchung einzubeziehen und gleichzeitig auszuwerten. Dieses Verfahren ist mit methodologischen Querverbindungen in Forschung und methodologischer Literatur begründbar: „Aus der Grounded Theory entlehnte Verfahren, wie das sequenzielle Vorgehen bei der Interpretation, die Kategorienbildung bei der Textanalyse und die Kontrastierung von ähnlichen und stark abweichenden Fällen sind bereits als wesentliche Elemente in die Narrationsanalyse nach Schütze eingegangen" (Küsters 2009: 44). Dausien (1996) zum Beispiel arbeitet explizit mit narrativen Interviews auf Grundlage der Grounded Theory.

Interviews werden mit Menschen aus der maßgeblichen Untersuchungsgruppe geführt – unter Anwendung des theoretical sampling, also Erhebungs- und gleichzeitiger Auswertungsstrategien der Grounded Theory[57]. Vornehmlich sind damit Deutungen des Engagements von Migranten für Migranten den sukzessiv erhobenen und parallel vergleichend analysierten Erzählungen der Befragten zu entnehmen.

Einen Leitfaden in die Erhebung von Interviewdaten mit einzubeziehen, resultiert aus der eigenen Beobachtung, dass engagementspezifische Erzählungen in Interviews zumeist erst über eine Hinleitung auf den Tätigkeitsbereich des Engagements für Migranten erfolgen (siehe Kapitel 7.2). Dieser Tätigkeitsbereich kann als soziale (Lebens-)Welt[58] verstanden werden. Er berührt einen Teilbereich der biografischen Selbstkonstruktion der Befragten und konstituiert sich über die Teilnahme der Befragten als „groups with shared commitments to certain activities, sharing ressources of many kinds to achieve goals" (Clarke 1997: 68 f.). Dies ermöglicht Migrationsarbeitern kollektive, weil zielgerichtete Handlung, ohne dass sie zum Beispiel notwendig formale Mitglieder sind (vgl. ebd.). Als Individuen nehmen Befragte an der Welt des ‚Engagements für Migranten' teil. Sie konstruieren diese Welt mit, indem sie engagementrelevantes (Migrations-)Wissen ein- und hervorbringen, Vorstellungen von integrativer Gemeinschaftlichkeit etablieren und die Engagementlandschaft dadurch konstruieren und verändern.

Mit dem Einbezug biografisch-narrativer und zugleich leitfadengestützter Interviews in die empirisch zu begründende Theoriebildung ist es möglich, diesem Prozess nachzuspüren. Das narrative Interview bietet Befragten als Teilnehmer an der Welt (des Engagements für Migranten) die Möglichkeit, ihre Biografie als gesamte Geschichte zusammenhängend zu erzählen (Flick 1995: 116), wobei Verläufe stets eine zentrale Rolle spielen, die in frühes biografisches Erleben zurückreichen. Engagement für Migranten steht am Ende dieses Verlaufes, während es in den gesamten biografischen Verlauf eingebettet ist.

---

56 Die sogenannte Narrationsanalyse nach Schütze und zum Beispiel Fischer-Rosenthal und Rosenthal bietet sich zunächst als prädestiniertes Analyseverfahren biografisch-narrativ erhobener Daten an.
57 Dieses methodische Instrumentarium ist dem Ansatz der Grounded Theory nach Strauss (1991) und Strauss/Corbin (1996) entnommen. Genauer werden Verfahren der Grounded Theory in Kapitel 4.3 erläutert.
58 Der Begriff der Lebenswelt wurde bereits in Kapitel 2.1 eingeführt.

Das narrative Interview steht als Methode der Datenerhebung im Vordergrund dieser Untersuchung. Es wird im Folgenden in wichtigen Aspekten dargestellt: Als prädestinierte Methode zur Erfassung von Biografien besteht ein narratives Interview aus mehreren Teilen. Zunächst wird eine Erzählaufforderung beziehungsweise eine einleitende Frage gestellt, die den Interviewten dazu animieren soll, seine Lebensgeschichte zu erzählen oder auch nur spezielle Phasen daraus. Entsprechend breit wird das Interview mit der Aufforderung eröffnet, sich ‚seiner Herkunfts- und Migrationsgeschichte' zu erinnern. Die so stimulierte Erzählung erfolgt dann als einer der wichtigen Teile des Interviews. Erst nachdem vom Interviewpartner ein Abschluss dieser Erzählung signalisiert wird, werden zu unklaren und interessierenden Passagen erneut gezielt Fragen gestellt, die von den Interviewten gleichsam narrativ beantwortet werden können. Nachdem auch diese Erzählung erschöpft ist, bildet eine sogenannte Bilanzierungsphase den Abschluss des Interviews. Hier können sogenannte externe Fragen gestellt werden, die auch „auf theoretische Erklärungen (...) abzielen" (Flick 2002: 147 ff.). Im narrativen Interview soll so dem Informanten Gelegenheit gegeben werden, ausführlich und ohne störende Unterbrechungen zu erzählen. Ein freier, selbstgesteuerter und dennoch nach bestimmten Kriterien geordneter Erzählfluss wird dadurch ermöglicht.

Sobald sich ein Informant auf die Situation des narrativen Interviews eingelassen hat, folgt seine Erzählung sogenannten „Zugzwängen" (Flick 1995: 118): einem Gestaltschließungszwang, der Geschichten in einen Gesamtzusammenhang bringt, einem Kondensierungszwang, der Geschichten eine verständliche Form gibt und einem Detaillierungszwang, der Hintergründe preisgibt (Schütze 1982: 571)[59].

Es bleibt in dieser Untersuchung nicht aus, im Interview Passagen genauer zu erfragen, die die Praxis des Engagements beinhalten. Diese Passagen werden im Hauptteil stets berührt und geben Anlass dazu, im Nachfrageteil erneut thematisiert zu werden. Im Vorgriff auf Erläuterungen zum Verlauf der Feldforschung (Kapitel 8.1 und 8.2) wird an dieser Stelle die besondere Gestaltung einer Nachfragephase in Interviews nachgezeichnet, um die konzeptionelle Notwendigkeit eines thematisch fokussierten Leifadens für die Datenerhebung zu erläutern.

Befragte befinden sich als Biografen selten in der Situation, ohne Einwirken des Interviewers engagementspezifische Handlungen konkret zu erläutern[60]. Dies hängt weniger mit der Eingangsfrage als vielmehr mit dem Rekrutierungsanschreiben zusammen, mit dem sie als Interviewpartner angesprochen werden. Darin wird insbesondere ihre Erfahrung thematisiert und ihre Position, selbst Migrant in einem Tätigkeitsfeld zu sein, das sich mit der Hilfe für Migranten befasst. Eine zumindest leicht spezifizierte Anfrage ist zur Rekrutierung notwendig und dem Grundsatz des theoretischen Samplings untergeordnet[61]. Im Prozess der

---

59 Erzählphasen und -zugzwänge sind Bestandteile biografischer Erzählungen, sie werden in dieser Untersuchung aber nicht analytisch getrennt. Sie gelten als wertvolle Informationen zu Interviews, die Herkunfts-, Integrations- und Engagementbiografien aus der Erfahrung von Informanten generieren sollen.

60 Befragte sehen sich zum Beispiel viel eher in der Position des Aufklärers über eigene und zu verallgemeinernde Migrations- beziehungsweise Migrantenprobleme. Sie konstruieren sich in der Interaktion des Interviews ohne wesentliches Zutun des Interviewers als (besondere) Migranten und stellen unter anderem Probleme in der Migrationsarbeit zumeist argumentativ als migrantenspezifisch, das heißt in Abgrenzung zu Nichtmigranten und Nichtmigrantenproblemen, dar.

61 Das sukzessive Sammeln und Auswerten von Daten im Sinne eines Theoretical Sampling spielt sich abwechselnd in der Arbeit im Feld und am Arbeitsplatz ab (Creswell 2007: 64). Um entsprechend des analytischen Fortschritts, von der eigenen Theoriegenerierung geleitet weitere, neue und interessierende Untersuchungs-

sukzessiven Interviewführung und -auswertung erweist sich die Nachfrage zur Tätigkeit des Migrationsarbeiters beziehungsweise -engagierten als fruchtbar, um Deutungen der Migrationsarbeit hervorzulocken. In der Folge dieser Erkenntnis wird an einen biografisch-narrativen Hauptteil ein leitfadengestützter Nachfrageteil angeschlossen, mit dem der Praxis der Migrationsarbeit nachgegangen wird. Dieser enthält im Wesentlichen die Aufforderung, einen Tag und/oder einen Fall in der Migrationsarbeit zu schildern. Nach den ersten Interviews wurde dieser Teil variabel anderen biografischen Narrativen vorgezogen, die sich beispielsweise der Herkunfts- oder Integrationsgeschichte widmeten[62]; dies schlicht aus dem forschungspraktischen und -pragmatischen Grunde, Befragte nicht zu irritieren, wenn sie denn selbst diese Reihenfolge bevorzugen. Meist verlief der Übergang zu einer herkunfts- oder integrationsbiografischen Erzählung dann fließend. Dem Anspruch einer vorrangig narrativen Interviewführung wurde damit Genüge getan.

4.2 Exkurs: Interviewsprache

Die Praxis der Interviewführung ist im Feldforschungsprozess von Anfang an im Blick zu behalten. Insbesondere dann, wenn es um sogenannte ethnisch-kulturell ‚Andere' geht. Im Folgenden werden Überlegungen zur Interviewführung dargelegt, die vor den konkreten Interviews angestellt wurden. Diese Überlegungen sind methodischer Literatur und der Forschungserfahrung anderer entnommen und dienen der Schulung des eigenen Blicks auf Feld und Material.

Eine literarische Aufarbeitung bürgerschaftlichen Engagements (auch von Migranten) kann zu weiten Teilen westlich geprägten Literaturlagen entnommen werden. Um „*alienierende Zuschreibung*" (Mecheril 2003: 93, Hervorhebungen im Original) in Interviews zu vermeiden, soll die Position eines dominanten Forscher-„Wir" im Gegensatz zu abweichenden Minderheitsangehörigen und ihrer Engagementerfahrung vermieden werden. Vor allem dann, wenn dieses „Wir" einem Forschungsgegenstand fast schon implizit ist, der sich mit der ‚Hilfe von Migranten für Migranten' beschäftigt, also der Hilfe von irgendwie anderen für ihresgleichen.

Umso mehr ist die Selbstreflektion des Forschers/Interviewers notwendiger Bestandteil der Interviewführung. Es ist dabei von Vorteil, ethnisch-kulturell-lebensweltlichen Hintergründen der Befragten zunächst nichts Besonderes zuzuschreiben. Allein schon aus dem Grunde, dass ausgewählte Interviewpartner nicht einer einzigen kulturellen und ethnischen Gruppe zugehörig sind (es wird nicht eine besondere Gruppe von Migranten herausgegriffen). Vor allem aber auch, weil die hier angedachte qualitativ-methodologische Haltung in dieser Arbeit versucht, dem ‚Fehler' auszuweichen, den anderen als ethnisch oder kulturell besonders oder anders anzusprechen, weil sie auf die Hervorbringung von ‚Neuem' und nicht auf die Reproduktion herkömmlicher ethnisch-kultureller Kategorien ausgerichtet ist.

---

personen zu rekrutieren, ist es unumgänglich, ein Anfrageschreiben entsprechend der theoretischen Notwendigkeiten zu gestalten und umzugestalten.
62 Es wird in dieser Untersuchung Wert darauf gelegt, diese Narrative nicht zu ‚erfragen'. Leitbegriffe, die in Situationen einzusetzen sind, in denen Interviews stocken, stehen zur Verfügung und werden eingebracht (siehe Anhang „Leitfaden").

Den „gewaltvollen Praxen" (Mecheril 2003: 96) ethnischer Determinierung und Reduzierung soll bewusst begegnet werden.

Für einen Interviewer, der sich der genannten gewaltvollen Praxen bewusst sein will, lohnt sich, darauf gespannt zu sein, was beim Interview herauskommen wird. Es geht nicht um ‚reine Informationsabfrage' (vgl. ebd.: 98) und nicht darum, Erwartbares aus dem Interviewten als Adressaten herauszupressen.

Der Interviewte darf grundsätzlich bereits als Interpret seiner eigenen Geschichte verstanden werden, die er in seiner biografisch angelegten Erzählung preisgibt. Dabei spielt seine ethnisch-kulturelle Einlassung zunächst eine untergeordnete Rolle. Nichtsdestotrotz werden durch den Interviewer bestimmte Informations- und Wissensaspekte als Erfahrungsaspekte des Engagements in der Migrationsarbeit hervorgehoben, die thematisch vorgegeben sind. Der Interviewte darf also als Experte nicht nur seiner eigenen Biografie, sondern auch eines bestimmten Tätigkeitsbereichs, der Tätigkeit im Bereich Migration und Integration, verstanden und angesprochen werden, wobei sein Expertentum in der offenen Interviewsituation möglichst in freier Erzählungsgestaltung hervortreten soll. Der Interviewte ist nicht allein Betroffener seiner Biografie, sondern (migrations-)biografisch und (tätigkeits-)spezifisch aktiv Konstruierender.

Den Interviewten als Experten gelten zu lassen, der seine Geschichte möglichen ‚gewaltvollen Praxen' des ‚othering' enthoben erzählen kann, stellt einen Teil der Haltung des Interviewers in Interview dar. Einen anderen Teil macht aus, als Interviewer in der Interviewsituation nun nicht als besonders unkundig aufzutreten, nur um schmeichelnd den Expertenstatus der Befragten herauszuheben. Dies würde implizit die Expertise des ethnisch-kulturellen Andersseins an den Befragten herantragen samt daraus möglicherweise erwachsender Handlungsstrategien im Feld des Engagements. Eine solche Haltung des Interviewers im Interview schränkt Interviewte in ihrer Erzählung nicht nur ein, sie leitet und gibt Richtung an. Es impliziert das ‚othering' als eine „Über-Schätzung der Anderen" (ebd.: 105), dem wiederum eine Form der „Machtförmigkeit inne wohnt, die den Anderen zugleich errichtet, verhindert und, in der kolonialen Variante, zerstört" (ebd.)[63].

Als Interviewer (gerechtfertigter Weise) als Migrant aufzutreten, mag diese machtförmige Konstellation eindämmen, weil an die Migrationserfahrung der Befragten (und nicht an einen spezifischen Kulturkontext) angeschlossen werden kann. Das entlässt den Interviewer aber nicht aus der Verantwortung, den Spagat zwischen der Herstellung von Differenz zu dem anderen in der konkreten Interviewsituation und der Suspendierung ethnisch-kultureller Voraussetzung dieser Differenz zu machen.

Das Bewusstsein ethnisch-kultureller Ordnungskategorien besteht unzweifelhaft, auch wenn sich sein Zurückdrängen empfiehlt. Ploder (2009)[64] schlägt vor, soziologische Empathie zu entwickeln, um ethnisch-kultureller Voraussetzung im Interview zu entgehen. Dazu wird der bewusste Einsatz der wissenschaftlichen Persönlichkeit benötigt und keine ‚Naivität' (vgl. Ploder 2009: 11). Der sonst angestrebten Harmonie kann und soll durch subversives Zuhören und zum Beispiel richtiges Schweigen entgegengewirkt werden. Ständige Zu-

---

63 Dies zu reflektieren ist zielführend, wenn man das „*Empowerment* postkolonialer MigrantInnen" (Ploder 2009: 9, Hervorhebungen im Original) vor Augen hat und von dem „Herrschaftswissen über die Beforschten" (Ploder 2009: 9) Abstand nehmen will. Es darf auch nicht darum gehen, für die Beforschten zu sprechen, sondern darum, „die koloniale Herrschaft als eine Sinnbeschneidung zu verstehen" (Costa 2005: 286), also als „Defizit auf der Seite der Wissenschaft, nicht auf der Seite der Beforschten" (Ploder 2009: 9).
64 In Anlehnung an Kannonier-Finster/Ziegler (2005)

stimmung erscheint danach kontraproduktiv. In der Analyse empfiehlt Ploder eine gezielte Suche nach hybriden Formen der Identifikation. Dazu muss den Relevanzsetzungen beider Sprecher (Interviewer und Interviewter) Raum gegeben werden.

Vollkommene Kontrolle über mögliche ‚ethno-natio'-zentristisch fehlgeleitete Interpretation ausüben zu wollen, scheint ein hehres, aber kaum realisierbares Ziel zu sein und käme einem Herausrechnen von Stör- oder Drittvariablen gleich. Gleichwohl ist es Ziel, andere nicht naturalisierend als andere (vgl. Mecheril 2003: 108) wahrzunehmen, sondern den Möglichkeiten qualitativer Forschung entsprechend zumindest eine „Verschiebung" (ebd.: 107) von Differenzverhältnissen (zwischen Interviewer und Interviewtem) im Forschungsprozess präsent zu halten und auf deren Auftreten in Ergebniskategorien hinzuwirken.

Es ist mithin nicht Ziel *dieser* Forschung, Differenzverhältnisse explizit zu analysieren (und schon gar nicht zu reproduzieren). Sie sind jedoch vor dem Hintergrund von Erfahrungsberichten, die bereits in den Forschungsdiskurs der Migrationssoziologie eingebracht wurden, mitzudenken.

4.3   Analytisches Werkzeug

Wie in der Hinführung zu diesem Abschnitt bereits erwähnt wurde, soll das Analysewerkzeug vor allem der methodologischen Forschungsrichtung Strauss' und Corbins entliehen werden. Mit der von Strauss (1991) sowie Strauss/Corbin (1996) konzipierten Grounded Theory wird die Bildung von Theorie angestrebt, wobei die „‚Theorie ihre Grundlage in empirischen Daten hat, die systematisch' (...) analysiert werden" (Strauss 1991: 51). Es geht darum, ausgehend von einem ersten Einzelfall, umfangreiches, ständig neu hinzukommendes, empirisches Material und daraus erwachsende Gedanken zu organisieren und zu ordnen (vgl. ebd.: 51 ff.). Dazu werden aus dem Datenmaterial unterschiedliche Indikatoren zu Klassen und Kategorien zusammengefasst und zu einem finalen Konzept in Beziehung gesetzt (vgl. ebd.: 54 f.).

Im Folgenden wird die Vorgehensweise der Grounded Theory kurz nachgezeichnet[65]. Um die „Forschungsarbeit *zu eröffnen*" (ebd.: 58, Hervorhebungen im Original), wird mit der sogenannten offenen Codierung der erhobenen Daten begonnen. Dabei geht es vor allem darum, sich mittels einer möglichst unvoreingenommenen Herangehensweise von den Daten zu lösen und erste „natürliche Kodes" mit „vorläufige[n] Bezeichnungen" (ebd.: 60) herauszuarbeiten. In dieser Arbeit wurde für alle Interviews ein eigenes Codierprojekt[66] erstellt, um offene Codierungen in die einzelnen biografischen Interviews zurückverfolgen zu können. Diese Bezeichnungen haben zunächst lediglich den Stellenwert eines Versuchs (vgl. ebd.: 58). Sie können sich im Zuge der weiteren Erarbeitung von Kategorien als nützlich erweisen oder auch nicht. Weniger relevante Codes wurden wieder vernachlässigt[67]. Als Zwischenpha-

---

65   Es werden an dieser Stelle nicht alle Werkzeuge der Grounded Theory aufgezählt. Unter anderem wurde in dieser Untersuchung auf Instrumentarien der Memoverfassung, der kontrollierten theoretischen Sensibilisierung, der Bedingungsmatrix etc. (vgl. Strauss/Corbin 1996) Bezug genommen.

66   Die Codierungen werden mithilfe der Software MAXqda verwaltet. Die Codierprojekte zu den einzelnen Interviews befinden sich im Anhang (Verzeichnisse „Codebäume zu den Interviewten" und „Interviewcodings mit farblich markierten Zitaten").

67   Die Zitierung von Interviewtextstellen richtet sich in dieser Arbeit ausschließlich an den Notationen der Interviewten aus und nicht an den ersten Codebenennungen der MAXqda-Projekte, da sich diese Benennun-

se wurde mit dem sogenannten axialen Codieren durch das In-den-Mittelpunkt-rücken und miteinander In-Beziehung-setzen einzelner Kategorien und deren Benennung beziehungsweise Umbenennung eine Reduktion des Materials angestrebt (vgl. ebd.: 63).

Diese Phase ist in dieser Arbeit vor allem gekennzeichnet durch die Zentralisierung von Vergleichsdimensionen (siehe Kapitel 9), um die sich je ein Unterkategoriensystem gruppiert. Dieses System verbindet Einzelbiografien. Vor- und Rückwärtsbewegungen, das heißt kategoriale Abstrahierungen, und Zurückkehren zu Codes und Text etablieren sukzessive transaktionale Zusammenhänge von Bedingungen, Handlungen/Interaktionen und Konsequenzen (vgl. Strauss/Corbin 1996: 132 ff.), die sich in Modellierungen und Kategoriebenennungsversuchen widerspiegeln. Das selektive Codieren setzt das axiale Codieren auf einem höheren Abstraktionsniveau fort (vgl. Flick 2002: 267). Damit wird schließlich eine Schlüsselkategorie (oder wie in dieser Arbeit mehrere Kernkategorien, siehe Kapitel 10) ins Zentrum gestellt, zu der alle anderen relevanten Kategorien in Beziehung gesetzt werden, „um in einer auf einen spezifischen Bereich bezogenen Theorie verwendet zu werden" (Strauss 1991: 63). In dieser Kategorie soll das zentrale Phänomen zum Ausdruck kommen.

Kodierungen können auf allen Ebenen parallel ablaufen. Zentral ist die Haltung bei der Dateninterpretation. Sie ist mit Reichertz (2003) als ‚abduktiv' zu bezeichnen. Abduktion als Haltung bietet sich nicht nur an, sie ist notwendig für theoriebildende Arbeiten. Auch wenn sie in den Werken der Gründer/-innen der Grounded Theory keine explizite Erwähnung findet, ist sie offenbare pragmatistisch angeleitete Grundhaltung des Vorgehens der Grounded Theory, insbesondere in der Version von Anselm Strauss und Juliette Corbin. „Die Abduktion sucht angesichts überraschender Fakten nach einer sinnstiftenden Regel" (Reichertz 2003: 43). Zunächst aber führt sie zu einer Frage beziehungsweise einer Hypothese, die getestet werden kann (vgl. ebd.: 41 ff.). Insofern stellt sie an sich kein logisches Schlussverfahren dar, sondern leitet über generative Fragestellungen im Prozess der Prüfung zu verdichteter Theorie. Dabei bezeichnet Abduktion als kreatives Schlussverfahren oder als kreativer Geistes-„Blitz" (ebd.: 54) nur den Ausgangspunkt und den Prozess, der zur Hypothese führt, während das Ergebnis, also die Hypothese, etwas anderes ist. Die sinnstiftende Regel ist keine, die bereits da ist, die bekannt ist, beziehungsweise eine Regel, in die Beobachtungen eingeordnet werden können, sondern die „Regel (...) muss erst noch gefunden beziehungsweise konstituiert werden" (ebd.: 53). Über Abduktion als abduktive Haltung wird der Blick auf Neues gelenkt, fernab der Testung bestehender Theorie. Sie ist nicht formal und deswegen für sich nicht begründbar; lediglich die dadurch entstandene Hypothese, Lesart oder Frage ist (nach)prüfbar. Qualitätskriterien orientieren sich dann auch nicht an herkömmlichen Standards, sondern deuten diese für sich neu aus.

Strübing (2002) stellt Qualitätskriterien in der Grounded Theory wie folgt vor: Repräsentativität bezieht sich auf ein Phänomen und nicht eine Personengruppe; Validität beansprucht hier ‚interne' Widerspruchsfreiheit durch sukzessive Hypothesenprüfung; Objektivität sieht von getrennter Messung und darauffolgender Interpretation ab und sieht Objektkonstitution im sozialen Handeln selbst; schließlich ist Reliabilität nicht auf quantitative Wiederholbarkeit aus und lässt Verifikation im Zuge der Prozesshaftigkeit der Untersuchungen neben reiner Falsifikation zu.

---

gen im Laufe der Interpretationsarbeit verändert haben (siehe im Anhang das Verzeichnis „Interviewcodings mit farblich markierten Zitaten").

Abduktion als Erfindungsinstrument beziehungsweise -haltung wendet nichts an, auch nicht Codes; sie erfindet sie. Theoriegenerierung passiert aber nicht im theoriefreien Raum. Es müssen keine Laborsituationen geschaffen werden, um Daten zu lesen. Kontextwissen ist erlaubt, vielleicht sogar notwendig. Neben der persönlichen Erfahrung und Kenntnis des Forschers, die nur ‚tendenzielle' Ergebnisse hervorbringen, wenn sie nicht expliziert werden, ist Fachwissen und Forschungserfahrung nicht auszuklammern. Kontextwissen im Sinne von Erfahrung oder Fachwissen ist ein wesentlicher Datenfundus, weil es nicht nur die Sensitivität bei der Theoriebildung erhöht, sondern eine Fülle von Möglichkeiten liefert, um Vergleiche herzustellen, Varianten zu entdecken und das Verfahren des theoretical sampling anzuwenden (vgl. Strauss 2004: 440). Theoretisches Sampling als Prozess des sukzessiven Datensammelns und parallelen Analysierens kommt durch „ständigen Vergleich" (Glaser/ Strauss 1967: 101 ff.) zustande und gestaltet so erst Theoriebildung kontinuierlich. Theoretisches Sampling heißt dabei nicht aufgrund einer bestehenden (soziologischen) Theorie zu sampeln, sondern aufgrund überraschender Daten und ‚abduktiver Geistesblitze', die sich aus dem Kontextwissen des Forschers speisen können. ‚Geistesblitze' animieren, theoretisch-fachliche- und Erfahrungsaspekte einzubeziehen, die im Prozess des Datensammelns und Analysierens aufscheinen. Sie dienen als Hintergrundmaterialien, mit denen Daten verglichen werden können (vgl. Strauss/Corbin 1996: 31). Minimale und maximal erwartbare Unterschiede im Material stellen ein Kriterium dar, das Vergleiche im Kontext des Vorwissens evoziert. Entgrenzung und dann wieder Reduktion von Lesarten führen zur Verdichtung der zu erstellenden Theorie oder These.

Die Haltung, die der Interpretation der Interviewtexte zugrunde liegt, verinnerlicht ‚Abduktion'. Sie orientiert sich damit auch an einer wissenssoziologischen Perspektive, in der Abduktion als Form der Hypothesenbildung und regel(er)findenden Schlussfolgerung insofern Richtung vorgibt, als mit diesem Ansatz versucht wird, alltägliche, gesellschaftlich vorgegebene, von den einzelnen Menschen verinnerlichte Wissensstrukturen verstehend nachzuzeichnen (vgl. Schröer 1997: 111 f.). Die Aufgabe besteht darin herauszufinden, wie Subjekte vor dem Hintergrund vorgegebener Verhaltensrepertoires und Handlungsmöglichkeiten agieren, um zu erklären, „aufgrund welcher Sinnbezüge gerade so gehandelt wurde, wie gehandelt wurde" (ebd.: 112).

Forschungspraktisch wird so vorgegangen, dass dem Interpreten zunächst evident erscheinende Interpretationen, die abduktiv zustande kommen, ein sogenanntes feinanalytisches Oberflächenverständnis zur Verfügung stellen, das in diesem Fall dem (biografischen) Interviewtext entstammt. Anschließend wird dieses Verständnis unter Rückgriff auf weiteres Datenmaterial (also Interviewtext) geprüft (vgl. ebd.: 123). Dazu werden einzelne Sequenzen nacheinander interpretiert und aufgrund neuer, plausibler Lesarten weiterer Aussagen wieder fallengelassen oder aufrechterhalten (vgl. Lüders/Meuser 1997: 70). In der Abstrahierung der Ebenen (offen/axial/selektiv), auf denen forschende Interpretationsarbeit geleistet wird, wird sukzessive eigene Theorie über Bedeutungen, die Interviewpartner mit ihrem Handeln verbinden, generiert; es kann auf ein übergreifendes subjektives Sinnverstehen der handelnden Interviewten geschlossen werden, das einem vorgegebenen „handlungsspezifischen Orientierungsrahmen" (Schröer 1997: 125) eingeschrieben ist.

III Gesellschaftstheoretischer Rahmen

5 Zivilgesellschaft und Engagement

Die Begriffe ‚bürgerschaftliches Engagement', ‚zivilgesellschaftliches Engagement', ‚freiwilliges Engagement', daneben ‚Ehrenamt' und ‚Selbsthilfe' verdeutlichen die kaleidoskophafte Verwendung eines Begriffs, der zunächst Engagement in einem Zwischenraum von Staat (manchmal Markt) und Privatsphäre verorten soll. Im öffentlichen und wissenschaftlichen Diskurs besteht weitgehend Einigkeit darüber, dass Engagement, ganz gleich mit welchem Attribut es versehen wird, freiwillig geleistet wird, nicht auf Gewinn ausgerichtet ist, gemeinwohlorientiert ist und im öffentlichen Raum stattfindet (vgl. Enquete-Kommission 2002: 38).

Engagement nimmt in dieser Arbeit die Hilfe von Migranten zur Integration von Migranten in den Blick. Es findet in der Zivilgesellschaft statt und ist von sogenanntem ‚bürgerschaftlichem Engagement' insofern abzugrenzen, als es nicht notwendig im allgemein so verstandenen Sinne von Bürgern oder Staatsbürgern für (Staats-)Bürger geleistet wird[68]. Helfer und Hilfesuchende sind zunächst Bewohner oder nach Soysal (1998) ‚denizen' der Bundesrepublik Deutschland.

Engagierte Hilfe von Migranten für Migranten wird aus der biografischen Erfahrung der Migrationsarbeiter beziehungsweise -engagierten hergeleitet. Sie ist in mehreren Ordnungen verortet und findet darüber Überschneidungen zu den Erfahrungen von hilfesuchenden Migranten. In den mehrere Ordnungen überschreitenden Erfahrungen der Protagonisten spiegelt sich das Feld, auf dem zivilgesellschaftliches Engagement stattfindet. Dieses Feld ist territorial und kulturell nicht immer eindeutig eingrenzbar. Es kann auf eine transnationale oder globale Zivilgesellschaft hinweisen. Globale Zivilgesellschaft wird als „the sphere of ideas, values, institutions, organisations, networks, and individuals located between the family, the state, and the market and operating beyond the conflicts of national societies, politics and economies" (Anheier 2007: 5) verstanden. Das Engagement von Untersuchungspersonen muss diesem zivilgesellschaftlich globalen Definitionsrahmen nicht notwendig eingeschrieben sein, sondern lediglich auf den nichtstaatlichen, nichtökonomischen Kern freiwilliger Zusammenschlüsse und Assoziationen einer zivilgesellschaftlichen Öffentlichkeit zurückzuführen sein (vgl. Habermas 1994[1992]: 443), die grenzoffen ist (vgl. ebd.: 436). Auch wenn Zivilgesellschaft im Sinne von Öffentlichkeit nicht mit (nationaler) Institution oder Organisation gleichzusetzen ist (vgl. ebd.: 435), findet das zivilgesellschaftliche Engagement der Protagonisten dieser Untersuchung nicht selten in etablierten Organisationen der deutschen Wohlfahrt statt. Engagierte müssen sich mit den Vorstellungen dieser Organisationen hinsichtlich Integration von Migranten in die deutsche Gesellschaft ausei-

---

[68] „Der Ausdruck ‚Zivilgesellschaft' verbindet sich (...) inzwischen mit einer anderen Bedeutung als jene ‚bürgerliche Gesellschaft' der liberalen Tradition." (Habermas 1994 [1992]: 443)

nandersetzen. Gleichzeitig kann davon ausgegangen werden, dass Untersuchungspersonen ihre eigenen Vorstellungen in das Engagement für Migranten einbringen, womit sie den Begriff des zivilgesellschaftlichen Engagements verändern und erweitern können.

Im Folgenden wird Zivilgesellschaft an unterschiedliche kulturelle Kontexte gebunden. Damit soll der Blick auf Erfahrungsräume eröffnet werden, aus denen sich Vorstellungen von Untersuchungspersonen über Zivilgesellschaft und Engagement speisen können (Kapitel 5.1). Anschließend wird ein knapper Einblick in zivilgesellschaftliche Modellierungen entlang klassischer Gesellschaftsparadigmen geboten (Kapitel 5.2.1), um zumindest auf abstrakter Ebene aufzuzeigen, wie unterschiedlich Engagement in einer Zivilgesellschaft aufgehoben sein kann. In Kapitel 5.2.2 wird Zivilgesellschaft als Verantwortungsgesellschaft beschrieben. Zunehmende Verantwortung bei Individuen in einer Zivilgesellschaft verortet das Engagement von Migranten für Migranten in Deutschland. In Kapitel 5.3 soll schließlich darüber Aufschluss gegeben werden, wie sich Engagement in der Zivilgesellschaft im Zuge von Veränderungen im Bereich beruflicher Arbeit zunehmend neu ausrichtet. Auch diese Entwicklungen bieten einen gesellschaftstheoretischen Hintergrund für die Platzierung des Engagements von Migranten für Migranten. In den Kapiteln 5.4 bis 5.6 werden die Untersuchungspersonen als engagierte Ältere und/oder Migranten noch einmal anhand relevanter empirischer Forschungen betrachtet.

5.1 Zivilgesellschaft in unterschiedlichen kulturellen Kontexten

In der Beschäftigung mit Zivilgesellschaft wird zumeist von westlichen Definitionen ausgegangen. Diese sind zwar heterogen, rekurrieren aber alle auf das Konzept der Bürgerschaft und teilweise der Staatsbürgerschaft; jedoch stellen sie Zivilgesellschaft dem Staat als Lenker gegenüber. Ausgehend von der französischen Revolution und der Aufklärung werden Ideen und Ideale von Zivilgesellschaftlichkeit bekannt, die modellhaft in verschiedenen Konzeptionen von Locke über Hegel bis Marx ihren optimistischen oder pessimistischen Ausdruck finden (vgl. Hann 2000: 87 ff.). Zentral ist stets das Leitbild des freien Bürgers. Diese Perspektive ist in gewohnter westlicher Manier zum Export gedacht.

Osteuropäische Intellektuelle der Vor- und Nachwendezeit zum Ende des 20. Jahrhunderts nahmen diese Ideen auf und forderten darauf aufbauend Rechte gegenüber dem sozialistisch-repressiven Staat ein. Der Zivilgesellschaftsbegriff geriet zum „Kampfbegriff" (Schwertmann 2006: 20). Historische vorsozialistische Entwicklungen von Zivilgesellschaft im Osten Europas wurden von Intellektuellen nicht beachtet. Zum Beispiel wurden in Polens liberaler Verfassung nach 1790 Gruppen(ansprüche) toleriert, auf die rekurriert hätte werden können, um einem westlichen Import zivilgesellschaftlicher Vorstellungen zuvorzukommen und eigene Traditionen zu bewahren beziehungsweise wiederzuentdecken (vgl. Hann 2000: 89). Sundhaussen (2000) beschreibt eine vorsozialistische ‚Urform' von Zivilgesellschaft, an die eine postsozialistische Formierung von Zivilgesellschaft nur schwer anknüpfen kann. Es fehlen wichtige Merkmale von Zivilgesellschaftlichkeit im westlichen Sinne, das heißt „Freiwilligkeit sowie individuelle Verantwortung und Initiative" (ebd.: 155). Bis heute deutet die Entwicklung von Zivilgesellschaftlichkeit in Osteuropa, mit einem Zeitsprung über den Sozialismus hinweg, auf gegebene traditionelle Selbstregulative stets in Opposition zum Staat hin, die aber mit westlichen Zivilgesellschaftsentwicklungen nicht unbedingt vergleichbar sind (vgl. ebd.: 171). Historiker sind sich uneins, wie weit Zivilgesellschaft im

Ostblock Europas (einschließlich Russland) in der Entwicklung durch den Sozialismus gehemmt beziehungsweise dadurch geprägt wurde (Hildemeier 2000: 136)[69].

Ohne den Anspruch zu verfolgen, einen historischen Überblick zur Entwicklung weltumspannender Zivilgesellschaftlichkeit zu liefern, kann zum Beispiel für den muslimisch geprägten arabischen Raum festgestellt werden, dass hier „stärker als in anderen Gesellschaften ‚gesellschaftliche Mechanismen [existieren] (…), um Verantwortlichkeit zu garantieren; das Vertrauen zwischen den Menschen in der lokalen Gemeinde zu fördern; einvernehmlich und gerecht eine Reihe von gängigen Konflikten zu lösen; und ausreichend Wissen zur Verfügung zu stellen, um all dies effizient umzusetzen (…)'" (Hann 2000: 106). Entgegen verschiedener Autoren mit westlichem Blick auf Zivilgesellschaftlichkeit in der Türkei, die in einer zeitweise anti-westlichen Haltung auch eine historisch verankerte antidemokratische Haltung sehen wollen, stellt Çağlar (2003) eine Perspektive auf das Land vor, die Zivilgesellschaftlichkeit dort sehr wohl in demokratischem Kontext verortet.

Afrikanische Gesellschaften legen, historisch betrachtet, Zivilgesellschaft sehr unterschiedlich aus. Für Ghana zum Beispiel wird ein fortwährender Disput im Machtverhältnis von Staat und zivilen Akteuren wie der GBA (Ghana Bar Association) oder CCG (Christian Council of Ghana) festgestellt, während Armut die Wirkung von Zivilgesellschaft auch in den bestehenden Organisationen begrenzt: „Das innerhalb der Ghanaischen Gesellschaft bestehende Wohlstandsgefälle bedingt (…) Ungleichgewichte innerhalb der Zivilgesellschaft, die somit ausschließlich als Gemeinschaft der Freien, nicht jedoch als eine Gemeinschaft der Freien und Gleichen zu beschreiben ist" (Seyd 2002: 250). Für Afrika stellt Hillebrand (1994) insgesamt katastrophale Zustände fest, die auf der einen Seite „Staatsversagen" (ebd.: 57) aufweisen, während auf der anderen Seite „familienzentrierte Normen" (ebd.: 60) gesellschaftlich dominieren.

Migranten erfahren Zivilgesellschaftlichkeit in ihren Herkunftsländern. Eine Einverleibung westlicher Vorstellungen ist nicht vorausgesetzt beziehungsweise vorauszusetzen. Die Untersuchung zivilgesellschaftlichen Engagements von Migranten für Migranten in Deutschland ist vor dem Hintergrund des Wissens um die Existenz differenter Zivilgesellschaftlichkeitsvorstellungen anzugehen.

5.2   Zivilgesellschaftliche Modellierung und der Leitbegriff der Verantwortung

Im Folgenden werden Modellierungen von Zivilgesellschaft vorgestellt, die an theoretische Paradigmen normativ angelehnt sind beziehungsweise solche repräsentieren. Um zu demonstrieren, wie Zivilgesellschaft politisch und philosophisch unterschiedlich gedacht werden kann, wird zunächst eine Studie von Corsten, Kauppert und Rosa angeführt. Im Anschluss daran wird mit Heidbrink und Maaser Zivilgesellschaft als Raum für Engagement im Sinne einer individuellen und dabei staats- und marktunabhängigen Verantwortungsübernahme für andere beschrieben.

---

69   Bereits vorrevolutionär kann davon ausgegangen werden, dass zum Beispiel Russland in der zivilgesellschaftlichen Entwicklung „sicher weiter [kam], als man in den letzten drei Jahrzehnten im Zeichen der sozialhistorischen Forschung meinte" (Hildemeier 2000: 136).

5.2.1 Normative Einbettung des Zivilgesellschaftsbegriffs

Corsten, Kauppert und Rosa (2008) modellieren theoriegeleitet verschiedene Konzeptionen, in deren Rahmen Zivilgesellschaft mitsamt zivilgesellschaftlichem Engagement unterschiedlich aufgehoben ist, und die Engagement politisch-kulturell unterschiedlich perspektivieren[70].

In einer ‚liberalen'[71] Gesellschaftsvorstellung ist das Individuum Träger sogenannter subjektiver, negativer Rechte. Es genießt „Freiheit ausschließlich im Sinne der Unabhängigkeit des Individuums von der Einmischung anderer" (Corsten/Kauppert/Rosa 2008: 14 zit. n. Taylor 1988). Lediglich individuelle Motivationen bilden ‚Selbstbindungskräfte', die veranlassen, sich zu engagieren. In einem ‚kommunitaristischen'[72] Gesellschaftsmodell sind es positive Freiheiten, die „eine Beteiligung an einer gemeinsamen Praxis" (Corsten/Kauppert/Rosa 2008: 14 zit. n. Habermas 1999) garantieren.

Eine an Habermas orientierte deliberative Gesellschaftsvorstellung versteht sich als Vermittlerin zwischen liberalen und kommunitaristisch-republikanischen Positionen. Vor dem Hintergrund der Anerkennung der parallelen gesellschaftlichen Existenz beider vorher genannter Modelle wird durch dieses Modell eine diskursive Ebene abstrahiert beziehungsweise idealisiert. Auf dieser Ebene findet Demokratie statt, in der Akteure als solche zugunsten einer Vorstellung des kommunikativen Zustandekommens der Willensbildung verschwinden.

Individuen sind dabei dennoch aufgefordert, sich kommunikative Kompetenzen anzueignen, um (im Kontext systemischer Differenzierung) operieren zu können. Sie werden davon überfordert – aber auch unterfordert, wenn sie dann doch lediglich als Publikum des politischen Prozesses fungieren. Sie orientieren sich im Wesentlichen an formal-rationalen Diskursprinzipien und gelangen so zu einer Orientierung an sogenannten universellen Maßstäben (vgl. Corsten/Kauppert/Rosa 2008: 16). Ein sogenanntes ‚fragiles Verantwortungsarrangement' nimmt die Über- und Unterforderung der Akteure auf, löst sie jedoch nicht auf, sondern stellt ihnen lediglich ein „Offenhalten von Spielräumen" (ebd.: 17) zur Verfügung, womit aber das konkrete Engagement in der Zivilgesellschaft erschwert wird.

Mit diesen grundlegenden Modellierungen von politisch-philosophisch angeleiteter Zivilgesellschaftlichkeit korrespondieren Chancen für ‚bürgerschaftliches' oder ‚zivilgesellschaftliches' Engagement. Es scheint so, als seien diese Modellierungen unflexibel und gewährten Akteuren lediglich Raum zum Engagement. Individuen treten dabei nicht als handlungsmächtige Akteure des Engagements auf[73].

---

70 Auf eine historisch-diskursive Einordnung des Zivilgesellschaftsbegriffs wird an dieser Stelle verzichtet. Bezogen auf die oben genannte Studie von Corsten/Kauppert/Rosa soll insbesondere mit Blick auf ‚zivilgesellschaftliches' oder ‚bürgerschaftliches' Engagement aber ein Einblick in die Diskussion um Zivilgesellschaftlichkeit gegeben werden. Einen ideengeschichtlichen Überblick zu dem Konzept der Zivilgesellschaft bieten zum Beispiel Jehle (2004: 1357 ff.) und Adloff (2005: 20 ff.).
71 Sogenannte ‚liberale' Gesellschaftsmodelle schließen theoretisch vor allem an John Rawls (1993) an.
72 Sogenannte ‚kommunitaristische' Gesellschaftsmodelle schließen zum Beispiel an Michael Walzer (1993) an.
73 Migranten treten in diesen Modellierungen umso weniger als Akteure auf. Ihr Engagement in der Zivilgesellschaft unterliegt zum Beispiel sogenannten ‚regionalen und staatlichen Inkorporationsmodi', wie dies in einer national und regional vergleichenden Studie von Koopmanns (2004 zit. n. Munsch 2010: 89 ff.) belegt wird.

5.2.2 Zivilgesellschaft als Verantwortungsgesellschaft

Zivilgesellschaft und Engagement in der Zivilgesellschaft werden zumeist mithilfe normativer Modelle beschrieben (s. o.)[74]. Sie werden im Schnittfeld von Staat (manchmal auch Markt) und Gesellschaft verortet. Ludger Heidbrink, wie auch Wolfgang Maaser, beschreiben Zivilgesellschaft zwar ebenfalls in einer solchen Perspektive: auf unterschiedlichen Ebenen und in unterschiedlichen Phasen. Sie richten aber darüber hinaus einen zeitdiagnostischen Blick auf Zivilgesellschaft, die sich im Zeitalter der Globalisierung neuen Herausforderungen zu stellen hat. Individuen werden dabei als zivilgesellschaftliche (aktiv eingebundene) Akteure fast nebenbei wichtiger. In diesem Sinne erscheint ein Konzept der Verantwortungsgesellschaft für den Kontext dieser Untersuchung informativ.

Während es für Heidbrink Phasen sind, die die Entwicklung von Zivilgesellschaft beschreiben, sind es für Maaser spezifische Wege, die Zivilgesellschaft beschreitet. Beide Autoren sehen Zivilgesellschaft im Ergebnis als eine Form von ‚neuer‘ Verantwortungsgesellschaft.

Heidbrink unterscheidet zwischen drei „Phasen der Zivilgesellschaft" (Heidbrink 2006: 14). Während die erste Phase von der Untrennbarkeit von Staat und Zivilgesellschaft gekennzeichnet ist[75], stellt die zweite Phase Staat und Zivilgesellschaft einander als Einheiten gegenüber. Die dritte und letzte Phase manifestiert sich zuerst im amerikanischen Republikanismus. An sie schließt sich auch in Deutschland die Debatte von Kommunitarismus versus Liberalismus an[76]. Vor dem Hintergrund dieser Debatte erfährt Zivilgesellschaft zunehmende Bedeutung. Mit ihr wird ein Weg beschritten, dem vielfältige Funktionen[77] und Aufgaben zufallen (vgl. ebd.: 19). Diese teilweise kollidierenden, sich wechselseitig beeinflussenden Funktionen sind als Ergänzung zu den Aufgaben der repräsentativen Demokratie zu verstehen.

Maaser (2006: im Folgenden 64 ff.) sieht einen ersten Weg in der sogenannten ‚gemeinschaftsorientierten Variante‘ der Verantwortungsgesellschaft, die er dem Modell des Kommunitarismus nahe stellt. Dieser Weg erkennt Individualisierungstendenzen an, die jedoch gemeinschaftlich ausbalanciert werden müssen. Parallel dazu verläuft der zweite Weg als die ‚bürgerschaftliche Variante‘ der Verantwortungsgesellschaft. Dieser Weg impliziert Verantwortungsaktivierung im Sinne eines gesunden Egoismus, der im Rahmen liberaler Vorstellungen einer Bürger- oder Zivilgesellschaft Interessensakkumulationen hervorbringt. Dies trägt zwar nicht zwingend zur Steigerung des Gemeinwohls bei, legt jedoch Verantwortung und damit zusammenhängende Hilfe und Unterstützung in die Hände von Gruppen. Der dritte Weg wird als ‚wohlfahrtsgesellschaftliche Variante‘ bezeichnet. Dieser Weg bezieht

---

74 Zivilgesellschaft und engagierte Aktivität von Menschen in der Zivilgesellschaft werden in der Literatur stets an philosophisch-normative Aspekte des Kommunitarismus oder Liberalismus geknüpft oder anhand von Modellen des Sozialismus oder Kapitalismus, bisweilen auch Nationalismus, diskutiert (z. B. Walzer 1995).
75 Zivilgesellschaft wird dabei entweder vom Staat dominiert, oder sie fungiert als Mittler zwischen Staat und Bürger (vgl. Heidbrink 2006: 14).
76 Obwohl die beiden letztgenannten Standpunkte teilweise nicht weit voneinander entfernt zu liegen scheinen, dauert der Streit der Perspektiven bis heute an (vgl. Heidbrink 2006: 18). Trotz grundsätzlicher Differenzen favorisieren Vertreter des individualismuskritischen Kommunitarismus ebenso wie Vertreter der egalitären liberalen Tradition geteilte Werte, Partizipation, Anerkennung der Vielfalt als Basis der Zivilgesellschaft.
77 Im Einzelnen nennt Heidbrink hier die politisch-deliberative Funktion, die sozial-integrative Funktion und die kulturell-moralische Funktion (Heidbrink 2006: 19).

sich auf eine Konzeptualisierung von Zivilgesellschaft in der Wohlfahrtsgesellschaft. Es geht hier „um die Aktivierung der Gesellschaft für die Herstellung von Wohlfahrt jenseits des Staates" (Maaser 2006: 64), aber nicht unabhängig von ihm. Im Gegenteil wird der ‚dritte Sektor'[78] zunehmend im Einflussbereich einer „neosozial"[79] (ebd.: 69) agierenden, staatlichen Steuerung verortet.

Wenngleich Perspektiven und Herangehensweisen bezüglich Zivilgesellschaft bereits zwischen zwei ausgewählten Autoren differieren, sind für beide Autoren die Akteure der Zivilgesellschaft und auch diejenigen Akteure, von denen sich *die Zivilgesellschaft*, wenn sie denn als gesellschaftliches Subjekt existiert, abgrenzt beziehungsweise mit ihnen in Aushandlung steht, die gleichen: Zivilgesellschaft wird als gesellschaftliche Entität begriffen samt ihrer Verflechtung mit staatlichen, bisweilen auch marktwirtschaftlichen Institutionen und den Individuen und Gruppen, die sie als Bürger oder schlicht Teilhaber repräsentiert.

In der Beschreibung seiner drei Wege oder Varianten von Zivilgesellschaft bewegt sich Maaser zunächst auf einer Ebene grundlegender Beobachtungen zur Verantwortungsverschiebung. Eine Trennung von Gesinnungsethik und Verantwortungsethik[80], wie sie in der Vergangenheit möglich war, scheint danach zunehmend weniger haltbar. Der bloß verantwortungsvolle Gesinnungsgedanke kommt in Zeiten der alltäglichen und demokratisierten Verantwortung nicht mehr ohne den Folgenaspekt des Handelns aus. Dabei wird das Schlagwort der Aktivierung von Verantwortung immer lauter vernehmbar.

Aktivierung von Verantwortung zielt auf Selbstverantwortung, Eigenverantwortung und Mitverantwortung. Mit allen dreien wird die Organisation des Gemeinwesens zunehmend in die Verantwortung der Individuen als Bürger verschoben. Es handelt sich dabei um eine neue „Suche von Regeln des Zusammenlebens" unter der Prämisse der Verantwortungsübernahme und der Freiwilligkeit, der „Bereitschaft zum sozialen Engagement" (Heidbrink 2006: 24).

Daran schließt sich unmittelbar die Frage nach den Grenzen des aktuell vielzitierten „aktivierenden Staates" (ebd.: 28) an. Eine Balance zwischen staatlicher und individueller Verantwortung zu finden, scheint deshalb unabdingbar. Ohne die Herstellung dieser Balance wird ein Rückfall in die Entsolidarisierung der Gesellschaft befürchtet, in der der Begriff (Eigen-)Verantwortung als neoliberal gesteuerter Paradigmenwechsel missbraucht werden kann. Die ‚Verantwortungsgesellschaft' markiert dabei in einer riskanter werdenden individualisierten, globalisierten Welt eine Alternative.

Maaser wie auch Heidbrink verweisen auf eine Ebene, die das Individuum zentral setzt, wenn es um Verantwortungsübernahme geht. Das Individuum sieht sich durch die Übernahme von Verantwortung in seinen Entscheidungen immer mehr mit sich selbst zurechenbaren

---

78 Zum dritten Sektor zählen Organisationsformen wie Vereine, Verbände, Gewerkschaften, Genossenschaften, Selbsthilfegruppen oder Stiftungen (Schwertmann 2006: 52). Damit ist er „institutioneller Kern" (ebd.: 54) von Zivilgesellschaft und wird bisweilen mit dieser gleichgesetzt (vgl. ebd.: 54).

79 Neosozial wird hier als Modifizierung des Begriffs neoliberal begriffen. Der Staat gibt Verantwortung an Wohlfahrtsverbände ab, enthält sich jedoch nicht seiner Steuerungsmöglichkeiten (vgl. Maaser 2006: 69). Zumindest semantisch wird jedoch der Eindruck einer Idealisierung des Gesellschaftlichen im Gegensatz zum Staatlichen transportiert.

80 Dieser Feststellung liegt Webers (1980) begriffliche wie inhaltliche Trennung von Gesinnungs- und Verantwortungsethik zugrunde (vgl. Maaser 2006: 62).

Risiken und Versagensängsten konfrontiert, ohne jedoch (struktur-)autonom zu sein.[81] Es steht unter dem Einfluss einer „eigentümlichen Verbindung von *Ermächtigung und Disziplinierung*" (Maaser 2006: 74, Hervorhebungen im Original). Das Individuum wird als Verantwortungsakteur in diesen Kontext eingebunden und es ist konstitutiv für Zivilgesellschaft als Verantwortungsgesellschaft.

Verantwortungsgesellschaft als Zeitdiagnose und Forderung beansprucht, konzeptionell jenseits theoretischer Einordnungen von liberal oder kommunitaristisch zu stehen. ‚Verantwortung' scheint dabei ein überbegrifflicher Ausweg aus verfestigten Widersprüchen in der normativ angeleiteten Rede von Zivil- und Bürgergesellschaftlichkeit zu sein. Sie markiert aber keinen neuen Begriff, der erstmals gesellschaftsbeschreibend eingesetzt wird. In dem Begriff sammeln sich historische wie auch zeitdiagnostische Feststellungen mitsamt den Grenzen, die diese Feststellungen beinhalten.

Unter den verschiedenen historischen und gegenwärtigen Varianten beziehungsweise Spielarten der Verantwortung und Verantwortungsverschiebung erscheint Verantwortungsgesellschaft jedoch gerade wegen der Möglichkeit, sich kritisch mit Verantwortung auseinanderzusetzen, adäquat zur Beschreibung aktueller Zivilgesellschaft und darin platziertem Engagement.

5.3 Wandel in der Zivilgesellschaft und Wandel am Arbeitsmarkt

Im Kontext der Diskussion um die Abnahme von Erwerbsarbeit und Vollbeschäftigung wird ein Diskurs um alternative Arbeit beziehungsweise Tätigkeiten sichtbar. Bisherige Abgrenzungen von Erwerbsarbeit zu bürgerschaftlichem Engagement scheinen durchlässiger geworden zu sein. In diesem Abschnitt soll dem Wandel am Arbeitsmarkt und im Bereich des bürgerschaftlichen Engagements nachgespürt werden. Dazu wird anhand ausgewählter Studien der sogenannte ‚dritte Sektor' als Plattform bürgerschaftlichen Engagements historisch betrachtet, um gleichzeitig Aufweichungen der in diesem Sektor geleisteten, nicht zum Erwerb gedachten Arbeit, mit Entwicklungen am Erwerbsarbeitsmarkt zu kontrastieren.

Erwerbsarbeit ist traditionell dadurch charakterisiert, dass sie zum Gelderwerb dient und fremdbestimmt ist. Bürgerschaftliches oder zivilgesellschaftliches Engagement ist zum einen traditionelles, politisches und soziales Ehrenamt, aber auch selbstorganisierte Aktivität der Selbsthilfe und in Bürgerinitiativen (vgl. Hacket/Janowicz/Kühnlein 2004: 283). Es ist freiwillig dem Gemeinwesen zuträglich und nicht auf den materiellen Erwerb zum Lebensunterhalt ausgerichtet[82].

Abgesehen von diesen Definitionen stellt sich uns ein anderes, neues, differenzierteres beziehungsweise pluralisierteres Bild von Arbeit dar. Sowohl auf individueller als auch auf organisationaler Ebene sind Entgrenzungsprozesse zu beobachten, denen im Sinne reflexiver Modernisierung[83] zum Beispiel institutionelle Restrukturierungsprozesse folgen (vgl. Hacket/

---

81   Das Individuum ist weiterhin Strukturen ausgesetzt, die als vorgegebene Konstanten im Hintergrund bleiben. Bezogen auf die Übernahme sozialer Verantwortung handelt es sich hierbei um (Infra-)Strukturen der Kirchen, Selbsthilfezentren, gemeinnützigen Vereine, Freiwilligenzentren (Maaser 2006: 73).
82   Diese Definition lehnt sich an die zu Beginn dieses Kapitels präsentierte Beschreibung bürgerschaftlichen Engagements an.
83   In Anlehnung an Beck/Giddens/Lash 1996

Janowicz/Kühnlein 2004: 284). Neben bekannten Strukturveränderungen am ‚regulären' Arbeitsmarkt ist insbesondere im Bereich bürgerschaftlichen Engagements vieles in Bewegung: Traditionelles Ehrenamt wird ergänzt um „sporadisch ausgeübtes Engagement in selbstorganisierter Form" (ebd.: 289). Sowohl am Arbeitsmarkt als auch im Bereich des bürgerschaftlichen Engagements gestalten zunehmend Personen „Form und Inhalt ihrer bezahlten und unbezahlten Tätigkeit individuell" (ebd.). Es geht um „‚biografische Passung' [vor allem] bürgerschaftlichen Engagements" (ebd.) und nicht nur um das Einfügen in bestehende Strukturen[84].

Der ‚dritte Sektor' als Plattform für bürgerschaftliches Engagement bezeichnet mitunter die ‚Sozialsparte' der Zivilgesellschaft, die jenseits von Markt und Staat liegt. Dieser ‚Sektor' der sozialen Arbeit bietet Gelegenheit dazu, sich gemeinwohlorientiert in der Gesellschaft einzubringen. Wenn auch bis heute staatlich subventioniert, produzierten und produzieren Organisationen des dritten Sektors nach wie vor einen „Überschuß" (Bode 2004: 261), einen nicht vernachlässigbaren Beitrag zum Gemeinwohl.

In einer Gegenüberstellung von zivilgesellschaftlichen Akteuren, die sich vornehmlich im sozialen Bereich in Form von ‚Non-Profit' engagieren, stellen Bode und Graf (2000) Organisationsmodelle vor. Sie haben sich in ihrer älteren, das heißt vorkriegszeitlichen bis in die 60er- und 70er- oder auch 80er-Jahre, und ihrer neueren Ausprägung, die sich in der Folge der 70er-Jahre bis heute, herausgebildet. Dadurch wird der Kontrast sichtbar, der sich organisational zwischen traditionellen oder besser erstmodernen *Wohlfahrtsorganisationen* und zweitmodernen Organisationen, zum Beispiel *freien* Einrichtungen, abbildet (vgl. Bode/Graf 2000: 139). Der Wandel im Feld der Wohlfahrt wird so historisch sichtbar gemacht[85].

Festgestellt wird zunächst, dass Non-Profit-Organisationen insgesamt an herangetragene Bedarfslagen gebunden sind und Ressourcen auch von Nicht-Mitgliedern gezogen werden, das heißt zum Beispiel aus Spenden. Nicht zu vernachlässigen sind die öffentlichen Kostenträger, die manchmal zwei Drittel der Kosten tragen (vgl. ebd.: 143)[86]. Nach Schmid (1996: 16) ist die Finanzierung von Wohlfahrtsverbänden je zu einem Drittel durch öffentliche Zuwendungen, Erstattungen von Sozialleistungsträgern und Spenden beziehungsweise Mitgliedsbeiträgen geregelt. Im Zuge dieser geteilten Energiezufuhr entsteht eine „spezifische Solidarität", die man „als Ausdruck einer generalisierten Reziprozität" (Bode/Graf 2000: 144) begreifen kann.

Wohlfahrtsverbände ‚alter Verhältnisse' sind in Deutschland zum Beispiel aufgrund christlichen Ursprungs weitgehend dem Sozialwesen beigeordnet und fordern eine Art missionarische Hilfehaltung ihrer Tätigen, die sich mitunter auf die Integration von Randgruppen konzentriert. Die Tätigen wiederum genießen ob ihrer Eingebundenheit in die Organisation einen bestimmten Vertrauenskredit (vgl. ebd.: 147). In der zweiten Hälfte des 20. Jahrhunderts entwickelt sich das ‚korporatistische Modell' der Wohlfahrtspflege in Deutschland. Thränhardt (1984) kennzeichnet diesen Prozess als „eine eigentümliche Verknüpfung vorindustriell-honoratiorenhafter Strukturen, alter karitativer Ideologien und moderner finanzieller Dynamik, bürokratischer Organisation und technischer Ausstattung" (ebd.: 169). Sogenannter Sozialprofessionalismus nimmt Einzug. Soziale Arbeit wird zur Profession. Dabei bleibt Arbeit im sozialen Bereich von Wohlfahrts- und Non-Profit-Organisationen unter

---

84 Siehe dazu auch Kapitel 3.2.3.
85 Ihren Fokus legen die Autoren Bode und Graf (2000) insbesondere auf das Verhältnis von Haupt- und Ehrenamtlichkeit und auf neue Formen des freiwilligen Engagements.
86 Bode/Graf orientieren sich an Zahlen nach Zimmer et al. (1999).

Kontrolle der alten ‚stockholder' (vgl. Bode/Graf 2000: 148 f.). Allmählich bilden sich im Umfeld neuer sozialer Bewegungen, die bereits in den 70er-Jahren ihren Anfang nehmen, vor allem in den 90er-Jahren autonome Organisationen heraus und werden als solche institutionalisiert. Stockholder sind hier ausdifferenzierter. Die Szenerie präsentiert sich alternativer und basisdemokratischer. Arbeits- beziehungsweise Tätigkeitsverhältnisse sind zum Teil beruflicher Ersatz für verhinderte Einsteiger in einen ‚ersten Arbeitsmarkt'. Neue Konstellationen des bürgerschaftlichen Engagements, die in der Folge der 70er- und 80er-Jahre entstanden sind, zeichnen sich durch ihre schwächere Bindung zum korporatistischen System aus beziehungsweise dadurch, dass diese Bindungen der Organisationen nie bestanden haben (vgl. ebd.: 153). Die schwache Bindung an wohlfahrtsorganisationale Netzwerke ermöglicht personenbezogene, soziale Dienstleistungen weiterhin aus dem Gedanken der Gemeinwohlorientierung heraus. Gewissermaßen ‚adhokratisch' wird von den Helfern über ihr Engagement selbstbestimmt (vgl. ebd.: 159). Dabei werden Spenden verstärkt in Eigeninitiative gesammelt, Subventionen und Drittmittel selbst gesucht. Werbung muss geschaltet werden, um Legitimität herzustellen (vgl. ebd.: 166). Durch all das wird eine Langfristigkeit von Projekt- und Personalplanung erschwert. Insbesondere die sogenannten Public Relations unterliegen einer Professionalisierung. Kreativität und Eigenverantwortung ohne festgelegte Weltanschauungen bestimmen die geforderte Haltung der Engagierten. Auch wenn diese Eigenschaften als Tugenden propagiert werden, tragen sie zum Teil zu einer Prekarisierung der Mitarbeiterstruktur bei (vgl. ebd.: 161). Ein Wechsel vom Ehrenamt in Beschäftigung und gegebenenfalls wieder zurück ist dabei leichter und öfter möglich und darf daher schon als Regel bezeichnet werden (vgl. ebd.: 162). In der Folge wird dann ein Trend zur „Deprofessionalisierung" (ebd.: 163) sichtbar. Vielfältige Übergänge zwischen Formen der Arbeit sind zu verzeichnen. Neue Verknüpfungen zwischen Erwerbs- beziehungsweise hier sogenannter ‚Eigenarbeit' und bürgerschaftlichem Engagement werden zum Beispiel als „Corporate volunteering", das heißt Engagement zur eigenen beruflichen Weiterqualifikation (Hacket/Janowicz/Kühnlein 2004: 291 sowie Klages 1998: 156), sichtbar.

Zu erkennen ist ein Wandel hin zu innerhalb der zivilgesellschaftlichen Sphären individualisiert eigenen Gesetzen folgender Arbeit und hin zu einer Reorganisation von Arbeit; dies ganz im Sinne der Prinzipien der zweiten Moderne.

Es wird auf beiden Arbeitsebenen (in der Erwerbsarbeit und im bürgerschaftlichen Engagement) ein verändertes „Arbeitszeitregime" (Hacket/Janowicz/Kühnlein 2004: 292) festgestellt, das Gestaltungsmöglichkeiten in beiden Bereichen erlaubt und auch erfordert.

Obwohl Widerstand von ‚sozial Tätigen' gegen strukturelle Setzungen in beiden Tätigkeitsbereichen sichtbar wird, scheint Pluralisierung und Entgrenzung in meist voneinander getrennten Tätigkeitsfeldern stattzufinden. ‚Alte Institutionalisierungen' sind weiterhin Bestandteil gesellschaftlicher Strukturen. Dennoch gelangen mit der „Subjektivierung von Lebensentwürfen" (ebd.: 301) Handlungsmöglichkeiten in den Blick, die die Trennung der Tätigkeitsfelder zumindest irritieren. Erforderlich wird eine neue „Kreativität des Handelns" (ebd.: 305).

5.4 Das zivilgesellschaftliche Engagement älterer Menschen

Ältere Menschen und ihre spezifischen Fähigkeiten und Ressourcen rücken in das Blickfeld bürgerschaftlichen Engagements. Die Zahl älterer Menschen steigt in Deutschland überproportional zu jüngeren Kohorten an[87]. Allein vor dem Hintergrund dieser quantitativ-demografischen Entwicklung wird antizipiertes Potenzial älterer Menschen für die Sozialpolitik immer interessanter. Ältere Menschen verfügen – und das ist die generelle Annahme – über zeitliche Ressourcen und Erfahrungspotenziale, die viele Optionen für Engagement bieten. Jedoch ist anzunehmen, dass traditionelle Altersbilder, inklusive damit verbunder Bewertungen altersbedingter Fähigkeiten, Wandlungen unterworfen sind. Insbesondere sind Rollen, die das soziale Alter vorgibt, nicht eindeutig, sondern veränderbar und im Zeitalter der Globalisierung Pluralisierungs- und Individualisierungstendenzen unterworfen. Beiträge der 60er- und 70er-Jahre beschreiben das Alter infolge des Ausscheidens aus dem Erwerbsleben noch als „rollenlose Rolle" (Rosow 1977 [1974]). Cumming/Henry (1979 [1961]) relativieren diese negative Sichtweise, indem sie mit dem Verlust von Rollen wachsende Zufriedenheit verbunden wissen wollen[88]. Riley (1991) geht später einen Schritt weiter. Sie stellt zunehmende Ressourcen älterer Menschen fest, die strukturell kaum nutzbar gemacht werden. Freiwillige Einsätze von zum Beispiel sogenannten ‚Seniorenexperten' bleiben Ausnahmen. Diese sind vornehmlich zur Schaffung sinnvoller Aktivitäten für Alte gedacht, die dem Arbeitsethos moderner Gesellschaften nachgebildet sind.

Diese Ethik bleibt im Diskurs geknüpft an die Idee des Aktivseins im Erwerbsleben. Mit Blick auf ältere Menschen ist in der Folge die Rede von aktivgesellschaftlicher ‚Responsibilisierung' der Alten, vor allem in der neueren Rhetorik zur Funktion des Alters, die sich der (Selbst-)Verantwortungsidee nach der nachkriegszeitlichen gesellschaftlichen ‚Entpflichtung' älterer Menschen verpflichtet (vgl. Lessenich/Otto 2005:1). In vielerlei sozialpolitischen Konzeptionen, die unter anderem „Strategien aktiven Ansparens reziproker Rückerstattungsansprüche (…) etwa in (…) Zeitgutschriften" oder sogenannten „User Involvement (…) [beziehungsweise sogenannter] wohlfahrtsgemischter Koproduktion" (Lessenich/Otto 2005: 1) umfassen, wird eine sozialpolitische Programmatik erkennbar, die vor allem Vorschläge macht oder Forderungen an ältere Menschen stellt, sich zu engagieren. Der aktivierende Sozialstaat nutzt diese Begrifflichkeiten im Rahmen seiner Kalkulation der Finanzierbarkeit sozialstaatlicher Leistungen ganz offenbar, indem er die allgemeine Losung ‚Fördern und Fordern' ausbringt; auch wenn seine Argumentation zum Teil auf wackligen, bisweilen nicht ganz aktuellen Realitätsauffassungen basiert[89].

Auf der Suche nach *konkreten Programmen*, die staatlicherseits den sogenannten ‚Alterskraftunternehmer' (Lessenich/Otto 2005: 5) fördern, stößt man auf nur wenige Ansätze, die neben ökonomisch kalkulierenden Perspektiven den Blick der zu Fördernden ernst neh-

---

87 Neue statistische Daten liefern unter anderem Meier/Schröder (2007).
88 Anders als Rosow (1977 [1974]), der in der sogenannten „Aktivitätstheorie" zu verorten ist, gelten die beiden Autoren als Vertreter der in der Alternsforschung immer noch prominenten „Disengagementtheorie".
89 Eine ausführliche Kritik findet sich in Lessenich/Otto (2005). Wie sich diese Losung in der Praxis des Alltags auswirkt, wie sie von Alten angeeignet und eingebracht wird, kann auf der Ebene programmatischer Diskurse kaum erschöpfend geklärt werden; vielmehr steht im Rahmen einer ‚Soziologie der Sozialpolitik' eine Untersuchung der „Selbstkonstitution und (…) Selbstführung als aktive, verantwortliche und produktive Alte" (Lessenich/Otto 2005: 7) aus.

men. ‚Erfahrungswissen für Initiativen (EFI)'[90] ist einer davon. Mit dieser Initiative werden ältere, engagementbereite Menschen zu sogenannten ‚Senior Trainern' ausgebildet. Darüber hinaus gibt es Ansätze, die sich im Übergangsfeld zur Selbsthilfe bewegen, wobei hier der Teilbereich des Engagements, der „nach außen, also nicht ausschließlich auf Selbsthilfe, gerichtet ist" besondere Beachtung findet (vgl. Bundesministerium für Familie Senioren Frauen und Jugend 2005: 348). Insbesondere in der Selbsthilfe aber treffen sich ältere Menschen, die sonst auf keinen gemeinsamen Wissensvorrat zurückgreifen können und versuchen eine Neuorientierung. Es wird Wissen überprüft, ergänzt, erneuert. Dadurch ergibt sich für die Seniorenexperten die Möglichkeit, selbst von ihrer Aktivität zu profitieren.

Es gibt weitere Initiativen. Unter anderem sind dies Zeitzeugen- und Wissensbörsen, Erzählcafés, Schreibwerkstätten, Altentheater, Handwerkshilfsdienste, Vermittlungsagenturen, Mentorenmodelle, Patenschaften, Karriere- und Firmenberatungen, Heimatmuseen etc. Mit Freiwilligenagenturen oder Seniorenbüros soll die Infrastruktur zum Engagement Älterer bereitgestellt werden (vgl. ebd.). Insgesamt sieht der Altenbericht die Engagementpolitik für ältere Menschen auf eine „intelligente Mischung(en) aus familialer, professioneller und ehrenamtlicher Unterstützung beziehungsweise Pflege zur langfristigen Stabilisierung von Hilfearrangements" relevanter werden (vgl. Bundesministerium für Familie Senioren Frauen und Jugend 2005: 5).

Erwähnenswert erscheinen im *Forschungskontext* des Engagements älterer Menschen vielfältige, teils interdisziplinäre Arbeiten, die ‚die neuen Alten' zum Beispiel als ‚Retter des Sozialen' sehen (Aner/Karl/Rosenmayr 2007), theoretische und empirische Befassungen zu produktivem Altern und informeller Arbeit in modernen Gesellschaften liefern (Erlinghagen 2008) oder „Alterskulturen und Potentiale des Alter(n)s" (Fangerau 2007) beschreiben. Insbesondere sind die Studien von Schroeter/Zängel (2006) und Wahl u. a. (2007) von Interesse. Erstere fokussieren die Altersforschung explizit in Bezug auf bürgerschaftliches Engagement. Wahl spricht in diesem Zusammenhang die neuen Dynamiken im Alter an. Rohleder/Bröscher (2000) untersuchen, inwiefern Begründungsmuster für Engagementförderungsprojekte mit Motivation und Begründung praktischen Handelns älterer Helfer übereinstimmen[91].

Das Forschungsfeld zeichnet sich sichtbar durch eine Pluralität thematischer Bezüge und Herangehensweisen aus und weist insgesamt ein Interesse für Alter und Alternspotenziale für Engagement auf.

5.5 *Das zivilgesellschaftliche Engagement von Migranten*

Das „Leitbild des zivilgesellschaftlichen Aktivbürgers" (Heinze/Olk 2001: 14) macht auch vor der Gruppe der Migranten nicht halt; auch wenn bei der Rede vom Aktivbürger meist der Mittelstandsbürger gemeint ist. Sozial Benachteiligte bleiben außen vor. Munsch zählt zu den Benachteiligten unter anderem auch ‚Ausländer', also auch Migranten (vgl. Munsch

---

90   EFI „Erfahrungswissen für Initiativen" ist ein besonderes „Multiplikatorprogramm" zur Förderung der Aufbereitung und Vermittlung von Erfahrungswissen Älterer. Es ist vom BMFSFJ installiert worden.
91   Diese Studie kommt der vorliegenden Untersuchung insofern nahe, als sie bezüglich der Methodologie einen ähnlichen Weg einschlägt; auch hier wird auf die Beziehung von Wissen und Praxis abgehoben. Die beforschte Population ist dennoch eine andere als in dieser Arbeit.

2003: 7). Es ist mithin nicht leicht für Benachteiligte, die scheinbar stets nur der Unterstützung bedürfen, eine Plattform für Engagement zu bieten. Im Gegenteil sind Tendenzen des Ausschlusses aus dem Feld des bürgerschaftlichen Engagements zu verzeichnen. Orientiert an Zahlen des SOEP (Sozioökonomisches Panel) konstatiert Munsch das allgemein bekannte Muster, dass mit zum Beispiel steigendem Einkommen oder auch mit steigendem Bildungsgrad auch das bürgerschaftliche Engagement steigt (vgl. Munsch 2003: 8). Zuschreibungen an ‚Ausländer', Einkommens- und Bildungsressourcen nicht mitzubringen, manövriert Migranten in eine passive Position. Dabei ist auf vorhandene (gegenseitige) Solidarität oder auch auf Formen des Protests als Alternativen des Engagements bei Migranten zu achten. Munsch bezieht in ihre Betrachtungen bürgerschaftlichen Engagements definitorisch kaum berücksichtigte Engagementformen, wie Hilfe innerhalb der Familie oder in Nachbarschaftsnetzwerken ein, ebenso Selbsthilfe in Gruppen und ethnischen Netzwerken: „Genau durch diese Beziehungen ist (…) das Engagement in so genannten sozialen Brennpunkten oft geprägt" (ebd.: 13)[92], während Zugang zu festgefügten, traditionellen Formen und Institutionen des Engagements weniger gegeben ist. Andere, selbst definierte oder auch kulturell ‚anders' geprägte Rahmenbedingungen für Engagement, eröffnen Ressourcenfreisetzung, die ohne Zweifel auch bei sozial benachteiligten aber lebenserfahrenen Menschen vorhanden sind. Erfahrungen der Krise, der Fremdbestimmung durch Instanzen, des Wunsches nach würdiger Behandlung vonseiten des Staates und seiner Leistungsträger sind Themen, die Migranten berühren, die (deutsche) Mittelschichtsengagierte aber nur wenig nachvollziehen können. Nicht nur Themen und Inhalte sind andere, sondern auch Formen des Engagements gehen bei Migranten als Benachteiligten auf andere Lebenserfahrungen zurück.

Abgesehen davon, ob Migranten im Kontext der zivilgesellschaftlichen Engagementlandschaft als benachteiligt angesehen werden können und deshalb der definitorische Rahmen von zivilgesellschaftlichem oder bürgerschaftlichem Engagement weiter gefasst werden muss, ist der institutionelle Rahmen der Ermöglichung von Engagement von Migranten mit zu beachten.

Studien zum Engagement von Menschen mit türkischem Migrationshintergrund befassen sich mit Strategien des ‚bonding oder bridging social capital'[93], die Ressourcen von Migranten insbesondere für Integrationsengagement nutzbar machen sollen.

Menschen mit türkischem Migrationshintergrund sind zu einem wesentlichen Teil in Bereichen der Religion, des Sports, der Freizeit und Geselligkeit sowie der Kultur und Musik engagiert (vgl. Halm/Sauer 2007: 8). Dass ihr Engagement vornehmlich in interethnischen Vereinen und Verbänden vonstattengeht, weist darauf hin, dass dieses bonding von Sozialkapital aus dem Engagementinteresse der Migrationssituation selbst resultiert (vgl. ebd.: 11).

Sich entgegen dieser Beobachtung sozialpolitisch das Ziel zu setzen, Menschen mit Migrationshintergrund ‚Brücken bauend' (zwischen Deutschen und Ausländern) ausschließlich in ‚deutschen Organisationen' unterzubringen beziehungsweise sie in diese Organisatio-

---

92 Munsch kritisiert definitorische Setzungen von Engagement in großen statistischen Erhebungen (zum Beispiel Erlinghagen et al. 1999, Gensicke 2001 etc.). Sie merkt an, dass sogar die Enquetekommission „Zukunft des Bürgerschaftlichen Engagements" zum Beispiel einen institutionellen Rahmen zur Ausübung des Engagements nicht explizit vorgibt (vgl. Munsch 2003: 13).

93 Begriffe original nach Putnam (2000: 22). Putnam unterscheidet bindendes und Brücken bildendes Sozialkapital. Ersteres „hebt auf die Ähnlichkeiten der Menschen untereinander ab". Zweiteres auf die „Netzwerke, die völlig unterschiedliche Menschen zusammenbringen" (Maaser 2006: 75).

nen zu integrieren, verfehlt das eigentliche Ziel der zivilgesellschaftlichen Integration. Ziel soll es nach der Studie von Halm/Sauer (2007) sein, Gelegenheitsstrukturen zu schaffen, sich in ‚eigen- und multiethnischen Kontexten' zu engagieren (vgl. ebd.: 11). „Kulturelle Vielfalt und Integration werden heute nicht mehr im Widerspruch gesehen" (Şen/Sauer/Halm 2001: 19). Es geht also zunächst um die Anerkennung des Engagements, unabhängig, ob es in einem ‚deutschen' oder zum Beispiel ‚türkischen' organisationalen Kontext geleistet wird. Somit geht es um einen Wahrnehmungswandel, der von Vorbehalten und Befürchtungen absieht, entstehende Parallelgesellschaften würden gesamtgesellschaftlicher Integration entgegenwirken. Eine *Zusammenarbeit* mit inter-ethnischen Vereinen zur Steigerung des bridging social capital hat den Vorrang vor einer *Zusammenführung* des Engagements unter ‚einem deutschen Dach', wenngleich Zusammenarbeit auch unter einem Dach gegeben sein kann, zumindest, um sogenannte „Andockstationen" (Halm/Sauer 2007: 12) in ‚deutschen Organisationen' zu installieren.

Teilweise scheint es so, als würden sozialpolitische Strategien der Nutzbarmachung des Kapitals von Migranten in ‚deutschen' Institutionen des Engagements erst gar nicht benötigt. Es scheint mit Blick auf das Engagementfeld des Sports, „*gerade* die Trägheit des deutschen Vereinsmodells attraktiv auch für Migranten zu sein, sowohl für diejenigen, die es kopieren und so ethnische Lebensstile dauerhaft institutionalisieren als auch für Migranten, die ethnische Separation gerade nicht wünschen, sondern im ‚Assimilationsmilieu' eines Regelsportvereins aufzugehen wünschen" (Zifonun 2009/b: 332, eigene Hervorhebung).

Im Fahrwasser der Diskussion um bonding und bridging social capital bewegen sich Untersuchungen, die das Management von freiwilliger Integrationsarbeit von Migranten fokussieren. Es geht dabei abermals um die Differenzierung von ‚nach innen (bonding social capital)' und ‚nach außen (bridging social capital)' gerichteten Integrationsbemühungen, allerdings im Kontext des Umgangs von Politik, Verbänden, Unternehmen und auch der Wissenschaft mit diesem Thema. Begrifflichkeiten wie „diversity management", also Personalvielfaltsmanagement, finden dabei häufige Verwendung, während sie, aus der Privatwirtschaft stammend, relativ unkritisch in das Verbandswesen übertragen werden. Wettbewerbsfähigkeit durch Berücksichtigung von Verschiedenheit steht dabei im Vordergrund. „Unterschiede zwischen sozialen Gruppen werden [jedoch] nicht hinterfragt, sondern als willkommene Kategorisierungen gepflegt" (Halm 2005: 278). Nimmt man die Herkunft des Begriffs ‚ethnic mainstreaming' oder des sogenannten Migration-Mainstreaming (vgl. Flothow/ Foitzik 2003: 21) aus dem Konzept des ‚gender mainstreaming' ernst, nimmt man von einer biologistischen und damit gesetzten Differenz zwischen Gruppen Abstand und erkennt die Konstruktion, die solche Differenzen begründet (Halm 2005: 278). Beispiele eines gelungenen Umgangs mit der Einsicht über konstruierte Differenzen finden sich laut Halm/Sauer (2005) bei deutschen Gewerkschaften, die das Ziel erfolgreicher Integration zum Beispiel von türkischen Gastarbeitern in die Organisation weitgehend realisiert haben (vgl. ebd.: 38, 180). In Wohlfahrtsverbänden selbst ist das Integrationsziel hingegen kaum erreicht. Zwar ist die sogenannte „interkulturelle Öffnung" durch Beschäftigung von Migranten in das Leitbild aufgenommen worden, jedoch sind strukturelle Veränderungen der Organisationen nur am Rande passiert (vgl. Simon-Holm 2004: 239). Problematisch mag dabei sein, dass dieses Ziel mit dem der ‚interkulturellen Schulung des deutschen Personals' in Konflikt steht (vgl. Halm 2005: 279). Obwohl die Einbeziehung von Migranten als Ansprechpartner für Migranten als positiver Faktor der Migrantenintegration in Verbänden gewertet wird und nachhaltigen Erfolg verspricht, ist ihre Politik zum Teil noch eine andere. Zum Beispiel ist in Satzungen konfessionell gebundener Wohlfahrtsorganisationen, insbesondere Rettungsdiensten,

‚ethnic mainstreaming' nicht aufgenommen, obwohl bekannt ist, dass Migranten milieubedingt und schichtenspezifisch Hürden ausgesetzt sind, in deutschen Wohlfahrtsverbänden Aufnahme zu finden (vgl. Halm 2005: 279).

5.6 Der zivilgesellschaftliche Beitrag älterer Migranten: integrationszentrierte Präzisierungen

In den letzten Punkten wurde entlang der forschungsleitenden Kategorien der Migration und des Alters (Kapitel 5.4 und 5.5), sowie der Differenzierung von Engagement und Erwerbsarbeit (Kapitel 5.3) jeweils ein zivilgesellschaftlich relevanter Forschungsstand mitgeliefert. Der Forschungsstand wird im Folgenden auf die Symbiose aller drei Kategorien verdichtet. Er bezieht sich im Wesentlichen auf Beiträge, die die Kompetenzen älterer Migranten, die sie dazu befähigen, einen Beitrag für die Integration von Migranten zu leisten, thematisieren.

Ältere Migranten werden zu Symbolen der ethnischen Vergangenheit; sie vermitteln ihren Nachkommen ethnischen Wissens (vgl. Trela/Sokolovsky 1979: 120). Im Kontext modernisierungstheoretischer Ansätze wurde diese Entwicklung lange Zeit als ethnisches Revival bezeichnet (vgl. Heckmann 1988). Mit Ulrich Beck (2004) wird die Möglichkeit einer de facto ‚Rückkehr' zu alten, national sowie ethnisch begrenzten Zugehörigkeitsmodellen jedoch angezweifelt; sie wird aber als Teil kosmopolitisch ausgerichteter Modernisierung erkannt und anerkannt[94]. Ungeachtet der theoretisch-perspektivischen Ausrichtung wird in der relevanten Literatur die ‚Konstruktion alternativer [migrantisch insulierter] Wirklichkeiten' Option. Mitgebrachte Deutungsmuster und Sinnsysteme werden von älteren Migranten aufrechterhalten (vgl. Dietzel-Papakyriakou 1993: 36) und von ihnen als „Träger einer geachteten ethnischen Tradition" (ebd.: 36) weitergegeben. Dabei wird die Kompetenz älterer Migranten mit Veränderungen umzugehen hervorgehoben. Aufgrund der Migrationserfahrung, die in der Biografie zentral ist, wird eine erhöhte Verantwortung älterer Migranten für ihr eigenes Leben festgestellt sowie eine hohe Kompetenz, den neuen Alltag im Aufnahmeland zu bewältigen (vgl. Kruse 1987 zit. n. Dietzel-Papakyriakou 1993: 36 ff.).

Weitere Studien weisen ähnliche Ergebnisse auf (vgl. Nies/Munnichs 1986; Thomae 1988). Diese Befunde reihen sich in den Kontext des sogenannten Kompetenzmodells (Olbrich 1987) ein, das Kompetenzen älterer Migranten in der „intraindividuellen Interaktion (…) [und] in diesem Sinne (…) [in der] Bewältigung von Situationen unter Einbeziehung der vorhandenen Ressourcen" (ebd.: 320) verortet. In der relevanten Literatur wird vielfach festgehalten, dass Migranten in ihrer Biografie spezifisches Wissen, spezifische Kenntnisse erwerben, die sie einsetzen können, um anderen Menschen in ähnlichen Lagen zu helfen. Beispiele dafür gibt Dietzel-Papakyriakou (1993). Sie zählt unter anderem die Fähigkeiten „Kompromisse zu schließen, Grenzen zu akzeptieren, und ‚Verzicht zu leisten'" auf (ebd.: 127). Diese im Laufe des Lebens entwickelten, alltagspraktischen und kognitiven Fähigkeiten können im Rahmen „emotionaler Produktivität" weitergegeben werden (vgl. Staudinger/

---

94 Ulrich Becks ‚methodologischer Kosmopolitismus' wiederholt die Denkmuster des methodologischen Nationalismus nicht, verändert und redefiniert jedoch nationale Empathie (Beck 2004: 15 f.). Letztere ist nicht mehr exklusiv. Sie schließt multiple Loyalitäten und transnationale Lebensformen mit ein (Beck 2004: 18), so wie der kosmopolitische Blick überhaupt den nationalen Blick mit einschließt, wohingegen der nationale Blick den kosmopolitischen wiederum ausschließt (vgl. Beck 2004: 50).

Schindler 2001: 64 ff.). Neuere Studien im Schnittfeld von Altern, Migration und Aktivitätspotenzialen für die Integrationsarbeit gibt es kaum[95].

6   Integration von Migranten in Gesellschaft und Kultur

Mit Integration wird nicht allein die Integration von Migranten in einen spezifischen gesellschaftlichen Kontext bezeichnet. Integration von Zuwanderern ist aber ein sichtbares Phänomen beziehungsweise ein zu bearbeitendes Problem in der Diskussion um Integration[96].

Der Begriff ‚Integration' ist breit auslegbar. Er findet Verwendung in Befassungen mit der ‚Integration *von* Gesellschaft(en)'. Imbusch/Rucht (2005: 13 ff.) erläutern den Begriff der Integration in seiner soziologisch-diskursiven Ausformung: Mit der Frage nach der Integration von Gesellschaft wird die soziologische Grundsatzfrage danach, wie Gesellschaft überhaupt möglich ist, gestellt (vgl. Simmel 1992 [1908]). Es wird gefragt nach gesellschaftlicher Inklusion und Exklusion, nach Einschluss beziehungsweise Einbeziehung und Ausbeziehungsweise Abgrenzung – eben nach den Grenzen der Integration und damit implizit nach der Einheit, dem Raum oder der Gesellschaft, in die integriert wird, beziehungsweise der Gesellschaft, die integriert. Das ist zunächst eine ‚Nationalgesellschaft' beziehungsweise der ‚Nationalstaat', die/der mit Gesellschaft üblicherweise gleichgesetzt wird[97].

In der Migrationsforschung kommt dem Integrationsbegriff eine viel enger gefasste Bedeutung zu. Den Diskurs prägt hier die Abgrenzung von Integration und Assimilation von Migranten in eine gedacht homogene Gesellschaft. Beispielsweise legt Hoffmann-Nowotny (1973: 17 ff.) Integration als Partizipation an der Staatsstruktur (also berufliche Stellung, Einkommen, Bildung, rechtliche Stellung, Wohnen) im Gegensatz zu Assimilation als Angleichung an Kultur (im Sinne von Sprache und Werteorientierung) fest. Esser, zum Beispiel, erweitert die Definition von Integration darum, dass sie nunmehr auch innerhalb einer ethnischen Gruppe erreicht werden kann (Esser 1980: 22).

Mit den migrationssoziologisch gesetzten Definitionen von Integration verliert der Integrationsbegriff seinen umfassenderen gesellschaftstheoretischen Sinn. Diese Untersuchung geht auf Basis des Materials mit verschiedenen Richtungen der Integrationsdefinition um, während keine (auch keine der beiden oben angedeuteten) als definitorische Vorauslegung gilt.

Nachfolgend wird Integration zunächst auf einer gesellschaftlich-normativen (Kapitel 6.1) und anschließend einer eher kulturell-zeitdiagnostischen Ebene (Kapitel 6.2) diskutiert.

---

95   Zum Beispiel befasst sich Dita Vogel (2008) mit ungenutzten Ressourcen älterer Migranten im Bereich sozialen Engagements in der Zivilgesellschaft (jedoch nicht in der Migrationsarbeit).
96   Integration in und Teilhabe an Gesellschaft ist in empirischen Forschungen meist eindrücklich an ‚Problemgruppe' oder ‚Minderheitengruppen' exemplarisch verarbeitet. Zu diesen Gruppen werden neben Zuwanderern oder Migranten zum Beispiel behinderte, oder homosexuelle Menschen gezählt.
97   In der Soziologie verbreitet und aus verschiedenen Blickwinkeln diskutiert wird ebenso die ‚europäische Gesellschaft' oder die ‚Weltgesellschaft' (vgl. Imbusch/Rucht 2005: 14). Je weiter der Gesellschaftsbegriff gefasst wird, desto abstrakter sind die Interpretationen und Umgangsweisen mit Integration.

6.1   Integration von Migranten in Gesellschaft: normative Modellierungen

Darüber, was unter Integration zu verstehen ist und wie mit Migranten in einer Gesellschaft umgegangen wird, geben normative Modelle der Bürgerschaft Aufschluss. Sie zeigen unterschiedliche Wege gesellschaftlicher Integration – und im Zuge dessen Wege der Integration von Migranten – auf. Zunächst wird Migranten von Nationalstaaten ein Status als Bürger voll zuerkannt, teilweise zuerkannt oder nicht zuerkannt. Gleichzeitig setzen sich neue plurale Status durch, sei es aufgrund von Bemühungen supra- oder internationaler Organisationen oder schlicht ‚von unten' angestoßen zugunsten der Repräsentation bisher wenig Repräsentierter in national homogen gedachten Gesellschaften.

Die folgende Abhandlung zeigt einen Überblick theoretischer Konzeptionen zum Bürgerstatus. Keinesfalls auf Vollständigkeit bedacht, soll dieser Überblick in der Vorausschau auf empirische Ergebnisse (siehe vor allem Kapitel 9.1.2.1) dazu dienen, Bedeutungssetzungen von Untersuchungspersonen gesellschaftstheoretisch zu hinterlegen.

Nationalstaaten haben das Monopol zur Vergabe eines Status als Bürger. Dabei wird die nationalstaatliche „Geschichte vor allem der Wechselfälle" (Beck-Gernsheim 1999: 28) vergessen, die Zugehörigkeit zu Nationalstaaten zumindest fraglich erscheinen lässt.

Während einige Staaten in ihrer Migrationspolitik auf eine Politik des „ius soli" setzen, mit dem Grundsatz der „significance to birth in the territory", gilt zum Teil parallel das Prinzip des „ius sanguines", „based exclusively on descent" (Brubaker 1998: 150 f.). Die nationalstaatlich angeleitete Verteilung von Bürgerrechten führt zu einer spezifischen Exklusionspolitik mit der Folge, dass einem Teil der Migranten auch in der zweiten und dritten Generation, die in einer national gedachten Gesellschaft leben, ein adäquater Bürgerstatus verwehrt bleibt.

Sogenannte liberale und kommunitaristische Perspektiven auf Bürgerschaft modellieren philosophisch angeleitet Ansätze bürgerschaftlicher Integration, die die Zuweisung eines Status als Bürger in einer national gefassten Gesellschaft belassen. Dabei bleiben Problematiken der Migration und der integrierenden Statusvergabe für Migranten systematisch unberücksichtigt.

Der liberale Ansatz, für den John Rawls[98] als theoretisches Aushängeschild gilt, gelangt mit seinem individualistisch ausgerichteten Fokus nicht über den Einbezug von Bürgern als Gleiche hinaus. Chancengleichheit prinzipiell gleicher Bürger wird hinter einem ‚Schleier des Nichtwissens' über reale Statusvergabe ausgehandelt, jedoch werden gerade Ungleichheiten – insbesondere auch von Migranten in einer nationalen Majoritätsgesellschaft – nicht thematisiert[99].

Der kommunitaristische Ansatz klassischer Prägung[100] ist ebenfalls nicht berühmt dafür, integrativen Status von Migranten gebührend zu erfassen. Seine Konzentration auf Gemeinschaftlichkeit blickt auf dezentrale Organisation von Bürgern, was zunächst sozialintegrative Prozesse von Migranten zumindest im Rahmen dieser speziellen dezentralen Gemeinschaften perspektiviert. Jedoch bleibt in dieser Konzeption von Gesellschaft offen, ob die so gedachte interessens- und identitätshomogene Gemeinschaftlichkeit Zuwanderer

---

98   Vgl. Rawls (1993)
99   Vgl. Müller-Plantenberg (2000)
100   Vgl. Oldfield (1998)

integrieren kann – jedenfalls dann, wenn Migranten keine ethnisch-kulturellen Gemeinschaften vorfinden (vgl. Shafir 1998: 12).

Wird der Status als Bürger betrachtet, wird Gemeinschaftlichkeit von ethnisch-kulturell verbundenen Bürgern im sogenannten multikulturellen Konzept denkbar, das vor allem Will Kymlicka[101] vertritt. Ein wesentlicher Kritikpunkt an diesem Gesellschaftsmodell ist, dass einem Nebeneinander von ethnisch-kulturellen Gruppen, die Gefahren für umfassende Gemeinschaft beziehungsweise Gesellschaft innewohnen. Dieser Kritik wird im Kommunitarismus entgegengeblickt aber konzeptionell kaum erfolgreich ausgewichen[102]. Integration von Migranten als Bürger mit besonderer Repräsentation im Staat spiegelt sich weiterhin in einem Nebeneinander mit sogenannten ‚Autochthonen'.

Aufgrund steigender Immigrationszahlen in der Nachkriegszeit ist der Integration von Migranten in Gesellschaften zunehmend Rechnung zu tragen. Dabei verliert das homogene Nationalstaatskonzept allgemein an Bedeutung, wohingegen globale, transnationale Konzepte an Bedeutung gewinnen. Ein postnationales Modell der Bürgerschaft (in Anlehnung an Yasemin Soysal[103]) zeigt Perspektiven auf, die sich auf global geltende Menschenrechte berufen (vgl. Soysal 1998: 191). Über die Rechte von Migranten entscheidet nicht mehr der aufnehmende Nationalstaat allein. Gleichzeitig übernehmen zum Beispiel EU oder UNO die Kontrolle über die Migrantenbevölkerung (vgl. ebd.: 196). Transnationale Regelungen fördern die rechtliche Gleichstellung von Migranten mit der Gesamtbevölkerung eines Staates. Was zunehmend zählt, ist die Tatsache, in einem Land ansässig zu sein, Bewohner oder ‚denizen' zu sein (vgl. ebd.: 191). Rechtevergabe an Migranten bleibt zwar unvollständig. Jedoch erfüllt zunehmend die postnational zu nennende Rechte- und damit Statusvergabe ihren Zweck: Migranten zunehmend gleich zu behandeln, und das in fast allen demokratisch verfassten Gesellschaften.

6.2   Integration von Migranten in Kultur: Annäherung an Kultur

Wohin wird integriert, wenn nicht in eine territorial und national gedachte Gesellschaft samt einheitlicher Kultur oder Zivilisation? Wenn wir uns von ein- und ausgrenzenden Zivilisations- und Kulturbegriffen distanzieren wollen, scheint es angebracht, sich damit auseinanderzusetzen, wie Integration gedacht werden kann, ohne einem vorausgelegten Kulturbegriff für nur *eine* Gesellschaft verhaftet zu bleiben.

Kultur wird in dieser Arbeit dahingehend diskutiert, dass sie einen offenen Kulturbegriff und damit auch einen offenen Integrationsbegriff nahelegt.

Lange Zeit orientierte sich die Rede von und der Umgang mit Kultur hauptsächlich an nationalen Kategorien in Abgrenzung zu jeweils anderen Nationen. Obwohl wir „nicht mit nationalen Identitäten geboren" (Hall: 1994: 200) werden, obwohl nationale Identitäten auf konstruierten, „vorgestellte[n] Gemeinschaften" (ebd.: 201) gegründet sind, hat sich im Zuge der Nationalstaatenbildung eine nationale kulturelle Identität herausgebildet, die faktisch jeden Menschen in allen Gesellschaften betrifft. Im Nationalstaat ist ein Bild von Identität als „einzig wahres [nationales] Selbst" (ebd.: 92) entstanden, das tief verankert ist und für

---

101   Vgl. Kymlicka (1998)
102   Vgl. Radtke (2000)
103   Vgl. Soysal (1998)

immer festzustehen scheint. Dieses Selbst grenzt national und territorial von anderen ab. „Reine Differenz" (Keitel/Allolio-Näcke 2005) oder „binäre Opposition" (Breinig/Lösch 2002) der (identitären) Zugehörigkeit zu einem Nationalstaat sind dem Gedanken einer transdifferierenden beziehungsweise transdifferenten Erfahrung entgegenzusetzen. Eine Reduktion kultureller Komplexität auf Dichotomien wie „Eigenes und Fremdes oder Identität und Alterität" (Keitel/Allolio-Näcke 2005: 105) entspricht traditionellem abendländischem Denken, überdeckt aber, dass sich das „Ausgeschlossene (…) nicht gänzlich eliminieren" lässt (ebd.: 107).

Um zu differenzieren, müssen zwar Grenzen gezogen werden beziehungsweise existieren konstruierte Grenzen, jedoch „die Bewegung auf und entlang der Grenze, das Erleben einer Grenzerfahrung kann ein Schritt in die Richtung sein, in unserem Wissen und unserer Erfahrung Veränderungen vorzubereiten" (ebd.: 108)[104]. In Anerkennung der Durchlässigkeit binär und dichotom gedachter Grenzen des Eigenen und des Fremden ist Kultur mit Soeffner „natürliche Künstlichkeit" (Soeffner 1988: 13). Sie ist Erkenntnisstil und Erkenntnisgegenstand. Sie gehört zum Menschen in seiner ausgedeuteten vorgefundenen Welt und wird durch ihn als Interpreten konstituiert. Konstruktion von Kultur macht sich dadurch bemerkbar, dass „je nach Perspektive die äußeren und inneren Grenzen oder Territorien von Individuen, Gruppen, Schichten, Völker oder Generationen, Religionen, Berufsgemeinschaften oder Tätigkeiten (…)" akzentuiert oder überhöht werden (ebd.: 5). So geschaffene Kultur beinhaltet eine Aufforderung, handelnd und deutend weiter zu suchen (vgl. ebd.: 13 f.) und sich der kulturellen Offenheit und Unvorhersehbarkeit von Kultur bewusst zu sein (vgl. ebd.: 16). Sich darauf einzulassen, wird angesichts des durch Globalisierung offenbaren ‚universellen Kontaktzwangs' zwischen Kulturen notwendig. Allein Einzelkulturen zu sehen, verschleiert die Fremdheit im eigenen Land. Ein konkreter Kulturvergleich allein ist ebenfalls nicht zweckmäßig. Ein solches Vorgehen wird von Migranten in deren Praxis überholt.

Mit einer kulturtheoretischen Position ist es möglich, sich Integrationsgestaltung auf der Ebene von Kultur spezifisch-reflexiv zu nähern, beinhaltet sie doch die Voraussetzung, die eigene (soziologische) Position daraufhin (selbst-)kritisch betrachten zu können, dass Ambivalenzen jedem Gegenstand inhärent sind. Diese Ambivalenzen sind konstitutiv für eine Analyse und sollten mit konzentriertem Blick auf kulturelle Uneindeutigkeiten nicht verschleiert werden. Einem kulturalistischen Diskurs, der „Einwanderer per se als andersartig und damit defizitär deklarier(e)[t]" (Zifonun 2009/a: 331) ist entgegenzuwirken. Gemeinhin gelten Migranten aus zumeist westlicher Sicht als ethnisch anders. Dabei sind Autochthone wie auch Migranten ethnisch und kulturell uneindeutig beziehungsweise hybride. Die Hybriditätsperspektive rüttelt an den Grenzen der national-kulturellen Dichotomien (vgl. Nederveen Pieterse 2005: 418).

Inwiefern Migranten kulturell anders sind, bedarf einer Begründung im Sinne von Kulturtheorie, ebenso wie im Sinne einer empirisch theoriebildenden Absicht[105]. Die Dichotomisierung von Kultur kann mit Hall durch einen „rigoros empirisch" (vgl. Hall 1999: 114) geprägten Ansatz zur Theoriebildung aufgebrochen werden. Zu untersuchen ist Kultur an ‚sozialer Praxis' und ‚gesamter Lebensweise' (vgl. ebd.: 117). Sie wird als Ganzes gelebt und erfahren. In der Erfahrung kreuzen sich kulturelle Praktiken (vgl. Hall 1999: 124) in

---

104 Zu einer phänomenologischen Betrechtung des Eigenen und des Fremden siehe Kapitel 3.1.1.
105 Analytisch ist diese Sichtweise in Verbindung zu dem Instrumentarium einer Grounded Theory zu sehen, die für sich selbst ebenfalls den Anspruch erhebt, keine Kategorie oder Unterscheidung von sich aus gelten zu lassen, sondern nur in der verdienten empirischen Manifestation zuzulassen.

einem „Prozeß des Durcheinanderwerfens, des Wiederzusammenwerfens, der Hybridisierung und des ‚Schneidens und Mixens'" (Hall 1994: 23). In der Identität von Individuen konstituiert sich dieser Prozess als Kreolisierung, Crossover oder Pick-'n'-mix (vgl. Nederveen Pieterse 2005: 299). Migranten, die mit diesen Vokabeln bezeichnet werden, scheinen von dem Druck, sich zu assimilieren, befreit. Dennoch gelten sie zumeist immer noch als kulturelle Problemfälle, die sich ob ihrer vorausgesetzten Fremdheit, ihrer ‚importierten Kultur' eingliedern müssen (vgl. Römhild 2007/b: 162 f.). Römhild schlägt alternativ vor, die „individuelle(n) Grenzforschung von Migranten" im Rahmen eines ‚dritten Ortes', des sogenannten „Pragmatismus der Grenzüberschreitung" (Römhild 2007/a: 618), zu verstehen, um aus der Falle des ‚methodologischen Nationalismus' zu entkommen.

Gegner einer These, die diesen ‚dritten Ort' als Ort der hybriden Identitätsgestaltung propagiert, argumentieren, dass Hybridität inauthentisch sei (vgl. Nederveen Pieterse 2005: 397). Nederveen Pieterse begegnet diesen Kritikern, die der Idee der Hybridität anlasten, Macht und Ungleichheit außen vor zu lassen, wiederum damit, indem er klarstellt, dass Hybridität nicht ‚neue' Gleichheit bedeutet (vgl. ebd.: 403)[106]. Dafür führt er an, dass grenzüberschreitendes Wissen ‚Überlebenswissen' auch wenig Privilegierter ist (vgl. ebd.: 404). Hybridität ist Zeichen für den möglichen Paradigmenwechsel weg von der westlichen Hegemonievorstellung, die nicht nur in elitären Kreisen mit einer gemeinsamen kosmopolitischen Erfahrung, sondern seit jeher schon allgegenwärtig herrscht (vgl. ebd.: 409 f.). Eine neu gemixte, kohärente Selbstidentifikation existiert im Kontext der Hybridität. Migranten gelten als „Protagonisten der Enträumlichung von Kulturen und sozialen Beziehungen" (Römhild 2007/a: 620), die ‚von unten' eine kosmopolitische Bewegung anführen. Im Zuge dessen werden Grenzen von „hier Migrantinnen, als Täter und Opfer (…), dort aufgeklärte Helfer und Helferinnen" (ebd.: 624) in der Praxis der Migration variabel. Vor diesem Hintergrund gestalten Migranten Integration in Kultur ebenso variabel.

---

106 Als Kritiker führt Nederveen Pieterse unter anderem Young (1995) und McLaren (1997) auf.

IV   Die Arbeit im Feld – Empirische Ergebnisse

7   Forschungspraxis

In diesem Abschnitt wird die konkrete Praxis der Forschung im Feld beschrieben. Zunächst wird darauf eingegangen, wie der Feldzugang gesucht und die Untersuchungspopulation gesampelt wurde. Anschließend werden Besonderheiten der Interviewführung und der Umgang damit beschrieben.

7.1   Feldzugang und Sampling

Ein Zugang zum Feld ist im Sinne des theoretischen Samplings der Grounded Theory[107] zunächst unspezifisch. Im Feld sind Vorannahmen möglichst zu vermeiden. Fragen sind für die Bedeutungssetzungen von Migrationsarbeitern mit Migrationshintergrund offen zu gestalten.

Der Eintritt in das Feld vollzog sich dennoch über das Sammeln von Informationen über das Feld. Dem Forscherblick sind diese Informationen eingeschrieben. Sie ergeben sich aus dem konkreten Gang ins Forschungsfeld, der mit der Sondierung des Feldes der Migrationsarbeit und nicht erst mit der konkreten Interviewführung beginnt.

Bezüglich der Organisation und Institutionalisierung von Migrationsarbeit war zu beachten, dass sie im Rahmen der Zivilgesellschaft platziert ist. Zivilgesellschaftliche Organisationen der Migrations- und Integrationshilfe grenzen sich von staatlicher Einflussnahme zwar ab, gleichzeitig ergänzen sie die Leistungsangebote zum Beispiel des Wohlfahrtsstaates erheblich. Sie bieten Alternativen zu institutionalisierten staatlichen Angeboten, sind jedoch ohne eine Verbindung zu (Rechts-)Staat und zum Beispiel staatlicher Sozialversicherung nicht denkbar, sei es als Garant für Rahmenbedingungen des Agierens oder zur finanziellen Unterstützung der Tätigkeit. Wohlfahrtsorganisationen beziehungsweise -verbände befinden sich in einer Doppelstellung bezüglich ihrer Loyalität zum Staat und ihrer Sorge um zum Beispiel Staatenlose[108]. Wird von staatlichen Stellen Unterstützung in Aussicht gestellt, unterliegt die Arbeit von zivilgesellschaftlich verorteten Organisationen bestimmten Formalitäten. Kleinere zivilgesellschaftliche Organisationen erlauben sich eine stärkere Unabhängigkeit von staatlichen Einflussnahmen[109]. Unterschiede zwischen großen Wohlfahrtsverbänden und kleineren Organisationen der Migrationsarbeit sind zudem in der Mitarbeiterstruktur zu

---

107   Zur Methodologie der Grounded Theory siehe Kapitel 4.
108   Auch ist diese Doppelstellung institutionalisiert durch Regelungen, die es Städten ermöglichen, Illegalisierte zum Beispiel im Gesundheitsbereich zu unterstützen (Spohn: 2010).
109   Große und kleinere Organisationen sind im Feld voneinander zu unterscheiden. Zu finden ist diese Unterscheidung bei Bode/Graf (2000), siehe detaillierter in Kapitel 5.3.

erkennen: In großen Wohlfahrtsorganisationen gelten professionelle Mitarbeiter als unabdingbar. In kleinen Organisationen andererseits wird Laientätigkeit und werden Formen der Ehrenamtlichkeit als Grundpfeiler beziehungsweise Existenzbasis betrachtet. Kleinere zivilgesellschaftliche Einrichtungen rekrutieren aufgrund knapper finanzieller Mittel ihre Tätigen verstärkt aus dem Umfeld der Freiwilligkeit; nicht selten sind Helfende gleichzeitig Hilfesuchende[110].

Vor dem Hintergrund dieser strukturellen Vorannahmen wurde ein erster Feldzugang im Rahmen eines ‚freien', nicht staatlich kontrollierten Engagements von Einzelnen sowie im Rahmen kleinerer vereinsrechtlicher Einrichtungen gesucht. Der Kontakt zu Interviewpersonen wurde *direkt* gesucht und nicht erst über die Vermittlung von leitenden Stellen beispielsweise in Wohlfahrtsorganisationen. Es wurde darauf Wert gelegt, Wissen und Praxis des Engagements nicht nur aus Sicht etablierter Organisationen, sondern vielmehr bei den Engagierten selbst zu suchen – auch wenn sie die Sicht von Organisationen zum Teil repräsentieren. Zu Wohlfahrtsorganisationen zählen folgende Einrichtungen: „Arbeiterwohlfahrt (AWO), Caritas Verband (DCV), Diakonisches Werk (DW), Paritätischer Wohlfahrtsverband (DPWV), Rotes Kreuz (DRK) und Zentralwohlfahrtsstelle der Juden (ZWSdj)" (Schmid 1996: 15). In Einzelfällen ließ es sich nicht vermeiden, auch vorgesetzte Strukturen mit einzubeziehen; zum einen, wenn diese Stellen von Migranten besetzt waren und zum anderen dann, wenn es sich um Engagement von Migranten für Migranten innerhalb von stark institutionalisierten Organisationen der Migrations- und Integrationshilfe handelte.

Es sollten zudem möglichst unterschiedliche Engagementbereiche innerhalb der Migrations- und Integrationsarbeit abgedeckt werden. Spezifischen Tätigkeiten wurde keine besondere Aufmerksamkeit gewidmet, seien es nun Sozialberatung, Vermittlung, Bildung etc. Damit sollte einem Verharren in bereits formierten und deswegen möglicherweise bereits institutionalisierten Kategorien der Hilfe ausgewichen werden und Platz für neues, weil selbst definiertes Engagement geschaffen werden.

Der Gang ins Feld sollte weiterhin nicht davon gekennzeichnet sein, dass Hilfe für Migranten ethnisch-kulturell konnotiert ausschließlich von Migranten einer bestimmten ‚Herkunft' für Migranten derselben ‚Herkunft' geleistet wird. Damit sollte zumindest am Anfang der Untersuchung eine Verengung der Sicht auf Migrations- und Integrationshilfe, die definitorisch nur am Rande[111] mit ‚bürgerschaftlichem Engagement' zu tun hat, vermieden werden. Auf diese Weise wird dem Prinzip, methodologisch ethnisch-nationalen Kategorien der Hilfe nicht allein zu folgen, Genüge getan.

Ein erster Schritt ins Feld wurde im Bereich der Flüchtlingshilfe unternommen. Es wurde vermutet, dass hier gering verfestigte Strukturen bestehen. Flüchtlingshilfe, Hilfe für Migranten, Integrationshilfe sind hier kaum voneinander abgrenzbar. Mit je unterschiedlichem Hilfefokus oder verschiedenen Angeboten der Unterstützung werden von unterschiedlichen Flüchtlingshilfeeinrichtungen – ob in alleiniger Verantwortung, öffentlich gefördert, unterstützt, beziehungsweise in öffentlicher Trägerschaft oder konfessionell ausgerichtet – Hilfestellungen in Notsituationen zum Beispiel für Menschen ohne Papiere angeboten, sowie allgemeinere Hilfen in Fragen von Gesundheit, Bildung, behördlicher Hindernisse oder zur Klärung und zum Beistand in Aufenthaltsfragen bereitgestellt. Flüchtlingshilfe grenzt sich

---

110 Siehe genauer in Kapitel 5.3.
111 Siehe dazu genauer Kapitel 5.3.

von staatlicher Bevormundung ab und verortet sich innerhalb einer ‚widerständigen' Zivilgesellschaft.

Die erste konkret kontaktierte Einrichtung war ein ‚Flüchtlingsrat', in seiner periodischen Zusammensetzung in einer Plenumssitzung, das heißt einer Sitzung von Projektleitern, aber auch Gästen und Interessierten[112]. Das Bestreben, Akteuren und Aktionen, Engagement und Erfahrungswissen möglichst ‚von unten' nachzuspüren, und noch keinen staatlich oder anderweitig – zum Beispiel kirchlich – übergeordnet geregelten, in Satzungen festgeschriebenen Engagementrichtlinien zu entsprechen, war damit erfüllt. Über diesen Flüchtlingsrat ergab sich ein in der Anfangsphase sehr wichtiger und ergiebiger Kontakt zu einer erfahrenen Engagierten in der Migrationsarbeit mit eigenem Migrationshintergrund (Bosnien W 60+).

Die Bezeichnungen der Interviews beziehungsweise der Interviewten folgen einer Notation, die zunächst ein ‚Herkunftsland' wiedergibt, das die Befragten angeben. Anschließend wird mit M für männlich und W für weiblich das Geschlecht der Befragten wiedergegeben. Darauf folgt das Alter in Intervallen von 50-, 50+ und 60+. Zum Teil wird den Bezeichnungen eine 2 beigestellt, um Befragte, die sonst die gleichen Bezeichnungen aufweisen würden, abgrenzen zu können. Die organisationale Einbindung wird nicht genannt, zum einen aus Gründen der Anonymisierung, zum anderen, weil sie im Laufe der Biografien variieren kann. Zudem wird einzelnen Interviewpartnern eine Abkürzung wie Frau B. oder Herr A. beigestellt, vor allem, wenn an ihrem Beispiel über längere Abschnitte hinweg Erklärungen vorgenommen werden. Diese Abkürzungen orientieren sich aus forschungspraktischen Gründen an dem Anfangsbuchstaben des Herkunftslandes[113].

Die oben genannte Befragte ist Gründerin eines eigenen Vereins der Migrations- und Integrationshilfe. Über diese Interviewpartnerin wurde ein Kontakt zu ihrem Mitarbeiter (Irak M 50+) hergestellt, der sich neben seiner genannten Tätigkeit auch in einem explizit kurdischen Verein einbringt.

Mit diesen Interviews stieß ich auf Strukturen innerhalb kleiner Organisationen der Migrationsarbeit, die Abgrenzung zur Verflechtung mit staatlichen Institutionen der Finanzierung und Förderung suchten und sich gleichzeitig an eigenen Vorstellungen orientieren. Sie zeigten sich in diesem Punkt großen Organisationen der Wohlfahrt ähnlich ausgerichtet.

Vor diesem Hintergrund wurden im darauffolgenden präferierten Feldzugang auch große Organisationen der Wohlfahrt, die teilweise in staatlicher Trägerschaft stehen, nicht mehr ausgeschlossen. Sie sollten zunächst lediglich den Zugriff auf helfende Migranten in der Migrations- und Integrationsarbeit erleichtern.

Dennoch sollte ein nächster konkreter Interviewkontakt zunächst mit einem Engagierten, der in Eigenregie Flüchtlingen hilft, zustande kommen. Er agiert ohne jegliche offizielle

---

112 Unter anderem war ein Vertreter von ‚Amnesty International', eine Vertreterin der Organisation ‚Ärzte der Welt' sowie Vertreter einiger kleinerer Einrichtungen, die sich für Flüchtlingsthemen engagieren, anwesend. Eine kirchliche Helferin war ebenfalls präsent. Es wurden vergangene Arbeiten und Arbeitsschritte präsentiert, Erfahrungen ausgetauscht sowie Kritik an staatlichem und internationalem Vorgehen in der Flüchtlingsproblematik geübt. Es wurden auch neue Interessenten an der Flüchtlingshilfe begrüßt. Ich erhielt die Gelegenheit, mein Vorhaben kurz vorzustellen. Bei dieser Begegnung mit den versammelten Vertretern der Flüchtlingshilfe waren keine Menschen mit eigenem Migrationshintergrund zugegen.

113 Eine Auflistung der Interviewten befindet sich im Anhang „Notationsverzeichnis". Interviewzitate sind entlang dieser Notationen im Verzeichnis „Interviewcodings mit farblich markierten Zitaten" ebenfalls im Anhang zu finden.

Anbindung an eine Organisation und ist vor allem seinen eigenen (konfessionell geprägten) Vorstellungen verpflichtet (Armenien M 60+).

Als Kontrast dazu galt es anschließend, eine möglichst institutionalisierte Form der Migrationsarbeit einzubeziehen. Eine konfessionelle Wohlfahrtsorganisation wurde ausgewählt, zunächst auf Leitungsebene. Die kontaktierte Person auf Leitungsebene weist keinen Migrationshintergrund auf (Deutschland W 50+). Das auf Leitungsebene geführte Interview eröffnete die Option des vergleichenden Einbezugs ‚deutscher' Migrationsarbeiter in die Untersuchung. Mangels weiterführender Fragen und Hypothesen wurde dieser Weg aber nicht weiter verfolgt.

Ein Kontakt zu einem Engagierten mit Migrationshintergrund wurde zunächst über das genannte Interview auf Leitungsebene in Aussicht gestellt. Dieser Kontakt konnte allerdings erst über einen Besuch in einer methodistischen Gemeinde hergestellt werden. Der nur zögerliche Hinweis aus der konfessionellen Wohlfahrtsorganisation auf den einzigen lange erfahrenen Mitarbeiter mit Migrationshintergrund wurde erst über eine Pastorin der methodistischen Gemeinde zum konkreten Kontakt (Ghana M 60+). Der hier entstandene Verdacht, dass tendenziell geringere Unterstützung bei der Suche nach Interviewkontakten zu engagierten Migranten durch meist von ‚deutschen Professionellen' besetzte Leitungsstellen in Wohlfahrtsorganisationen geboten wird, verstärkte sich mit dem geringen ‚Rücklauf' bei den Anschreiben von Wohlfahrtsorganisationen sowie wenig Entgegenkommen bei Anrufen. Als besonders eindrücklich erweist sich diesbezüglich die Befürchtung eines Leiters einer großen Wohlfahrtseinrichtung, als Wohlfahrtseinrichtung möglicherweise ‚schlecht weg zu kommen' oder die durch eine ‚deutsche Professionelle' vorweggenommene Meinung von engagierten Migranten, ‚nicht immer als Forschungsobjekt dienen zu wollen'. Über andere Wege getätigte direkte Kontaktanfragen an engagierte Migranten erwiesen sich hingegen als besonders fruchtbar. Keine einzige Anfrage wurde zurückgewiesen oder nachträglich nicht eingehalten.

Über den erwähnten Weg der methodistischen Gemeinde wurde auch der Kontakt zu einem Engagierten hergestellt, der sich in der Arbeit für Migranten eher als Vermittler zwischen Deutschen und ‚Ausländern' bereithält, indem er im Rahmen eigeninitiierter geselliger Treffen seine Mehrsprachigkeit zum Einsatz bringt (Mauritius M 60+).

Mit den letzten beiden Kontakten wurde eine Verschränkung konfessioneller Hilfsausrichtung mit wohlfahrtsorganisationaler Organisation offenbar, ebenso wie mit ‚freiem' Engagement. All diese Formen und organisational eingelassene Speisungen des Engagements sind allein schon bei den Befragten selbst nicht voneinander abzugrenzen. Sie engagieren sich hier und arbeiten in einer Beschäftigung da – immer mit dem Ziel, anderen Migranten zu helfen. Diese Durchmischung oder Gleichzeitigkeit von Engagement und Beschäftigungen in der Migrationsarbeit machte es notwendig, sich beide Formen offen zu halten; insbesondere, weil Befragte in ihren Erzählungen oft keine Trennung der beiden Formen vollziehen.

Die Einordnung von Migrationsarbeitern in große wohlfahrtsorganisationale Kontexte oder in Kontexte einer kleineren Organisation, die im Engagement unabhängig von großen Wohlfahrtsverbänden agiert, ist angesichts des Wechsels beziehungsweise der Parallelität der Engagement- oder auch (Erwerbs-)Arbeitsformen bei Befragten schwierig[114]. Von diesem

---

114 Genauer ausgeführt wird die Bedeutung organisationaler Einlassung von Migrationsarbeitern und Befragten in Formen des Engagements beziehungsweise der Migrationsarbeit unter Punkt 5.3 und 9.3.1.

Ausgangspunkt wird für die vorliegende Untersuchung eine Bezeichnung für die Einordnung Befragter in Organisationsformen des Engagements gefunden, die ‚wohlfahrt' im Begriff ‚wohlfahrtsorganisational' dann einklammert, wenn Befragte ihr Engagement innerhalb einer kleinen Organisation für die Unterstützung von Migranten ausüben. Ist ihre Tätigkeit in einer etablierten Wohlfahrtsorganisation beziehungsweise einem Wohlfahrtsverband angesiedelt, bleibt der Begriff ‚wohlfahrtsorganisational' ohne Einklammerung bestehen. Wird Engagement als ‚frei' bezeichnet, markiert dies ein von jeglicher Organisation freies Engagement Befragter in der Migrationsarbeit. Dabei gelten diese Bezeichnungen nicht allein für einzelne befragte Personen. Diese sind im Laufe ihrer Biografie mal der einen oder anderen Engagementform oder allen drei Formen gleichzeitig und damit den Bezeichnungen nicht immer eindeutig zuzuordnen. Je nach Grad der Abstraktion von Ergebnissen bleiben die gewählten Bezeichnungen einzelnen Interviewpartnern zuordenbar (zum Beispiel in den Einzelfallinterpretationen in Kapitel 11) oder kaum mehr zuordenbar (zum Beispiel in den Kernkategorien, siehe Kapitel 10).

In einer Wohlfahrtsorganisation mit einer besonders stark institutionalisierten Migrations- und Integrationsarbeit fiel der hohe Anteil jüngerer Migranten auf. Hier wurde keine offizielle Anfrage an die Leitung gestellt, sondern es wurden vor Ort nach eigenem Ermessen Mitarbeiter angesprochen. Dazu zählen eine Befragte, die durch vorherige Vermittlung eines ASZ[115] zum Kontakt wurde (Türkei W 50-), sowie über sie kontaktierte Kollegen und Kolleginnen (Irak2 M 50+), (Burkina Faso M 50+) und (Ukraine W 50-). Einer Hypothese, die besagt, dass sie sich über ihre Einlassung in organisational vordefinierte Praxis von ‚frei' engagierten (älteren) Migrationsengagierten abgrenzen lassen, sollte nachgegangen werden[116].

Das geschah bereits vor der Kontaktierung von Mitarbeitern der Wohlfahrtsorganisation über die Suche nach Kontakten zu jüngeren Migrationsengagierten, die sich im Feld der Migrationsarbeit platzierten. Dazu zählen eine Befragte aus dem Rahmen der Schülerhilfe (Tunesien W 50-) sowie eine Befragte, die sich über ein Freiwilligennetzwerk identifizieren ließ (Kosovo W 50-). In den Interviews mit diesen Befragten war eine Tendenz zu beziehungsweise ein Wunsch nach einer Karriere in der Migrationsarbeit zu erkennen. Während sie sich dieser Karriere widmen, engagieren sie sich parallel nicht selten ‚frei' in der Migrationsarbeit.

Ebenso aber ist dies bei älteren Migrationsengagierten zu beobachten. Sie, insbesondere vertreten durch zwei Engagierte in einem ASZ, organisieren ehrenamtlich ethnisch-kulturelle Treffen und streben eine Beschäftigung in der Migrationsarbeit an (2 x Russland M/W 60+)[117].

---

115 ASZ ist die Kurzbezeichnung für Alten- und Servicezentrum. Diese Zentren sind Anlaufstellen für Migranten und Kooperationspartner zum Beispiel der Arbeiterwohlfahrt. Sie sind in Stadtvierteln vertreten und bieten eine Infrastruktur für die Migrationsarbeit an.

116 Dabei gilt an diesem Punkt des Samplings ein höheres Alter für Befragte, die circa das sechzigste Lebensjahr vollendet haben. Jüngere Befragte sind knapp unter oder über dreißig Jahre alt. Unterschiedliche Herangehensweisen an ihr Engagement fallen auf, wenn ältere Befragte sich in der Schilderung ihres Engagements auf ihre biografische Erfahrung berufen, während jüngere tendenziell auf Organisationswissen zurückgreifen. Genauer wird dies im Rahmen der kernkategorialen Konzeptualisierung in Kapitel 10 dargestellt. Die Bedeutung des Alters der Befragten für die Untersuchung wird in Kapitel 9.2 ausgeführt.

117 Diese beiden Kontakte wurden über eine Befragte aus einer Wohlfahrtsorganisation geknüpft.

Ebenfalls in diesem ASZ wurde der Kontakt zu einer älteren Interviewpartnerin hergestellt, die sich nach einer Beschäftigung in der Migrationsarbeit nunmehr ‚frei' weiter engagiert, in ähnlich gearteter Fortführung ihrer bisherigen Tätigkeit und nur ein Büro weiter von ihrem ehemaligen Arbeitsplatz (Türkei W 60+). Der Wechsel zwischen dem Beruf des Migrationsarbeiters und der Freiwilligenarbeit fällt hier besonders auf.

Dies leitet zu einem Engagierten in christlich-konfessioneller wohlfahrtsorganisationaler Anbindung, der in einzelnen Projekten staatlich unterstützt wird, dabei aber nicht als herkömmlicher ‚Professioneller' gesehen werden will. Der Kontakt kam durch Vermittlung bei einem Vortrag auf dem Kirchentag zustande. Sein Profil wurde als das eines selbstständig und seinen eigenen Vorstellungen verpflichteten Engagierten bedeutend. Seine Tätigkeit ist geprägt von dem Engagement im Stadtviertel. Sich im Viertel zu engagieren heißt, sich mit allen möglichen Kulturen und Ethnien auseinanderzusetzen (Kasachstan M 60+).

Seine Praxis der Migrationsarbeit leitete zu der Idee, ein viertelbezogenes, sogenanntes Lotsenprojekt zu kontaktieren. Ebenfalls durch direkte persönliche Ansprache wurde eine Zustimmung zu Interviews zunächst von einem Lotsen selbst (Griechenland M 60+) eingeholt;, später wurde die Zustimmung dann, weil Unsicherheit über die Genehmigung seitens der Leitung bestand, nach Rücksprache mit der Leitung, ganz offiziell erteilt. Mehrere Lotsen stellten sich für ein Interview zur Verfügung. Sie sind zum größten Teil als Engagierte oder Beschäftigte in sogenannten Ein-Euro-Jobs zu bezeichnen (Polen W 50-), (Türkei2 M 50+), (Türkei W 50+), (Pakistan M 60+), (Kroatien M 60+), (Kuba W 50-).

Aus Gründen der ethnisch-kulturellen Gewichtung wurden zwei weitere Interviews geführt, in einer Einrichtung der Nachbarschaftshilfe (Griechenland W 60+) und in einer Einrichtung, die sich als Elternverein bezeichnet (Türkei M 50+), wobei sie im Zuge des Samplings diesen Anspruch verloren. Es wurde in der Analyse nicht nach ethnisch-kultureller Herkunft ausgewählt, höchstens nach ihrer größtmöglichen Variation. Viel eher orientierte sich die Auswahl an vergleichskategorialen Dimensionen, die sich im Zuge der Analyse herausbildeten[118]. Neben dem Alter und der organisationalen Einbindung richtete sich das theoretische Sampling an Kriterien des Migrationsereignisses (Flucht oder privilegierte Wanderung) aus oder an Kriterien der Positionierung, die sich mit der organisationalen Einordnung der Befragten in Engagementformen meist identifizieren ließ. Die Befragten wurden nach organisationaler Eingebundenheit und nach Alter maximal unterschiedlich ausgewählt.

Mit den kontinuierlichen Materialbefassungen erscheint es zunehmend wichtig, auf Differenzen der *ethnisch-nationalen* und damit einhergehend *der kulturellen bis religiösen* Prägung der Untersuchungspersonen einzugehen. Befragt wurden Menschen, deren Emigration vor allem aus Gebieten erfolgte, die gemeinhin als ‚Krisengebiete' bezeichnet werden. Es wurden Personen befragt, die aus ‚klassischen' Auswanderungsregionen nach Deutschland eingewandert sind. Weniger Aufmerksamkeit erhielten Engagierte, die einem westlichen oder westlich-europäischen Kontext entstammen. Dies aus dem einfachen Grunde, weil sich Migrations- und Integrationshilfe vornehmlich auf Menschen konzentriert, deren Migration zu Problemen führt. Für sie gilt vorrangig Migrationshilfe, wenngleich es in Deutschland ebenso für zum Beispiel Amerikaner oder Spanier Zentren des kulturellen Austausches gibt (Amerikahaus, Instituto Cervantes).

---

118 Im Sampling werden vergleichskategoriale Dimensionierungen erkennbar, die in Kapitel 9 beschrieben werden.

Innerhalb der fokussierten Untersuchungsgruppe existieren große Herkunftsunterschiede. Eine (grobe) Unterteilung der Auswanderungsregionen samt ihrer kulturellen Differenzen fällt daher schwer. Dennoch ergaben sich zunächst drei Regionen. Diese wurden nicht theoretisch gesampelt, sondern sind Ergebnis des herkunftsindifferenten Einbezugs von Interviewpartnern. Ein Teil der Befragten weist einen osteuropäischen Hintergrund auf, einschließlich Russland und der Balkanländer. Ein zweiter Teil rekrutiert sich aus Herkunftsgebieten des nahöstlichen und arabischen Raums einschließlich der Türkei. Ein dritter Teil der Befragten rekurriert auf kulturelle Hintergründe Afrikas. Innerhalb dieser drei Regionen ist wiederum von einer kulturellen Heterogenität auszugehen, die sich in den Vergleichen über die Interviews in maximalen/minimalen Differenzen widerspiegelt – gleichzeitig weisen sie viele Ähnlichkeiten auf. Auch ist im Engagement und auch in der biografischen und (Herkunfts-)Erfahrung zwischen den genannten Regionen viel Ähnliches auffindbar, was in der Analyse zu ähnlichen Strategien des Engagements für Migranten verdichtet wird. Maximalvergleiche zwischen den Regionen sollten maximale Differenzen verdeutlichen und im Ergebnis zu einem konsistenten Bild der Migrationshilfe durch Migranten führen. Es sind aber gerade die Gemeinsamkeiten an den Rändern des regionalen Differenzierungsversuches, die wiederum ein Bild von der Integration der Befragten und ihrer Migrations- und Integrationsarbeit beziehungsweise ihres -engagements hervorbringen, das ethnisch-kulturelle Grenzen aufweicht. Der Versuch einer willkürlichen (und dem eigenen Blick irgendwie eingeschriebenen) Schablonierung über Regionen erwies sich durch die Gemeinsamkeit der Befragten, die in der Migrationserfahrung aufscheint, als nicht erfolgreich und wurde im Verlauf der Untersuchung aufgegeben (siehe dazu auch Kapitel 9.1.1).

7.2   Interviewverlauf

7.2.1   Interviewführung zur Generierung biografischer Narrative und thematisch fokussierter Erzählungen

Der Aufbau der Interviewerzählungen folgt grundsätzlich den Relevanzsetzungen der Befragten. Sie werden im Sinne narrativer Interviewführung vom Interviewer zunächst lediglich dazu aufgefordert, ‚aus ihrem Leben das zu erzählen, was ihnen wichtig erscheint', jedoch mit der Zusatzinformation, dass es darum gehen soll, ‚ihr Engagement für (andere) Migranten' zu schildern (siehe Kapitel 4.1). Den Befragten ist es prinzipiell freigestellt, dort und so mit ihrer Erzählung zu beginnen, wo und wie sie es wollen. Befragte wählen überwiegend ihre Engagementtätigkeit als Ausgangspunkt, um in die Erzählung einzusteigen. Vermutlich lässt sich diese Wahl bei den Befragten auf die mit dem Anschreiben verbundene, antizipierte Intention des Interviewers zurückführen, die darauf zielt, das erfahren zu wollen, was mit ihrem Engagement zusammenhängt: Potenzielle Interviewpartner erhalten mit der meist persönlichen Vorsprache ein Anfrageschreiben, das Details zum Interview beinhaltet[119].

Bezogen auf die Erzählung der Engagementtätigkeit der Befragten wurde das Interview mit zwei Leitfragen vorstrukturiert, um thematisch begrenzte Erzählungen hervorzulocken.

---

119   Anschreiben siehe Anhang

Die Blöcke sind die ‚Schilderung des Tagesablaufs' und die ‚Schilderung eines Falles beziehungsweise eines besonderen Erlebnisses mit einem Hilfesuchenden'.

Auffällig sind terminologische Besonderheiten, die die Herangehensweise an Migrationsarbeit beziehungsweise -engagement von organisational und nicht-organisational eingebundenen Engagierten unterscheiden. Die in (Wohlfahrts-)Organisationen Tätigen bewegen sich mit ihrer Argumentation auf einer formalen Ebene, das heißt, sie verwenden eine professionell eingelassene Terminologie mit Begriffen wie ‚Fall', ‚Klienten', ‚Casemanagement', ‚Exploration von Problemen', ‚Setzen von Zielen', ‚Hinarbeiten auf Problemlösungen' etc. Wenn ein Fall selbst und nicht der Tagesablauf geschildert wird, bewegen sich (wohlfahrts-)organisierte Befragte von der Ebene formalisierter Begriffe tendenziell weg und hin zu einer freien Erzählung von Inhalten und Abläufen. Es geht dann primär darum, die eigene Geschichte mit den Hilfesuchenden im Sinne einer Beratungsgeschichte wiederzugeben. Unmittelbar in die Beratungsgeschichte mit den hilfesuchenden Migranten wird die eigene Erzählung, die eigene Biografie, die mit Migration und Integration selbst gemachte Erfahrung eingeflochten und parallelisiert. Die Herstellung dieser Verbindung ist für die Gesamterzählungen von Bedeutung. Den selbst erlebten Aspekten im (Migrations-)Wissen wird tendenziell erhöhte Relevanz beigemessen, insbesondere dann, wenn es um die Ausrichtung der Unterstützung für Migranten geht, die an die Strategien des eigenen Umgangs mit Hürden und Hindernissen in Bezug auf Migration und Integration anschließen.

Eine von (Wohlfahrts-)Organisationen kaum geprägte Terminologie wird von Befragten verwendet, die sich keiner Organisation beiordnen lassen. Ihr Vokabular speist sich aus dem alltagssprachlichen Gebrauch. Der terminologisch-formale Aspekt entfällt hier. Dies gibt im Kontrast zu den formal Angestellten oder (wohlfahrts-)organisational eingebundenen Engagierten in der Migrationsarbeit einen Hinweis auf unterschiedliche motivationale Begründungsmuster und strategisch getätigte Formen des Engagements.

Befragte betätigen sich zum Teil vor oder nach beziehungsweise parallel zu ihrer (wohlfahrts-)organisationalen Migrationsarbeit in ‚freiem Engagement' für Migranten. Vermutet werden bei diesen Befragten ähnliche Handlungsmuster, wie sie unter der Regie von Wohlfahrtsorganisationen ablaufen. Vor allem hier, also über die ‚Mehrfachengagierten' (im ‚Job' und innerhalb ‚freien Engagements'), stellt sich eine Vergleichbarkeit der Herangehensweisen aller in der Migrationsarbeit Engagierter heraus.

7.2.2 Sprachliche Probleme in Interviews

Interviewführung in einem spezifischen thematischen und sozialen Feld bringt besondere Interviewprobleme mit sich. Mit Blick auf die Voraussetzungen für ihren Einbezug in das Sample stellen Befragte eine spezifische Population dar: Abgesehen von der Altersstruktur und der Form ihres Engagements in der Migrationsarbeit müssen Befragte einen Migrationshintergrund aufweisen.

Die angesprochenen Personen werden nicht aufgrund eines spezifischen herkunftskulturellen Kontextes ausgewählt, es werden also nicht ausschließlich Menschen einbezogen, die aus einem spezifischen Herkunftsland migriert sind. Befragte nennen als Herkunftshintergrund folgende Länder: Russland, Ukraine, Kasachstan, ex-jugoslawische Länder (Bosnien, Kosovo, Kroatien), Burkina Faso, Ghana, Armenien, Türkei, Polen, Kuba, Griechenland, Tunesien, Irak und Pakistan. Lebensweltliche Bezüge von Befragten können dadurch differieren. Für alle gilt, dass sie als Biografen „in der Lage sein [müssen] Sinnhorizonte in jede

Richtung zu übersetzen" (Lutz 2010: 126). Sie müssen eine sogenannte ‚Doppelperspektivität' bezüglich Herkunfts- und Aufnahmekultur besitzen (vgl. Lutz 2010: 126). Auch wenn sie diese Doppelperspektivität besitzen, stellt Sprache in der Interviewführung ein praktisches Problem dar. Zwar sind alle Interviewten der deutschen Sprache weitgehend mächtig, allerdings auf sehr unterschiedlichem Niveau. Ohne bereits an dieser Stelle Kategorisierungen vorzunehmen, soll zumindest darauf hingewiesen werden, dass sich im Forschungsprozess schnell der Verdacht einstellt, dass zum Beispiel zwischen jüngeren und älteren migrationsengagierten Migranten Unterschiede in der Sprachfähigkeit bestehen. Jüngere Befragte beherrschen meist aufgrund ihrer Sozialisation in Deutschland die deutsche Sprache gut. In der Interviewführung mit zumeist älteren Befragten stellten sich dagegen Komplikationen heraus[120]. Eine kurzfristige forschungspraktische Lösung war es, den strikten Weg der narrativ gedachten Interviewführung da zu verlassen, wo es sich der Sprachfähigkeit geschuldet in der Situation als notwendig herausstellte. Als Ausweg bot sich die Anwendung des vorher angefertigten Leitfadens an, um intensiver auf die Befragten eingehen zu können, das heißt Unklarheiten gegebenenfalls sofort zu klären[121]. Dem drohenden Abbruch des Erzählflusses beziehungsweise der Erzählung als solcher sollte damit vorgebeugt werden.

In einem Fall wurde zum Beispiel eine nachträgliche Übersetzung von Gesprächsteilen notwendig. Allerdings mussten lediglich die Gesprächsteile, die im Interview einerseits zwischen zwei gleichzeitig anwesenden Interviewpartnern aus Russland (2 x Russland M/W 60+) und andererseits einer vor Ort anwesenden Dolmetscherin aus der Ukraine in russischer Sprache gesprochen wurden, übersetzt werden.

Interaktionen aus zweiter Hand bei vorinterpretierten, weil bereits übersetzten Gesprächs- beziehungsweise Textstellen sind jedoch die Ausnahme. Dennoch müssen sie methodologisch Berücksichtigung finden. „[Translators] conduct the interviews and provide the written data used for analyses in a language other than the original. This kind of cross-language research, however, is often presented as the analyses of primary data rather than the re-construction of it" (Temple/Edwards/Alexander 2006: 1). Die Auswirkungen des Einsatzes der Dolmetscherin und der Übersetzerin sollen im Folgenden reflektiert werden.

Fragen des Kontextes der Interviewproduktion stellen sich zunächst im Anschluss an das Hinzuziehen der *Dolmetscherin* in die Interviewsituation. Da Interviews „Produkte der Interaktion" (ebd.: 2, eigene Übersetzung) sind, ist zu beachten, dass ein „intimes Band mit dem Primärmaterial" (ebd., eigene Übersetzung) entsteht, auch bei der einbezogenen Dolmetscherin. Manche Daten sind lediglich zu dem Zeitpunkt ihrer Sammlung zu erfassen (vgl. ebd.), sodass insbesondere der sogenannte „cultural habitus" (ebd.) vor allem durch die Dolmetscherin in der direkten Situation generiert werden kann. Dem Forscher sind die Daten in der Interviewsituation nur indirekt zugänglich und erscheinen ihm daher als sekundäre Daten. Als solche könnten sie in ihrer Nützlichkeit für die Analyse begrenzt sein (vgl. ebd.)[122]. Die direkt einbezogene Dolmetscherin hat in der Interviewsituation die heraus-

---

120 Anzunehmen ist, dass die Sprachfähigkeit ebenso mit der Auswahl der mehr oder weniger professionell arbeitenden Einrichtungen zusammenhängt und mit dem Bildungsstand, auf dem die engagierten Migranten aufbauen können.
121 Der Leitfaden befindet sich im Anhang. Er enthält zusätzliche Fragen, die zur Unterstützung in der Interviewführung bereitgehalten werden sollten (siehe Anhang „Leitfaden").
122 Geht man dem ‚Problem' der Nützlichkeit von Daten in der methodologischen Literatur weiter nach, gelangt man zu der Transkription von Interviews. Hier stellen sich Fragen zu dem Band zwischen Interviewer und Interviewten, welches bei der Transkription im Vergleich zum Zeitpunkt der Datensammlung im face-to-face

ragende Position der Mit-Interaktiven, in gewisser Weise auch der Mitautorin oder zumindest der Mitinterpretin. Sie ist nicht nur „Technikerin, die das Original in anderer Sprache reproduziert" (ebd.: 4, eigene Übersetzung). Gerade in der Interviewsituation ist sie auch Teil des Kontextes der Datenproduktion sowie Datenlieferantin für den Interviewer, der hier immer gleichzeitig Forscher beziehungsweise Analyst ist.

Der Einbezug der externen *Übersetzerin* führt in der Analyse zusätzlich dazu, die Interaktionen zwischen den Interviewten und der ‚Simultan'-Dolmetscherin (sowie zwischen dem Interviewer als ‚researcher' selbst und der ‚Simultan'-Dolmetscherin), in der textlichen (Doppel-)Übersetzung, berücksichtigen zu müssen. Insbesondere die ‚externe' Übersetzerin „must constantly make decisions about the cultural meanings" (ebd.: 11). Ihre Aufgabe war es, der Sprache der Sprechenden so authentisch wie möglich zu folgen und nicht ein sogenanntes „translates" (ebd.: 13), das heißt eine geglättete Standardübersetzung zu liefern, die so klingen kann, als würden die Sprechenden perfekt in ihrer Sprache sprechen.

Das in dieser Untersuchung bestehende Interesse an kultur- und sprachenübergreifender Erforschung von Engagement bringt Übersetzungen notwendig mit sich. Interpretationsfähig beziehungsweise -geeignet sind sowohl in der Interviewsituation als auch nachträglich übersetzte Gesprächsteile – stets mit dem Bewusstsein, es zum Teil mit annähernd sekundären Daten zu tun zu haben.

Vor dem Hintergrund der sprachlichen Schwierigkeiten bei der Interviewführung ist es kaum möglich, strengen sequenzialistischen Analysevorgaben zu folgen und allein orientiert an dem de facto Gesprochenen haften zu bleiben. Schon im interview- und trasnkriptionsimpliziten Analyseprozess sind eigene Kommentierungen notwendig, die sprachliche Ungenauigkeiten korrigieren beziehungsweise (um-)interpretieren. Bereits Verbesserungen der Interviewten im Interview selbst verlassen den Weg der Rekonstruktion und bewegen sich in den Bereich der Konstruktion beziehungsweise der Ko-Konstruktion. Diese Forschungspraxis ist zu reflektieren. Sie ist Teil jeder Forschung, die sich im Grenzbereich sprachlicher Kommunikationsfähigkeit bewegt. Mit Daten besteht zum Teil ein anderer Umgang, was nicht heißen muss, weniger genau, aber weniger darauf bedacht, Lesarten von Worten, Phrasen, Sequenzen zu entwickeln, die mit einem genau definierten grammatikalisch-lexikalischen Sinn behaftet sind. Im Gegenteil, gerade an möglicherweise unwillkürlich, aufgrund eines fehlenden ‚Wortschatzes' gewählten ‚falschen' Worten, können Lesarten entwickelt werden, die sich aus der Interpretation eines komplikationslos muttersprachlich geführten Interviews nicht ergeben würden[123].

Interview bereits gekappt erscheint. „Fixierte auf Tonträger mitgeschnittene oder im Nachhinein aufgezeichnete Texte haben für den Interpreten aufgrund eben dieser Fixierung einen fixen Rahmen. Der fixe Rahmen ist das Produkt der Fixierung, nicht jedoch die primäre Qualität des ursprünglichen Interaktionsablaufes, in dem aus verschiedenen Möglichkeiten eine bestimmte Ablaufstruktur realisiert wurde. (…) Für den Interpreten [des Textes] sind [die Grenzen des Ablaufs] bereits – durch die Fixierung des ‚Textes' – geschlossen" (Soeffner 2004: 165).

123 Der Verdacht besteht, dass diese Interviews leichter kontextfremde Lesarten zulassen und in ihrer Gegenüberstellung und Verdichtung zu neuem Wissen führen.

8 Die Stellung der Migrationsarbeiter im Kontext der Biografie

Befragte sind handelnde Konstrukteure ihrer Biografie. Sie entwickeln über ihre gesamte Biografie hinweg in der Aushandlung mit verschiedenen Akteuren kontinuierlich spezifisches Wissen, welches sich in ihrer Rolle als Migrationsarbeiter widerspiegelt. Aus dieser Rolle heraus rekapitulieren Befragte Erlebnisse und Zusammenhänge, die in ihre zum Teil weit zurückliegende Vergangenheit zurückreichen. Zunächst wird ihre Position in der Aushandlung beschrieben. Anschließend werden sogenannte biografische Kristallisationspunkte der Entwicklung veranschaulicht.

8.1 Die Einbettung von Migrationsarbeitern in Verläufe und Handlungsnetzwerke

In ihren Erzählungen stehen Befragte im Zentrum des Geschehens. Jedoch wird ihre erzählte Lebensgeschichte in einer Bedingungsmatrix (siehe Kapitel 4.3) konstruiert, die weitere Akteure einschließt. Migrationsbiografisch treten herkunftspolitische Systeme, gemeinschaftlich-familiäre Protagonisten sowie Institutionen der Aufnahmegesellschaft in Erscheinung. Sie alle wirken an der Konstruktion der Befragten als *Integrierte* und *Migrationshelfer* mit.

Ebenso spielen befragte Migrationsarbeiter im Handlungsgefüge der Migrations- und Integrationsarbeit die für die Untersuchung ausschlaggebende Rolle. Sie sind aber auch hier keine ‚zentralen Planer' im Verlauf der Interaktions- und Handlungsvollzüge (siehe Kapitel 3.2.5), auch wenn sie in Interviews als solche angesprochen werden. Spätestens wenn es um das Engagement der Befragten in der Migrations- und Integrationsarbeit geht, geraten Akteure aus Organisationen der Wohlfahrt, konfessionellen und staatlichen Institutionen und nicht zuletzt diejenigen in den Blick, die der Beratung und Hilfe in Fragen der Migration und Integration bedürfen, sowie familiäre und freundschaftliche Netzwerke.

Die Sichtweise der engagierten Migrationsarbeiter behält jedoch in der Untersuchung die zentrale Aufmerksamkeit. Diese Sichtweise ist einem (Integrations-)Diskurs im Sinne eines Zentralstrategen im trajectory, unter den sich zum Beispiel engagierte Migrationsarbeiter, hilfesuchende Migranten, beteiligte Organisationen der Wohlfahrt und des Sozialstaates einordnen, nicht grundsätzlich untergeordnet. Aus Sicht der Migrationsarbeiter handelt es sich in ihrer Migrationsarbeit um ein ‚unübersichtliches Geschäft'. Ein einheitliches Ziel oder eine *Zielfigur des ‚fertig integrierten Migranten'* existiert nicht; nicht aus Sicht der befragten Migrationsarbeiter und auch nicht übereinstimmend in Wohlfahrts- und Sozialstaatseinrichtungen, in Verbänden und Vereinen etc. Dies manifestiert sich in der konkreten Tätigkeit der Migrationsarbeiter in Auseinandersetzung mit allen Beteiligten. Weniger in der Planung als vielmehr am Erfolg wird abgelesen, welche Hilfe für hilfesuchende Migranten geeignet war und perspektivisch geeignet ist.

Erheblichen Anteil an der Beurteilung dessen, was für hilfesuchende Migranten gut ist, haben die engagierten Migrationsarbeiter selbst. Ihre Deutung dessen, was in der Situation am besten ist, speist sich aus der eigenen Sozialisation und ihrem zur Verfügung stehenden Wissensbestand. Dieser Wissensbestand ist gesellschaftlich-kulturell und organisational geprägt und beeinflusst und für die Handlungspraxis der Migrationsarbeiter ausschlaggebend.

Über die gesamten Biografien hinweg, also quer dazu, finden sich Punkte, in denen sich bestimmte Aushandlungen zu bestimmten Problemlagen kristallisieren. Sie bezeichnen in ihrer Chronologie einen Verlauf, der allein für die Befragten gilt – deshalb aber nicht als verallgemeinerbare Migrationsbiografie zu verstehen ist. Über die gesamte Biografie hinweg und bis zu einem aktuellen Zeitpunkt sammeln Migrationshelfer Erfahrungen, die sie spätestens mit der eigenen Migration in einen erhöhten Zugzwang bringen, sich zurechtzufinden. Sei es aus der Position eines bereits überwundenen Zurechtfindungszugzwangs oder aus der Position des andauernden Zurechtfindungszugzwangs werden eigene Integrationsstrategien auf die Arbeit mit Migranten übertragen. Auch hier wird nach allen Seiten ausgreifend nach Möglichkeiten gesucht, um Problemlösungen, diesmal für andere Migranten, zu finden.

8.2 Biografische Kristallisationspunkte

‚Biografische Kristallisationspunkte' sind Ergebnis einer zunächst fallspezifischen[124] und dann fallübergreifenden Materialbearbeitung. Sie schließen an bedeutende Erfahrungen Befragter an und beschreiben (Aus-)Handlungs- und Entwicklungsabschnitte, die in Erzählungen herausragend erscheinen.

Es werden drei Kristallisationspunkte herausgearbeitet. Sie zeigen sich zunächst im Erfahrungsaufbau linear und schließen in ihrer Sequenzialität an die Chronologie von Lebensverläufen an[125].

Um Doppelungen vorzubeugen, werden die Kristallisationspunkte an dieser Stelle nicht an Beispiele im Material gekoppelt. Sie kommen in Verbindung mit Interviewzitaten in Kapitel 9.1.2 zur Geltung, wenn das ‚Problem der (Status-)Unsicherheit' Befragter in der Kontinuität ihrer Biografie dargestellt wird.

Es handelt sich also um drei biografische Kristallisationspunkte, die sich durch Handlungs- und Interaktionseinheiten beschreiben lassen: jeweils in Auseinandersetzung mit äußerlich erlebten Bedingungen zunächst zum Teil im Herkunftsgebiet, dann im Aufnahmeland und zuletzt in der Auseinandersetzung mit der Engagementausrichtung.

Herkunftssozialisierung geschieht bei befragten Migranten zumeist in Auseinandersetzung mit gesellschaftlichen Krisenerfahrungen. Migration ist für sie Ausweg und manifestiert sich zum Beispiel als Flucht. Befragte erleben gesellschaftspolitische Unsicherheiten mit nicht selten konkreter Bedrohung von Leib und Leben. Dazu zählen unter anderem Befragte, die sich der kurdischen Minderheit im Irak zurechnen oder Bürgerkriegsflüchtlinge aus Bosnien und dem Kosovo. Ebenso als Flüchtlinge begreifen sich Befragte aus den Gebieten der ehemaligen Sowjetunion, zum Beispiel sogenannte deutsche Minderheitsangehörige. Sie alle sind konfrontiert mit gesellschaftlicher Diskriminierung, Ausgrenzung, Benachteiligung. Aber auch Stabilitätserfahrungen sind Teil der Biografie der Befragten, die sie vor allem der regionalen beispielsweise dörflichen Herkunft zurechnen und ganz speziell der eigenen (Herkunfts-)Familie. Befragte leiten aus ihren Erfahrungen ein aktives Vorgehen bezüglich der Gestaltung ihrer eigenen Zukunft (und der ihrer Kinder) ab. Sie kompensieren die Widrigkeiten der gesellschaftlichen Einschränkungen und improvisieren. Immer erscheint Migration als Option, sich aktiv um das eigene Schicksal zu kümmern oder als

---

124 Es wurden zunächst Einzelprojekte zu den Interviews unter Anwendung von MAXqda erstellt.
125 Sie befinden sich in einem prozessualen Hin und Her der Abwägungen und Modifikationen des Wissens, weisen auf biografische Erfahrungen zurück und hin zu Positionierungen und Strategien im Zurechtkommen der Befragten sowie in ihrer Migrationsarbeit.

Zwang, als ‚Getriebensein', um für die eigene prekäre Lage einen Ausweg zu finden. Getrieben[126] fühlen sich befragte Migranten, wenn sie Hindernisse gesellschaftlichen Aufstiegs im Herkunftsland erkennen oder schlicht Hindernisse für ein angemessenes zufriedenstellendes Leben wahrnehmen. Stets werden Faktoren als äußerlich beschrieben, die Migration nahelegen. Sich gedrängt zu fühlen, wird aber auch der eigenen, persönlichen Disposition und Aspiration zugerechnet, dem eigenen Charakter, eben anders zu sein und etwas anderes zu wollen als andere.

Irritationen und erste Selbstpositionierungen werden als zweite Krise im Aufnahmeland erlebt. Sie entstehen im Zuge der Konfrontation Befragter mit einem unsicheren staatsbürgerlichen Status mit besonderen (bürgerschaftlichen) Auflagen und besonderen Mühen der Etablierung in der Aufnahmegesellschaft. Sie erkennen, dass der im Herkunftsland angegriffene Status eines vollwertigen und sicheren Bürgers im Aufnahmeland nicht ohne Weiteres ein besserer ist. Sie erkennen auch, dass bisher Geleistetes nicht anerkannt wird, dass Werte der Leistung, aber auch schlicht Werte des (kulturellen, ethnischen und religiösen) Seins anders gesetzt sind, als dies dem eigenen Wissensbestand entspricht. Das geht konkret zum Beispiel mit Bildungsentwertung in Deutschland einher. Befragte hegen Zweifel an der eigenen Leistungsfähigkeit, sie zweifeln daran, bisher das ‚Richtige' getan zu haben. Sich damit auseinanderzusetzen, fordert ihnen Kraft ab. Sie nehmen Druck wahr, sich zu rechtfertigen und ihre Position zu legitimieren. Bemerkbar werden folglich Tendenzen der *Abgrenzung* zur Aufnahmegesellschaft und der *Hinwendung zur Eigengruppe* oder zu Gleicherfahrenen. Hier wird Verständnis erwartet und zum Teil auch gefunden. Bemerkbar wird auch eine Tendenz der *Hinwendung zur Mehrheitsgesellschaft* und *Abgrenzung zur Eigengruppe*. Es geht dabei nicht um eine Dichotomie der Hinwendung und Abwendung, sondern schlicht um Tendenzen, die biografisch nebeneinander oder nacheinander aufscheinen. Erst in der Umorientierung werden Verhaltensweisen und Werte der Aufnahmegesellschaft verstanden. Sich umzuorientieren beinhaltet jedoch keineswegs, Altes zu vergessen oder gar abzuwerten und sich erst dann und vollkommen neu zu konstruieren, sondern sich in manchen Aspekten lebensweltlich umzuorientieren und in anderen Aspekten nicht.

Spezialmigranten werden Befragte spätestens in der Auseinandersetzung mit ihrer Einfindung in Migrationsarbeits- beziehungsweise Engagementformen. Es geht dabei nicht darum, neu erfunden und angekommen zu sein, sondern vielmehr darum, sich retrospektiv von Anfang an im Prozess der Lebensgestaltung als besonders zu beschreiben. Befragte beanspruchen für sich, besondere Migranten zu sein. Sie haben gleichzeitig Besonderes erlebt und besondere Anstrengung unternommen. Sie zeichnen sich durch eine besondere Persönlichkeit mit besonderen Charakteristika aus, wobei zum Tragen kommt, dass sie anders als ‚gewöhnliche' Migranten sind, dadurch, dass sie sich aktiv anders oder besser etabliert haben als andere. Vor diesem Hintergrund ist Engagement für andere Migranten in besonderer Weise möglich.

Aus der Verdichtung des letzten Kristallisationspunktes lässt sich ableiten, dass der biografische Verlauf der Erfahrungsbildung und -aufschichtung in seinen Brüchen und seiner Bruchstückhaftigkeit kontinuierlich ist, aber nicht planbar oder vorhersehbar, folglich inhaltlich nicht einer Chronologie biografischer Stationen verpflichtet ist. Es geht also bei den Kristallisationspunkten nicht um Stationen einer verallgemeinerbaren Migrationsbiografie.

---

126 Getriebensein und Angezogenwerden abhängig von push- und pull-Faktoren gehört zu der Sichtweise der klassischen Migrationsforschung, zum Beispiel Lee (1969).

Allein die Auszeichnung der Befragten ‚speziell zu sein' widerspricht bereits Vorstellungen migrationsbiografisch ‚normaler' Chronologie.

9 Vergleichsperspektiven auf Engagementstrategien

In der Materialanalyse werden vor dem Hintergrund der Kristallisationspunkte Kategorien identifiziert, mit denen der biografische Verlauf und später das Engagement für Migranten differenziert betrachtet werden können[127]. Es handelt sich dabei um kategoriale Vergleichsbeziehungsweise Bedingungsdimensionen des Engagements Befragter. Sie sind Teil empirisch begründeter Theoriebildung. Gleichzeitig fungieren sie als Analysekategorien. Sie werden zunächst knapp skizziert. Ihre Bedeutung, die sie in der Analyse erlangen und die sie für die weitere Analyse haben, wird anschließend gesondert dargestellt. Vergleichsdimensionen zielen auf den Vergleich der befragten Migrationsarbeiter ab. Die Ergebnisse des Vergleichs stellen grundlegende Bedingungen und Kontexte von Engagementhaltung und -gestaltungen dar. Sie fließen als solche in die Kernkategorisierung ein.

Die Vergleichskategorien orientieren sich an der Position der Befragten, die mit ihrer organisationalen Einbindung, ihrem Alter und ihrer Migrations- beziehungsweise Integrationserfahrung zusammenhängt.

Die Position von Migrationshelfern kennzeichnet typisch ihr asymmetrisches Verhältnis zu Hilfesuchenden innerhalb ‚organisierter' Migrationsarbeit oder innerhalb ‚freien' Engagements. Im Zuge des theoretischen Samplings werden zusätzlich zu frei engagierten auch wohlfahrtsorganisational eingebundene Migrationsarbeiter als Vergleichsgruppe hinzugezogen (siehe Kapitel 7.1).

Die Position eines ‚wohlfahrtsorganisational eingebundenen', also organisierten Helfers, schafft für Befragte andere Voraussetzungen der Hilfe für Migranten als die Position eines frei Engagierten ‚ohne organisationale Anbindung'. Die unterschiedliche Position der Helfer wird von Hilfesuchenden antizipiert und von Helfern repräsentiert.

Von Befragten in den Interviews verwendete Terminologien geben Aufschluss über ihre Einbindung in etablierte Organisationen der Wohlfahrt (siehe Kapitel 7.2). Darüber lassen sich Hypothesen zu organisational beeinflussten oder nicht beeinflussten Handlungsweisen aufstellen.

Einordnungen in Kategorien des *Engagements versus Nichtengagements* schließen vergleichskategorial zunächst an die in der Terminologie feststellbaren Tendenzen an. Was von den Befragten jeweils als Engagement gesehen wird, stimmt in der interpretativen Abstraktion der Bedeutungssetzungen Befragter jedoch nicht immer mit diskursiv objektivierten Definitionskriterien des Engagements überein. In der Folge dieser Feststellung wird von der Einordnung der Tätigkeit in Kategorien des Engagements versus Nichtengagements abgesehen. Dafür beziehen sich Unterscheidungen auf organisiertes oder freies Engagement.

Die Position der Befragten hängt zusätzlich zu ihrer Einbindung in organisationale Kontexte mit ihrem Alter zusammen, insofern ihr Alter Hilfesuchenden Verlässlichkeit suggeriert und Befragte den Hilfesuchenden als ‚Verlässliche' weil ‚Mehrerfahrene' gegenüber-

---

127 Differenzierbarkeit bedeutet hier nicht, dass es zu keiner Überlappung von Vergleichsdimensionen kommen kann. Im Gegenteil stehen sie meist eng im Zusammenhang.

treten. Alter gelangt als Ausprägung von Stabilität auch dadurch in den Blick, dass mit höherem Alter zunehmend eigenmotivierte Praktiken das Engagement bestimmen und es ‚freier' praktiziert wird als in jüngerem Alter.

Die Kategorie *Alter* ist durch Hinzunahme jüngerer, engagierter Migranten (siehe Kapitel 7.1) zu einer Vergleichsdimension kondensiert, die in der Analyse aufzeigt, wie biografisch längere inhaltlich spezifische (Mehr-)Erfahrung, die Migrationsarbeit mitbestimmt.

Die Position der Migrationsarbeiter findet sich im Material auch als Form oder Grad der Einfindung beziehungsweise ihres ‚Zurechtkommens' in Ordnungen des Aufnahmelandes. Diese ermöglicht beziehungsweise erschwert es bei ihrem Fehlen, Ressourcen für die Unterstützung anderer aufzubringen.

Zur Unterscheidung eignen sich Erfahrungen, die im Folgenden mit regional-ethnisch-kulturellem Hintergrund bezeichnet werden, und Erfahrungen, die sich insbesondere auf den Umstand der Migration und Integration in Deutschland beziehen.

Regional-ethnisch-kultureller Hintergrund von Helfern wird als Bedingung der Hilfe für Migranten sichtbar. Diese Bedingung rekurriert auf Vorstellungen von Ähnlichkeit oder Nähe, die Helfer mit Hilfesuchenden verbinden. Sie weicht mitunter von diesen Vorstellungen ab, die schlicht Region, Kultur oder Ethnie als Bedingungen des Engagements beinhalten.

Spezifiziert wird das Muster regional-kulturell-ethnischer Bedingungen des Engagements durch die ‚Art der Migration'. Sie gilt als Gemeinsamkeit von Migrationshelfern und -hilfesuchenden und wird darüber für Engagementausprägungen bedeutsam. Die Erfahrung eines schweren oder leichten Migrationsweges prägt Zugangsweisen zu (gleich- oder nichtgleicherfahrenen) Migranten, die Hilfe bedürfen. Migration als ‚privilegiert' oder ‚nichtprivilegiert' erlebt zu haben und Integration mit mehr oder weniger Komplikationen in Verbindung zu bringen, überlagert die Bedeutung regional-kulturell-ethnischer Bedingungen des Engagements für andere Migranten. Die Bedeutung der regional-kulturell-ethnischer Bedingung für Engagementgestaltung weicht in der Folge gegenüber der Bedeutung von *Problemen der Status(un)sicherheit* auf dem Migrationsweg der Befragten im Herkunfts- und Aufnahmeland zurück. Dieses Problem tritt in den Vordergrund, wenn es um Erfahrungsnähe zu Hilfesuchenden geht, die Engagement in der Migrationsarbeit beeinflusst.

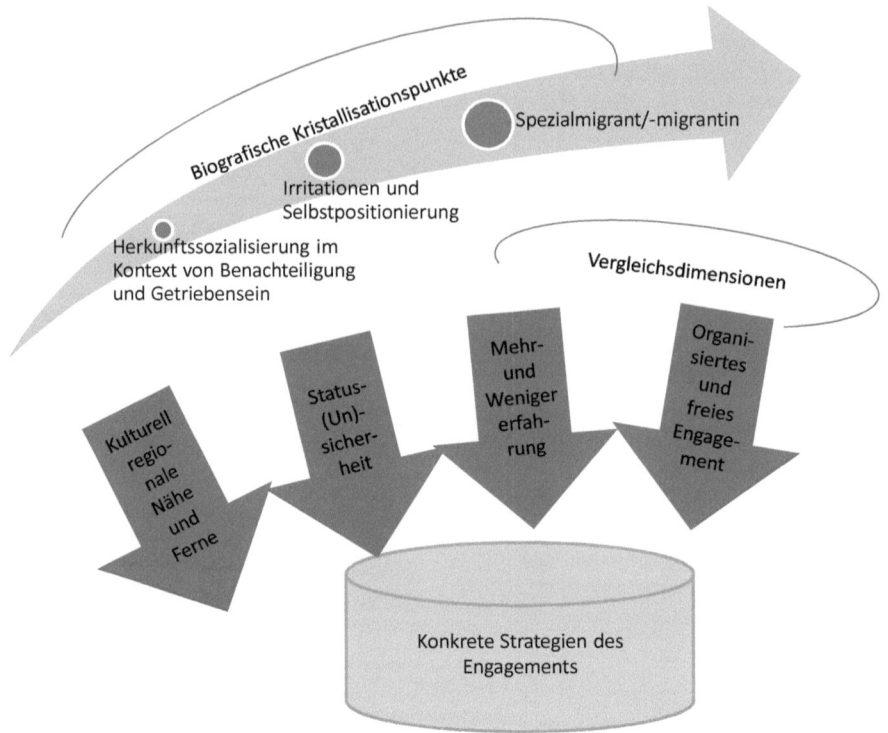

Abbildung 1: Biografische Kristallisationspunkte und Vergleichsdimensionen als Bedingungen von Engagementstrategien.

9.1 Bedeutung von Migration und Integration: regional-ethnisch-kulturelle Hintergründe und das Problem der Status(un)sicherheit

Regional-ethnisch-kulturelle Bedingungen des Engagements werden in den Bedeutungssetzungen der Befragten durch Status(un)sicherheit überlagert. Dennoch soll im Folgenden beiden Bedingungsdimensionen nachgegangen werden.

Für beide Dimensionen stellt Erfahrungsähnlichkeit zwischen Helfern und Hilfesuchenden einen ebenso wichtigen wie ambivalenten Faktor dar. Dieser Faktor markiert Nähe zwischen Helfern und Hilfesuchenden, die durch einen Vertrauensvorschuss in der Beziehung zwischen Helfer und Hilfesuchendem zum Tragen kommt, wenn Ähnlichkeiten angenommen werden. Dieser Vertrauensvorschuss basiert auf sogenannter ‚anähnelnder Imaginierung' (vgl. Junge 2006: 86 ff.).

9.1.1 Regional- ethnisch-kulturelle Ähnlichkeit

Die Hilfe für Herkunftsähnliche wird von Befragten zum Teil als fruchtbarer betrachtet als die Hilfe für Herkunfts*nicht*ähnliche. Dies scheint aufgrund einer vertrauensvollen Beziehung zwischen herkunftsähnlichen Helfern und Hilfesuchenden gegeben. Das ist jedoch nur ein Aspekt. Bedeutsam wird das Zustandekommen einer vertrauensvollen Helfer-Hilfesuchender-Beziehung, die Hilfe wirksam werden lässt, auch durch die so berichtete Beobachtung der Helfer, dass ihr Engagement vermehrt von ethnisch-kulturell und herkunftsregional ähnlichen Menschen nachgefragt wird. Ein Befragter berichtet darüber, dass seine gemeinsame Sprache mit Hilfesuchenden dazu führt, dass er sich, genauso wie Hilfesuchende, in einem Beratungsgespräch wohl fühlt:

> „natürlich werden irgendwelche mein Sprache spricht dann freue ich mich sehr, da kann ich ganz offen mit dene reden. Und das ist auch bei dene so. Die sind, die kennen kein Wort und plötzlich da spricht jemand ihre Sprache natürlich fühlt man sich wohl" **(Text: Pakistan M 60+; Position: 30 – 30).**

Das beidseitige Vertrauen, das dieser Verdichtung innewohnt, zeigt sich in einer regional unterschiedlichen Ausprägung des vorgeschossenen Vertrauens. Während zum Beispiel Engagierte aus den Regionen des sogenannten Ostblocks und des afrikanischen Raums von anfänglicher Skepsis ihrer ‚Klientel' berichten, erscheint diese Skepsis in einem nahöstlich-türkischen Betreuungsverhältnis kaum von Bedeutung.:

> „Bei uns nicht so. Bei uns gibt es zum Beispiel nicht diese Vertrauen an die Staat. Und bei vielen Klienten sehr problematisch, diese Vertrauen zu gewinnen" **(Text: Ukraine W 50- Position: 49 – 50).**

> „Am Anfang, weil sie wussten nicht was ich so gebildet war, weil sie können nicht akzeptiere, dass ein Afrikaner in eine Büro hier arbeitet. Sogar (lachen) die Klienten kommen zu mir. Wie hast du diese Arbeit bekommen? Sie fragt mich so" **(Text: Burkina Faso M 50+; Position: 25 – 25).**

Vermutlich resultieren herkunftsregionale Unterschiede im Vertrauensverhältnis von Helfern und Hilfesuchenden daraus, dass sich Erfahrungswissen von Klienten auf kulturelle und etwa staatssystemische Benachteiligungen und Beschränkungen erstreckt; darauf, dass zum Beispiel Hilfesuchende aus der Ukraine oder aus Russland annehmen, dass Helfern in sozialem, abgeleitet aus zum Beispiel ehemals sozialistischem, Auftrag zu misstrauen sei.

Strategische Positionierungen im Engagement für Migranten stehen im Zusammenhang mit sozialen Bedingungen, die die gesamte Biografie der Befragten durchziehen. Bereits frühsozialisatorische Erfahrungen im Rahmen von Familie, Gemeinschaft, Gesellschaft oder Staatssystem gelangen zu engagementstrategischer Bedeutung. Diese Erfahrungen sind regional-ethnisch-kulturell eingelassen.

Kulturelle beziehungsweise kulturräumliche oder ethnisch vordefinierte Vergleiche[128] unter Migrationsarbeitern anzustellen, resultiert aus der Materialanalyse insofern, als darin zunächst Gemeinsamkeiten vermutet werden, die anderweitig kaum erklärbar sind. In dem Material belegbaren Angeboten regional-kulturell-ethischer Differenzierung nachzukommen, liegt nahe, jedoch sind diese Angebote auf den ersten Blick methodologisch und theoretisch schwer einzubeziehen. Hintergrund dafür ist, dass Interviewpartner/-innen nicht nach Kriterien der territorialen oder nationalen und damit verknüpften ethnischen oder kulturellen Herkunft in das Sample aufgenommen wurden. Es wird hier nicht von Zugehörigkeitsmustern ausgegangen, die den Begriff der (Herkunfts-)Kultur mit Begriffen der (Herkunfts-)Nationalität und (Herkunfts-)Ethnizität gleichsetzen und die diese Begriffe von (Aufnahme-)Kultur, (Aufnahme-)Region oder (Aufnahme-)Ethnizität abgrenzen. Damit

---

128 Hier sind Vergleiche unter Migrationsarbeitern beziehungsweise -engagierten ähnlicher regional-kulturell-ethnischer Herkunft gemeint.

wäre einem Verständnis von Zugehörigkeit nachgekommen, das im „methodologischen Nationalismus" (vgl. Beck/Grande 2010) verhaftet bliebe. Integration, beziehungsweise das hier sogenannte ‚Zurechtkommen', würde in Unterscheidungen des „*Wir*" *und „die Anderen*" verhaftet bleiben. Hybridisierungen würden nicht erkannt beziehungsweise ‚nichtregional-kulturell-ethnische' Muster erfahrungsbiografisch geprägter Engagementausrichtung übersehen. Motivationen der Engagierten nachzuspüren, aufgeteilt nach regionalen und damit auch kulturellen und ethnischen Kriterien vorweggenommener Ähnlichkeit zu Hilfesuchenden, erscheint daher zunächst verfänglich. Sie werden mit einem explizit darauf gerichteten Blick dennoch sichtbar.

‚Natio-ethno-kulturelle' Zu- oder Zusammengehörigkeit wird durch symbolische Mitgliedschaft, Wirksamkeit und biografische Verbundenheit konstruiert (vgl. Mecheril 2003: 154, 316 ff.). Biografische Verbundenheit zeigt sich im Material insofern, als Lebenserfahrung in verschiedenen natio-ethno-kulturellen Kontexten verortet und mit ihnen verflochten ist. In der Migrationsarbeit teilen Migrationsarbeiter und hilfesuchende Migranten ‚natio-ethno-kulturell' zu bezeichnende Erfahrungen, beziehungsweise berufen sich Migrationsarbeiter auf diese Erfahrungen. Dass Befragte aus verschiedenen Regionen sich in ihrem konkreten Engagement für Migranten grundsätzlich unterscheiden, ist aber nicht vorausgesetzt. Vielmehr werden ‚natio-ethno-kulturelle' Erfahrungen als systematische Bedingungen des Engagements in der Analyse nach und nach verwässert.

Das resultiert aus dem untersuchungsstrategischen Vorgehen, eine hypothetische Schablone über regional-kulturell-ethnisch zu trennende Räume zu legen, um darüber hervorgebrachte Erkenntnisse vergleichen zu können. Ergebnis war, dass Muster erfahrungsbiografischer Begründung von Engagement quer zur Schablone aufscheinen. Die Regionen wurden wie folgt gebildet: der Nahe Osten einschließlich der Türkei, Afrika, sowie Osteuropa inklusive Russland. Sie sind im Verlauf der Untersuchung als Schablonen aufgehoben worden (siehe dazu auch Kapitel 7.1). Kulturräumliche und ethnische Engagementspezifika wurden wieder an einzelnen Interviews abgelesen und auf dieser Ebene der Analyse belassen. Verdichtungen natio-ethno-kultureller Bedingung des Engagements bleiben zumeist hypothetisch. Sie sind ‚biografischen Phasen' der Entwicklung kaum eindeutig zurechenbar. Infolgedessen werden sie beispielhaft und nicht systematisch anhand der Kristallisationspunkte (siehe dazu Kapitel 8.2) veranschaulicht:

a) Beispielsweise engagiert sich ein armenischer Befragter für christliche Hilfesuchende. Er selbst migrierte aus religiösen Gründen, genauer, er floh aufgrund der religiösen Diskriminierung, die er im Herkunftsland erfuhr. Über diese Erfahrung wendet er sich ausschließlich Christen zu, die aus Gebieten des Nahen Ostens fliehen und in Deutschland Asyl beantragen. Sein Engagement findet allein verantwortet und initiiert statt, von zu Hause aus, in Zusammenarbeit mit Eingeweihten, insbesondere mit seiner Familie. Die christliche Kirche bietet ihm keinen ausreichenden Bezugspunkt. Sie scheint ihm zu wenig energisch für die Hilfe für christliche Migranten einzutreten:

> „Und so war es ich meine, was unsere Arbeit ist, dass wir gehen, weil wenn uns die Problem kommt, ja, das ist nicht die ihre Problem sondern unsere Problem weil wir sind überzeugte Christen und ich weiß das hundertprozentig, wenn Gott mir eine Problem schickt ich kann selbstverständlich die Sache abfertigen, ich sage komm wir beten" **(Text: Armenien M 60+; Position 60 – 60).**

b) Ein befragter kasachischer Aussiedler tritt vornehmlich für Aussiedler aus Russland ein. Seine Engagementmotivation leitet er aus der selbst erfahrenen Minderheitendiskriminierung als Deutscher in Kasachstan ab und richtet sie engagementstrategisch an die Minderheit, die Aussiedler in Deutschland darstellen. Probleme in seinem Stadtviertel beziehen sich zum Teil auf ähnliche Probleme wie im Herkunftsgebiet. Während beispielsweise ehemals deutsche Minderheiten in Kasachstan ethnisch bedingt restriktive Arbeitsmarktbeschränkungen betrafen **(Text: Kasachstan M 60+; Position 61 – 61)**, stehen die Chancen am deutschen Arbeitsmarkt auch nicht gut **(Text: Kasachstan M 60+; Position 15 – 15)**. Konsequenzen der ökonomischen Deprivation, der Kriminalität und der Suchtgefahr für jugendliche Aussiedler begegnet der Befragte mit speziell auf seine Klientel zugeschnittenen Maßnahmen. Diese zeigen bei ihnen Wirkung. Er versteht sich als Helfer, der an professionelle Strategien zum Beispiel der Jugendhilfe anschließen will und diese in seiner Position als Mitarbeiter einer konfessionellen Wohlfahrtsorganisation auch umzusetzen versucht. Aus seiner hier besetzten Position kann er mit kulturell konnotierten Mitteln besser helfen als deutsche Helfer, denen der ethnisch-kulturelle Kontext für das Verstehen der jugendlichen Aussiedler fehlt **(Text: Kasachstan M 60+; Position 69 – 70)**.

c) Eine Befragte aus Bosnien engagiert sich in einem selbst gegründeten Verein unter anderem für die sogenannte Rückführung von bosnischen und anderen Kriegsflüchtlingen, aber auch für die Integration von Migranten in Deutschland. Ihr Engagement richtet sie explizit an den Erfahrungen aus, die sie selbst als Bürgerkriegsflüchtling gemacht hat:

„Das war ein Krieg der Mafia gegen Bevölkerung. Da waren nationalistische Oligarchen, Mafiosi, die dann gegen alle Bevölkerung, die haben diese nationalistische und religiöse missbraucht um Machtpositionen zu bekommen, da haben sie auch die große Mafiosi der Welt, die Puffhälter, Casinohälter haben sie sich da eingemischt, ich habe gespürt als schon erfahrene Politikerin, das ist nicht Krieg für mich" **(Text: Bosnien W 60+; Position 30 – 30, in anderem Kontext zitiert in Kapitel 11.3.1)**.

Sie versucht, an die Bedürfnisse der Hilfesuchenden direkt anzuknüpfen, zuweilen auch in Opposition zu Vorgaben der Rückführungspolitik Deutschlands. Sie erkundet die Bedarfe der Rückgeführten vor Ort und antizipiert die Schwierigkeiten, die im ethnischen Konfliktraum Bosnien auf die Hilfesuchenden zukommen:

„Hab gesagt, Flughafen Sarajevo ist nicht mein Heim, wo die Leute wurden am Flughafen Sarajevo geschickt und und da verlassen. Sowas konnte ich nicht machen. Ich hab mit Spenden, mit LKW und andere Projekte hab ich Habingut, Habundgut transportiert, hab ich in die Schule gegangen, hab ich Kinder in die Schule eingeschrieben, weil unten, sie haben hier ihre Schul eine ein zwei Jahre verloren, dann haben sie die wieder ein zwei Jahre verloren, die sie zurück gekehrt sind, und dann hab ich verhandelt mit Minister, Schulen mit allen möglichen, damit sie schneller wie möglich in die Schule kommen" **(Text: Bosnien W 60+; Position 34 – 34, in anderem Kontext zitiert in Kapitel 10.1.3.2 und 11.3.2)**.

Ihre Maßnahmen bettet die Befragte in Schilderungen der ethnisch-kulturellen Anderssozialisierung im Vergleich zu Deutschen und (damit) Professionellen ein **(zum Beispiel Text: Bosnien W 60+; Position 36 – 36)**.

d) Eine albanische Befragte sieht sich in ihrem freien Engagement in der Verantwortung, albanischen Frauen zu helfen, Rechte für sich einzufordern, die ihnen in Deutschland zustehen. Sie richtet sich an sie als Aufklärerin über Möglichkeiten, die herkunftskulturell möglicherweise nicht vorhanden waren, und über die sie aufgrund ihrer eigenen Vergangenheit in Kosovo Bescheid weiß. Die Befragte ist unter anderem Mitglied eines albanischen Frauenvereins und bemüht sich darum, hier Informationen weiterzugeben **(Text: Kosovo W 50-; Position 22 – 22)**.

e) Die Hinwendung zu ethnisch-kulturell Ähnlichen wird bei Befragten aus der Türkei darüber sichtbar, dass ein Befragter im Rahmen eines stadtviertelbezogenen Lotsenprojekts türkische Männer unterstützt und eine türkische Frau für türkische Frauen zuständig ist **(Text: Türkei2 M 50+; Position 33 – 35)**. Dies kommt über die Weisung der Projektleitung zustande, aber auch über die Nachfrage von Hilfesuchenden selbst. Diese Konstellation scheint sich über kulturell-religiöse Motivationen zu rechtfertigen. Eine solche Rechtfertigung wird über die Interviews aber nicht verdichtet.

Engagierte Hilfe wird nicht nur aufgrund ethnisch-kultureller Ähnlichkeitsvorstellungen angeboten, sie wird umgekehrt auch von Hilfesuchenden aufgrund eben dieser ethnisch-kulturellen Ähnlichkeitsvorstellungen nachgefragt: zum Beispiel, wenn darüber berichtet wird, dass Heimleiter mit einem anderen ethnisch-kulturellen Migrationshintergrund als die Hilfesuchenden für die Aufgabe der Heimleitung kaum geeignet sind (f) **(Text: Ghana M 60+; Position 58 – 58)**.

Diese Beispiele sind entlang von Interviews ausgewählt worden, deren Protagonisten über 60 Jahre alt (Beispiele a, b, c, f) oder frei engagiert beziehungsweise jünger *und* frei engagiert sind (Beispiel d). Das Beispiel e) gibt Einblick in das Engagement eines Befragten, der 50 Jahre alt und in einem Zwischenbereich von Engagement und Beruf tätig ist. Alle Beispiele spiegeln die ethnisch-kulturelle Einlassung des Engagements wider, aber auch die Form des Engagements, welches hier weitgehend ‚frei' gestaltet wird.

Die Bedeutungsgewichtung nationaler oder regional-ethnisch-kultureller Konditionen der Engagementgestaltung wird sichtbar über Strategien, die vor allem bei älteren Befragten aufscheinen und bei Befragten, die sich ‚frei' engagieren und nicht in feste, bisweilen von Wohlfahrtsorganisationen als Arbeitgebern bestimmte Migrationsarbeitsformen eingeordnet sind. Jedoch wird auch hier die Kategorie regional-ethnisch-kultureller Bedingung des Engagements von der Kategorie der Status(un)sicherheit überlagert. Zudem findet sich ethnisch-kulturelle Nähe als Bedingung für Engagement bei organisational eingebundenen und in diesem Kontext vor allem jüngeren Befragten in geringerem Umfang. Diese Nähe hat in der Bedeutungssetzung der Interviewten insgesamt eine geringere Gewichtung als das ‚Problem der Status(un)sicherheit', das nachfolgend beschrieben wird.

9.1.2   Vom Problem der Status(un)sicherheit zur Besonderheit

Die folgende Darstellung orientiert sich an den Biografien der Befragten. Insbesondere ihre hier sogenannte ‚Unsicherheitsbiografie', die sich vornehmlich als problematische Statusbiografie herausstellt, wird entlang der oben genannten Kristallisationspunkte (Kapitel 8.2) abgelesen. Die Unsicherheitsbiografie beinhaltet Erfahrungen von Befragten, die quer zu den Herkunftsregionen als Problem der ‚bürgerschaftlichen (Un-)Sicherheit' im Herkunftsland und in Deutschland auftreten. Im Aufnahmeland zeigen sich Unsicherheitsfaktoren, die sich im Verlauf der Biografien auf der Suche nach Community oder nach Formen des Engagements manifestieren und sich in einer Form der Selbsteinschätzung der Befragten als besondere Migranten herausstellen.

Dass diese Darstellung sich nicht allein an ‚regional-ethnisch-kulturellen' Dimensionen des Vergleichs orientiert, folgt dem Gedanken, dass aus Regionen, Ethnien und Kulturen übergreifende ‚Migrationserfahrung' als verbindendes Element von Befragten und hilfesuchenden Migranten gedeutet wird. Die eigene Migrationserfahrung zeigt sich als entscheidende Bedingung des Engagements für Migranten. Je nach Art der Migrationserfahrung kann diese jedoch auch trennendes Element sein, indem sie zu Erfahrungen anderer Migranten als nicht äquivalent eingeschätzt wird. Es stellen sich unterschiedliche Bedeutungssetzungen bei den Befragten heraus, die an Flucht, Vertreibung, Heiratsmigration, Arbeits- und Bildungsmigration anknüpfen. Abgrenzungen und Unterscheidungen sowie Überschneidungen von Migrationserfahrungen vollziehen sich dabei quer zu regionalen und ethnisch-kulturellen Herkunftsgrenzen. Eine Flucht, als hier sogenannte ‚nicht-privilegierte' Form der Migration, aus dem Raum des ehemaligen Ostblocks ist ebenso möglich wie aus dem Raum des Nahen Ostens, der Türkei oder Afrikas. Ähnlich verhält es sich auch mit ‚privilegierteren' Formen der Migration, wie zum Beispiel die Heiratsmigration.

Quer zu regional-ethnisch-kulturellen Herkunftsgrenzen verlaufen auch Erfahrungen im Aufnahmeland, in dem der bürgerschaftliche Status der Befragten neu festgelegt beziehungsweise verhandelt wird. Hinsichtlich ‚verbindenden und trennenden Elementen' zwischen den Befragten und Hilfesuchenden konterkariert die konkrete Migrationserfahrung die Annahme der ausnahmslos herkunftsregional und regional-ethnisch-kulturellen Differenzierungen auf Vertrauensherstellungen und -vorschüsse.

9.1.2.1 Herkunftsgesellschaftliche (In-)Stabilitätserfahrungen

Die erfahrene Stabilität beziehungsweise Instabilität des Herkunftsumfeldes[129] und der Umgang damit markieren einen Ausgangspunkt des biografischen Entwicklungsprozesses hin zu einer stabilen beziehungsweise instabilen Selbsteinschätzung als Person und Helfer.

Insbesondere gilt die von außen wirkende Kraft des gesellschaftlichen Rahmens als eine maßgebliche Bedingung der Lebensplanung und -gestaltung im Herkunftsland. Die Herkunftsgesellschaften befragter Migrationsarbeiter, verstanden als politische ‚pull-Faktoren'[130] der Migration, sind repressiv und veranlassen sie zur Auswanderung. Die befragten Migranten sind teilweise mit Diskriminierungen und kriegerischen Konflikten aufgrund von Ethnie, Religion oder allgemein von Kultur konfrontiert worden. Es besteht das teils latente, teils sehr deutliche Gefühl, von einer Mehrheitsgesellschaft ausgegrenzt zu sein oder in einem politischen oder gesellschaftlichen System benachteiligt zu sein. Diese Konstellation liegt tendenziell in allen Regionen vor. Ebenso gehören aber Stabilitätserinnerungen, vor allem in Gemeinschaft und Familie, zu den Erzählungen der Befragten.

Selbstpositionierung in Auseinandersetzung mit Systemunsicherheit und familiär-gemeinschaftlicher Stabilität

Betrachtet man beispielhaft die Erzählungen von Befragten aus dem Raum Ex-Jugoslawien, spielt die heile Welt der Kindheit und Jugend zunächst insofern eine Rolle, als sie später grundlegend gestört wird. Die gesellschaftspolitischen Wirrungen der sogenannten Wendezeit in Ex-Jugoslawien sind der Anlass, dass diese ‚heile Welt' als unwiederbringlich eingeschätzt wird. Die (geo-)politische Wendezeit zu Beginn der 90er-Jahre, die im gesamten ‚Ostblock' bis heute noch nicht abgeschlossen scheint, löst bei Befragten Unsicherheiten aus. Stabilität als eine angemessene Komponente alltäglicher Lebensführung scheint verlo-

---

129 Zu dem Umfeld werden hier Gesellschaft und politisches System ebenso wie Gemeinschaft und Familie gezählt.
130 Vgl. zum Beispiel Lee (1969)

ren. In den Interviews wird gleichzeitig von familiären und gemeinschaftlich-dörflichen ‚Ruheräumen' berichtet. Frau B. rekurriert auf familiäre Prägungen, insbesondere durch erzieherische Einwirkung der Großmutter, die sie zu einer energischen und gleichzeitig bescheidenen Persönlichkeit machten **(Text: Bosnien W 60+; Position: 30 – 30)**. Frau A. (50-) aus Kosovo berichtet vom ruhigen Dorfleben aus Kindheitstagen, welches verloren ging:

> „ich komm aus einem Dorf also ländliche Region, und da gabs keinen Straßenverkehr, alles grün, und keine Angst vor Einbrechern oder Sexualverbrechern oder sonst wie was und diese Freiheit, die ging dann gleich verloren als man nach Deutschland kam" **(Text: Kosovo W 50-, Position: 39-39)**.

Herr K. bezieht sich auf politisch destabilisierende Wirrungen, die das familiäre Privatleben tangieren:

> „ja die Kasachen, nicht Kasaken, Kasachen mit den Schlitzaugen, die hat (NAME) alle g'macht, weil haben gesagt, das ist unser Land und andere sollen abhauen, verstehen Sie, das ist schon heftig, und dann hast du immer so Druck, kann nach Hause kommen und erschießen deine Familie oder so etwas, umbringen die ganze Familie, irgendwo hast du immer Angst, mit dieser Angst willst du nicht leben" **(Text: Kasachstan M 60+; Position: 53 – 56)**.

Familie als Ausgangspunkt sozialisatorischer Formung prägt Einstellungen zu politischen Systemen und gesellschaftlichen Wertmaßstäben. Befragte sehen sich nicht selten in Opposition zu der Politik des Herkunftslandes und nehmen diese oppositionelle Haltung mit. Während Frau B. sich an ihre oppositionellen Einstellung in Bosnien erinnert, die sie auch in Deutschland kämpferisch zum Einsatz bringt **(Text: Bosnien W 60+; Position: 32 – 32)**, bezieht sich zum Beispiel Herr K. auf seine aus der Benachteiligung erwachsene Haltung, sich auch in Deutschland durchzusetzen **(Text: Kasachstan M 60+; 80 – 80)**.

Bürgerschaftlicher Herkunftsstatus als verfestigender Mechanismus von Andersheit

Weniger ethnisch-kulturell, dafür statusrechtlich benachteiligt, beschreiben sich Befragte in ihrer wanderungsbiografischen Kontinuität[131]. Ethnie und Kultur fungieren dabei nicht selten als Bedingung der statusrechtlichen Benachteiligung.

Zunächst berichten nicht alle Befragten von persönlichen Statusunsicherheiten auf ihrem Wanderungsweg. Dies zeigt sich an einfachen Migrationsmotivationen, die sich in etwa ökonomisch (Arbeitssuche) **(Text: Türkei W 60+; Position: 33 – 33)** oder persönlich (Bildung, Heirat) **(Text: Pakistan M 60+; Position: 65 – 68)** darstellen, wie im folgenden Beispiel:

> „Liebe sozusagen hat mich nach Deutschland geführt und dann hat sich einfach alles ergeben und weil ich schon eine bestimmte Niveau hatte, weißt du, ich hab Gymnasium absolviert, ich hab Uni absolviert, natürlich hab ich sofort geguckt, und ich war jung, ich glaube ich bin seit 13 Jahren da. Mein Mann hat gearbeitet, ich hatte Möglichkeit zu studieren, es war nicht die Abhängigkeit vom Sozialamt da. Von daher, wenn ich nicht studiert hätte, ja, hätt ich wahrscheinlich jetzt putzen müssen" **(Text: Ukraine W 50-; Position: 42 – 42)**.

---

131 Das heißt zunächst vor ihrer Migration, ebenso im Stadium der Migration und dann später als Migranten im Aufnahmeland.

Ihre Erinnerungen an das Leben im Herkunftsland knüpfen zwei irakisch-kurdische Engagierte **(Text: Irak2 M 50+ und Text: Irak M 50+)** an Erfahrungen der ethnisch-religiös konnotierten Bedrängnis, das Herkunftsland verlassen zu müssen und nicht mehr dahin zurückkehren zu können. Ebenso erinnert Herr A. aus Armenien Ereignisse im Herkunftsland, die ihm als ethnisch-religiösen Minderheitsangehörigen eine Rückkehr in das Herkunftsland versperren **(Text: Armenien M 60+)**. Nicht nur die irakisch-kurdischen Flüchtlinge oder der armenische Flüchtling, sondern auch ein türkischer Befragter verbindet mit dem Herkunftsland vor allem die Beschränkung, nicht dahin zurückkehren zu können – weil der in der Türkei von ihm nicht abgeleistete Wehrdienst bei einer Rückkehr in das Land Verhaftung bedeuten würde:

> „ja, also ich meine Militär noch nicht gemacht und ähm jetzt is' vierzig Jahre, hätt' ich noch Zeit gehabt, zum Militär zu gehen und bestimmte Summe zu zahlen, aber jetzt wo ich über vierzig bin, muss ich achttausend Euro ungefähr bar zahlen, und das schaff ich niemals, meine Pass is' abgelaufen, auch vom Konsulat aus wird des nich mehr verlängert, also kann ich nicht mehr Türkei fahren" **(Text: Türkei2 M 50+; Position: 128 – 134)**.

Flucht und Immigrationszwang beziehungsweise perspektivischer Aufenthaltszwang in Deutschland stellen für die Befragten ähnliche Erfahrungskristallisationspunkte dar. Es geht darum, (Status-)Unsicherheiten ausgesetzt zu sein, die Willkür im Herkunftsland erwarten lassen. Die Befragten fühlen sich genötigt zu gehen, um sich vor äußeren Bedrohungen zu schützen, was sich in abenteuerlichen Fluchtgeschichten niederschlägt, einschließlich aller Schwierigkeiten, die mit Flucht und Illegalität gemeinhin in Verbindung gebracht werden. Entsprechend positiv oder negativ besetzt ist mit der Fluchtgeschichte der Blick auf die Herkunftsgeschichte und die Beurteilung der Statusstabilität im Herkunftsgebiet.

Für Befragte aus dem Raum Afrika ist von keiner grundsätzlich privilegierten Wanderung auszugehen. Aus den Erzählungen der Befragten wird jedoch deutlich, dass die koloniale Vergangenheit der Herkunftsregionen Möglichkeiten bietet, auf (fast) legalem Wege auszuwandern.

Dies belegt auch wissenschaftliche Literatur: „So bestehen zwischen Frankreich und dessen ehemaligen afrikanischen Kolonien, wie auch zwischen Großbritannien und dessen ehemaligen Kolonien anhaltende spezifische (…) Bindungen (…). Dazu zählen Sprache, moralische Werte, aber auch die Ausbildung in Geschichte und Kultur der beteiligten Staaten (insbesondere der des dominierenden Staates). Häufig gelten bevorzugte migrationspolitische Regelungen, etwa die vereinfachte Einreise für Mitglieder ehemaliger Kolonien" (Düvell 2006: 97). Wege der Auswanderung gehen dabei nicht immer mit einfachen staatsrechtlichen Prozedere einher, wie sie im Rahmen von Reisefreiheit gegeben sind. ,Schlupflöcher' durch europäische Grenzsetzungen müssen erkannt und genutzt werden[132]. Dazu zählt vor allem, ,Bildung' als Migrationsanlass zu nutzen; Bildung, die im Herkunftsland ihren Anfang nimmt **(Text: Ghana M 60+; Position: 7 – 8)**. Sie gilt als Antrieb der Migration für befragte afrikanische Migranten. Zudem erweist sich auch Heirat als Mittel zur Reduzierung von Komplikationen auf dem Wanderungsweg.

Von der ,Art der Migration' beziehungsweise dem Migrationsereignis lässt sich auf die Statusbenachteiligung im Herkunftsland schließen. Befragte Migranten in der Migrationsarbeit erfahren Situationen der Entrechtung. Diese Erfahrung ist bedeutend, weil dadurch eine

---

[132] Europäische Grenzsetzungen werden in der Literatur mithin als ,Verbarrikadierung' beschrieben und Europa wird als ,Festung' zum vermeintlichen Schutz vor Migranten entlarvt (vgl. Beck 1998: 45 f.).

Selbstzuschreibung von Besonderheit und damit auch Andersheit zustande kommt. Diese wird prägend für eine Positionierung im Engagement für andere Migranten.

9.1.2.2 Irritationen im Aufnahmeland und erste Orientierungen: Aushandlung von Zugehörigkeit

Es folgt ein Kristallisationspunkt des Erlebens und der Erfahrung, der sich mit ‚Orientierung' oder ‚Umorientierung' beschreiben lässt. In diesem Punkt kristallisieren sich Umgangsweisen mit Problemen und Situationen heraus, die vor allem an (Status-)Unsicherheiten in der Herkunftsregion anknüpfen und im Aufnahmeland Orientierungen perspektivieren. Orientierung wird wiederum als ‚Zurechtkommen' (oder Integration) an dem zugewiesenen oder erlangbaren Status der Befragten im Aufnahmeland festgemacht.

Bürgerschaftlicher Status und die Anforderung des ‚Zurechtkommens'

Der bürgerschaftliche Status von Migranten in Deutschland ist maßgeblich für ihre Handlungsoptionen bezüglich Integration beziehungsweise ihr ‚Zurechtkommen'. Dies wird in den Interviews deutlich. Alltag ist für einen irakischen Befragten erst nach seiner offiziellen Anerkennung als Bürger in Deutschland vorstellbar **(Text: Irak M 50+; Position: 42 – 42 und 46 – 46)**. Als Flüchtling in Deutschland bürgerschaftlich anerkannt zu werden, beinhaltet bereits für sich sehr verschiedene Statuszuweisungen. Flüchtlingen aus dem Raum Ex-Jugoslawien wird als Bürgerkriegsflüchtlingen ein Status zuerkannt, der auf Zeit gedacht ist[133]. Die befragten ex-jugoslawischen Migranten kommen aus ausgewiesenen Fluchtregionen, zum Beispiel aus Bosnien und dem Kosovo. Die Bürgerkriegsereignisse der Herkunftsregion sind für sie ein herausragendes Thema, das Migration begründet und gleichzeitig Orientierung im Aufnahmeland auf spezifische Art und Weise erscheinen lässt. Orientierung folgt einer Überraschung über neue Ordnungen, die aufgrund der plötzlich notwendigen Wanderung keine Zeit zur Reflektion darüber bietet, was die Flüchtlinge im potenziellen ‚Schutzland' erwartet beziehungsweise womit sie sich auseinandersetzen müssen. Ein unklarer (staats-)bürgerschaftlicher (Flüchtlings-)Status bringt sie im Aufnahmeland in Situationen, in denen sie sich, wie auch im Herkunftsland, abermals als besonders, das heißt anders als die anderen, ausweisen:

> „Da war so, alle waren geschockt von meine meinem Mut (lachen), wie kommt, dass ein Flüchtling irgendwo arbeiten soll und mitwirken soll. Die haben mich nur gesehen halt wie einen Almosen, den man helfen soll" **(Text: Bosnien W 60+; Position: 9 – 9)**.

---

133 Eine Unterscheidung der verschieden Statuszuweisungen der Bundesrepublik an Migranten siehe Pro Asyl: „Hier geblieben! Es gibt keinen Weg zurück. Tag des Flüchtlings 2005", www.proasyl.de. Dazu gehören Duldung, Illegalität bis hin zu Aufenthaltstiteln für befristete oder unbefristete Aufenthaltserlaubnis, Aufenthaltsbefugnis, -berechtigung oder -bewilligung.

Ihr Status bringt die oben zitierte Befragte in die Position, sich abermals behaupten zu müssen und sich aus dieser Position der anderen, in diesem Fall der Hilfesuchenden, befreien zu müssen:

> „Hab ich gesagt ich brauche keine Hilfe (lachen), ich bin gesund, fähig, jung, schön, ich brauche Leute, keine Hilfe. Sie braucht Hilfe von mir" **(Text: Bosnien W 60+; Position: 9 – 9)**.

Den sogenannten Flüchtlingsstatus zuerkannt zu bekommen, hat nicht immer mit einer eindeutigen Fluchtsituation zu tun. Aussiedler galten in den 90er-Jahren (und bis circa 2005) noch als Heimkehrer[134], was ihnen neben der reibungslosen Aufnahme in Deutschland zusätzliche Privilegien bereithielt. Wenngleich sich zum Teil die schwierigen Bedingungen verschärften, unter denen sie beispielsweise als ethnisch-religiöse und kulturelle Minderheit in den späteren Teilrepubliken des Sowjetimperiums leben mussten, war ein Auswanderungsdruck, gespeist von einer Bedrohung für Leib und Leben, nicht notwendig gegeben. Dies schließt aber eine Flucht nicht grundsätzlich aus.

Trotz rechtlicher Gleichstellung zu autochthonen Deutschen sehen sich die befragten Aussiedler mit ihrer Fremdheit konfrontiert. Sie fühlen sich fremd, weil sie als fremd wahrgenommen werden:

> „Hier schreiben oft die Deutschen, Russen sind alkohol-, sind drogenabhängig sind gewalttätig. Ganze Bevölkerung hat solche schlechte Meinung" **(Text: Kasachstan M 60+; Position: 80 – 85)**.

Anders gestaltet sich die formelle Aufnahme für Flüchtlinge aus ebendieser Ex-Sowjetregion, wenn Migranten nicht der deutschen Minderheit angehören. Als Armenier mit christlichem Glauben in der zunehmend islamisierten Gesellschaft des Herkunftslandes wird Flucht auf verschlungenen und nach deutschem Recht ‚illegalen', wenngleich für den Befragten einzig vorstellbaren, Wegen notwendig. Eine statusfixierte und Raum beziehungsweise Gelegenheit zur Lebensgestaltung bietende ‚Eingliederung' wird dabei nicht ohne Weiteres möglich. Herr A. bringt seine Widerstandshaltung gegenüber religiösen Fanatismen seines Herkunftslandes mit und führt diese über in einen Widerstand gegen alle (staatliche) Bevormundung – allerdings mit einer Haltung, die ebenfalls rigoros-religiös ist und auf dieser Ebene innerlich unabhängig macht von Bevormundung **(Text: Armenien M 60+)**.

‚Privilegiert' zu wandern, hat mit Handlungs- und Entfaltungsoptionen zu tun, die sich zum Beispiel aufgrund einer privaten Partnerbeziehung beziehungsweise aus Gründen der Familienzusammenführung oder beruflichen Perspektiven ergeben, sei es für jemanden aus der Ukraine **(Text: Ukraine W 50-; Position: 42 – 42, Zitat in Kapitel 9.1.2.1)** oder auch für jemanden aus Griechenland **(Text: Griechenland M 60+; Position: 39 – 41)**. Die erhoffte Etablierung in Deutschland kann gelingen, wie in dem Fall der ukrainischen Befragten, oder scheitern, wie in dem Fall des griechischen Befragten. Die interviewten Migranten aus Ghana oder aus Burkina Faso sind in diesem Kontext einer ‚privilegierter Wanderung' beizuordnen. Ihnen blieb ein Asylverfahren erspart. Sie klassifizieren sich als ‚Heirats-' oder ‚Bildungsmigranten'. Ihnen obliegt dennoch der schwierige Umgang mit Bildungsentwertung und dem Zurechtfinden als ‚andere' in einer vermeintlich homogenen Gesellschaft der Gleichen.

---

134 Nun gelten Aussiedler wie alle Migranten als Zuwanderer mit ähnlichen Rechten und neuen Pflichten (bpb: „Geschichte der Zuwanderung nach Deutschland nach 1950", www.bpb.de).

Fremdheitserfahrung

Entgegen der allgemeinen Annahme, dass statussichere Einwanderer weniger Unsicherheit und Fremdheit verspüren, werden beispielsweise von Aussiedlern lebensweltliche Unsicherheiten berichtet, die sie mit ihrer kulturellen Andersheit begründen. Ein Unterschied zwischen Aussiedlern und anderen Migranten im lebensweltlichen ‚Zurechtkommen' ist kaum feststellbar. Befragte bemerken ihre Fremdheit durch die Spiegelung der gesellschaftlichen Umwelt. Die Erwartung, ‚Deutschen' eher zu gleichen als anderen ‚eigentlichen' Migranten, wird enttäuscht. Wenngleich statusrechtliche Problematiken für die Aussiedler entfallen, greifen Identifikations- und Identitätsproblematiken auf sie über und damit auch Integrations- und Eingliederungsproblematiken beziehungsweise Unsicherheiten:

„Hier, ja ist nicht anderes wie drüben und hier. Dort warst du Faschist, hier bist du Russ (lachen) weil dort drüben die haben dich nicht akzeptiert als Mensch und hier auch" **(Text: Kasachstan M 60+; Position: 48 – 49, in anderem Kontext zitiert in Kapitel 11.2.1).**

Gemeinhin in der Annahme ‚europäischer als andere Migranten zu sein' **(Text: Bosnien W 60+; Position: 35 – 36)** und damit den ‚Deutschen' ähnlicher als andere Migranten, stellen Befragte aus dem Raum Osteuropa an sich selbst und an der eigenen Migrationsgruppe Inkonsistenzen beziehungsweise Verhältnisse, die nicht passen, fest. In der Folge führen sie zu je spezifischen Problematiken bei sich selbst und den Migrationsgruppenangehörigen. Europäisch zu sein, impliziert für sie kulturelle Ähnlichkeit. Als solche fußt diese Ähnlichkeit auf Modernität – sei es auch eine andere, beispielsweise sozialistisch geprägte Modernität. Festgestellt wird dabei dennoch ein persönlicheres, intimeres, manchmal familiäres oder zumindest gemeinschaftlicheres und damit in ihrem Verständnis traditionelleres Verhältnis zu Mitmenschen – zunächst im eigentlichen Sinne innerfamiliär, dann aber auch ausstrahlend auf Beziehungen zu ‚Dritten', also zu hilfesuchenden Migranten. Dies gilt als wesentliches Unterscheidungsmerkmal vor allem zu Deutschen und Europäern. Mit (sozialistisch geprägter) Modernität wird zum Beispiel die Delegierung von Erziehungsaufgaben an staatliche Institutionen verbunden:

„von Psychologie drüben war ganz anderes die Erziehung, die Erziehung der Kinder war, hat Staat sich genommen" **(Text: Kasachstan M 60+; Position: 4 – 4, in anderem Kontext zitiert in Kapitel 11.2.4).**

Dies scheint zunächst der Einschätzung, in Nahbeziehungen prinzipiell einen familiäreren Umgang zu pflegen, zu widersprechen, jedoch wird es in eigentümlicher Weise miteinander in Deckung gebracht, wenn verstärkt Migranten familiäre ‚Wärme' im Umgang miteinander zugeschrieben wird:

„die Deutschen sind einsam, einsam, verloren, kalt und desorientiert und diese Migranten, die könnten denen Wärme geben, könnten denen eine Orientierung geben (…) wenn man auch kein Urlaub macht, sehr glücklich sein kann, mit kleine Sachen lernen, kleine Sachen, Kaffe gehen zusammen zu trinken, Familien sich zu haben" **(Text: Bosnien W 60+; Position: 40 – 40, in anderem Kontext zitiert und ausgeführt in Kapitel 10.1.1).**

In jedem Fall wird sich auf Erfahrungen bezogen, im Aufnahmeland fremd zu sein, besonders zu sein, wenngleich kaum von Ausgrenzung oder Diskriminierung berichtet wird. Allein das Aussehen oder die Hautfarbe sind jedoch leibhaftige Symbole der Andersheit in

Deutschland[135]. Sie fallen auf und drängen dazu, sich mit der Bewältigung des gespiegelten, man könnte sagen ‚deutschen Problems' der Andersheit anderer, anzunehmen, sei es der eigenen Andersheit oder der Andersheit der anderen (Migranten).

Die Befragten sehen dies nicht als Ausweglosigkeit aus einem Dilemma der krisenhaften oder problematischen Andersheit. Sie rekurrieren vielmehr auf die eigene Entscheidung, sich ausgleichend migrantischen Communitys oder der Migrationsarbeit zugewandt zu haben[136].

Communityanschluss: Auffangen der Fremdheitserfahrung

Migranten stehen je nach Herkunftsregion unterschiedlich etablierte ethnische, kulturelle und/oder religiöse Communitys zur Verfügung, die die Orientierung im Aufnahmeland auf besondere Art und Weise zu prägen scheinen.

Sucht man nach Eigenarten in Communitys der Region ‚Ostblock', stellen sich keine Eindeutigkeiten ein. Orientierungen richten sich bei Migranten aus den ehemaligen Sowjetrepubliken ebenso an Herkunftsähnlichen aus, wie das bei Migranten aus anderen Regionen der Fall ist. Sucht man nach besonderen Kennzeichen der Orientierung russischer oder Befragter aus der Region ‚Ostblock', zeigt sich, dass sie sich mit Migranten aus ihrer Herkunftsregion vergleichen, um sich anders als diese zu positionieren, zum Beispiel finden sie unter dem Dach der christlichen Kirche Community-Raum[137]. Hier werden Identifikationen ebenso wie Abgrenzungen ausgehandelt. Auffällig werden dabei Haltungen der ambivalenten Zu- und Abneigung befragter Migrationsarbeiter gegenüber Verhaltensweisen von aus der ehemaligen Sowjetunion eingewanderten Migranten. Diese Ambivalenz beruht auf mangelndem Vertrauen in Herkunftsähnliche. Zugeschrieben wird ‚regional-kulturell' Ähnlichen, auf sich bedacht zu sein und kaum Interesse an gegenseitiger Hilfe zu haben:

> „Ich weiß nicht, warum unsere Migration, was russisch sprechende Leute angeht, Leute sind nicht so offen, nicht so herzlich und freundlich wie andere Migranten, wie Italiener zum Beispiel, die man hat Gefühl, sie freuen sich, wieder zu sehen, bei uns ist das anders, ich weiß nicht warum **(Text: Ukraine W 50-; Position: 38 – 38).**

Community-Raum bietet aber auch Gelegenheit für identifikationsstiftende Gemeinsamkeiten. Zu russischen Gemeinschaftsabenden finden sich in den Räumen eines Alten- und Servicezentrums russischsprachige Migranten aus einem weiten Umkreis ein, eben weil der Abend russisch ist und Gemeinschaft darüber hergestellt wird **(Text: 2 x Russland M/W 60+; Position: 101 – 108).**

Spezifischer zu identifizieren sind Identifikations- und Abgrenzungsstrategien afrikanischer Befragter in und mit Communitys. Jeweils über England eingewandert, suchen sie gezielt nach ‚afrikanischen' Communitys. Ihre Identifikation mit der eigenen Herkunft, Ethnie, Nation verweist auf Anlaufgelegenheiten, die sich so präsentieren, dass sie die Vorstellungen der Befragten über ihre Herkunft wiederholen, diese aktualisieren. Das schließt inhaltlich an koloniale Vergangenheiten an, die sich in Identitäten verfestigt haben:

---

135 Diese werden bei Mecheril (2003: 154) unter informelle symbolische Mitgliedschaft subsummiert.
136 Integration durch Engagement wird zum Beispiel in Düsener (2010) ausführlich behandelt.
137 Die Beherbergung unter dem Dach der Kirchen gehört zum traditionellen, für alle Migrantengruppen gegebenen strukturellen Rahmen der Migrationsarbeit in Deutschland.

„aber uns Afrikaner ich weiß nicht wie erlebt mit anderen aber wo ist Afrikaner, wir haben verschiedene Hintergründe, wegen Kolonialismus. Weil die Leute, die von Franzosen kolonialisiert waren, das heißt französisch sprechende Afrikaner oder englisch sprechende Afrikaner, dass die manchmal Probleme Mentalität ist" **(Text: Ghana M 60+; Position: 20 – 20, in anderem Kontext zitiert in Kapitel 11.4.2).**

In Deutschland steht den befragten afrikanischen Migranten eine rudimentär ausgebildete sowie in nur geringem Umfang auf jeweilig regional ausdifferenzierte Identitäten zugeschnittene Communitylandschaft zur Verfügung[138]. Anlaufpunkte sind auch hier für sie christliche Dachverbände, unter deren Regie ethnische Gemeinschaften zusammenfinden. Christliche Kirchen bieten die Infrastruktur, den Ort, um sich selbst als Migrant orientieren zu können, und später, um sich für andere engagieren zu können (konfessionelle Wohlfahrtsorganisation, Ghana M 60+/Methodistische Gemeinde, Mauritius M 60+). Darin sind regional-kulturell-ethnische Auseinandersetzungen mit und innerhalb der Community (afrikanisch versus ghanaisch etc.) angesiedelt. Die Aushandlungsakteure variieren **(Text: Ghana M 60+; Position: 20 – 20).**

Wie alle Befragten drängt es die Befragten aus dem Raum Türkei und dem arabischen Raum zunächst hin zu (Herkunfts-)Ähnlichen beziehungsweise werden sie von regional-ethnisch-kulturell Ähnlichen aufgefangen. Communitys stehen für diese Migrantengruppe zur Verfügung; sie bieten erste Anknüpfungs- und Orientierungspunkte. Dazu gehört neben Migrantenselbstorganisationen die Familie, die zum Teil bereits im Aufnahmeland lebt (vgl. Beck-Gernsheim 1999: 96, 2004: 40).

(Wohlfahrts-)Organisationssuche und Engagementsuche

Keiner der Befragten will ‚nur' als geduldet betrachtet werden. Sie werden es aber im Zuge der klar definierten Aufteilung, in der Migranten als Hilfsbedürftige und aufnehmende Deutsche als Helfende gelten. Es wird konsequenterweise nicht nur danach gestrebt, sich als Hilfsbedürftige einrichten zu können. Je nach Präferenz des Engagements werden Organisationen gesucht, die die Befragten als Person anerkennen, samt ihrer Biografie und ihres ethnisch-kulturell-religiösen Hintergrundes. Ist dies nicht gegeben, bleibt ‚freies' Engagement als Option. Der armenische Befragte lehnt organisierte Migrationshilfe nicht ab, entscheidet sich aber dazu, unabhängig davon zu agieren **(Text: Armenien M 60+; Position: 30 – 35).** Oder es bietet sich ein zeitnahes[139] eigeninitiiertes Engagement für andere Migranten an:

„Ich hab mich sofort konzentriert (…) ganz gezielt hab ich diesen Verein gegründet und nach ganz programmatisch weiter aufgebaut, wie sich Migration und wie sich dann Problematik in der Gesellschaft entwickelt hab, so hab ich manchmal auch vor gearbeitet und hab ich mich sofort angepasst" **(Text: Bosnien W 60+; Position: 1 – 3).**

Aus dem Grund oder der Motivation der Migration heraus, beispielsweise ethnisch Minderheitsangehöriger im Herkunftsland gewesen zu sein, erschließen sich erste Orientierungswege hin zu der Problematik, zusammen mit Eigengruppenmitgliedern nunmehr Minderheit im Aufnahmeland zu sein und deshalb helfen zu müssen. Ein kurdischer Befragter erkennt seine

---

138 In England stehen ethnische Communitys in quantitativ höherem Maße zur Verfügung als dies in Deutschland der Fall ist. Sie sind aufgrund ihrer öffentlichen Präsenz leichter auffindbar und zugänglich **(Text: Ghana M 60+; Position: 19 – 19 und Text: Mauritius M 60+; Position: 68 – 68).**

139 Das heißt zeitnah zu der eigenen Einwanderung des Befragten nach Deutschland.

neuerliche Minderheitszugehörigkeit und hilft anderen (in diesem Fall einer arbeitsuchenden Frau) unter Rückgriff auf sein ethnisch-kulturelles Netzwerk in Deutschland:

> „ich bin als Kurde hier, ich hab Kontakt mit unsere Heimatleute, wir haben Gruppen, wir haben kurdische Vereine, und ich bin auch Mitglied in kurdische Verein. Ich hab sofort, weil ich hab Kontakte mit dem paar Firmen, und ich hab so telefonisch, ich hab zwei, drei Stellen für die Dame gefunden, sie kann selber aussuchen" **(Text: Irak M 50+; Position: 11 – 12 und 14 – 14).**

Für Befragte spielt es kaum eine Rolle, in welcher Form sie Eigengruppenmitgliedern helfen können. Ob nun ‚frei' oder ‚organisiert' unter dem Dach einer Einrichtung der Wohlfahrt. Dringlichkeiten offenbarer Probleme und drängen Befragte, sich zu engagieren, unter anderem den kasachischen Befragten oder die türkische Befragte, die sich für offenbar akut Hilflose einsetzen **(Text: Türkei W 60+; Position: 35 – 35, in anderem Kontext zitiert und ausgeführt in Kapitel 11.1.2; Text: Kasachstan 60+; Position: 4 – 4, zitiert in anderem Kontext auch in Kapitel 10.1.1).**

Befragte aus dem Raum Türkei sind oftmals in ein Engagementkorsett eingebunden. Der organisationale Raum als Rahmen des Engagements bestimmt wesentlich die Reichweite des Aushandelns und damit die Reichweite des Engagements. Die Entscheidung für eine bestimmte Organisation fällt türkischen Befragten nicht sonderlich schwer. Eine der prominentesten Wohlfahrtsorganisationen, die sich der Problematik der Migranten angenommen hat, beherbergt unter ihrem Dach langjährig (seit den frühen 1960er-Jahren) ein Label[140], welches Engagement für Migranten bezeichnet, die aus der Türkei kamen. Dieses Label hat bereits eine lange Tradition, auf die sich verschiedene eigenständige Organisationen, und mit ihnen Befragte, berufen. Die Hilfe für türkische Migranten scheint damit stark institutionalisiert. Beschäftigungsverhältnisse, nicht ‚bloß' Ehrenamt, stehen innerhalb dieser Organisationen der Migrationshilfe zur Verfügung **(Text: Türkei W 50-; Position: 30 – 30).**

Eher ‚geparkt' als gebraucht erscheinen auf den ersten Blick Migrationshelfer im sogenannten Lotsenprojekt. Ihr Aufgabengebiet ist stark von Regeln abgesteckt. Ihr Engagement ist fremdinitiiert und in manchen Fällen scheinbar aufgezwungen – will heißen, sie haben die Engagement‚stelle' als letzte berufliche Chance von der Agentur für Arbeit zugewiesen bekommen und erhalten dafür neben ihren Hartz-IV-Bezügen monatlich einen Euro Entlohnung. Aus dieser Position heraus fällt ein Einsatz für andere zum Teil wenig enthusiastisch aus. Dennoch können manche Lotsen an eigene Erfahrungen anknüpfen – an Erfahrungen, die sie gemacht haben, und die sie gegenwärtig selbst machen, das heißt Deprivation, Angewiesensein auf Ämter und finanzielle Stützen. Das Lotsenprojekt zieht aber neben den zwangsweise rekrutierten Migrationshelfern auch Freiwillige an, die ihr bereits bestehendes Engagement nunmehr als Lotsen weiterführen, wie zum Beispiel eine türkische Befragte, die aktuell im Rahmen eines Ein-Euro-Jobs tätig ist, aber vorher als Freiwillige engagiert war:

> „I: hmhm, hmhm. Wie lange arbeiten Sie da?
> B: seit März, seit erstem März, aber ich war schon Anfang an Projekt als ehrenamtlich und deswegen weiß ich schon, wie das auch alles abläuft und so" **(Text: Türkei2 W 50+; Position: 7 – 12).**

Es sind gemeinsame Anfangserfahrungen im Aufnahmeland, gemeinsames Erleben der Dequalifizierung im Beruf und statusrechtliche Unsicherheit, also aktuelle Problematiken die

---

140 Das Label wird aus Gründen der Anonymisierung hier nicht genannt.

zur Engagementsuche auffordern. Diese Probleme treffen auf fast alle befragten Migranten zu. Jobsuche, Wohnungssuche, Suche nach einem geeigneten sozialen Umfeld sind Themen, die bewegen und existenziell von Bedeutung werden, ebenso aber auch die kulturelle Beheimatung, die in der Auseinandersetzung mit dem neuen Umfeld gesucht wird.

9.1.2.3 Spezialmigrant-Sein: nützliche Abgrenzung zu Migranten und Professionellen

Biografisch-herkunftskulturell sozialisiert und Situationen eigener Orientierungslosigkeit gewahr, stehen allen Befragten ähnliche Strategien der Selbstpositionierung zur Verfügung. Diese werden hier mit dem Begriff ‚*Spezialmigrant*' umschrieben. Dazu wird eine kontingente Selbstbeschreibung als besonders ‚aktiv' oder besonders ‚reflektiert' konstruiert. Oftmals wird dafür auf erinnerte Erfahrungen bereits früher Sozialisierung im Kontext der Unsicherheit als Bürger im Herkunftsland zurückgegriffen (siehe Kapitel 9.1.2.1), auf Erinnerungen, selbst bereits im Herkunftsland mit spezifischen Problemsituationen aktiv umgegangen zu sein. Oder es wird auf spätere Erfahrungen Bezug genommen, im Aufnahmeland mit Problemsituationen neu und innovativ umgegangen zu sein:

> „Es war mir natürlich die Sprache unbekannt. Davor war ich in Holland; ich war fast nur einen Monat dort. Einigermaßen die europäische Kultur kennengelernt. Dann hab ich ein bisschen angefangen, Deutsch zu lernen, das war mir sehr wichtig, die Sprache zu lernen. Ich habe alleine gekämpft. Aber wie gesagt, nach einem Jahr hab ich es so weit gebracht, dass ich mich dann bei Behörden verständigen konnte und im zweiten Jahr hab ich in (NAME BUNDESLAND) gewohnt in einem Flüchtlingsheim. Da hab ich sozial, gemeinnützige Arbeit oder sozial, wie sagt man, in einem Krankenhaus hab ich gearbeitet, das war mir sehr wichtig wegen der Sprache. […] Sozialamt hingeschickt. Und ich hab ein Jahr da gearbeitet und da hab ich Kontakt geknüpft, ich konnte dadurch sehr gut die Sprache, so gesprochene Sprache lernen. Das hat mich sehr unterstützt. Und dann bin ich als Asylbewerber anerkannt worden" **(Text: Irak2 M 50+; Position: 45 – 45).**

Bemühungen ‚Zurechtzukommen', die zum Teil in der Kontinuität eines bereits im Herkunftsland begonnenen (Überlebens-)Kampfes stehen, setzen sich im Aufnahmeland fort, angereichert um zusätzliche aufnahmekulturell eingelassene Problematisierungen des ‚Zurechtkommens'.

„Ich hab das geschafft" **(Text: Kasachstan M 60+; Position 60-61)** merkt Herr K. an. Das heißt, die anderen haben es (noch) nicht geschafft. Befragte grenzen sich zum einen von anderen Migranten ab und stellen ihre Besonderheit unter Migranten heraus. Diese Besonderheit befähigt sie, anderen, weniger aktiven, weniger innovativen und weniger selbstbewussten Migranten zu helfen. Die Abgrenzung zu den Hilfesuchenden vollzieht sich aufgrund einer prinzipiell besonderen Persönlichkeits- oder Charaktereigenschaft und über die eigene Leistung, definiert als Leistung, sich selbst aus den Problemlagen befreit zu haben, sich damit aktiv um das eigene Zurechtkommen bemüht zu haben.

Abgrenzung zu ‚den Deutschen' vor allem als ‚Professionellen' markiert für Befragte einen zweiten Anlass, sich als speziell darzustellen. Zwar wird die pädagogische Expertise deutscher Professioneller nicht unterschätzt, dennoch zeigt sich an ihrem Scheitern der Arbeit mit Migranten, dass sie im Vergleich zu Befragten für die Arbeit mit Migranten weniger geeignet sind. Die besseren Strategien für eine angemessene Hilfe besitzen Menschen mit eigenem Migrationshintergrund. Der kasachische Befragte distanziert sich von der Arbeitsweise eines deutschen Sozialpädagogen:

„ich hab die deutsche Diplomsozialpädagogen mitgenommen, hab gsagt, schau mal, was mach ma wie jetzt wie muss man diese erziehen, die Kinder, die Jugendlichen? Er hat verloren" **(Text: Kasachstan 60+; Position: 69 – 70).**

Gleichzeitig sucht er nach professionellen Wissensquellen. Herr K. eignet sich pädagogisches Wissen selbstinitiiert an:

„und darum war das Problem, und ich hab mich, ich und mein Sohn und noch ein hab uns, hab uns so ausgebildet, selber, ich hab verschiedene Seminare besucht in (NAME ORT), ja, überall in ganz Deutschland, Köln, Bonn wo es gibt solche Seminare, hab die besucht, solche Seminare, und wir haben uns ausgebildet, Suchtproblem und so, son bisschen, und wir haben das ehrenamtlich angefangen mit Jugendlichen und dann" **(Text: Kasachstan M 60+; Position: 5 – 5).**

Selten, jedoch unverkennbar, beschreiben sich Befragte als Helfer, die sich selbst in einem Prozess der Neuetablierung befinden, von wo aus es aber dennoch möglich ist, andere zu unterstützen. Die Selbstdeklaration, ‚speziell' zu sein, bringt die Befragten auch hier in eine Position, aus der heraus sie im Engagement für Migranten besonders handlungsfähig sind. Dabei schließt ihre Besonderheit eine Identifikation mit Migranten, die einfühlender Hilfe bedürfen, nicht aus. Im Gegenteil wird aus der Beobachtung der Not anderer Migranten der Vergleich zu sich selbst und der eigenen Migrations- und Integrationsanstrengung gezogen. Es gerät eine Perspektive in den Blick, die Befragte aufgrund ihrer Sensibilität gegenüber hilfesuchenden Ähnlicherfahrenen oder -betroffenen als besonders erscheinen lässt.

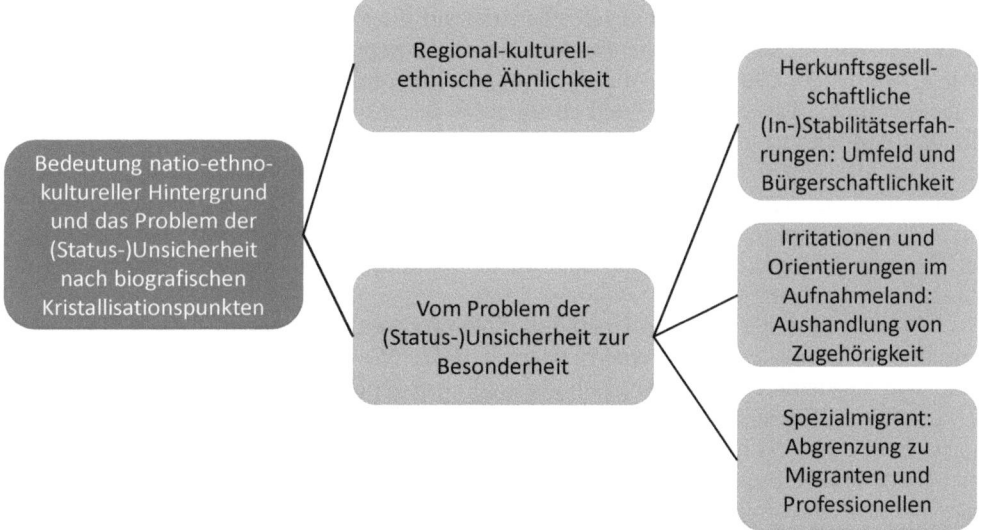

Abbildung 2: Die Bedeutung natio-ethno-kultureller Hintergründe für das Engagement und das Problem der (Status-)Unsicherheit als Einflussfaktoren für das Engagement.

9.2   Bedeutung des Alters: Vorteil durch mehr Erfahrung

Das Alter der Befragten kommt nicht notwendigerweise im Sinne von ‚Weisheit' zum Tragen. Es schlägt sich auch nicht ausschließlich in Zahlen nieder. Alter kommt in dieser Untersuchung mit strikten Differenzierungen von 50 oder 60 plus oder minus nicht immer aus[141]. Es gilt auch nicht als ‚soziales' Alter, das (noch) Leistungsfähigkeit oder Verlust von Fähigkeit beschreibt[142]. Die Funktion des Alters in der Migrationsarbeit hat in dieser Untersuchung den Bedeutungssetzungen von Befragten zu folgen. Um diese herauszuarbeiten, wird auf den Vergleich von jüngeren und älteren Migrationsarbeitern mit Migrationsgeschichte zurückgegriffen. In diesem Abschnitt wird zuerst die Handlungssicherheit, die Befragte mit ihrem Alter verbinden, vor dem Hintergrund ihrer ‚Alterspositionierung' umschrieben. Anschließend wird darauf eingegangen, dass höheres Alter den Befragten den Vorteil in der Migrationsarbeit bietet, mehr Erfahrung als jüngere Befragte zu haben, wobei das ‚Mehr' der Erfahrung inhaltlich meist mit einer Sozialisierung im Herkunftsland einhergeht. Zum Schluss dieses Kapitels wird der Zeitpunkt der Migration betrachtet. Zu diesem Zeitpunkt werden Verantwortungshaltungen im Engagement sichtbar, die mit der Migration und den Zurechtfindungsbemühungen im Aufnahmeland zustande kommen.

9.2.1   Alterspositionierung zum Zeitpunkt des Engagements

Es fällt zunächst auf, dass sich ältere Befragte aus einer Position der persönlichen Reife und Stabilität heraus selbstinitiiert und selbstbewusst auf die Probleme von Hilfesuchenden einlassen. Tendenzen, sich mit höherem Alter selbst Engagementformen und -zielgruppen zu suchen, werden in den Texten, die den Einzelfallinterpretationen in Kapitel 11 zugrunde liegen, deutlich. (Türkei W 60+) und (Bosnien W 60+) trotzten jeglichen Widerständen gegen ihre Ausrichtung des Engagements. (Kasachstan M 60+) und (Ghana M 60+) suchen gezielt nach Möglichkeiten, ihre Vorstellungen des Engagements für Migranten zu verwirklichen. Diese Befragten, aber auch andere ältere Engagierte im Sample, verfolgen die eigenen Ziele sehr konkret. Sie bauen dabei auf eigene Migrationserfahrung und Erfahrungen mit eigenem Zurechtkommen in Deutschland. Vor diesem Hintergrund gestatten sie sich selbst Handlungsspielräume.

Mit soziologischer Literatur ist an diese Interpretation damit anzuschließen, dass „reifes Bewußtsein von der eigenen Person" (Berger 1977: 65) Grundlage des Handelns werden kann. Die sogenannte Weisheitsforschung stellt Anknüpfungspunkte bereit, die die These stärken, dass „Weisheit (…) als idealer Endpunkt der menschlichen Entwicklung" (Staudinger et al. 1994: 9) diskussionswürdig erscheint. Es werden in dieser Literatur zum Beispiel Kriterien zur Bewertung von weisheitsbezogenem Wissen erarbeitet, die von reichem Faktenwissen aus dem eigenen Lebenslauf über ebenso reiches Wissen zum Umgang mit Lebensproblemen bis hin zu Wert-Relativismus und Umgang mit Unbestimmtheiten und Ungewissheiten des Lebens reichen (vgl. Staudinger et al. 1994).

Bezieht man sich auf das Ergebnis der Untersuchung, dass ältere Migrationsengagierte sich in einer Position der Reife und Stabilität befinden, fallen theoretische Perspektiven auf,

---

141   Zur weiteren Differenzierung wurde neben 60+ und 50- das Intervall 50+ eingeführt (siehe Kapitel 7).
142   Zum Beispiel bei Rosow (1974) und Riley (1991)

die Reife als einen gesetzten Zustand der Seele bezeichnen „in dem man sich mit dem Status quo abfindet" (vgl. Berger 1977: 65). Das heißt jedoch nicht, dass es einen interpretationsresistenten Status quo der bewältigten Vergangenheit gibt, der biografisch feststeht (vgl. Berger 1977: 67).

Weisheits- oder reifebedingt ausgeglichen[143] und sich der eigenen Handlungsausrichtungen und -weisen sicher sein, kann in dieser Untersuchung als alterskategoriale Dimension verstanden werden[144]. Das höhere Alter der Befragten zum Zeitpunkt ihres Engagements gibt ihnen Handlungssicherheit und -stabilität. Befragte sehen sich erstens in der Position, Engagement selbst zu initiieren und zu verantworten. Sie sehen sich zweitens aufgrund ihres Alters in einer Position, aus der heraus sie Respekt gegenüber ihrer ‚Altersleistung' erwarten können. An diesen zwei Punkten soll im Folgenden veranschaulicht werden, wie sich höheres Alter als ‚Alterspositionierung' im Engagement bemerkbar macht:

Erstens bildet sich Alterspositionierung in der Einstellung Befragter älterer Migrationsarbeiter darin ab, dass sie selbst verantwortetes Engagement zum Beispiel in Projekten bevorzugen, die möglichst wenigen Weisungen übergeordneter Organisationen unterliegen. Frau B. will sich möglichst keinen Vorgaben unterordnen:

> „Und deswegen wir, suche ich, versuche ich (husten), für, für diese Bereich über über mehrere Bereiche Geldgeber, eine Stiftung oder so geben, wo ich dann mein Projekt so durchführen kann, dass für die Menschen gut ist, nicht für die Geldgeben, dass sie ihre Gewissen beruhigen" **(Text: Bosnien W 60+; Position: 22 – 24).**

Ältere engagierte Migranten befinden sich überwiegend in einer Position, in der sie überzeugt sind, dass ihre Form des Engagements für die Hilfesuchenden die richtige ist. Wichtig ist für sie, dass ihr Engagement bei Hilfesuchenden ankommt. Dies zeigt sich bei ihnen vor allem in ‚freiem' Engagement, aber tendenziell auch im Engagement innerhalb von Wohlfahrtsorganisationen.

Ältere Befragte sehen sich entlastet von Handlungsunsicherheiten, die im Konflikt von eigenen Vorstellungen zu ‚richtiger' Integrationsarbeit und Vorgaben von Organisationen entstehen. Das Beispiel einer in der Nachbarschaftshilfe engagierten Befragten beschreibt eine Haltung, die von Vorgaben entlastet erscheint und rein die Zufriedenstellung Hilfesuchender anstrebt:

> „Wenn ich sehe diese Lächeln von diese Menschen] I: ja] B: die gehen glücklich nach Hause und fragen mich immer (NAME) wann gibt's was wieder, wann gehen wir da und dort und das ist meine Bezahlung, von dem was ich mache" **(Text Griechenland W 60+; Position 2 – 2).**

Alter in seiner Konnotation der ‚Alterspositionierung' erscheint im Material *zweitens* im Zusammenhang mit Autorität, Ehre und Respekt. Ob traditionellen Rollenverständnissen, die Respekt gegenüber Älteren verlangen, geschuldet oder nicht, sehen sich die befragten Älteren schlicht aufgrund ihres Alters in einer Position, von der aus sie diesen Respekt einfordern können. Sie erwarten diesen Respekt im Umgang mit Hilfesuchenden und fordern ihn

---

143 ‚In höherem Alter' stabil und ausgeglichen sein, ist auch hier nicht gleichzusetzen mit der Interpretationsresistenz von Biografie.

144 Dies auch wenn die Position der Sicherheit und Stabilität in der Arbeit mit Migranten an manchen Stellen kein ausschließliches Merkmal älterer Migranten zu sein scheint. Zum Beispiel ist innerhalb des Lotsenprojekts zu erkennen, dass jüngere Engagierte sich ebenso handlungssicher geben. Vermutlich geben die organisationalen Vorgaben im Projekt jüngeren Migrationsarbeitern Handlungssicherheit.

auch von ‚Deutschen' ein, mit denen sie im Alltag und in der Migrationsarbeit zu tun haben **(Text: Pakistan M 60+; Position: 55 – 56)**.

9.2.2 Mehrerfahrung und lebenszeitliche Sozialisierung

Alter gerät als gelebte Lebenszeit in den Blick, als Lebenszeit, die *erstens* einen Erfahrungsvorsprung von älteren gegenüber jüngeren Migrationsarbeitern aufweist. Über die einfache Hypothese, dass längere Lebenszeit mehr Erfahrung mit sich bringt, gelangt Alter im Sinne von Mehrerfahrung als Analysekategorie in die Untersuchung. Vergleiche mit jüngeren, ‚weniger erfahrenen' Migrationsarbeitern mit Migrationshintergrund weisen auf diese Hypothese hin, und bestätigen sie insofern, als die Helferposition von älteren insgesamt stabiler und entschiedener erscheint (siehe oben).

Von Älteren werden mitunter Ereignisse auf dem Migrationsweg geschildert, die jüngeren Migranten aufgrund ihres Migrationshintergrundes zum Beispiel in zweiter Generation fehlen[145]. Es sind bei jüngeren Befragten zuweilen Ereignisse bedeutsam, die mit eigener Migration und Integration wenig zu tun haben, und Erfahrungen des Zurechtkommens im Herkunftsland und zum Teil im Aufnahmeland resultieren nur noch aus zweiter Hand, also aus der Erzählung der Eltern. Frau P., eine jüngere Migrationsarbeiterin, erwähnt zwar Erfahrungen ihrer Eltern, die in Deutschland mit Behörden Schwierigkeiten hatten. Sie selbst misst diesen Erfahrungen aber wenig Bedeutung bei. Für ihre Ausrichtung an der Arbeit mit Migranten spielen sie keine ausschlaggebende Rolle **(Text: Türkei W 50- Frau P; Position: 15 – 18)**.

Verfolgt man den Pfad der lebenszeitlichen Mehrerfahrung älterer Befragter weiter, stößt man auf die Vergleichskategorie der ‚regional-kulturell-ethnischen Ähnlichkeit' (Kapitel 9.1.1), die nahelegt, dass verbrachte Lebenszeit inhaltlich mit der Sozialisierung in bestimmten kulturellen Ordnungen einhergeht. Biografische Erzählungen älterer Befragter beinhalten umfangreiche Berichte zu ihrem Leben im Herkunftsland. Ihr Zurechtkommen im Herkunftsland erfährt in der Aushandlung mit Familie, Gemeinschaften aber auch staatlichen Instanzen Bedeutung. Die Vermutung besteht, dass ältere Befragte aufgrund längerer Sozialisierungszeit im Herkunftsland inhaltlich spezifische Erfahrung aufschichten.

Diese sozialisierte Lebenszeit verbindet *zweitens* ältere Befragte mit Hilfesuchenden, die gemeinsam mit ihnen in ähnlicher Ordnung sozialisiert wurden. Ältere engagieren sich in der Folge auch mehr für Herkunftsähnliche. Jüngere Befragte weisen entsprechend dieser Annahme allein aufgrund ihres jüngeren Alters eine geringere Bindung zu herkunftsähnlichen Hilfesuchenden auf. Überlegungen zu der Bedeutung gemeinsamer Sozialisation mit Herkunftsähnlichen für das Engagement resultieren aus dem Material insofern, als zum Beispiel Befragte mit zunehmendem Alter ihr Engagement an Herkunftsähnlichen ausrichten (genauer dargestellt im Einzelfall Ghana M 60+ in Kapitel 11.4.1.3).

Geht man der Frage weiter nach, ob mit ethnisch-kulturell nahen ‚Mitmenschen' antizipiert geteilte Zeit im Herkunftsland Beziehungsnähe hervorbringt und in deren Folge Engagement für ethnisch-kulturell Ähnliche evoziert, bewegt man sich als Forscher scheinbar im Rahmen eines methodologischen Nationalismus (oder methodologischen Ethnizismus).

---

145 Jüngere Befragte gehören zum Teil zu der sogenannten zweiten Generation in Deutschland geborener Menschen ‚mit Migrationshintergrund'. So auch die Befragte Frau P.: „also meine Eltern kommen aus der Türkei. Ich bin hier geboren, also in (NAME DEUTSCHER STADT)" **(Text: Türkei W 50-; Position: 12 – 12)**.

9 Vergleichsperspektiven auf Engagementstrategien

Betrachtet man Empathie im Verhältnis von Helfer und Hilfesuchendem als Konsequenz der Zeit gemeinsamer Sozialisation, ist sie im Material wie folgt vorzufinden:

„das ist auch wichtig hier in Deutschland. Das können viele Migrantinnen wie ich, die dann Mentalität, Kultur und System in Herkunftsland kennen, so mach ich das auch im Irak jetzt. Genauso lern ich, ich hab irakische Mitarbeiter, aber ich lerne auch, um bessere Projekte zu machen und besser Leute, die kommen, sie besser zu verstehen. Früher im Balkan, wenn sie vom Balkan kamen, hab ich sie alle verstanden. Ich hatte Onkel in Serbien, Mazedonien. Austausch kannte ich, aber jetzt kamen Afghanen, Iraker, Afrikaner, und deren so sogar ich bin als Europäerin fremd für sie. Ich musste dann mehr Mühe, obwohl ich war im Irak. Nur ein Beispiel, ich konnte kein irakisches Wort, und sie konnten kein deutsches oder englisches Wort, und wir haben uns gut verstanden. Stand mit Frauen, ich hab mehrere Familien bestellt, deren Kinder hier sind, und habe ich Bilder gezeigt, habe ich Bilder gemacht, dann hab ich Bilder hier, und dann haben wir gemeinsam geweint und erzählt, der hat, die Frau hat neun Kinder und drittes und viertes Kind in Deutschland und fünftes Kind ist Amerika und hat soviel und soviel Enkel, und ich habe erzählt, ich hab auch drei Kinder und eine, die hat alles verstanden von mir. Obwohl wir kein Wort, das heißt sprachlich ist nicht alles, wenn man diese Erfahrung und Herz für die Leute hat und ganz genau weiß, um was es geht" **(Text: Bosnien W 60+; Position: 35 – 36, in anderem Kontext teilweise zitiert in Kapitel 10.1.2).**

Vor dem Hintergrund dieses Zitats, das einem Interview mit einer älteren Befragten entnommen ist, erscheint Alter zunächst als Erfahrungskategorie, die inhaltlich tatsächlich an ethnisch-kulturelle Nähe geknüpft ist. Dies dann, wenn Frau B. auf ihre ethnisch konnotierte Vergangenheit im Herkunftsland Bezug nimmt. Über diese Erfahrung lässt sich aber erst dann ein Muster für die spätere Hilfe für Migranten erkennen, wenn gesehen wird, dass Frau B. ihre ‚vielfache' Einlassung in ethnisch-kulturelle Herkunftskontexte verdeutlicht. Sie hat Verwandte in verschiedenen Balkanstaaten. Ihr Engagement richtet Frau B. infolge dessen nicht allein an Herkunftsähnlichen aus. Im Gegenteil werden in ihrer engagementstrategischen Ausrichtung Migranten adressiert, mit denen sie keine gemeinsame Herkunft verbindet. Frau B. kann ihnen vor dem Hintergrund der gemeinsamen Migrationserfahrung und nicht der gemeinsamen Sozialisation mit ethnisch-kulturell Ähnlichen helfen. Die oben angeführte Annahme, dass lange Herkunftssozialisierung Engagement für ethnisch-kulturellähnliche Hilfesuchende evoziert, wird auf die These ausgedehnt, dass das Engagement auch durch die gemeinsame Migrationserfahrung und die gemeinsame Erfahrung des Zurechtkommens im Aufnahmeland bedingt ist.

Wissensweitergabe von mehrerfahrenen Helfern an weniger erfahrene Hilfesuchende wird mit einer Hierarchisierung der Beziehungsverhältnisse, die auf zeitlichen und inhaltlichen Unterschieden im Erfahrungswissen begründet sind, nicht gehemmt. Dies liegt daran, dass Hilfesuchende die Mehrerfahrung der Helfer schätzen und annehmen, ganz gleich, auf welche Sozialisationskontexte sie sich stützen. Befragte Ältere sehen sich in einer Position, in der ihr Wissen von Hilfesuchenden nachgefragt wird. Herr G. berichtet davon, dass sein Wissen ankommt. Er misst das an dem Erfolg seiner Hilfe für Migranten:

„manchmal ich wünsche mir ich hätte zwei Kameras, ja, die zum ersten Mal, wenn die zu mir gekommen sind, wie sie aussieht, ihr Gesichtausdrücke, und dann paar Monate oder halbe Jahr später, wenn sie alles in Ordnung ist, sie kommen strahlend und umarmen, und ist eine tolle, verschiedene Szenaria ahm die manchmal sehr interessant, ja, und das ist für mich, ich sag immer die kleine Erfolge von diesen Menschen, das mich bis jetzt motiviert, weiter zu arbeiten, ja, weil wenn jemand kommt, oder wenn ich am Bahnhof Leut und jemand rennt Herr (G.) Herr (G.), denn, ah, vielen Dank" **(Text: Ghana M 60+; Position: 47 – 47).**

9.2.3 Migrationsverantwortlichkeit zum Zeitpunkt der Migration

Der Zeitpunkt der Migration markiert einen Fixpunkt, der darüber mitentscheidet, ob Befragte Verantwortung für ihre Migrationsentscheidung tragen. Folgt man diesem Gedanken und lenkt den Blick auf Familienkonstellationen von Befragten, bemerkt man *Verantwortlichkeitshaltungen* in ihrem Engagement, die mit ihrer Sozialisierung in der Familie, bis zu dem Zeitpunkt der Migration und darüber hinaus, zusammenhängen[146]:

In einem Alter ausgewandert zu sein, das die Reflektion der Migrationsentscheidung voraussetzt, impliziert oftmals, dass die Auswanderung in der Verantwortung für andere (Kinder, Familie) erfolgte und damit bewusst umgegangen wird. Migrationserfahrung von (mit-)verantwortungstragenden Migranten manifestiert sich in den konkreten Strategien ihres Umgangs mit eigener Etablierung im Aufnahmeland. Zudem resultiert daraus ihre Haltung in der Arbeit mit Migranten. Kategorial ausgedrückt ist hier sogenannte Migrations*mehr*verantwortlichkeit darin zu sehen, dass das Denken und Handeln für andere bereits im eigenen Migrationsprozess zum Tragen kommt. Die Befragten Herr K. und Frau B. (beide 60+) haben eigene Kinder, für die sie als Eltern vor der Migration, während des Migrationsprozesses und nach der Auswanderung nach Deutschland Verantwortung tragen. Mit der Haltung verantwortungstragender Eltern wird auf andere Migranten als ‚Kinder' zugegangen (siehe Kapitel 10.1.2 ‚Quasi-familiäre Fürsorge'[147]).

Um ‚bewusst' migrierte Menschen ohne Verantwortung für eigene Kinder und Familie von Migrationsmehrverantwortlichen abzugrenzen, wird der Begriff der Migrations*selbst*verantwortlichkeit eingeführt (zum Beispiel Irak2 M 50+ und Griechenland M 60+). Um davon wiederum mitmigrierte Kinder (zum Beispiel Polen W 50- und Kosovo 50-) und befragte ‚Migranten in zweiter Generation' (zum Beispiel Türkei W 50-, Tunesien W 50-) abzugrenzen, wird der Begriff der Migrations*nicht*verantwortlichkeit eingeführt. In der Gegenüberstellung der Formen von Verantwortungsübernahme spiegelt sich die Relevanz des Zeitpunktes der Migration, der über Herkunftssozialisierung mitentscheidet, und Verantwortlichkeit insbesondere in der Familie abbildet.

Die Relevanz des Migrationszeitpunktes findet sich anschließend in den Engagementstrategien von Befragten: Neben älteren Engagierten, die sich in ihrer Engagementausrichtung vermehrt auf (familiäre) Herkunftssozialisation berufen, machen dies auch jüngere

---

146 Der Zeitpunkt der Migration in der Biografie der Befragten entscheidet mit über ihre Verantwortungshaltungen. Mit dem Zeitpunkt können nicht allein Aussagen zu der hier fokussierten familiären Sozialisierung engagierter Migranten in einem Herkunftsland gemacht werden, die Verantwortlichkeit in der Migrationsarbeit evoziert. Sozialisierung in einem Herkunftsland bis zu einem bestimmten Zeitpunkt weist darüber hinaus und bezieht weitere Aushandlungen und Aushandlungsakteure mit ein. Das Beispiel familiärer Sozialisierung im Herkunftsland, baut jedoch auf Verdichtungen im Material auf. Über diese Verdichtungen wird der Blick darauf gelenkt, dass nicht allein das höhere Alter der Befragten über ihren herkunftskulturell gespeisten Erfahrungsbestand entscheidet, den sie in die Migrations- und Integrationsarbeit einbringen, sondern auch der Zeitpunkt der Migration. Auch jüngere Befragte haben zum Teil eine selbst erlebte Migrationsgeschichte. Sie berufen sich ebenfalls in ihrem Engagement für Migranten zum Teil auf Erfahrungen, die vor ihrer Migration gemacht wurden.

147 Dass Beziehungen zu hilfesuchenden Migranten sich nicht an Reziprozitätsnormen messen, sondern familiär asymmetrisch sind, wird von Befragten mit mitgebrachter Tradition begründet, die in Deutschland und in der deutschen Engagementlandschaft so kaum mehr zu finden sei (siehe Kapitel 10.1). Ältere Befragte übernehmen ähnlich zu familiären Beziehungsmustern Verantwortung für andere.

Befragte entsprechend des Zeitpunktes ihrer Migration, der über den Einbezug (familiärer) Herkunftserfahrung in Engagementstrategien mitentscheidet. Die Befragte mit polnischem Migrationshintergrund geht darauf ein, dass sie als Minderjährige nach der gemeinsamen Migration mit ihren Eltern Verantwortung für sie übernimmt. Sie sieht sich in Deutschland in der Pflicht, familiäre Aufgaben wahrzunehmen. Die Erfahrung der Unterstützung der eigenen Eltern im Prozess der Migration und Integration nimmt sie in ihr Engagement für Migranten mit **(Text: Polen W 50-; Position: 54 – 54 und Position: 59 – 62 in anderem Kontext zitiert in Kapitel 10.1.2 bzw. 10.2.1.2).**

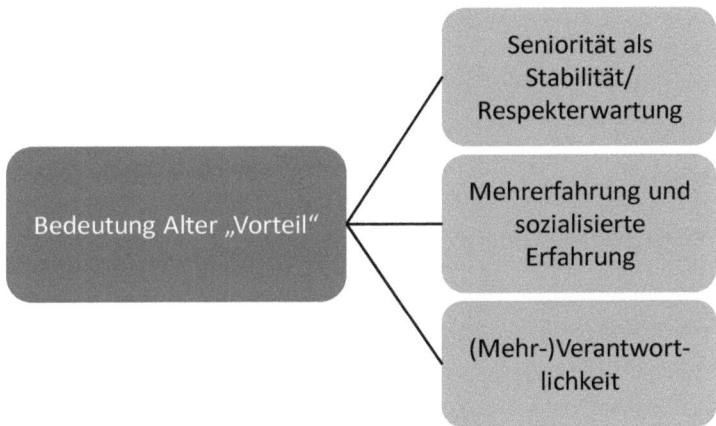

Abbildung 3: Die Bedeutung des Alters als „Vorteil" in der Migrationsarbeit.

9.3   Bedeutung von Engagement: Aufweichen von Definitionen

Engagierte ältere und daneben zum Teil auch jüngere Migranten treten als Experten der eigenen Biografie auf. Sie zeichnen sich dadurch aus, dass sie als Grenzgänger gesellschaftlicher Ordnungen im Herkunfts- und Aufnahmeland biografische Erfahrung mitbringen, diese erweitern und weitergeben können. Mit der Veränderung von Positionen in der Migrationsarbeit verändert sich die Art und Weise, wie Befragte kulturelles Wissen in die Migrationsarbeit einbringen[148].

Das Kriterium der Positionierung der Befragten in organisierter oder freier Migrationsarbeit eröffnet in dem Material den Blick auf die Formalisierung des Helfer-Hilfesuchender-Verhältnisses. Engagierte Helfer sehen sich damit konfrontiert, dass ihre Arbeit für Migranten je nach entlohnter Migrationsarbeit in einer Wohlfahrtsorganisation oder einem ‚freien' Engagement ohne jegliche organisationale Anbindung von außen unterschiedlich bewertet wird[149]. Entsprechend dieser Bewertung als Zuschreibung seitens der dichotom organisierten

---

148   In der Literatur wird davon berichtet, dass der Wandel von Identität und Bewusstsein durch Positionsänderung dadurch sichtbar wird, dass dieser Wandel „durch jene typischen, den Verlauf einer Karriere begleitenden Umstände Gestalt an[nimmt]" (Becker/Strauss 1972: 370).

149   Vonseiten der Hilfesuchenden scheint Vertrauen in Helfer mit deren Positionierung nur lose verbunden zu sein. Die organisationale Einbindung von Migrationsarbeitern kann von Hilfesuchenden positiv oder negativ

Migrationsarbeitspraxis in berufliche oder laienhaft-freie Migrationsarbeit stehen ihnen Möglichkeiten bereit, sich für Migranten einzubringen. Diese Möglichkeiten werden nicht immer entsprechend der dichotom organisierten Migrationsarbeitslandschaft realisiert. Überschneidungen quer zu der beschriebenen Dichotomie werden mit Blick auf das Einbringen (herkunfts-)kulturellen Wissens Befragter in ihre Migrationsarbeit sichtbar; dies insbesondere bei Positionsveränderungen von freier und laienhafter Migrationsarbeit hin zu (wohlfahrts-)organisierter Migrationsarbeit und eventuell wieder zurück (oder umgekehrt). Positionsveränderungen strukturieren bei den Befragten ein Helferbewusstsein mit: So sehen sich zum Beispiel ältere Befragte in einem Konflikt, eingeübte und bewährte laienhafte Praxis, in der sie ihr herkunftskulturelles Wissen einbringen können, zunehmend auf professionell bestimmte Praxis umzustellen.

In den Bedeutungssetzungen Befragter lösen ihre Migrationsarbeits(sicht)weisen die Dichotomie von Engagement und/oder Nichtengagement beziehungsweise Job auf. Diese Dichotomie wird durch eine neue, entschärfte Dichotomie ersetzt: ‚Organisiertes' versus ‚freies' Engagement spiegelt als Begriffspaar nicht mehr allein von außen herangetragene Engagementdefinitionen, sondern orientiert sich an den Handlungs- und Haltungsoptionen, die Helfer in wohlfahrtsorganisationalem oder freiem Engagement für Migranten berichten.

Daran schließt sich in dieser Arbeit auch ein erweiterter Umgang mit den Begriffen Engagement oder Migrationsarbeit inklusive Beschäftigung an: Migrationsarbeit wird zu dem Begriff des Engagements weitgehend synonym verwendet.

9.3.1 Engagement(de)konstruktionen

Wenn es um Engagement geht, sind vorgefertigte Definitionen zumeist schnell zur Hand. Darauf kann man sich in Untersuchungen stützen und Engagement als solches anerkennen oder nicht anerkennen. Engagement vorzudefinieren, wäre angemessen, wenn es sich um deduktiv-inhaltsanalytische oder beispielsweise auszählend-frequenzanalytische Untersuchungen handelte. Für die theoriegenerierende Analyse biografisch erhobener Daten in der vorliegenden Untersuchung reicht dies nicht aus. Allein normativen Kategorien des Engagements zu folgen, widerspräche der methodischen Ausrichtung und reproduzierte lediglich bestehende Sichtweisen. Um theoretisch dazulernen zu können, ist es nötig, bestehende Engagementdefinitionen orientiert an Bedeutungssetzungen Befragter zu hinterfragen.

Zunächst soll Definitionen von Engagement nachgespürt werden, die in der Literatur vorzufinden sind. Für die Belange dieser Studie, die sich mit engagierten Menschen aus unterschiedlichen Ländern beschäftigt, soll vor der Dekonstruktion einzelner Definitionskriterien des Engagements, die für Deutschland gelten, der Blick auf international vergleichende Studien zum Engagementbegriff gerichtet werden.

Anheier und Toelper (2003) entwickeln mit internationalem Vergleich auf Basis philosophisch-normativer Ansätze vier unterschiedliche Modelle, die sie im Rahmen des sogenannten Social-Origin-Ansatzes „Nonprofit-Regime" (ebd.: 32) nennen[150]. Deutschland wird

---

bewertet werden. Dies antizipieren Befragte. Siehe Belege aus dem Material in den Kapiteln 11.1.3.1 und 11.2.3.

150 Sie zählen dazu den Strukturtyp ‚liberal', wenn der Umfang der bezahlten Arbeit hoch ist und der Beitrag der Freiwilligenarbeit ebenfalls. ‚Korporatistisch' ist der Typ mit der Kombination der Anteile hoch und niedrig,

hier dem korporatistischen Modell zugerechnet, das durch einen relativ hohen Umfang an bezahlter Arbeit und weniger Freiwilligenarbeit gekennzeichnet ist.

An diese Modelle lassen sich wiederum andere Modelle anschließen, die mit Corsten/Kauppert/Rosa (2008)[151] zusätzlich zu Ausprägungen der Engagementzahlen und -quoten auf spezifische Engagementtendenzen in unterschiedlichen Ländern je nach ihrer politischen Kultur hinweisen. Zum Beispiel wäre in idealtypisch liberalistisch geprägten Systemen im Vergleich zu kommunitaristischen ein anderes Selbstverständnis der Bürger und ein geringeres Engagement zu erwarten (vgl. ebd.: 20). In verschiedenen Ländern ist je nach Gewichtung zum Beispiel liberaler oder kommunitaristischer Elemente das Engagement unterschiedlich ausgeprägt. Länder des europäischen Ostblocks wären entsprechend dieser Abwägungen wohl eher durch ein geringes freiwilliges Engagement gekennzeichnet.

Eine solche makroperspektivisch modellhafte Darstellung wird nicht als Theorie für diese Untersuchung auf Akteursebene ‚angewendet'. Dennoch darf mit ihrer Beschreibung darüber spekuliert werden, ob Menschen aus anderen Ländern als Deutschland, die sich in Deutschland engagieren, besondere Engagementerfahrungen und -vorstellungen mitbringen. Das bietet eine gewisse Orientierung bei der Entwicklung von Lesarten des Interviewmaterials.

Die Arbeit am Material bringt bereits in der ‚offenen Kodierung' Hypothesen zu Besonderheiten des Engagements der Befragten hervor, die bürgerschaftliches Engagement definitorisch auf die Probe stellen.

Beispielsweise zeigt sich im Interviewmaterial, dass die Rolle des Staates widersprüchlich bewertet wird: einerseits ist keine Einmischung in informelle Migrationsarbeit erwünscht, andererseits wird erwartet, dass das Engagement in einen möglichst regulären Job umgewandelt, vom Staat bezahlt und damit also formalisiert wird.

Es wird vonseiten der Befragten nicht immer erwartet, dass der Staat sich allein verantwortlich für Integration einsetzt. Beispiel dafür ist eigeninitiiertes Engagement in Form des Aufbaus eines Hilfsvereins (Bosnien W 60+) oder die ‚private' Suche nach professionellem Wissen, das zur Problemlösung in der Migrationsarbeit beiträgt (Kasachstan M 60+). Dies widerspricht oben genannter Engagementliteratur, die manchen Migranten aufgrund ihrer Sozialisation in anderen Ländern wohl weniger eigeninitiatives Engagement zuschreiben würde. Es zeigt sich somit, dass einerseits an ‚mitgenommene' Engagementkultur und Vorstellung von Zivilgesellschaftlichkeit angeschlossen wird, aber andererseits auch, dass neue Engagementformen entstehen.

Vor diesem Hintergrund wird Engagement für die weitere Untersuchung ein durchlässiges Konzept, das sich erst formieren muss, jedoch nicht zu einer endgültigen Definition gelangt. Anhand von fünf in der Literatur oft genannten Kriterien soll zivilgesellschaftliches oder bürgerschaftliches Engagement, interpretativ an dem empirischen Material orientiert, definitorisch und damit inhaltlich aufgebrochen werden.

Bürgerschaftliches Engagement in Deutschland hat gängigen Engagementdefinitionen zufolge freiwillig zu sein, es darf nicht bezahlt werden, es muss im öffentlichen Raum stattfinden, eine Konstanz und Erwartbarkeit aufweisen und gemeinwohlorientiert sein (vgl.

‚sozialdemokratisch' mit niedrig und hoch sowie ‚etatistisch' mit niedrig und niedrig (Anheier/Toelper 2003: 33 ff.).

151 Detaillierter ausgeführt in Kapitel 5.2.1

Corsten/Kauppert/Rosa 2008: 12 f.). Es verbietet sich einen reinen „Erlebnis- beziehungsweise Erholungscharakter" (Klages/Gensicke 1999: 78).

Engagement im Sinne bürgerschaftlichen oder zivilgesellschaftlichen Engagements wird in dieser Definition scheinbar auf „stilles" oder „braves" Engagement (Kehl/Then/Sittler 2011: 4) festgelegt. Es erreicht vor allem den sozialen Bereich, der Engagement ausmacht[152]. Mit dem erhobenen Material werden gleichzeitig Bereiche des Engagements berührt, die die Artikulation der Wertvorstellungen (vgl. Kehl/Then/Sittler 2011: 10), hier von Migranten, verdeutlichen. Bürgerschaftliches Engagement befragter Migranten beinhaltet damit ein Korrektiv stillen Engagements zugunsten kritischer Wertvorstellungen der Befragten, die an den definitorischen Grenzen des bürgerschaftlichen Engagementbegriffs rütteln.

Freiwilligkeit ist ein Kriterium bürgerschaftlichen Engagements, das in seiner Verwendung widersprüchlich ist. Bürgerschaftliches Engagement als studienbegleitendes Praktikum oder ABM[153]-Stelle stellt einen Grenzfall für die Definition dar (vgl. Corsten/Kauppert/Rosa 2008: 12). Engagement in einem Arbeitsverhältnis findet dagegen in keiner Definition Platz.

Für befragte Migrationsarbeiter großer Wohlfahrtsorganisationen erscheint Freiwilligkeit im Sinne von Willkürlichkeit beziehungsweise Willentlichkeit als Treiber für ihr Engagement.

Ganz explizit stellt sich dieser Umstand im Vergleich zwischen älteren und jüngeren Mitarbeitern heraus: während Ältere auch im Arbeitsverhältnis an ihre eigenen Erfahrungen zur Motivation der tätigen Freiwilligkeit anknüpfen, halten sich Jüngere an organisationale Regularien, die von dem Arbeitgeber vordefiniert sind. Ältere Befragte, ganz gleich unter welchen organisationalen Bedingungen sie Integrationsarbeit leisten[154], leisten diese tendenziell freiwillig(er) und eigenmotiviert(er). Freiwilligkeit ist für sie eine kennzeichnende Haltung in der Migrationsarbeit, unabhängig von der Formalisierung ihrer Tätigkeit. Sichtbar wird dies in den Migrationsarbeitsbiografien älterer Befragter, beispielsweise von Frau T. (Türkei W 60+), Herrn G. (Ghana M 60+) oder Frau K. (Bosnien W 60+), die ihr Engagement parallel zu einer Anstellung in der Migrationsarbeit ausführen oder von der einen in die andere Form wechseln. Mit diesem Wechsel wird die prinzipielle Freiwilligkeit ihres Engagements für Migranten sichtbar; vor allem aber auch wird Freiwilligkeit als Ausdruck des freien Willens, anderen Migranten zu helfen, an der Praxis der Befragten sichtbar. Weisungen eines Arbeitgebers sind in Gesprächen Randerscheinungen.

Nichtbezahlung als Definitionskriterium bürgerschaftlichen Engagements lehnt sich in der Argumentationsrichtung an Begründungen der Freiwilligkeit an. Beide Kriterien scheinen voneinander definitorisch nicht getrennt werden zu können. Jedoch beinhaltet auch Nichtbezahlung bereits in der Literatur Unschärfen. Das Kriterium der Bezahlung wird fiktiv an Grenzen der zum Teil sehr variablen Aufwandsentschädigung gebunden, um Engagement als Engagement gelten zu lassen oder eben nicht gelten zu lassen. Gemeinhin gilt definitorisch: Gegenleistung soll Geleistetes nicht übersteigen.

Die in die Untersuchung einbezogenen Organisationen arbeiten nicht gewinnbringend. Einrichtungen der Migrationshilfe im Sampel sind durchweg gemeinnützig. Darüber hinaus

---

152 Es erreicht aber kaum den politischen und auch nur in Ansätzen einen kulturellen Bereich. In diesem Kontext bewegt es sich eher im Bereich des traditionellen Ehrenamts (Olk/Hartnuß 2011: 145 ff.).
153 Arbeitsbeschaffungsmaßnahme der Bundesagentur für Arbeit
154 Dies gilt auch zum Teil für befragte jüngere ‚frei' Engagierte.

sind engagierte Privatpersonen einbezogen worden. Befragte aus der Migrationsarbeit zeigen sich in ihrer Tätigkeit nicht gewinnorientiert.

Befragte aus etablierten Organisationen wie der ‚Arbeiterwohlfahrt' oder der ‚Inneren Mission' sind weitgehend ausgebildete Mitarbeiter mit Migrationshintergrund, wobei älteren Mitarbeitern zum Teil eine Zertifizierung zunächst fehlt, es sei denn, sie wurde nachgeholt[155]. Das Kriterium der Ausbildung mit Anspruch auf zertifizierte Professionalität ist eines, das in gängigen Definitionen für bürgerschaftliches Engagement nicht negiert wird. Professionell darf man sein, aber nicht bezahlt.

Erlaubt sind Aufwandsentschädigungen[156]. Befragte streben eine Anerkennung nicht nur in Form von ‚Schulterklopfen' an, sondern in Form einer Umwandlung ihres Engagements in eine bezahlte Tätigkeit **(Text: 2 x Russland M/W 60+; Position: 26 – 31)**[157]. Das schmälert in der Deutung von Befragten ihr Engagement als solches nicht.

Öffentlicher Raum als Raum der Orientierung der Tätigkeit und Interaktion muss gegeben sein. Das ist ebenso eine Forderung, die in Definitionen bürgerschaftlichen Engagements mittransportiert wird. Freundschaftliche Dienste zählen nicht zum bürgerschaftlichen- oder zivilgesellschaftlichen Engagement.

Wo allerdings Freundschaft anfängt und wo sie aufhört, ist insbesondere in migrantischen Hilfskontexten nicht immer offenbar. Klienten werden zu Freunden und Freunde zu Klienten. In einem Interview mit einem Mitarbeiter eines Vereins zur Unterstützung von Migranten wird zum Beispiel darüber berichtet, dass irakische und insbesondere irakisch-kurdische Klienten den Berater kontaktieren, eben weil er auch irakischer Kurde ist. Und nicht nur das: Der Berater kennt das Feld beziehungsweise Milieu kurdischer Community selbst, er fühlt sich diesem zugehörig. Darüber kennt er die Menschen zum Teil persönlich, noch bevor sie ihn um Rat fragen beziehungsweise sich helfen lassen. Aus dem ethnisch-kulturellen Netzwerk beziehungsweise Milieu von Befragten stoßen Klienten zu ihrem organisierten Engagement dazu oder sie werden im Zuge ihres Auftretens als Klienten zu Freunden **(Text: Irak M 50+; Position: 71 – 71)**. Hilfesuchende können in anderen Fällen auch über einen langen Zeitraum der Betreuung zu Freunden werden **(Text: Türkei W 60+; Position: 121 – 121, 119 – 119)**.

Konstanz wird als weiteres Kriterium aufgeführt. Mit ihr soll eine gewisse Erwartbarkeit oder Wiederholung beziehungsweise Wiederholbarkeit des Engagements einhergehen. Erwartbarkeit spricht zumindest für eine ‚lockere Institutionalisierung' des Engagements, aus der heraus agiert werden soll. Das ist bei den Interviewten meist auch der Fall. Sie sind institutionell zum Teil angebunden, jedoch nicht alle.

Es zeigen sich manchmal gerade gegenteilig temporäre, an spezifischen Problemen ausgerichtete und an bestimmte Personen(gruppen) gerichtete Engagementausrichtungen. Diese Ausrichtungen als Potenziale auszuklammern, widerspräche Untersuchungen, die temporäres und gezielt den Neigungen Engagierter entsprechendes Engagement als dasjeni-

---

[155] Bildungsabschlüsse stammen überwiegend aus der Sozialpädagogik oder Sozialarbeit. Ältere Migrationsarbeiter sind zum Teil noch ohne diese Qualifikationen Teil der Organisation geworden.
[156] Aufwandsentschädigungen werden stetig erhöht (vgl. Bundesministerium der Finanzen (2012) www.bundesfinanzministerium.de).
[157] Mitzudenken ist, dass diese Befragten (beide 60+) sonst keine Einstiegsmöglichkeit mehr ins Berufsleben sehen.

ge erkennen, das dem Zeitgeist entspricht[158]. Hilfe von Privatpersonen, die sporadisch geleistet wird, ist Teil der Hilfsgestaltung der Angesprochenen. Integrationsangebote sind auch bei Wohlfahrtsorganisationen zum Teil auf einen Zeitpunkt begrenzt. In diesem Fall handelt es sich nicht um Fallmanagement, sondern nach der Definition beziehungsweise Dienstanweisung von Wohlfahrtsorganisationen eben nur um einmalige Integrationshilfe **(Text: Türkei W 50-; Position: 40 – 40 und 46 – 46).** Zudem ist Erwartbarkeit nicht unbedingt an Institutionen geknüpft, wenn zum Beispiel private Telefonnummern von Mitarbeitern an Hilfesuchende herausgegeben werden oder wenn Helfer als Privatpersonen Hilfesuchende stetig unterstützen:

„Eine andere schwierige Fall habe ich eine eine noch eine Grieche hat mich angerufen eine Sonntag weil viele kennen mich so meine Privatnummer und er hat mich gesagt, bitte komm her. Ich hab gesagt, ok, ich kommen so eine Kaffe zum trinken" **(Text: Griechenland M 60+; Position: 33 – 33).**

Gemeinwohlorientierung ist mit dem Definitionskriterium der Nicht-Exklusivität von Engagement im öffentlichen Raum verwandt und verlangt „dass das Engagement zumindest in einem weiten Sinne als aktiv gemeinwohlförderlich" (vgl. Corsten/Kauppert/Rosa 2008: 13) verstanden wird. Dieser Gedanke ist im Material omnipräsent. Gerade über die Artikulation von Wertvorstellungen wollen insbesondere ältere Befragte, sei es in organisationalem oder freiwilligem beziehungsweise ‚freiem' Hilfskontext, neben der Hilfe für Migranten mit dem Zurechtkommen in der Aufnahmegesellschaft auf Gesellschaft als Ganzes einwirken**:**

„dass für die Menschen gut ist, nicht für die Geldgeben, dass sie ihre Gewissen beruhigen, sondern wirklich für diese Gesellschaft, für Menschen" **(Text: Bosnien W 60+; Position: 22 – 24 zum Teil zitiert in Kapitel 9.2.1).**

9.3.2 Engagementausrichtung strukturiert nach organisationaler Einbindung, Alter und ethnisch-kultureller sowie Migrationserfahrung

Vor dem Hintergrund der dekonstruierten Engagementdefinition sind Strategien des konkret umgesetzten Engagements für Hilfesuchende Migranten nach Wahl der organisationalen Einbindung,[159] nach dem Alter[160] und der ethnisch-kulturellen beziehungsweise Migrationserfahrung[161] Befragter unterschiedlich ausgeprägt.

Neben dem organisational eingelassenen Engagement leisten ältere Befragte wie Herr G. (Ghana M 60+) ebenso wie Frau B. (Bosnien W 60+), Frau T. (Türkei W 60+), Herr K. (Kasachstan M 60+) oder auch jüngere Befragte (Kosovo W 50-), (Tunesien W 50-) ‚originär' zivilgesellschaftliches und zum Teil im klassischen Sinne ehrenamtliches Engagement. Dieses Engagement verläuft als Projekt neben oder parallel zu einer Anstellung in einer Wohlfahrtsorganisation. Originär freiwilliges Engagement, im Sinne öffentlich oder politisch diskursiver Definition, liegt biografisch manchmal in der Vergangenheit der Be-

---

158 Ein ‚neues Bild' bürgerschaftlichen Engagements zeigt Veränderungen in der Engagementlandschaft hin zu spontaner, temporärer und begrenzter sowie individuell motivierter Hilfe für andere (vgl. Klages 2000: 157 f.).
159 Die Wahl besteht zwischen Migrationsarbeit beziehungsweise Engagement innerhalb einer (Wohlfahrts-)Organisation oder unabhängig beziehungsweise ‚frei' davon (siehe Kapitel 7).
160 Zur Bedeutung des Alters in der Untersuchung siehe Kapitel 9.2.
161 Zur Bedeutung des ethnisch-kulturellen Hintergrundes und der Erfahrung der Migration siehe Kapitel 9.1.

fragten oder es entwickelt sich zu einem Zukunftsprojekt. In den Interviews werden diese Differenzierungen nicht immer getroffen. Differenzierungen von Engagement versus Beschäftigung in der Migrationsarbeit verschwimmen mit Kriterien der Semiprofessionalität (siehe vorausblickend Kapitel 10.1.1 in Kontrastierung zu Kapitel 10.2.1) zu einer Gesamtstrategie in der Tätigkeit Befragter, die die Unterscheidung von ‚originärem' Engagement und Beschäftigung in der Migrationsarbeit nicht immer trifft.

In höherem Alter richten Befragte ihre Tätigkeit für Migranten daran aus, Hilfesuchende zum Beispiel *ganzheitlich* zu unterstützen (siehe vorausblickend Kapitel 10.1.3). Dieser Aspekt des Engagements kann in der Migrationsarbeitshaltung älterer Befragter in (wohlfahrts-)organisational eingebettetem und freiem Engagement beobachtet werden. Höheres Alter macht die Befragten freier in der Entscheidung, ‚wie' und ‚wem' geholfen werden soll. Ihre ‚Mehrerfahrung' (siehe Kapitel 9.2.2) versetzt sie in die Lage, auf sozialisiertes Herkunftswissen und eigenes Migrations- beziehungsweise Integrationswissen zurückzugreifen und in der Migrationsarbeit, unabhängig davon, wie diese organisiert ist, zum Einsatz zu bringen.

Auf kulturelles Herkunftswissen rekurrieren vermehrt ältere Befragte, wenn sie Hilfesuchenden aus einem ähnlichen kulturellen Herkunftskontext helfen. Dies kann an dem Material zu dem Interview mit einem christlichen Armenier (Herr A. 60+) veranschaulicht werden. Er begründet sein Engagement explizit religiös. Er ist aus religiösen Gründen aus Armenien geflohen. Seine Religion gehört zu seinem herkunftskulturellen Wissensbestand, auf den er in der Hilfe für andere zurückgreift. Sein Zielpublikum als ‚frei' Engagierter ist ausschließlich christlich und zumeist armenisch. Auf diese Hilfesuchenden geht er ganzheitlich ein, das heißt, er fängt sie auf mit allen Problemen, die ihr Zurechtkommen in Deutschland betreffen. Eine Hilfesuchende wird ‚quasi-adoptiert' **(Text: Armenien M 60+; Position: 49 – 49 zitiert in Kapitel 10.1.2).**

Herr G. (Ghana 60+) bringt die Orientierung an herkunftsähnlichen Hilfesuchenden zwar nicht explizit in seine wohlfahrtsorganisationale Beschäftigung in der Migrationsarbeit ein, jedoch gelangt diese Orientierung mit zunehmendem Alter zu einer Ausrichtung des Engagements an Ghanaern, seien diese nun hilfesuchende Migranten in Deutschland oder Ghanaer, die in Ghana Unterstützung suchen (siehe Einzelfallanalyse in Kapitel 11.4.3.1).

Eine Befragte aus Bosnien (Frau B. 60+) sieht gerade in ihrer selbst gewählten Form des Engagements, das sie in einem eigenen Verein zur Hilfe für Migranten organisiert, die Möglichkeit, Herkunftswissen einzubringen, um anderen Migranten zu helfen; das jedoch nicht ausschließlich gegenüber ethnisch-kulturell Herkunftsähnlichen, sondern gegenüber allen sie aufsuchenden, hilfesuchenden Migranten. Ihnen kann sie vor dem Hintergrund eigener Migrations- und Integrationserfahrung Unterstützung gewähren **(Text: Bosnien W 60+; Position: 35 – 36, siehe Interviewzitat in Kapitel 9.2.2).**

In höherem Alter wird der Verlust der ursprünglich gedachten Heimat noch einmal bewusst[162]. Kulturelle Rückbesinnung wird in die (wohlfahrts-)organisierte wie auch in die ‚freie' Migrationsarbeit einbezogen in dem Sinne, dass Herkunftsähnliche als Zielgruppe fokussiert werden, wenn auch nicht ausschließlich: Die Migrations- und Integrationserfah-

---

162 Herr P. (Pakistan M 60+) bereut, zu wenig Kontakt zur Herkunftsfamilie in Pakistan gehalten zu haben und damit verbundene traditionelle Werte vernachlässigt zu haben. Perspektivisch erscheint ihm dies für sich selbst im Alter als Nachteil.

rung älterer Befragter trägt dazu bei, hilfesuchende Migranten quer zu ihrer ethnisch-kulturellen Einordnung unterstützen zu können.

Im Kontrast zu älteren Migranten soll im Folgenden am Beispiel einer jüngeren Befragten, die in einer Wohlfahrtsorganisation einen ‚Fall' bearbeitet, demonstriert werden, wie sie Migrationsarbeit deutet. Als Migrantin in zweiter Generation kennt auch die Befragte P. (Türkei W 50-) kulturell geprägte Beziehungsmuster oder -konstellationen (aus zweiter Hand) und nutzt dieses Wissen innerhalb ihrer Tätigkeit, um Konflikte mit Klienten zu schlichten – viel besser, als dies ein deutscher Migrationshelfer könnte. Dieser wird in seiner Arbeit von einem türkischen Familienvater wegen seiner gefühlt respektlosen Haltung ihm gegenüber abgelehnt, da der Helfer sich statt an ihn als familiäres Oberhaupt an die Mutter wendet **(Text: Türkei W 50-; Position: 67 – 78)**. Frau P. gibt sich in der Situation als Helferin mit türkischem Hintergrund zu erkennen beziehungsweise sie wird als solche identifiziert und infolgedessen als Helferin anerkannt. Ihre Engagementhaltung will sie gleichzeitig an den Vorgaben der sie beschäftigenden Wohlfahrtsorganisation ausrichten. Sie nutzt das zur Verfügung stehende professionalisierte Wissen der Wohlfahrtsorganisation in der Präsentation des geschilderten Falles terminologisch. Frau P. begreift sich dann auch nicht im Besonderen als Teil oder gar als Vertreterin ihrer Migrationsgruppe. Ihre Funktion in der Migrationsarbeit sieht sie vor allem in ihrer erworbenen, professionellen Kompetenz begründet.

Eine junge Befragte, deren Eltern einen tunesischen Migrationshintergrund aufweisen, orientiert sich in (noch[163]) ‚freiem' Engagement ebenfalls nicht an ethnisch-kulturell Ähnlichen. Im Gegenteil will sie jenen helfen, denen sie sich als ‚Problemviertel'bewohnerin nahe fühlt. Dabei wendet sie eine Sprache an, die ihren Vorgesetzten, sogenannten Casemanagern in der Hausaufgabenhilfe, angeglichen erscheint, „wobei ich jetzt meine Rolle und die der Casemanagerin relativ ähnlich sehe" **(Text: Tunesien W 50-; Position: 37 – 39 siehe genauer in Kapitel 10.2.2)**. Ihre Referenz des Engagements ist die Organisation, die sie beherbergt.

Die Deutung (wohlfahrts-)organisationaler Einbindung von Migrationsarbeit und ‚freiem' Engagement ist mit dem Alter der Befragten als Mehr- oder Wenigererfahrung und mit herkunftskulturellen Ordnungen verknüpft. Insbesondere bei älteren Befragten zeigen sich Strategien, herkömmliche Einordnungen ihrer Tätigkeit in dichotome Konzepte ‚bürgerschaftlichen Engagements' versus ‚Beschäftigung' durch Hinzuziehen herkunftskultureller und Migrations- beziehungsweise Integrationserfahrung so zu deuten, dass Grenzen der Dichotomien aufgebrochen werden. Bei jüngeren Befragten fällt dagegen auf, dass sie auf das Einbringen herkunftskulturellen Wissens verzichten, weil ihnen dieses Wissen, das auf (Erster-Hand-)Erfahrung basiert, meist fehlt. Sie legen ihren Hilfefokus dann auch nicht auf eine ‚eigene', ethnisch-kulturell konnotierte Zielgruppe. Hilfe für Migranten verläuft hier in den Bahnen etablierter Vorstellungen der Migrationsarbeit und deren Organisation.

---

163 Die Befragte wartet zum Zeitpunkt des Interviews auf eine Anstellung in dem Bereich, in dem sie sich für Migranten einbringt.

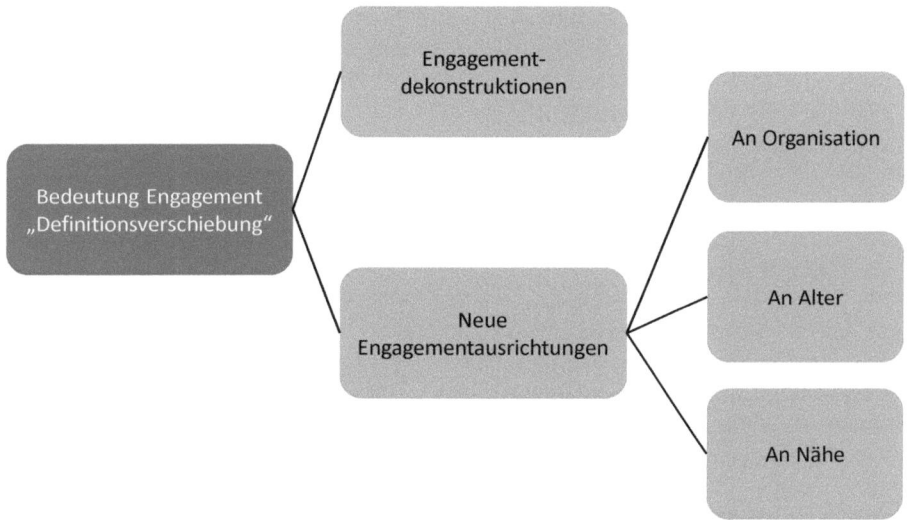

Abbildung 4: Die Bedeutung des Engagements „Definitionsverschiebung"

10 Kernkategorien

Mit Blick auf die Organisationsform des Engagements[164] und das Alter[165] der Befragten erweisen sich zwei ergebniskategoriale Verdichtungen für die Arbeit von befragten Migranten in der Migrations- beziehungsweise Integrationsarbeit als ausschlaggebend: ein ‚kulturkritisch-aufklärendes' und ein ‚pragmatisch-helfendes' Engagement als typische Strategien des Engagements. Kulturkritisch-aufklärendes Engagement ist eine Strategie des Migrations- beziehungsweise Integrationsengagements, das ältere Migranten und jüngere ‚frei' engagierte Migranten aufweisen. ‚Pragmatisch-helfend' ist eine Engagementstrategie, die vornehmlich jüngere Befragte betrifft, ebenso aber auch ältere Migrationsarbeiter, die innerhalb von Wohlfahrtsorganisationen ihren Platz gefunden haben[166].

Gemeinsam sind beiden Engagementtypisierungen[167] Linien des ‚Verbindenden und Trennenden', im Wesentlichen hervorgebracht im Verhältnis der Helfer zu Hilfesuchenden sowie im Verhältnis der Helfer zu deutschen Professionellen und behördlichen Entscheidern. Diese Linien vollziehen sich auf einem Kontinuum von Ähnlichkeiten und Nichtähnlichkeiten, die auf Grundlage der drei Vergleichskategorien veranschaulicht sind, das heißt neben Alter und Organisationsform des Engagements auch aufgrund des regional-ethnisch-kulturellen Hintergrundes und der Migrations- und Integrationserfahrung der Engagierten.

---

164 Die Organisationsform des Engagements bezeichnet die (wohlfahrts-)organisationale Eingelassenheit der Migrationsarbeit oder deren Freiheit (siehe Kapitel 7.1 und 9.3.2).
165 Das Alter gilt unter anderem als sozialisierte- und Mehrerfahrung (siehe Kapitel 9.2.2).
166 Die beiden Gruppen wurden nicht vorab gebildet. Sie entwickeln sich zu Gruppen in der sukzessiven Materialanalyse.
167 Die Kernkategorien sind als Typen der Migrationsarbeit zu verstehen. Mit ihnen wird die Ebene der vergleichenden Bedingungskategorien verlassen und eine höhere Abstraktionsebene der Analyse erreicht.

Beide Kernstrategien (des kulturkritisch-aufklärenden und des pragmatisch-helfenden Engagements) werden entlang jeweils dreier Oberkategorien und ihren dazugehörigen Unterkategorien präsentiert. Die drei Oberkategorien orientieren sich an der Differenzierung von Funktion, Haltung und Handlung wobei diese Begriffe *Tendenzen* von Engagementstrategien vereinen. Die Differenzierung weist entsprechend der kategorialen Verflechtungen wesentliche Überschneidungen auf.

10.1 Kategorie I: Kulturkritisch-aufklärendes Engagement

Befragte Ältere oder ‚Mehrerfahrene' und jüngere, ‚frei' engagierte Migranten entwickeln Strategien des Engagements in der Auseinandersetzung mit ihrer eigenen Fremdheit und Integration in Kultur. Sie gestalten Engagement für Migranten auf der Basis einer biografischen, mehr als einen kulturellen Erfahrungsraum umfassenden Perspektive. Ihr Wissen entstammt der Auseinandersetzung mit mindestens zwei gesellschaftlichen Ordnungen. Darin spiegelt sich für ihr Engagement eine ‚Gleichzeitigkeit des Ungleichzeitigen' im Sinne kultureller Divergenzen und Spannungen, die bewältigt werden müssen.

In der soziologischen Literatur finden sich Anschlüsse zu diesem Ergebnisaspekt. Soeffner bemerkt, dass Menschen sich kulturelle Dinge aneignen müssen (vgl. Soeffner 1998: 11), aktiv durch „individuelle Gefühlsbeigaben" (Soeffner 1988: 9). Es handelt sich dabei um individuelle oder (strukturell ermöglichte) individualisierte Gefühlsbeigaben, die im Rahmen heute individualisierter Milieus und Lebensführungen wählbar erscheinen (vgl. Zifonun 2010: 144). Migranten entwickeln ein „Bewußtsein von der Gleichzeitigkeit mehrerer Dimensionen" (Beck-Gernsheim 1999: 200).

So auch Befragte der genannten Untersuchungsgruppe: Sie erleben selbst die Gleichzeitigkeit des Ungleichzeitigen und entwickeln daraus ein Verständnis von Kultur, aus dem heraus sie Problemlösungen anstreben.

Im Vorgriff auf die folgenden Unterkategorisierungen bezeichnet ‚kulturkritisch-aufklärendes' Engagement ein Engagement, das auf besonderen, kulturell mitgebrachten Wissensbeständen beruht. Diese Wissensbestände werden im Zuge des ‚Zurechtkommens' in Deutschland stetig modifiziert und geraten zu spezifischen Strategien im Engagement für andere Migranten. Befragte der Untersuchung agieren in ihrem Engagement als ‚Spezialisten biografischer Erfahrung'. Sie weisen fürsorgliche und zum Teil Handlungsausrichtungen auf, die ihre Schützlinge bevormunden, was sich in einer Haltung der ‚quasi-familiären Fürsorge' widerspiegelt. Sie handeln orientiert am Menschen, der Hilfe benötigt, was mit ‚Arbeit am Menschen' bezeichnet wird. ‚Kulturkritisch-aufklärendes Engagement' spielt sich zwischen herkunftskontextualisierten Traditionen und kulturellen Mustern in ihrer gleichzeitigen aufnahmekontextualisierten, progressiven Einbringung, das heißt Modifizierung und Manifestierung, ab.

10.1.1 Spezialisten der Erfahrung (Funktion)

Aus dem Material geht hervor, dass sich insbesondere ältere Engagierte mit Migrationshintergrund (und daneben zum Teil jüngere engagierte Migranten in ‚freiem' Engagement) für die Arbeit mit Migranten an Erfahrungswissen orientieren, welches sie aufgrund eigener Sozialisation im Herkunftsland und aufgrund ihres Strebens in Deutschland zurechtzukommen, aufschichten. Sie präsentieren und verstehen sich als Experten ihrer eigenen Migrations- und Integrationsbiografie und weisen sich schon dadurch allein als in der Migrationsarbeit privilegierte und prädestinierte ‚Weitergeber' ihrer Erfahrung aus. Biografische Erfahrung ist für sie das ausschlaggebende Wissen, das sie weitergeben beziehungsweise als Hilfe für Migranten nutzen. Befragte grenzen sich von anderen Migranten und von Deutschen (Professionellen) ab und gelangen über diese Abgrenzung zu einer Position, Erfahrungswissen als nützliches Wissen zu identifizieren und wiederum an hilfesuchende Migranten und deutsche Professionelle weiterzugeben.

10.1.1.1 Abgrenzung von Migranten und Weitergabe von Wissen an hilfesuchende Migranten

Zum einen richtet sich das ‚kulturkritisch-aufklärende' Engagement an Migranten, denen Engagierte ihre Hilfe und Unterstützung anbieten. Hilfesuchende werden auf – im Rahmen der Ordnung des Aufnahmelandes – ‚falsche', nicht aufrecht zu erhaltende Orientierungen und Praktiken hingewiesen.

In Deutschland ‚falsch' sind für einen Befragten Verhaltensweisen von kasachischen Aussiedlern, die, zum Beispiel an Alkohol gewöhnt, den Promillegrenzen in Deutschland nicht folgen:

> „Russland ist riesige große Land, ja, und in Dorf bei uns gibt es keine Polizisten. Die fahren alle betrunken und von Psychologie die kommen her, weißt, da hast 30 Jahre Traktor gearbeitet in Feld, ja, und hier steht ein so Flasche Wodka, und trinkst 20 Jahre, jetzt hast du dich schon gewöhnt, weißt, mit diese Leben, weißt du, und dann kommt hier nach Deutschland und (…)] I: darfst keinen Tropfen trinken] B: ja (lachen) du musst, sag mal, aufhören, hast du 20 Jahre da mitgemacht, ja, und ist schon abhängig von Alkohol, weißt du, die nehmen das als Medikament schon (lachen), ja, wie Tee und jetzt kommt her und verliert Führerschein, das ist schon Problem für die Leute. Und dann hast du keine Arbeit, du weißt, darf ich dich duzen?] I: ja klar] B: und dann und diejenigen, die mit noch Sprachproblem dazu, und ich hab viel solche Männer, welche sind über 50, 60 (lachen), ich auch diese, weißt du, sonst, die sind verloren. Wenn sie verloren haben, was macht er weiter, na, komm sie mit weiter und fertig, so sind halt die Menschen" (**Text: Kasachstan 60+; Position: 15 – 15, in anderem Kontext teilweise zitiert in Kapitel 9.1.2.2, 11.2.4**).
>
> „und diejenige, die haben Probleme mit Drogen, die besuchen bei mir Selbsthilfegruppe. Ich (…) darum, ich hab das die Idee der Selbsthilfegruppe vorbereitet, zu Idiotentest auf Russisch sprechen. Das ist große Hilfe" (**Text: Kasachstan 60+; Position: 13 – 13**).

Für sie ruft der Befragte ein Hilfsprojekt ins Leben. In diesem Beispiel findet sich der Hinweis auf gute Umgangsweisen mit Integrationsproblemen, die der Interviewpartner weitergibt. Er greift auf die Schilderung eigener als problematisch erfahrene Erlebnisse zurück und darauf, wie er damit umgegangen ist. Das Drogenproblem von russischen Jugendlichen im Deutschland der 90er-Jahre kommt ihm nahe, als er über die Gefährdung seiner eigenen Söhne spricht:

> „orientierungslos hier Eltern, ich hab zwei Söhne, und sind viele Jugendliche reingerutscht mit Drogen, sind viele, sind viel gestorben" (**Text: Kasachstan 60+; Position: 4 – 4**).

Herr K. realisiert das Problem auch über Betroffene, die er kennt, deren Familien er darauf anspricht und in die Lösung einbeziehen will:

> „so muss selber denken wie kommst du hier durch und das ist ein großes Problem bei Ausländern. Hab das schnell kapiert, hab gedacht, wir müssen etwas machen, nicht Staat, wir müssen kämpfen für unsere Kinder, sonst die sterben aus, ja, mit Drogen. Ich hab das dann, ich hab, bin zu verschiedenen Eltern gegangen, hab gsagt du, weißt du wenn wir machen nichts, Staat macht auch nichts, hier muss man kämpfen" **(Text: Kasachstan 60+; Position: 4 – 4, in anderem Kontext zitiert und weiter ausgeführt in Kapitel 9.1.2.2 und 11.2.4).**

Hier wird deutlich, wie unter Rückgriff auf eigene Erfahrungen an Probleme und deren Lösungen herangetreten wird: Vor dem Hintergrund selbst erfahrener Probleme werden Problemlösungen für andere Migranten angestrebt. Herr K. greift zurück auf die grundlegende Einsicht, sich selbst um Probleme in eigener Initiative kümmern zu müssen, ohne dabei auf institutionelle Unterstützung bauen zu können.

Dabei grenzt sich der Befragte von anderen Migranten ab. Er hat schnell verstanden, was das Problem ist und wie damit umzugehen ist – die anderen (noch) nicht.

Diese Abgrenzung zu anderen Migranten wiederum deutet auf eine Form von ‚Individualisierung' hin, die strukturell gegeben ist und persönliche Initiative erfordert[168]. Individualisierte Initiative wird in der Position des Helfers für Migranten umgesetzt.

Befragte engagierte Migranten helfen anderen Migranten aus einer *individualisierten Sonderposition* heraus.

Nimmt man von diesem Ergebnis aus Bezug auf soziologische Literatur, stößt man darauf, dass eigene Integration im Zuge von Individualisierung Ablösung von Gruppenidentitäten bedeuten kann. Individualisierte Menschen sind nicht auf Gruppensolidarität festgelegt (vgl. Berger 2004: 101). Gemeint ist hier die Gruppensolidarität eines Migranten- oder Herkunftsmilieus.

Ein Befragter berichtet darüber, in Deutschland ‚auf sich selbst zurückgeworfen zu sein', jedoch diese Erkenntnis der Herkunftsfamilie nicht näher bringen zu können:

> „Es ist wirklich nicht leicht (...) wenn man zu seiner Heimatfamilie das erzählt und zu sagen, ich selber, ich versuche mich hier in Deutschland zurechtzufinden, sie glauben auch nicht" **(Text: Burkina Faso M 50+; Position: 83 – 83).**

„Individuelle Erfahrungen des ‚Herauslösens'" (Berger 2004: 103) ermöglichen es, Ordnungsgrenzen zu transzendieren. Der Befragte ist dazu in der Lage und löst sich damit von einer Form der Herkunftsidentität.

Abgrenzung zu einer kollektiv festgelegten Herkunfts- oder Migrantenidentität folgt aus dem besonderen Vorgehen bei der eigenen ‚Integration', aus der besonderen, nicht verallgemeinerbaren Art und Weise, sich auf neue gesellschaftliche Herausforderungen eingelassen zu haben, und dabei kulturelle und soziale ‚Wurzeln' nicht vergessen zu haben. Explizit findet sich diese Perspektive im Text zum Interview des Engagierten aus Burkina Faso:

> „Ich gehe davon aus, meine Leben ist hier in Deutschland, ich muss leben wie die Deutschen, und trotzdem, ich muss nicht die Afrikaner vergessen (lachen), das ist meine Vorstellung. Und die meisten, die das machen wie ich, das sind die Leute, die ein bisschen Schule besucht haben" **(Text: Burkina Faso M 50+; Position: 87 – 87).**

---

168 Individualisierung ist mit Ulrich Beck eine Strukturkategorie, die die ‚zweite Moderne' bezeichnet. Sie gilt als Freisetzung von Menschen aus Traditionen bei gleichzeitigem Zwang, sich mit gesellschaftlichen Strukturen auseinanderzusetzen. Dabei ist das Individuum in seinen Entscheidungen zu Handeln zunehmend auf sich selbst zurückgeworfen (vgl. Beck 2000 [1986]: 115 ff.).

Abgrenzung zu anderen Migranten versetzt befragte Helfer in die Position, Migranten helfen zu können. Der kasachische Befragte grenzt sich vergleichend von anderen Migranten ab. Ihr Festhalten an herkunftskulturell geprägter Gruppenidentität beschreibt er als hinderlich für das Zurechtkommen. Indem er selbst nicht an kollektiver Herkunfts- oder Migrantenidentität festhält, grenzt er sich ab:

> „Dann ich hab die türkische Familie genommen, ich hab genau angeschaut die zwei türkische Familien, eine lebt gut, eine so mittelmäßig, warum passiert das so, dann ich hab die Familie, die lebt gut, die hat eine Kebab so, wie heißt Geschäft] I: so'n Stand?] B: Stand ja, er spricht gut Deutsch, er ist gut integriert, ahm und hat Freunde, einheimische, ja, dann muss ich, anderer spricht schlecht Deutsch, schlecht integriert, hat keine deutsche Freunde und immer schreit, ich bin ein Türke so, ich dann, ich hab gedacht, dann geh ich, wie dieser Türke ist, er hat seinen Kebab, macht es, so versuch ich mit Einheimische mehr Kontakt aufnehmen und schnell sich integrieren und so weiter, ich hab das geschafft und nicht nur stolz sein, ich bin ein Russe (lachen), das ist eine Problem, ja, ich kenn die Russen, auch so viele Russen, ist ein Problem, dann bist du irgendwo draußen, weil kriegst du keine Arbeit, dann kriegst du nix, dann ist es vorbei" (**Text: Kasachstan M 60+; Position: 59 – 61**).

Aus der Position der Abgrenzung zu Migranten wird Hilfe angeboten. Die Hilfsstrategie einer Befragten aus der Türkei, die sich als laizistisch[169] und deshalb als anders als andere Migranten aus der Türkei beschreibt, zielt darauf ab, hilfesuchende Migrantinnen aufzuklären über ihre Möglichkeiten des Zurechtkommens. Dafür muss sie sie ihrem milieuspezifischen, lebensweltlichen Kontext entziehen und deren Männer davon überzeugen, sie aus ihrem lebensweltlichen Kontext zu entlassen:

> „Frauengruppe, die dort, die sind auch dort, ja, aber natürlich dort nur mit dem Religiösen, bei mir, ich gebe immer Informationen und so weiter, mache ich Seminare und so weiter, die Männer wollten erst nicht schicken, so Zufall habe ich diese Frauen kennengelernt, aber die älteren, es gibt jüngere Frauen unter sich" (**Text: Türkei W 60+; Position: 123 – 123**).

10.1.1.2 Abgrenzung von Deutschen und Weitergabe von Erfahrungswissen an Deutsche

Erfahrungswissen und biografisch sozialisierte Einstellungen werden gewissermaßen über die Abgrenzung zu ‚Deutschen‘, im Kontext der Migrationsarbeit ‚Professionellen[170]‘, an diese weitergegeben.

Deutsche beziehungsweise Professionelle werden darüber aufgeklärt, wie durch Modernisierung verloren gegangene emotionale Zuwendung gegenüber Hilfesuchenden auch in einer modern-westlichen und vermeintlich menschlich erkalteten Gesellschaft einen Platz finden kann und soll.

Eine Befragte aus Bosnien demonstriert an Beispielen von Migrantinnen den Mehrwert dieser Zuwendung, den sie für deutsche professionelle Migrationsarbeiter haben kann. Bezogen auf eine deutsche Kollegin geht sie darauf ein, dass diese von Migrantinnen lernen kann, was im Leben wichtig sei. Sie deutet Einstellungen dieser Kollegin dahingehend, dass sie ‚wahre‘ zum Beispiel familiäre Werte, die Migrantinnen vertreten, gegenüber Werten der Selbstentfaltung, die Deutsche vertreten, vernachlässigt, obwohl sie gerade für sie wichtig

---

169 „weil ich hab viele, ich bin eine emanzipierte Frau und ich vertrete den Laizismus" (**Text: Türkei W 60+; Position: 123 – 123**)
170 Deutsche werden von Befragten oft mit deutschen professionellen Migrationshelfern (Professionellen) gleichgesetzt.

wären. Die adressierte Kollegin kann diese Werte von Migrantinnen vermittelt bekommen. Migrantinnen stehen als Wertevermittlerinnen stellvertretend für Frau B. selbst und ihre eigenen biografisch erlangten Einstellungen:

> „weil die Deutschen sind einsam, einsam, verloren, kalt und desorientiert, und diese Migranten, die könnten denen Wärme geben, könnten denen eine Orientierung geben, die könnten denen auch, die könnten sehen, sie sehen, ich kann dieses Jahres nicht in Urlaub nach Argentinien, Scheißdeutschland arm, (poor? unverständlich), dass sie sehen, dass im Leben, wenn man auch kein Urlaub macht, sehr glücklich sein kann, mit kleine Sachen lernen, kleine Sachen, Kaffe gehen zusammen zu trinken, Familien sich zu haben, teilen und geben und nehmen, das ist vielleicht besser ist als Urlaub. (…) das ist nicht Sinn des Lebens, das ist nur eine Verschobung des Lebens, und die verschiebt das, bis du 50 bist, dann verschiebst du das, bis du in Rente kommst, dann, wenn du zurück blickst, es ist absolute Leere. Warum und wieso? Und das kann man von Migranten gut lernen" (**Text: Bosnien W 60+; Position: 40 – 40, in anderem Kontext teilweise zitiert in Kapitel 9.1.2.2).**

In der soziologischen Literatur finden sich Quellen, die davon berichten, dass Migranten eine im Vergleich zur Mehrheitsgesellschaft traditionelle Lebensweise zugeschrieben wird (vgl. Beck-Gernsheim 2004: 22). Diesen Literaturlagen kann über die oben beschriebenen Verdichtungen im Material begegnet werden: Die Vorstellung einer traditionell ausgerichteten Herkunft bleibt auch für Migrationsarbeiter Referenzpunkt, auf den sie in ihrer Arbeit zurückgreifen, insbesondere dann, wenn eine Abgrenzung zu Deutschen beziehungsweise Professionellen erfolgen soll.

Diese Abgrenzung bildet das Pendant zu der Abgrenzung zu Migranten und markiert auch hier gleichzeitig eine aufklärende Annäherung an Deutsche und Professionelle, die vor allem der Überzeugung folgt, selbst das für das eigene Zurechtkommen in Deutschland Richtige, und nun für andere Vorbildhafte, getan zu haben.

Ihr Vorteil, selbst Migrant zu sein, deshalb den Überblick über Migrations- und Integrationsproblematiken und -lösungen zu haben, erhebt die engagierten Migranten im Kontext dieser Arbeit zu Spezialisten.

Ihr erfahrungsbasiertes Spezialistentum beinhaltet aus Sicht der Befragten Vorteile gegenüber theoretisch erlernter beziehungsweise sozialisierter und zertifizierter Professionalität. Mit ihrem Erfahrungswissen können sie deutsche Professionelle in der Migrationsarbeit anleiten. Ohne diese Anleitung können Strategien deutscher Professioneller scheitern:

> „In (NAME ORT) gibt's Universität, Uni, die dort studieren Diplomsozialpädagogen, ich hab es, gibt's so schwarzes Brett, ich hab das aufgehängt, wer möchte, wer studiert Diplomsozialpädagogik, wer möchte für Deutsche aus Russland, Mädchen, als Betreuerin für zwei Wochenenden so, hat sich angemeldet eine und ist mitgefahren, und die hat, Gott sei Dank waren zwei Mütter noch dazu, die ist mitgefahren und erste Tag, zweite Tag die ist abgehaut. Warum? Ja, ich versteh die Mentalität nicht, ich verstehe die Leute nicht, sag warum studierst du dann als Diplomsozialpädagogin? Kannst du nicht mit Mädchen umgehen, dann musst du etwas anderes mit PC oder mit etwas, verstehen Sie, was meine ich, die studieren, die haben keinen Zugang zu Menschen, ja sowas gibt es auch" (**Text: Kasachstan M 60+; Position: 45 – 45, in anderem Kontext zitiert und weiter ausgeführt in Kapitel 11.2.5).**

Während in diesem Interviewausschnitt deutschen Professionellen zugeschrieben wird, sich nicht auf die Mentalität von Migranten einlassen zu können, beanspruchen die älteren und zum Teil jüngeren ‚frei' Engagierten aufgrund ihrer Kenntnis traditioneller Herkunftsgewohnheiten, verstehend-einfühlend auf die Probleme der Hilfesuchenden eingehen zu können. Deutsche beziehungsweise Professionelle können dies nach Meinung der Befragten nicht; sie können die Probleme und Bedarfe hilfesuchender Migranten aufgrund gesellschaftlich-struktureller Modernisierungs- und Individualisierungsprozesse nur schwer nachvollziehen. So gesehen leben sie in einer anderen Welt, die mit der von Migranten schwer vereinbar ist. Das wird für Deutsche und Professionelle als Hemmnis gedeutet. Die Befragten nehmen dagegen an der Welt der Migranten und Deutschen teil[171] und sind darüber in der Lage, kulturkritisch aufzuklären.

Tendenzen der Individualisierung werden bezüglich der Hilfsangebote deutscher Professioneller als strukturelle Hemmnisse für diese identifiziert. Befragte der Untersuchungsgruppe sehen sich dagegen selbst im Vergleich zu deutschen Professionellen den strukturellen Hemmnissen modern-westlicher Individualisierung kaum ausgesetzt. Eigene, individualisierte Ablösung von der Herkunftsgemeinschaft deuten sie als Vorteil für ihre Arbeit mit Migranten.

> *Zusammenfassung*: Dadurch, dass ältere und jüngere, ‚frei' tätige Migranten in ihrer Migrations- und Integrationsarbeit vornehmlich auf biografisches Erfahrungswissen zurückgreifen, wird ihnen die Funktion der Spezialisten der Erfahrung zugewiesen. Biografische Herkunfts-, Migrations- und Integrationserfahrung gilt für sie als Sonderwissen, das sie aus einer Position der individualisierten Abgrenzung zu und gleichzeitigen Teilnahme an den Welten von Migranten und deutschen Professionellen heraus ‚kulturkritisch-aufklärend' an Migranten und Deutsche (als) Professionelle weitergeben.

10.1.2 Quasi-familiäre Fürsorge (Haltung)

‚Quasi-familiär' wird hier als kategoriale Bezeichnung gewählt, die Strategien des Engagements als eine bestimmte Form der Beziehung zwischen Helfern und Hilfesuchenden beschreibt. Diese Beziehung ist gekennzeichnet durch ‚volle' Verantwortungsübernahme der Helfer für ihre ‚Schützlinge'. Volle Verantwortungsübernahme gilt für Befragte zum Teil als Bestandteil familienähnlich-fürsorglicher Hilfe, die im Feld professionalisierter Unterstützung für Migranten kaum vorzufinden ist. Dass sie dort nicht vorzufinden ist, wird von den Befragten auf kulturelle Unterschiede im Verständnis von Familie zwischen engagierten Migranten und Deutschen beziehungsweise Professionellen zurückgeführt.

10.1.2.1 Traditionell familiäre Rollenverteilung durch Helfer

Beck-Gernsheim (2004) merkt an, dass im öffentlichen Diskurs Familienbindungen von Migranten ein traditioneller Charakter zugeschrieben wird. Sie werden als hierarchisch, patriarchalisch und stabil angesehen. Migrantenfamilien sind jedoch „nicht traditional, sondern denselben Strukturzwängen [wie alle Formen der Vergemeinschaftung] ausgeliefert: sie sind nicht alternativlos, sondern sehen sich der Konkurrenz ausgesetzt" (Zifonun 2010: 146). Was in dieser Konkurrenz möglich bleibt, ist familiäre Lebensweisen quasi-religiös als ‚heilige Familie' aufzuladen (vgl. Soeffner 1988: 19). Eingriffe in die familiären Lebenspraxen von ‚kulturell Nicht-Eingeweihten' werden als unpassend empfunden (vgl. ebd.).

An diese Literaturlagen wird vor dem Hintergrund der kategorialen Hervorbringung der ‚quasi-familiären Fürsorge' angeschlossen.

---

171 Auch wenn sie sich gleichzeitig von ihnen abgrenzen.

Zunächst ist an der Aussage einer bosnischen Befragten die Bevorzugung sogenannter herkunfts-traditioneller Familienbilder abzulesen:

> „Sie verstehen sich nicht. Die Deutschen verstehen nicht, dass diese Frau daheim war, hatte ihren Mann, ihre Kinder, hat gekocht, das auch schön, sagt um Gottes Willen, nein, ich sage hier Frau, um Gottes Willen, mir sind diese Frauen, wenn ich über Sinn des Lebens nachdenke, viel lieber. Ihre Rolle ist mir viel lieber, als diese Rolle wie ohne Kind, ohne Katz leben wie ein Schwein (lachen) Entschuldigung, warum lebe ich, frage ich, sag ich, habe so viele Termine. Warum hast du Termine. Ich muss zum Zahnarzt. Warum brauchst du Zähne. Du hast kein Mann, kein Katz. Warum, du wirst sterben und wenn du zurückschaust" **(Text: Bosnien W 60+; Position: 36 – 36, in anderem Kontext zitiert in Kapitel 11.3.2).**

Diese Aussage der Befragten ist im Kontext ihrer Haltung für die Migrationsarbeit zu sehen. Die Befragte grenzt sich von der so antizipierten familiären Kälte autochthoner Deutscher ab und präferiert im Gegenzug ein vermeintlich traditionelles Familienschema, welches Migranten (in diesem Fall Migrantinnen als Hausfrauen) repräsentieren. Die Befragte verteidigt dieses Familienschema vehement gegen so empfundene modern-westliche Lebensformen, in denen traditionelle Familienformen keinen Platz mehr zu haben scheinen.

Im konkreten Engagement zeigt sich, dass aus einer stabilen Position der Sicherheit und Stabilität von Seniorität, Charakteristika der Engagementhaltung zu der explizit mütterlichen oder väterlichen Fürsorge geraten.

Müller-Kohlenberg (1990) gelangt in ihrer Untersuchung zu den Bezeichnungen der „paternalistischen Vernunfttherapie" und der „mütterliche[n] Liebestherapie" (ebd.: 259), um die besondere Rolle von Laienhelfern zu betonen. Auch wenn Vernunft und Liebe in dieser Kategorie nicht zentral werden und die vorliegende Untersuchung anders als Müller-Kohlenberg den thematischen Schwerpunkt, abgesehen von der Unterscheidung von Laien und Experten, auch auf das Alter der Befragten setzt, weist die Haltung älterer (und zum Teil jüngerer frei engagierter) Migranten in der Migrationsarbeit auf Begrifflichkeiten des Familiär-Mütterlichen beziehungsweise -Väterlichen hin.

Der Begriff quasi-familiärer Fürsorge basiert in dem Kontext der Analyse auf der Überzeugung von Befragten, das für Migranten ‚Richtige' zu tun. Sie verfolgen die Absicht, Hilfesuchende bestimmend anzuleiten und für sie die volle Verantwortung zu übernehmen. Hilfesuchenden wird von Befragten, angelehnt an familienähnliche Kontexte, die Position von hilflosen Schützlingen zugewiesen. Praktisch geht mit diesem Hilfekontext die Überzeugung einher, schnell und ‚ganzheitlich'[172] Lösungswege für sie finden zu können.

Hilfesuchende, die eine Befragte aufsuchen, werden von ihr als Hilflose aufgenommen:

> „ahm, eine Frau mit kleinen, mit kleinem Sohn, mit einem Frau zu mir gekommen. Familie (NAME). Sie, sie ist gekommen, hat zu mir gesagt – Frau (NAME), meine Hoffnung habe ich aufgegeben, aber ich hab's gehört, Sie helfen die Frauen ja. Sie weinen und Kind weint auch, und dann hab ich gesagt, na bitteschön" **(Text: Türkei W 60+; Position: 107 – 107).**

Die hilflosen, bisweilen ‚gescheiterten' Migranten, die in der Aufnahmegesellschaft nicht zurechtkommen, werden auf einer Gefühlsebene angesprochen, über „Sinnlichkeit" **(Text: Bosnien W 60+; Position: 36 – 36)**, weil die situational oder auch situationsübergreifend nützlichen Lösungen nur über das volle Vertrauen zu den Helfern erfolgen können. Migranten, die befragte Migrationsarbeiter aufsuchen, sind zum Teil aus tiefgehenden, existenziellen Problemsituationen abzuholen, und stehen deshalb in einem besonderen Vertrauens- und

---

172 Zum Aspekt der ‚Ganzheitlichkeit' des Engagements siehe vorausblickend Kapitel 10.1.3.

Abhängigkeitsverhältnis zu ihren Helfern; zum Beispiel, wenn sich an den ghanaischen Befragten Menschen mit HIV wenden, deren einzige Vertrauensperson er darstellt, und für deren sozialen und vor allem emotionalen Aufbau er sich zuständig sieht **(Text: Ghana M 60+; Position: 47 – 47)**. Es ist mithin die ‚Sinnlichkeit' der Helfer, die dieses Vertrauen aufnehmen kann, und die bei einer herkömmlich-professionellen Herangehensweise fehlt. Sinnlichkeit und quasi-familiäres Vertrauen schließen die Lücke im Bedarf der Hilfesuchenden, der in der herkömmlichen Migrationsarbeit nicht gedeckt ist.

Die Beziehung zwischen Helfern dieser Untersuchungsgruppe und Hilfesuchenden ist familienähnlich gestaltet, sodass Vertrauen vorausgesetzt wird und die Rollen entsprechend eines quasi-familiären Rollenmusters asymmetrisch vergeben sind[173]. Vor allem dann, wenn, wie im Fall des Textes zu einem Interview mit einem älteren, armenischen Engagierten, die Hilfesuchende quasi-adoptiert wird:

> „Die hatte gar kaum eine Chance, und die kam hier, und dann sind wir mit ihr gelaufen, so viel Rechtsanwälte, ja, auch im (NAME STADT), wir kennen manchen Rechtsanwälte, wir sind mit ihr gelaufen, aber die war so liebes Mädchen, wirklich, wir haben ihr als uns eigene Tochter. Ich habe drei Kinder" **(Text: Armenien M 60+; Position: 49 – 49)**.

Bei älteren Befragten ist es ihre ‚Sicherheit der Seniorität' oder auch das antizipierte ‚Recht der Seniorität', die sie in die Lage versetzen, so zu handeln: die Probleme werden quasi-innerfamiliär an sie als Eltern beziehungsweise Großeltern herangetragen und innerfamiliär gelöst. Geschöpft wird diese Grundhaltung unter anderem aus der Erwartung, Respekt aufgrund des Alters entgegengebracht zu bekommen.

Bezugspunkt kann ein Sozialprestige darstellen, das allen älteren Menschen als Merkmal sozialen Rangs gegeben ist (vgl. Schroeter 2006: 27 f.). Dies bildet sich in der Aussage eines älteren Befragten ab, der sich ob seiner über die Jahre hinweg gewachsenen Vernetzung im Stadtviertel als inoffizieller Bürgermeister dieses Viertels versteht. Er erweckt in seiner Erzählung den Eindruck, in seiner Eigenschaft als älterer, engagierter Viertelbewohner Respekt entgegengebracht zu bekommen:

> „Ahm, was soll ich sagen, um unsere Team hier, ich bin der einzige, bin ich sehr bekannt hier in (NAME STADTVIERTEL), auch vor dem Projekt, weil bin so eine Mensch ganz offen, ich rede mit alle. Manche mal habe ich, so war ich zum Beispiel in Cafeteria mit meine Rätsel ein bisschen so Ruhe (...?), die sagen alle viele Türken sagen mich „hallo Bürgermeister" (lachen)] I: der inoffizielle Bürgermeister] B: ja, eigentlich ok, Spaß ist das, aber die sagen so" **(Text: Griechenland M 60+; Position: 27 – 27)**.

10.1.2.2 Traditionell familiäre Rollenverteilung nachgefragt von hilfesuchenden Migranten

Berichtet wird in den Interviews die vertrauensvolle Zusammenarbeit mit Migranten, die sich (freiwillig) an die Interviewten wenden; einem Vertrauen, das bis zu einem gewissen Grad der Seniorität der Engagierten geschuldet scheint. Hilfesuchende Migranten wenden sich an engagierte Migranten als Unterstützer gerade aus einem mütterlich-väterlich anmutenden Verständnis ihrer Rolle. Sie selbst sind schutzlos und hilflos **(z. B. Text: Türkei**

---

173 In Form quasi-familiärer Strategien des Umgangs mit Hilfesuchenden kommen Haltungen der Mütterlichkeit oder auch Väterlichkeit zum Vorschein, die als Strategien an traditionelle Familienformen oder Generationenverständnisse erinnern und die mit historisch-familiensoziologischer Literatur nicht übereinstimmen müssen.

W 60+; Position: 107 – 107). Engagement erhält hier eine familiäre Konnotation und vernachlässigt etwa professionelle Setzungen der ‚Distanzwahrung' zu Klienten. Im Gegenteil, wird emotionale Verbundenheit vordergründig, werden Instinkt, Gefühl, Sinnlichkeit im Sinne von familiärer Fürsorge erwartet und zum Einsatz gebracht. Es wird bisweilen ‚mitgelitten' **(z. B. Text: Türkei W 60+; Position: 91 – 91)**. Fürsorge wird von den Engagierten als Pflicht empfunden gegenüber Schützlingen, zu denen eine persönliche Beziehung aufgebaut wurde, die der von Eltern zu ihren Kindern ähnlich ist. Dabei muss es sich nicht um Kinder oder Jugendliche handeln, die unterstützt werden. Auch Erwachsenen oder Gleichaltrigen wird aus der familiären Senioritätsposition heraus begegnet.

Seniorität bedeutet hier Erfahrungsseniorität, gespeist aus langer Erfahrung, die diesseits und jenseits kultureller Grenzsetzungen gemacht wurde, und die so Legitimation verschafft, so zu handeln, wie es aus eigener quasi-familiärer Fürsorgeperspektive adäquat erscheint.

10.1.2.3 Migrations(mehr)verantwortlichkeit durch Arbeit in der Herkunftsfamilie

Migrationsmehrverantwortlichkeit (siehe Kapitel 9.2.2) kennzeichnet migrierte Engagierte zudem, wenn sie zum Zeitpunkt ihrer Migration bereits in einer familiären Verantwortungsposition stehen und zum Beispiel für ihre Kinder Verantwortung mittragen. Kindern werden Probleme abgenommen. Sie werden, wie im Fall der bosnischen Befragten, vor den politisch-kriegerischen Wirrungen der Herkunftsregion beschützt:

> „Aber dann kam Krieg, '92, und ich habe erst meine drei Kinder und meine jüngere Schwester geschickt" **(Text: Bosnien W 60+; Position: 30 – 30).**

> „Ich bin nach Deutschland gekommen in großer Not, meine Kinder zu retten" **(Text: Bosnien W 60+; Position: 11 – 11).**

Schutz wird als Strategie auf hilfesuchende Migranten übertragen. Mütter gelten in der Migrationsarbeit dabei als ‚verbündete' Ansprechpartner „und ich habe erzählt, ich hab auch drei Kinder, und eine, die hat alles verstanden von mir" **(Text: Bosnien W 60+; Position: 35 – 36, in anderem Kontext zitiert in Kapitel 9.2.2)**. Ihnen wird ‚unter Müttern' Unterstützung zuteil. Diese orientiert sich an den eigenen elterlichen Leistungen. Es wird nun für die anderen nach familiärem Muster agiert; beispielsweise wenn eine Befragte, an dem Erfolg bei der Erziehung der eigenen Kinder gemessen, Erfolge bei der Betreuung von zu unterstützenden Kindern von Migranten antizipiert:

> „Und diese Kinder gehen unter, gehen in Forderschule wie verrückt, obwohl sie sehr talentiert und sehr motiviert, und mit kleine Aufwand, paar Monate, ich kriege, ich mach das, werden sie beste Schüler sein. Ich hab bei meine drei selber gezeigt, wie Migranten binnen drei Monate Sprache perfekt lernen, perfekt, meine Kinder sprechen Sprache akzentfrei und das konnten sie nach einem Jahr. Und waren sie beste in der Schule sofort" **(Text: Bosnien W 60+; Position: 16 – 16).**

Nun sind auch jüngere, frei engagierte Migranten in einen Interaktionszusammenhang eingebunden, an dem sie gemeinsam mit hilfesuchenden Migranten beteiligt sind. Migrations(mehr)verantwortlichkeit oder die Migrations(mehr)betroffenheit schaffen die notwendige Legitimation für frei gewähltes Agieren. Familienähnliche Praxen solidarischen Wirkens sind Sozialisierungen entnommen, die zum Teil der Erfahrung des Ereignisses ‚Migration' selbst samt dazugehöriger (inner-)familiärer Problemstellungen und Problemlösungen geschuldet sind. Das betrifft Eltern und Kinder selbst, die sich innerfamiliär migrationsgeschuldeten Problematiken stellen mussten. Letzteres verdeutlicht das Interview mit einer Befragten, die während der ersten Zeit in Deutschland als Unterstützerin ihrer Eltern auftritt:

„Dann hier also ohne ein Wort Deutsch gleich in die Schule, dann eine Stufe nochmal zurück, also nochmal die dritte Klasse wiederholen müssen, war schon bisserl schwierig, und deshalb, damit ich schnell das Problem löse, hab ich in einem Monat deutsch irgendwie gelernt, da ich auch schon gelobt in der Schule, dass ich in einem Monat da deutsch irgendwie drin hatte] I: vor allem deutsch ist ja nicht einfach] B: (lachen) nein, und dann fing's an, wie gesagt, mit diesem schon übersetzen, da ich die erste war in unserer Familie, wo ich deutsch konnte, musst ich ziemlich oft und viel übersetzen, mitgehen, und schon sehr schnell, sag ich mal, älter werden, ja" **(Text: Polen W 50-; Position: 54 – 54 in anderem Kontext zitiert in Kapitel 9.2.3).**

Darüber entsteht eine Haltung der Hilfe, die fernab professioneller Setzungen platziert ist und Erfahrung einbezieht, die sich aus der Familienbiografie Befragter speist.

Zusammenfassung: Quasi-familiäre Fürsorge als Haltung der Hilfe für Migranten definiert sich über Positionierungen älterer Befragter als Senioren, die über ihr ‚Recht der Seniorität' Fürsorge und volle Verantwortung für Schützlinge tragen. Sie scheuen nicht davor zurück, sich selbst als verantwortliche ‚Bestimmer' einzubringen. Sie grenzen sich darüber von Haltungen ab, die Beziehungsnähe vermeiden, und entwickeln Strategien, die herkömmlichen Formen der Migrationsarbeit fremd sind, sowie innovativ und damit auch kulturkritisch. Diese Form der Hilfe wird gleichzeitig von hilfesuchenden Migranten nachgefragt. Gemeinsam mit jüngeren ‚frei' engagierten Migranten greifen ältere Helfer in der Migrations- und Integrationsarbeit zudem auf eigene familiäre Erfahrungen zurück, die in ihrer Anwendung ihr Engagement mütterlich oder väterlich fürsorglich und bestimmend erscheinen lassen.

10.1.3 Am Menschen arbeiten (Praxis)

‚Arbeit am Menschen' bezeichnet eine Kategorie, die explizit die Praxis der Migrationsengagierten in den Blick nimmt, während zum Beispiel die Kategorie ‚Spezialisten der Erfahrung' (in Kapitel 10.1.1) die Funktion der Älteren und ‚frei' engagierten Jüngeren in der Migrationsarbeit bezeichnet. In der Folge familienähnlich strukturierter Hilfehaltung (Kapitel 10.1.2) für Migranten zeigt sich diese Kategorie als Handlungskonstrukt, das strategisch ‚am Menschen ansetzt'. Es geht um Interaktions- oder Beziehungsarbeit, die *ungeregelt* und *ganzheitlich* angelegt ist. Befragte arbeiten am Menschen direkt, unmittelbar, undistanziert und damit auch riskant für sie selbst, sich ‚zu sehr' auf andere einzulassen. Das Engagement für einen hilfesuchenden Menschen lässt eine Beziehung zwischen Helfer und Hilfesuchendem entstehen, die in der Literatur als „Quasi-Primärbeziehung" (Müller-Kohlenberg 1990: 263) beschrieben wird. „Ganz normale Beziehungen" (ebd.: 266) sind nicht gegeben, da diese durch ganz besondere Belastungen gekennzeichnet sind. In und an diesen Beziehungen muss gearbeitet werden. *Es gibt kaum Regeln*, auf die in diesen Beziehungen zurückgegriffen werden kann, es sei denn, Regeln werden ge- beziehungsweise erfunden, um Beziehungsordnung zu schaffen; das wiederum aus der Position des freien Regelsetzers[174]. Der ‚Zugriff' auf die hilfesuchenden Migranten erfolgt dabei zunächst ungeregelt, im Parsons'schen Sinne „diffus" (vgl. Parsons 1965 zit. n. Schmidt 2008: 844).

---

174 Siehe dazu auch die Kategorie ‚Spezialisten der Erfahrung' in Kapitel 10.1.1.

Vor dem Hintergrund der Diffusion von Beziehungsregeln geht es für Befragte darum, die ganze Person der Hilfesuchenden zu erfassen, *ganzheitlich* auf sie einzugehen. Das wiederum heißt, ihre Probleme samt der damit zusammenhängenden Gesamtlage zu erkennen, und alles daran zu setzen, diese Probleme nicht isoliert, sondern in allen möglichen Zusammenhängen unter Einbezug aller möglichen beteiligten Akteure zu bearbeiten.

Die Beziehungshistorie einer türkischen Helferin (Türkei W 60+) zu ihrer türkischen Klientin reicht weit zurück, bereits in die Zeit, als sie als Beschäftigte, und nicht wie aktuell als Rentnerin, ‚frei' hilft. Der Inhalt der Geschichte zeigt, wie umfassend sie auf alle möglichen Problembezüge der Hilfesuchenden, eingeht. Das reicht von der Job- und Arbeitssuche bis hin zur Rechtsberatung in Scheidungsfragen und persönlichen Entscheidungshilfe zum Umgang mit dem Ex-Ehemann **(Text: Türkei W 60+; Position: 115 – 115)**. Es wird personenbezogen ‚alles daran gesetzt' zu helfen, problematische Situationen zu beseitigen, und das auf alle erdenklichen Weisen. Wenn auch keine Regeln dafür vorhanden sind, ist nicht etwa Normtreue obsolet, sondern Handlungsweisen sind lediglich den eigenen, im Verbund zu (herkunfts-)kulturellen Implikationen entstandenen Hilfsmodi verpflichtet. Alles daran zu setzen, heißt, aufbauend auf dem Erkennen und Verstehen der hilfesuchenden Personen, diese als solche in ihrer Gänze anzunehmen und darauf ganzheitlich zu reagieren. Im Folgenden werden einzelne Praxen der ganzheitlichen, regel(er)findenden Hilfe dargestellt.

10.1.3.1 Kreative Tipps

In den Erfahrungen der älteren und zum Teil jüngeren und frei Engagierten wird behördlichen, amtlichen, regelgebundenen und -ausführenden staatlichen Institutionen der sozialen Leistungs- und Anspruchsverwaltung mit ‚Mut und List' begegnet, um existenzielle Grundlagen des Zurechtfindens durchzusetzen. In dieser Hinsicht verkörpern engagierte Migranten als ‚Wanderer' die „Grundzüge des Simmelschen, Schützschen und Parkschen ‚Fremden', nämlich die ambivalente Gleichzeitigkeit von Marginalisierung und List, Ausschluss und Schläue, Abwehr und Durchblick" (Villa 2006: 37)[175]. Migranten sind mit Römhild nicht nur Opfer. Sie sind auch erfinderische Kreative bei der Umgehung oktroyierter Regelungen. Römhild konstatiert eine Praxis der Improvisation: Migranten umgehen mithin institutionalisierte Wege der Integration (vgl. Römhild 2007/a: 622 f.).

Kreative Wege der Integration werden in der vorliegenden Untersuchung *einerseits* in der direkten Auseinandersetzung Befragter mit Behörden gesucht, das heißt zunächst „‚jenseits [sogenannter] sozial-moralischer Milieus'" (Zifonun 2010: 140). *Andererseits* werden in Zusammenarbeit mit zum Beispiel ethnischen Netzwerken, die Teil der vielfältigen Milieustrukturen und Lebensstilpräferenzen von Migranten sind (vgl. Zifonun 2010: 143), Wege der eigenen Integration und der Integration anderer hilfesuchender Migranten gesucht.

In den Interviewtexten verdichten sich Erfahrungen im Aufnahmeland, die vor allem im direkten Kontakt der Befragten zu Ämtern oder Behörden zustande kommen. Befragte Migranten haben den Vorteil, selbst die Erfahrung gemacht zu haben, nicht ausschließlich auf die Gewährung von Ansprüchen ‚passiv' zu warten. Sie haben Wege oder Nischen gesucht, um zum Beispiel auf das so empfundene Menschenrecht zu bestehen, sich Grundlagen des (in-

---

175 Bei Villa bezogen auf die weibliche Wanderin oder feministische Nomadin.

tegrativen) Zurechtfindens selbst zu schaffen. Einer Befragten gelingt es, ohne auf amtliche Lizensierungen zu warten, den eigenen Status als Bürgerin und Helferin zu festigen:

> „Ein Mensch mit der Duldung hat keine Rechte" **(Text: Bosnien W 60+; Position: 11 – 11).**

> „Und diese Notarin war von mir so überzeugt, dass sie überhaupt meine Duldung nicht angeschaut hat; außerdem später hat gesagt, sie bereut es nicht, weil sie hätte so und so kein Herz, mich abzulehnen. Ich war ihr so sympathisch und so mutig, so ungewöhnlich, sagte, ich würde ihren Verein sowieso bestätigen. Später wurde natürlich gefragt und nachgefragt, aber das war paar Jahre später, als es schon so weit war, und andere Status hatte. Sie konnte mir das nicht mehr schaden" **(Text: Bosnien W 60+; Position: 11 – 11).**

Wege des Zurechtfindens zu suchen, geschieht offensiv, indem auf selbst interpretiertes oder universal empfundenes Recht bestanden wird. Dies geschieht zwar in Opposition zu den gängigen Mustern, zum Beispiel der Antragstellung und Anspruchsgewährung, jedoch nicht ordnungszerstörend, sondern durch Identifizierung und gezielte Nutzung von Regelungslücken sowie das gezielte Hinwirken auf die emotionale Seite der Menschen in den Ordnungsinstitutionen zumindest ordnungsirritierend.

Diese Haltung wird zum Vorteil der Hilfesuchenden praktisch und kreativ eingesetzt. Als Helfer agieren Befragte im Auftrag von Hilfesuchenden, und zwar mit folgender Aufgabenstellung: auf behördliche Entscheider einzuwirken, um Ansprüche durchzusetzen und wenn nötig, sich dafür auch gegen Behörden zu stellen.

An folgendem Zitat ist abzulesen, dass mit Behörden ein Kommunikationsstil gepflegt wird, der zwischen Einvernehmlichkeit und Konfrontation changiert:

> „ja, wir sind mehr oder weniger ungewollt Anwälte von denen. Und wenn eine, zum Beispiel eine will Wochenende nach Nürnberg fahren, er darf nicht. Asylbewerber darf nicht (NAME STADT) verlassen, das heißt, wir müssen für ihn eine Reiseerlaubnis, ja, und heißt, ich helf ihm, oder ich schreibe ein Antrag, und, denn ich präsentier die Antrag, ja, dann sag, ich bin ein Bettler, ja, und ich muss diejenige, die das genehmigen, überzeugen, dass diese Leute, diese Mann oder diese Frau unbedingt diese Wochenende außerhalb das Haus braucht, und, ahm, man kann so erreichen, wenn man süssig diese verbunden, ja, also ich respektiere die Job, die die andere machen. (…) bitte aber lasst uns menschlich hier verhandeln, ja, und des macht unsere Arbeiten aus, sehr schätzenswert (…), manchmal müssen wir auch miteinander streiten, ja, ahm, aber streiten nicht im negativen Sinne" **(Text: Ghana M 60+; Position: 56 – 56).**[176]

---

176 Als Kritiker könnte man jedoch auch behaupten, dass eine zu enge, weil wohlfahrtsorganisational abgesicherte Kooperation der Helfer mit Behörden einer eindeutigen Positionierung zugunsten Hilfesuchender hinderlich sein kann. Dagegen könnte eine eindeutige Positionierung in Gegnerschaft zu Behörden in ‚freiem' Engagement bessere Ergebnisse liefern. Anspruchsdurchsetzungen sind in ‚freiem' Engagement ob fehlender Lizensierung von Professionalität oder Autorisierung jedoch ungleich schwieriger als in organisational eingebundener Migrationsarbeit.
Seniorität allein bewirkt dabei kaum Handlungslegitimierung. Ein Befragter berichtet davon, als Beauftragter seiner Sozialeinrichtung in einer Behörde trotz seines höheren Alters keinen Respekt entgegengebracht bekommen zu haben. Im Gegenteil, sieht er sich herabgesetzt angesichts dessen, dass er von einem jüngeren Behördenmitarbeiter geduzt wird **(Text: Pakistan M 60+; Position: 55 – 56).** Der Zusatz, organisiert zu sein, aus einer legitimierten, weil zum Beispiel vereinsrechtlich lizensierten Position heraus für Migranten zu agieren, trägt unmittelbar zur Wirksamkeit des Engagements bei. In einer anderen Situation verschafft demselben Befragten sein ‚Dienstausweis' Legitimierung **(Text: Pakistan M 60+; Position: 46 – 46, in anderem Kontext zitiert in Kapitel 10.2.3.1).**

Abgesehen von direkten Erfahrungen mit Behörden, die in kreative Strategien für die eigene Integration und die Integration anderer umgesetzt werden, erkennen Befragte Lücken ‚des Systems', die sie auf der Ebene ethnisch-kulturell gemeinschaftlicher Netzwerke füllen.

Befragte nehmen meist schon unmittelbar nach der Einwanderung die Möglichkeit wahr, auf ein soziales Netzwerk von ‚ethnic communities' zurückzugreifen (siehe Kapitel 9.1.2.2 ‚Communityanschluss: Auffangen von Fremdheitserfahrungen). Diese haben oftmals schon eine längere Existenz im Aufnahmeland (vgl. Beck-Gernsheim 1999: 96).

Von Befragten werden Netzwerke für hilfesuchende Migranten genutzt, deren Weg durch die Instanzen sonst genauso beschwerlich wäre wie der eigene. Die eigene Erfahrung soll den anderen nicht zugemutet und auch nicht vorenthalten werden. Dazu soll Unbekanntes und noch nicht bekanntes Wissen erklärend beigebracht werden. Der ‚Sprung ins kalte Wasser' soll Hilfesuchenden nach Möglichkeit erspart bleiben.

Engagierte geben Tipps dazu, wie zum Beispiel mit Behörden umgegangen werden kann, wie diese bisweilen buchstäblich ausgetrickst werden können.

Über den Umweg eines Bundeslandes mit weniger strengen Einbürgerungsregelungen für Einwanderer wird nach der Einbürgerung beispielsweise der Weg in das gewünschte Bundesland geebnet:

> „Aber nur wegen Aufenthalt eine, zweitens wegen Einbürgerung. Ich kenne viele Familie, wo die hier keine Einbürgerung bekommen, weil es strenge Sache, strenge Gesetze oder einfach nicht einfach, nicht leicht. Dann gehen woanders hin, wo anderes Bundesland, und dann kriegen sie sofort eine Einbürgerung, paar Monate, und die kommen hier wieder zurück. Ich kenne mehrere hunderte, nicht ein, zwei, drei, vier Familien, sondern ich kann bis zwei Stunden die Familiennamen zählen" **(Text: Irak M 50+; Position: 50 – 50).**

Über den Umweg, in der Türkei Abiturprüfungen abzulegen und einen Studienplatz ‚pro forma' anzunehmen, wird der Weg zum Studium in Deutschland eröffnet:

> „Und nebenbei haben wir zum Beispiel auch, ahm, tolle Möglichkeiten für türkische, überhaupt ausländische Schüler, wenn sie hier zum Beispiel Abitur nicht schaffen, da kann man jedoch in der Türkei eine Möglichkeit haben, ahm, da kann man Abitur schaffen, natürlich in der Türkei, deshalb werden die Kinder hier bei uns vorbereitet, des ist ja natürlich fern, Fernstu, nehmen wir an, Fernstudium, und da werden sie sich für Fernstudium diese Prüfung vorbereitet, wenn sie das bestehen, und kann jedoch auch erfreulicherweise auch sagen, bei uns haben sie dort vor einem Monat, haben sie teilgenommen, fast alle, fast alle, alle, alle haben bestanden, und die haben jetzt Studienplatz in der Türkei, und das ist nicht so, dass sie da in der Türkei studieren müssen, aber sie können jedoch diesen Studium hier anerkennen lassen, also das heißt, erstes Semester sollen sie sich da anmelden und mit diesem (...?) können sie hier weiter studieren, obwohl sie hier diese Möglichkeiten nicht haben" **(Text: Türkei M 50+; Position: 6 – 6).**

Es gibt Anleitungen dazu, wie mit Behördenmitarbeitern als Menschen umgegangen werden kann: „süssig", das heißt auf eine möglichst informell-gewinnende Art und Weise **(Text: Ghana M 60+; Position: 56 – 56)**. Mitarbeitern von Behörden des Sozialstaats oder des Rechtsstaats wird als Menschen begegnet, die zwar in ihrer Arbeitsweise an Regularien, Verordnungen, Gesetze gebunden sind, die aber dennoch erweicht und beeinflusst werden können, um ihren Ermessensspielraum auszuschöpfen. Mitunter wird mit Hilfesuchenden trainiert, um emotional auf einen Richter einzuwirken, der über ihren Aufenthalt entscheidet **(Text: Armenien M 60+; Position: 59 – 60)**. Nicht nur wird also bezogen auf Hilfesuchende ‚am Menschen' angesetzt, sondern auch in Bezug auf diejenigen, die zum Beispiel über Aufenthaltsrecht, Sozialleistungen etc. entscheiden beziehungsweise die darüber von Amts wegen bestimmen können. Auch ihnen wird auf einer Ebene begegnet, die Emotion als Mittel zur Problembearbeitung einbringt. Es geht darum, Gefühl, Sympathie, Empathie zu nutzen, damit zu arbeiten, um diejenigen Entscheidungsträger problemlösungsbezogen einzubeziehen, die auf ihrer Position *echte* Prob*lemlösungen* erst gestalten können.

10.1.3.2 Raumsuche und Rausziehen

Zunächst ist die sogenannte '*Raumsuche*'[177] im Material ganz offenbar und tritt in vielerlei Hinsicht in Erscheinung. Engagierte Migranten suchen zum einen geschützten Raum für Schützlinge oder auch Gleichgesinnte beziehungsweise herkunftskulturell Ähnliche. Diese Raumsuche hat dann den Beigeschmack von Selbsthilfegruppen, weist aber auf die Ganzheitlichkeit der Betrachtung von hilfesuchenden Personen oder zumindest von Migranten hin, die sich im Aufnahmeland zurechtfinden wollen.

Eine türkische Engagierte berichtet von ihren Engagementanfängen, als sie sich mit anderen türkischen Frauen zusammenschloss, und sie für sich Raum suchten:

> „Dann paar Frauen sind wir zusammen uns geschlossen in den Wohnungen getroffen und so weiter, da könnten wir nicht so weiter machen (…), ahm, dann Herr (NAME), wir sind sehr dankbar an ihn, der war in (NAME KIRCHE), er ist jetzt, ich glaube, woanders, weiß ich nicht. Oder er ist noch nicht Rente gegangen, ich glaube, der hat uns umarmt, muss ich eigentlich sagen, der hat uns auch Treffmöglichkeiten geschafft" **(Text: Türkei W 60+; Position: 37 – 37 und 39 – 39).**

Ähnliche räumlich-regionale und herkunftskulturelle sowie -ethnische Herkunftskontexte dienen als Hintergrundfolie für die Suche nach geeignetem Raum für Menschen, die sich aufgrund ihrer Ähnlichkeit miteinander identifizieren. Migrationshelfer stellen sich selbst in den Kontext dieser Identifikation und erkennen die angenommene Zusammengehörigkeit an. Sie nehmen aufgrund eigener Erfahrung die Bedürfnisse der Migranten nach Zusammensein beziehungsweise Zusammenkunft wahr, sei es aus Gründen der gemeinsamen Problemstellung und -bearbeitung oder auch aus Gründen der Geselligkeit fernab des so empfundenen Drucks, sich verändern zu müssen, anders sein oder werden zu müssen; möglicherweise so anders, wie es von Deutschen und Professionellen vorgesehen ist.

Über folgenden Interviewausschnitt kann verdeutlicht werden, wie aus Sicht eines Befragten aufgrund unterschiedlicher Auffassungen bezüglich angemessener Arbeit mit jugendlichen Russen Strategien eines deutschen Professionellen scheitern können:

> „ich versteh einheimische Diplomsozialpädagogen ja, mit solche kannst du nicht so arbeiten, weil kennst du Mentalität nicht, kennst du die Sprache nicht, die verarschen dich. Er kommt, diese deutsche Diplomsozialpädagoge, kommt, steht wie Depp, die lachen und reden auf Russisch, die fluchen auf Russisch. Der hat keine Lust mehr, arbeiten gehen" **(Text: Kasachstan 60+; Position: 69 – 70, in anderem Kontext zitiert in Kapitel 11.2.5).**

Die Folge dieses von Interviewten beobachteten Scheiterns ist sein eigenes Engagement für die Herauslösung oder das '*Rausziehen*' der Jugendlichen aus dem Kontext 'herkömmlicher' sozialpädagogisch angeleiteter Unterstützung. Dieser Engagierte tritt auch dafür ein, Jugend-

---

[177] Raumsuche steht für die Befragten im Kontext des Physischen, wenngleich soziologisch Raum nicht 'Naturlandschaft' bedeutet. Er kann und muss auch in diesem Fall als 'Sozialraum' definiert werden. Befragte suchen den physischen Raum, um für ihre Schützlinge sozialen Raum zu schaffen. Der physische Raum bildet dabei das 'Hintergrundbild' des sozialen Raums (vgl. Schroer 2009: 354 ff.).

liche aus ihrem Wohnumfeld herauszuziehen, weil hier Konflikte mit Bewohnern bestehen **(Text: Kasachstan 60+; Position: 69 – 69).**

Diese Strategie des Herauslösens, der Extraktion oder des ‚Rausziehens' erscheint auf den ersten Blick so, als ob sie ‚Integration' zuwiderläuft. Migranten wird dabei gleichzeitig Raum gegeben. Sie werden einerseits dem deutschen gesamtgesellschaftlichen Kontext (repräsentiert zum Beispiel in einem Stadtviertel) entzogen, der ihnen Probleme bereitet, weil er ihnen nicht die Möglichkeit gibt, sich so zu verhalten, wie sie es wollen, wie sie es gewohnt sind. Rausziehen und ‚anderen' oder ‚wo anders' Raum geben, erscheint dann andererseits als adäquate Praxis, weil sonst alle möglichen Wege ausgeschöpft wurden und zum Beispiel die Harmonisierung mit der Ordnung (zum Beispiel im Stadtviertel) als aussichtslos oder nicht gewünscht erscheint.

Auch hier rekurrieren vor allem ältere, engagierte Migranten auf ihr spezielles Wissen und ihre Erfahrung, den Zeitpunkt zu erkennen, die Situation einschätzen zu können, ab wann ‚herkömmliche Integration' zu scheitern droht, nicht angebracht ist oder ‚Klienten' schlicht einen neuen Startpunkt benötigen, von dem aus gemeinschaftlich stabile Identität in der (Migranten-)Gruppe hergestellt werden muss, um aus dieser Position wiederum auf gesamtgesellschaftlicher Ebene zu bestehen.

Der Vorwurf allerdings, der Migranten dann begegnet, wenn sie eigenen Raum für sich beanspruchen, ist der, sich nicht anzupassen, sich nicht einzugliedern. Die Befürchtung ist (im Anschluss an soziologische Literaturlagen), dass Migranten sich in Parallelwelt und -gesellschaftlichkeit flüchten. Die Furcht vor Parallelgesellschaften ist, soziologischer Literaturlage nach, aber nicht angemessen – im Gegenteil sei ein Mangel an parallelgesellschaftlichen Strukturen (vgl. Micus/Walter 2007: 92) zu beklagen, derjenigen Strukturen, die die Kultur von Migranten verfestigen, und damit ihr Selbstbewusstsein pflegt.

‚Rausziehen und Raumsuche' weist als empirisch hervorgebrachte Kategorie auf diese Literatur hin. ‚Rausziehen und Raumsuche' geht bei den befragten Migranten auf die Deutung zurück, den gesamten Menschen in den Blick nehmen zu können und seine Probleme in ihrem Zusammenspiel bearbeiten zu können. Als Strategie unterliegt ‚Rausziehen und Raumsuche' der ganz eigentümlichen Deutung der Befragten von Integration: nicht als ‚finale' oder ‚totale' Integration in die Zusammenhänge einer Aufnahmegesellschaft, sondern als Integration in ein ‚passendes' Umfeld, eine herkunftskulturell und zum Teil -ethnisch zu bezeichnende Gemeinschaft, die Integration erfolgversprechend perspektiviert. Es geht also nicht darum, zielgerichtet auf musterhaft assimilative Strategien der Integration in eine deutsche Gesellschaft zurückzugreifen, sondern im Gegenteil darum, Hilfesuchende aus dem gesellschaftlichen Kontext insofern zu extrahieren, als ihnen im Gegenzug langfristig angelegt, das heißt nachhaltig, Raum zur Entfaltung zur Verfügung gestellt wird[178].

---

178 Die Extraktion von Hilfesuchenden aus dem gesellschaftlichen Kontext kann so weit gehen, dass diese auf ihrem Weg in ein Herkunftsgebiet zurückbegleitet werden. Es handelt sich dabei im amtlich verstandenen Sinne um sogenannte ‚Rückführungen', die im migrationstätigen Umfeld zum Tagesgeschäft gehören. Engagierte Migranten sehen sich in der Lage und der Pflicht, diesen Rückführungen ein humanes Antlitz zu geben – jedoch nicht, wie das Wort vermuten ließe, nur zum Schein, sondern in der Betrachtung der ganzen Person unter Hinzunahme aller Erfahrung und emotionaler Energie als eine Form von Rückführung, die Nachhaltigkeit verspricht. Die bosnische Befragte unterstreicht ihr Bestreben, die Lage der ‚Rückgeführten' zu überwachen **(Text: Bosnien W 60+; Position: 34 – 34, in anderem Kontext zitiert in Kapitel 10.1.1 und 11.3.2)**. Potenzielle Migranten von der Migration abzuhalten zielt ebenso auf die Menschen als Ganzes wie auch auf die Ganzheitlichkeit ihrer mit der potenziellen Migration zusammenhängenden Probleme. Die Strategie, die

10.1.3.3 Arbeit in der Zuständigkeit für herkunfts- und erfahrungsähnliche Migranten

Gemeinsamkeiten zwischen Helfern und Hilfesuchenden basieren im Rahmen der Kategorie ‚kulturkritisch-aufklärenden Engagements' auf Formen von Nähe. Diese Nähe wiederum ist als Beziehungsnähe zu verstehen. Begründet wird Nähe von befragten älteren und jüngeren ‚frei' Engagierten zunächst durch ihr Gefühl, schlicht etwas mit dem Gegenüber gemeinsam zu haben, speziell aber zu einer Schicksalsgruppe zu gehören, die ähnlichen, externen Herausforderungen ausgesetzt war und möglicherweise ist. Auf diese nahestehenden Personen ist Engagement konkret, das heißt handlungspraktisch, ausgerichtet.

Diese Handlungsausrichtung, die sich aus der Materialinterpretation ergibt, schließt an Literaturlagen an, in denen Solidarität in der emotionalen Kohäsion von Gruppenmitgliedern konstituiert ist. Für Bayertz beschreibt Solidarität einen „gemeinsame[n] deskriptive[n] Kern (…) [, der] in der Idee eines wechselseitigen Zusammenhangs zwischen den Mitgliedern einer Gruppe von Menschen" (Bayertz 1998: 11) zu sehen ist. Mit Isensee ist Solidarität an „persönliche Zuneigung, räumliche Nähe, Übereinstimmung der Interessen, [und] Gruppenzugehörigkeit" (Isensee 1998: 111 f.) geknüpft.

Wenn jedoch Nähe für befragte Engagierte subjektiv relevant wird, überschreitet sie räumliche Grenzen und dehnt sich auf Ähnlicherfahrene aus, auf Hilfesuchende, die zum Beispiel Diskriminierung oder Bedrohung, Migration und Integration erlebt haben. Die Befragten richten ihr Engagement an diejenigen, denen sie sich aufgrund konkreter Ähnlicherfahrung verbunden fühlen. Diese sind nicht ausschließlich ethnisch-national kulturell oder herkunftsräumlich ähnliche, also irgendwie objektiv ähnliche, sondern auch diesen Gruppendefinitionen ferne Migranten (siehe dazu auch Kapitel 9.1.2).

Besondere Verbundenheit zu Hilfesuchenden haben Befragte dennoch zunächst bei Menschen, die wie sie im Sinne einer der herkömmlichen Gruppen- oder Gemeinschaftlichkeitskonstellationen ‚anders'[179] sind als Mitglieder der Mehrheitsgesellschaft (siehe Kapitel 9.1.1). Eine Befragte spricht davon, ihre ethnisch-national definierte Eigengruppe in einer von ihr mitorganisierten Veranstaltung von Deutschen nicht beleidigen lassen zu wollen:

> „Ich lasse meine Leute nicht beleidigen. Weil sonst kann ich sie nicht nochmal überreden, wohin zu kommen, weil des hat kein Sinn, die wollen dann nicht mehr dazu kommen" **(Text: Griechenland W 60+; Position: 15 – 15).**

---

von Migration abhält, belässt den Raum für Menschen, denen geholfen werden soll, im Herkunftsland. Ziel ist es, den Problemen von Migration und Raum vorzubeugen und Menschen im Herkunftsland zu halten **(z. B. Text: Ghana M 60+; Position: 23 – 27, in anderem Kontext zitiert in Kapitel 10.1.3.3).**

179 Damit werden ethnisch-kulturelle Ähnlichkeitsmuster reproduziert. Mit Römhild kann dieser Aspekt verdeutlicht werden: Es „dominiert das Denken und Handeln in ethnischen Kategorien der Herkunftsidentität weiterhin – auch auf der Seite der Migranten selbst" (Römhild 2007/b: 158). Sowohl diskursiv als auch realpolitisch schließen sie an kulturell bedingte und vorgestellte Distinktionen zwischen Mehrheit und Minderheit an (vgl. ebd.: 164). Diese diskursive Realität spiegelt sich bei Migranten selbst: Sie werden „Experten für das ethnische Unterscheidungssystem" (ebd.: 166). Erst durch dieses Wissen werden Migranten zu Migranten (vgl. ebd.) und damit für diese Untersuchung untereinander ähnlich beziehungsweise nahe.

In diesem Zitat spiegelt sich eine ‚Andersheit', die (unterstützenden und hilfesuchenden) Migranten gleichermaßen von außen nahe gebracht wird, und gegen die sich die Befragte zur Wehr setzt[180]. Die Befragte setzt sich mit Vorurteilen auseinander:

> „Ahm, ahm, es gibt von beide Seiten, ahm, so gewisse Vorurteile, ne? Man kennt sich ja nicht. Aber so ist die Möglichkeit, den anderen, den Nichtdeutschen kennenzulernen, die Griechen, wie sind diese Griechen, sie sind keine Exoten, oder doch, wir haben festgestellt, wir haben dieselben Gewohnheiten, dieselben Ängste, dieselben Träume, und wir sind bloß Menschen, und viele denken, also wir sprechen bloß eine andere Sprache, haben wir eine andere Religion, aber wir sind gleich, ne? **(Text: Griechenland W 60+; Position: 2 – 2).**

Infolge von außen herangetragener Abgrenzungen und Zugehörigkeiten entsteht Nähe zu Merkmals- und Schicksalsähnlichen. Das ‚freie' Engagement und insbesondere das Engagement von älteren Migranten wird vor diesem Hintergrund an ethnisch-kulturell nahen Migranten ausgerichtet.

Der Radius des Engagements *älterer* Befragter verengt sich nicht selten auf eine ursprünglich gedachte ‚Herkunftsgruppe' im ‚Herkunftsland'. Neben dem ghanaischen Befragten, mit Projekten in Ghana **(Text: Ghana M 60+; Position: 23 – 27, in anderem Kontext zitiert in Kapitel 10.1.3.2)** und der bosnischen Befragten mit Rückführungsprojekten (s. o.: **Text: Bosnien W 60+; Position: 34 – 34, in anderem Kontext zitiert in Kapitel 9.1.1 und 11.3.2)** zeigt sich das transnationale Engagement für Herkunftsähnliche bei älteren Engagierten im Text zum Interview mit zwei russischen Aussiedlern **(Text: 2 x Russland M/W 60+; Position: 364 – 371).**

Geschuldet scheint diese Orientierung der Idee, vornehmlich dann ‚richtig' handeln zu können, wenn die ‚richtige' Zielgruppe anvisiert wird, die also in ethnisch-kultureller Hinsicht die ähnlichste ist. Geschuldet scheint diese Orientierung auch schlicht der Sehnsucht, zurück zum Ursprung zu kehren, die ‚eigene' ethnisch-kulturelle Identität noch einmal zu fundieren, sich dieser zu vergewissern. Dies wird in den folgenden Interviewausschnitten deutlich:

> „Ich vermiss sehr auch mein Freunde, und deswegen, egal, wo die hingehen, wir haben immer Kontakt mit der Familie, mit Freunden, Verwandtschaft, alles, weil in dem Alter, da merk ich jetzt stark, ich brauche die Familie. Und dass die Familie ist wirklich schön, jung seit Jahren hab ich nicht einfach Unsinn gehalten, es ist schön, frei zu leben, ahm, ohne irgendein Verpflichtung und so, aber heute denke ich, wo ich selber Kinder habe, dann nein, die Familie ist alles. Mit dem man wird auch stark. Und da hab ich auch gesehen, wenn ich ein, irgendein, Problem hab in den Heimat, und egal wem ich sage, da sind viele Menschen einfach da, um mir zu helfen. Und wenn ich selber da hingeh, dann kommen die von allen Seiten, die Menschen, nur um zu sehen, also, lange ich war nicht da, vielleicht, wie mir geht. Und das ist eine schöne Gefühl" **(Text: Pakistan M 60+; Position: 76 – 76).**

Im Anschluss an Stuart Hall kann von Migranten an ‚alte' Identitäten angeknüpft werden (vgl. Hall 1994: 27), sogar wenn ein vermeintlich ursprünglicher Ort der Herkunft de facto nicht (mehr) gegeben ist (vgl. ebd.: 63).

Im praktischen Engagement Befragter kommt die Arbeit für ethnisch-kulturell Ähnliche einer Definitionsüberschreitung ‚bürgerschaftlichen Engagements' nahe, da Arbeit für Migranten zum Teil nicht im öffentlichen Raum stattfindet, vor allem wenn ethnisch-kulturelle Netzwerke einbezogen werden.

---

180 Eine in Deutschland übliche Zuordnungsexklusivität lässt mehrdeutige Identifikationen verdächtig erscheinen. Migranten werden als „Störfaktor" (Beck-Gernsheim 1999: 22) angesehen.

In vielfältiger Form kann gelesen werden, dass Freunde aus ethnisch-kulturellen Netzwerken zu ‚Klienten' oder umgekehrt ‚Klienten' zu Freunden werden. In folgendem Zitat nimmt ein Befragter darauf Bezug, dass er als organisational eingebundener Mitarbeiter Klienten betreut, die er aufgrund seiner Einlassung in eine ethnisch-kulturelle Community bereits gut kennt:

> „Ja, ich bin wie eine Montur für die Rückkehrer in meine Heimatleute, Mentor, Entschuldigung, wie Mentor, ich erkläre denen gut, und die verstehen mich; und die glaube mich (lachen) auch, ja, weil meistens die kennen mich draußen nicht durch die Verein, die kennen mich draußen, und ich bin aktiv als eine kurdische Mensch in (NAME STADT), und die kennen mich und die vertrauen. Wenn ich mit denen rede, dann glaubt" **(Text: Irak M 50+; Position: 52 – 52).**

Im Kontext der Literatur (siehe Kapitel 9.3.1) zu ‚originär freiwilligem Engagement' ließe sich diese Praxis des Engagements für kulturell und erfahrungsnahe Migranten als die Ausprägung einer Fehlfunktion bezeichnen. Diese vermeintliche Fehlfunktion ist jedoch zum Teil Kennzeichen des Engagements älterer Migranten. Sie manifestiert sich besonders im Alter, wenn sich das Engagement zunehmend an die ‚als nahe Wahrgenommenen' richtet, deren Nähe in Ethnie oder Kultur begründet ist.

Wenn es ‚im Alter' um das Engagement für vermeintlich herkunftskulturell Ähnliche – insbesondere in der Herkunftsregion Verortete – geht, wird traditionell gedachtes Engagement im Sinne von ‚bürgerschaftlichem Engagement' mit Präferenzen der Engagementausrichtung von Befragten vermischt. ‚Vermischung' darf an dieser Stelle nicht zu sehr als eine ‚unzulässige' Definitionsüberschneidung bürgerschaftlichen Engagements durch ‚private' Präferenzen oder Formen der „Partikularität" (vgl. Schmidt 2008: 844) im Engagement Befragter gelesen werden. Sich im Rahmen transnationalen Engagements für ethnisch-kulturell Ähnliche zu engagieren, impliziert noch nicht, sich aus einem öffentlichen Bereich des Engagements herauszubewegen.

Neben der praktischen Ausrichtung an ethnisch-kulturell Nahen orientieren sich Befragte dieses Samples in ihrem Engagement auch an hilfesuchenden Migranten, mit denen sie allein Erfahrungen der Migration und Integration teilen[181]. Bezogen auf die Gruppe älterer und jüngerer frei engagierter Migrationsarbeiter kommt dieser Umstand dadurch zum Vorschein, dass zum Beispiel in der Erzählung des ghanaischen Befragten (60+) zu seinem wohlfahrtsorganisational eingelassenen Engagement gerade Deutungen seiner Hilfsausrichtung offenbar werden, die von regional-ethnisch-kulturellen Kategorien absehen (siehe vorausblickend Kapitel 11.4.2.1). In annähernd allen Fällen wird nicht von ausschließlicher Hinwendung zu Herkunftsähnlichen berichtet. Stets wird die Ausdehnung des Engagements auf Migranten, unabhängig von ihrer regionalen, ethnischen oder kulturellen Prägung, offenbar. Diese Hinwendung erscheint zum Teil funktional und einem organisationalen Kontext der Migrationsarbeit geschuldet. Jedoch auch bei frei engagierten Migranten werden Handlungsausrichtungen bedeutsam, die an Vorstellungen selbst erfahrener und deshalb mit Hilfesuchenden geteilter Status(un)sicherheit anknüpfen.

Benachteiligung von Frauen in ihrem Herkunftsmilieu wird in folgenden Zitaten nicht als ethnisch-regional begrenztes Problem betrachtet, sondern als ein Thema begriffen, das

---

181 Kapitel 9.1.2 verdeutlicht die Überlagerung regional-ethnisch-kultureller Muster engagementstrategischer Hintergründe durch Gemeinsamkeiten der Helfer, die auf dem Problem der Status(un)sicherheit beruhen.

unabhängig von der regionalen, ethnischen oder kulturellen Herkunft der Frauen im Engagement bearbeitet wird:

> „obwohl Kosovo auch so feudale Strukturen (lachen) ja teilweise in ländlichen Regionen pflegt, und auch was die Bildung von Frauen angeht, eigentlich da noch Nachholbedarf hat, quasi in meiner Familie wurde, Gott sei Dank, war das immer, dass Bildung einen hohen Stellenwert hatte" **(Text: Kosovo W 50-; Position: 47 – 47).**

> „deswegen, ja, ich versuch dann des Positive hier in Deutschland auch trotz aller Rückschläge, die man erlebt hat, auch zu sehen, welche Möglichkeiten man hier hat, und auch welche Stärke man auch hat, eigentlich um das alles, ahm, sozusagen mitzumachen und auch durchzustehen, und das sag ich auch den Frauen, ihr seid einfach stark, ihr habt das alles Etappen zurückgelegt und seid immer noch da (lachen), seid immer noch bei Sinnen (lachen)" **(Text: Kosovo W 50-; Position: 37 – 37).**

10.1.3.4 Einbezug relevanter Personen

Der Einbezug relevanter Personen steht für eine besondere Form der Beziehungsvermischung Befragter aufgrund ihrer Nähe zu Hilfesuchenden und erhält deshalb einen eigenen Platz im Kategoriensystem. Es geht dabei darum, dass Befragte affektiv einem ‚kulturell' zu beschreibenden ‚Riecher' folgen, um zu entscheiden, wer in Problembearbeitungen einzubeziehen ist, damit ganzheitlich geholfen werden kann. Eine Zweierkonstellation oder -situation in der Problembearbeitung (also Helfer und Hilfesuchender) wird eigeninitiiert zugunsten einer adäquaten Problembearbeitung aufgelöst. Die Intimität beispielsweise eines Betreuungsgesprächs bleibt dabei unberücksichtigt. Im Beispiel des Interviews mit Frau T. zeigt sich, dass relevante Personen vornehmlich aus dem familiären Umkreis einer Klientin hinzugezogen werden. Das sind vor allem der Schwager und die Schwägerin und über sie die gesamte Familie der Klientin. Sie werden in die Problembearbeitung einbezogen, trotz oder gerade weil sie Teil des Problems sind **(Text: Türkei W 60+; Position: 109 – 109 und 111 – 111, in anderem Kontext teilweise zitiert in Kapitel 11.1.4).**

Manchmal werden fast konspirativ Wege für Zusammentreffen arrangiert. Nach Gefühl wird auf Wissen rekurriert, um zum Beispiel unter Berücksichtigung von Genderaspekten, der religiösen Ausrichtung oder von ethnisch-kulturellen Gesichtspunkten wirksam agieren zu können. Dabei wird keinem Globalethos über ‚richtiges' weil zum Beispiel institutionalisiertes Engagement gefolgt, sondern situationsbezogen auf all das zurückgegriffen, was Erfolg verspricht. Es wird nicht ausschließlich im Sinne eines korrekten per Definition ‚reinen' bürgerschaftlichen Engagements agiert, sondern es werden Strategien eingebracht, die an Erfahrungen mit Familie oder in traditioneller Gemeinschaft anknüpfen. Koalitionen werden geschmiedet und strategisch externe Helfer hinzugezogen; dies fernab von etwaigen professionellen oder Engagementvorgaben, sondern in eigener Verantwortung.

Zusammenfassung: Arbeit am Menschen impliziert eine Haltung der quasi-familiären Fürsorge der Befragten dadurch, dass in der Praxis des Engagements die Beziehungsnähe zwischen Helfern und Hilfesuchenden konzeptionell berücksichtigt wird. Arbeit am Menschen bezeichnet insbesondere die Praxis des Engagements, in der konkrete Strategien zum Vorschein kommen. Konkretion erhält diese Kategorie durch die Benennung von Handlungsweisen, die nicht notwendig einem organisationalen Kontext eingeschrieben sind, dennoch in der Gesamtschau der Interviews einem gemeinsamen Ziel befragter Migrationsarbeiter beziehungsweise -engagierter folgen: den hilfesuchenden Migranten mit allen zur Verfügung stehenden Mitteln zu helfen, sie ganzheitlich, das heißt unter Berücksichtigung sämtlicher Aspekte der Person und ihrer Probleme, zu unterstützen. Dies geschieht zum Teil an den Grenzen gesellschaftlich geltender Ordnungsvorstellungen, jedoch mit der Intention, sich gesellschaftlich einzubringen. Helfer sind an dem Wohl der hilfesuchenden Gesellschaftsmitglieder orientiert und tragen so zum Gemeinwohl bei[182]. Vor diesem Hintergrund ist diese Kategorie dem ‚kulturkritisch-aufklärenden' Engagement unterzuordnen.

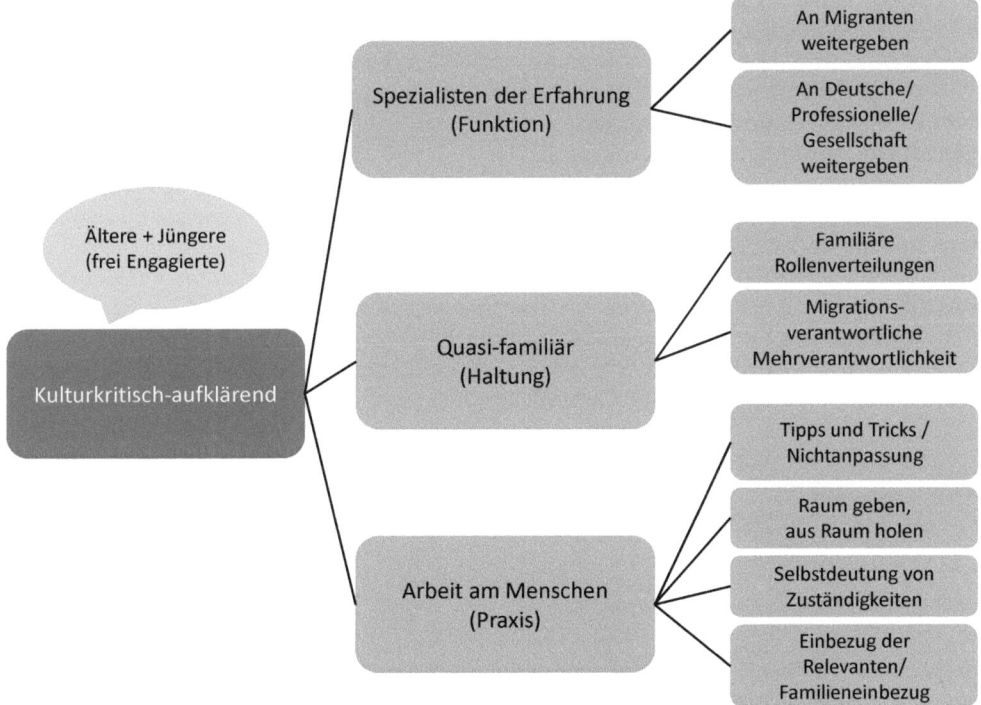

Abbildung 5: Die Kernkategorie des ‚kulturkritisch-aufklärenden Engagements'

---

[182] „Engagement (…) in eigener Sache zielt (…) auf die Emanzipation in sozialer und ökonomischer Hinsicht und darüber hinaus auf die Aneignung bürgerschaftlicher und politischer Handlungsmöglichkeiten für sich und für alle anderen Bürger" (Blaschke 2003: 55).

10.2   Kategorie II: Pragmatisch-helfendes Engagement

Dem kulturkritisch-aufklärenden Engagement steht ein Kategorienkomplex von Gegenstrategien bei der Migrations- und Integrationsarbeit engagierter Migranten zum Vergleich gegenüber. Bezeichnend für diese Kategorie ist, dass sie aus der Perspektive älterer engagierter Migranten hervorgeht, sofern sie vornehmlich innerhalb (wohlfahrts-)organisationaler Einrichtungen tätig sind, sowie tendenziell aus der Perspektive jüngerer Migranten in ihrer Gesamtheit.

Ergebnis der Analyse bei der gesampelten Untersuchungsgruppe ist eine Strategie des ‚pragmatisch-helfenden' – im organisationalen Kontext ‚angepassten' – Engagements. Sein Kennzeichen ist die lebenszeitlich eingeschränkte (Migrations-)Erfahrungsaufschichtung, die jüngere Befragte in ihre Arbeit mit Migranten einbringen können. Es ist auch gekennzeichnet durch einen geringer werdenden Entscheidungs- und Handlungsspielraum, der älteren organisational eingebundenen Migrationsarbeitern mit Migrationsgeschichte von (Wohlfahrts-)Organisationen gewährt wird. Dadurch können diese ihren ‚Erfahrungsschatz' nur eingeschränkt in ihre Arbeit mit Migranten einbringen.

Die Befragten der gesampelten Untersuchungsgruppe sind vornehmlich in festen (wohlfahrts-)organisationalen Kontexten engagiert und zum Teil beschäftigt. Sie ordnen sich den vorgegebenen Strukturen der Organisationen weitgehend unter.

Sich den öffentlich-diskursiv gefestigten Objektivierungen über die Bedeutung der Migrations- und Integrationsarbeit anzuschließen, ist kennzeichnender Teil der wohlfahrtsorganisational geforderten Ausrichtung in der Migrationsarbeit. Diese Ausrichtung haben jüngere mit älteren wohlfahrtsorganisational eingebundenen engagierten Migranten prinzipiell gemeinsam. Sie bekunden ein Interesse daran, Migranten in die deutsche Gesellschaft integrieren zu wollen. Praktisch-pragmatisch, bezogen auf Eingliederungen Hilfesuchender in alltägliche Lebensvollzüge, betrifft dieses Interesse die Eingliederung in den Arbeitsmarkt, in Bildungsinstitutionen, in das Gesundheitssystem etc. Befragte folgen zugleich ihrem Interesse, sich selbst in der Aufnahmegesellschaft zu etablieren.

Im Folgenden wird der Kategorienkomplex des ‚pragmatisch-helfenden Engagements' anhand der Funktion Befragter als ‚Quasi-Professionelle' ihrer Praxis im Sinne des sogenannten ‚Casemanagements' und ihrer Haltung der ‚Verantwortung für Zuständigkeiten' präsentiert.

Befragte der Untersuchungsgruppe weisen in ihrem Herangehen an Migrationsarbeit dennoch Besonderheiten auf, die trotz ihrer engagementorganisationalen Einbindung auf ihren Migrationshintergrund und ihr Alter zurückzuführen sind.

10.2.1   Quasi-professionelle Hilfe (Funktion)

Als Quasi-Professionelle werden jüngere und (wohlfahrts-)organisational eingebundene ältere Befragte der Untersuchungsgruppe dann bezeichnet, wenn sie in ihrer Arbeit mit Migranten den gesetzten professionellen Arbeitsstandards innerhalb von (Wohlfahrts-)Organisationen weitgehend folgen. Diese Befragten beugen sich den Standards (zuweilen in eigenem Interesse). Gleichzeitig orientieren sie sich an ihren eigenen, nicht standardisierbaren Erfahrungsaspekten der Migration und Integration. Sie befinden sich in einer Sonderposition aufgrund ihres Sonderwissens gegenüber ‚deutschen' Professionellen und gegenüber hilfesuchenden Migranten[183]

---

183   Vgl. ‚Spezialmigrant' in Kapitel 9.1.2.3.

In Anlehnung an Strauss heißt es bei Strübing (2007: 105), dass Mitglieder Organisationen konstituieren und behindern können; sie können die Richtung der organisatorischen Bemühungen beeinflussen.

Diese theoretische Sichtweise schließt an Hervorbringungen im Material insofern an, als Befragte auch innerhalb von (Wohlfahrts-)Organisationen in ihren Handlungen nicht strukturell determiniert sind, im Gegenteil ist es ihnen möglich, sich als Mitglieder mit besonderem biografischem Erfahrungswissen in spezieller Weise an der Organisation aktiv zu beteiligen.

Dies spiegelt sich in der Funktion, die Befragte in der Arbeit für Migranten einnehmen. Zunächst zeigt sich die quasi-professionell zu bezeichnende Funktion der jüngeren und älteren organisational eingebundenen Migrationsarbeiter mit Migrationsgeschichte an ihrem Streben nach einer professionellen Karriere im Migrationsarbeitsgeschäft. Dieses ‚Eigeninteresse' erhält vor dem Hintergrund ihrer längeren oder kürzeren Lebens- inklusive Migrationserfahrung eine besondere Ausprägung.

10.2.1.1 Karrierestreben zwischen professionellem Expertentum und laienhaftem Migrationswissen

Für die Kategorie des ‚pragmatisch-helfenden Engagements' gesampelte Untersuchungspersonen befinden sich in einem Spannungsfeld mit teilweise konflikthaften Vorstellungen und Anforderungen von Wohlfahrtsorganisationen. Das geforderte Wissen innerhalb des wohlfahrtsorganisationalen Kontextes beruht immer mehr auf Qualifikationsstandards. Trotz eines zunehmenden Professionalisierungsstrebens von Organisationen der Wohlfahrt ist Migrationserfahrung oder schlicht das Merkmal, Migrant zu sein, nützliche (Zusatz-) Voraussetzung für den Einlass von Migranten in den wohlfahrtsorganisationalen, auf Integration ausgerichteten Bereich der Migrationsarbeit. Die hier tätigen, bisweilen auch angestellten Migranten, nehmen die in sie gesetzte Erwartung, biografisches (Migrationserfahrungs-) Wissen weiterzugeben beziehungsweise aufgrund dieses Wissens zum Beispiel empathisch auf Hilfesuchende eingehen zu können, als Privileg wahr. Sie weisen sich dadurch als besondere Experten aus. Sie werden hier als ‚Quasi- oder Semi-Professionelle' bezeichnet, weil zu erkennen ist, dass Professionalität für die Befragten, die in Wohlfahrtsorganisationen untergekommen sind, teilweise angenommen werden kann. *Nur* teilweise deshalb, weil ihr (herkunftskulturelles und Migrations-)Erfahrungswissen ohne zum Beispiel sogenannte ‚Verwaltungsfunktion [oder -möglichkeit] dieses Wissens' (vgl. Schmidt 2008: 840)[184] Professionalität in einem ambivalenten Licht erscheinen lässt.

Im Folgenden wird entlang von Vorstellungen Befragter geprüft, inwieweit sich die Vermutung der ‚Quasi-Professionalität' erhärtet, wenn sie eigene laienhafte Migrationserfahrung in die Migrationsarbeit einbringen und gleichzeitig ein hier sogenanntes Eigeninteresse an beruflich-professioneller Migrationsarbeit verfolgen.

---

184 Hier lehnt sich Schmidt an den professionsbezogenen, strukturalistischen Merkmalskatalog Parsons an. Zum Katalog klassisch dualer Professionsdifferenzierung nach Parsons 1960 siehe Schmidt 2008: 839 ff. und Pfadenhauer 2003: 37 ff.

Berufliches ‚Eigeninteresse' im Engagement

Vorgetragenes Interesse von älteren und auch jüngeren Migrationsmitarbeitern in Wohlfahrtsorganisationen an einer professionellen Aufwertung ihres Status bedeutet ein ‚Eigeninteresse' an materieller Absicherung bei prestigeträchtiger, weil als professionell anerkannter Tätigkeit. Gleichzeitig messen Befragte ihrer Tätigkeit eine Bedeutung bei, die ‚freiwilliges Engagement' für Migranten nicht ausschließt.

Ein Mitarbeiter einer Wohlfahrtsorganisation sieht in seiner aktuell bezahlten Tätigkeit in der Migrationsarbeit wenige Unterschiede zu seinem früheren (originär-freiwilligen) Engagement außerhalb einer Organisation:

> „Und ich bin selber damals schon auch vor vielen, vielen Jahren, mit 18 Jahren geflüchtet. Und seit (...) in der Bundesrepublik Deutschland, hab aber auch während des Studiums mich sehr engagiert in dem Bereich wie heute" **(Text: Irak2 50+; Position: 8 – 8).**

Ähnlich der Sicht auf die Professionalität pädagogischer oder sozialarbeiterischer Arbeit[185] begleitet (wohlfahrts-)organisational eingebundene Migrationsarbeiter eine Selbstbewertung ihres Tuns, die manchmal eine eindeutige Einordnung ihrer Arbeit in Kategorien der Beruflichkeit, beziehungsweise Profession gegenüber laienhaftem Engagement nicht zulässt. Dies umso mehr, wenn es um die Abgrenzung von Engagement und entlohnter Tätigkeit in der Migrationsarbeit geht.

Befragte nehmen in folgendem Zitat Bezug auf vage Informationen über Entlohnungsmöglichkeiten und fordern für sich ebenfalls die Bezahlung ihres bisher frei und unbezahlt ausgeübten Engagements:

> „B8: *Natürlich wollen wir gerne ...* Wir wissen, andere Leute arbeiten und Geld nehmen, in Seniorenheimen Ü: es gibt manchem Ehrenamtliche, die entlohnt werden und sie will auch ab und zu Geld (lachen)
> B8: Seniorenbeirat bezahlen oder verschiedene Organisationen. *Jeder Ort ... jeder Ort*] B9: jeder Platz]
> B8: haben Seniorenbeirat oder andere Beirat, Aussiedlerbeirat oder wir wollen Information haben, was richtige machen, weil ein bisschen Geld nehmen und helfen andere Kollegen für ihnen und für uns arbeiten zusammen.]
> I: also, dass es etabliert wird, dass es quasi irgendwo angegliedert wird und dann auch bezahlt wird, also dass es ein Job wird, was Sie eh schon leisten.]
> B8: professionaler Job, arbeiten Ehrenamt, Wissenschaftler lernen Kinder, *wie sagt man das ... ein Technikerkreis ... Zirkel Techniker oder*]
> Ü: wie Tanzabende oder Kochen, das sind halt jetzt Ideen, die]
> B8: Möglichkeiten, diese Leute bezahlen]"[186] (Text: 2 x Russland M/W 60+; Position: 342 – 361).

Der Beweggrund, sich in der Migrationsarbeit eigeninteressiert einzubringen, wird besonders deutlich: Es geht darum, den eigenen sozialen und finanziellen Status zu sichern und als regulär beschäftigter Mitarbeiter anerkannt zu werden. Befragte der Untersuchungsgruppe jüngerer und älterer organisational Eingebundener zeigen ihr Eigeninteresse daran, selbst im ‚Fahrwasser' der Migrationsarbeit so mitzuschwimmen, dass daraus eigene Vorteile erwachsen. Ziel ist es, in der Migrationsarbeitskarriere voranzukommen:

---

185 Vgl. zum Beispiel Pfadenhauer 2003: 37 ff.
186 B8 und B9 bezeichnet die beiden interviewten Aussiedler aus Russland. I bezeichnet den Interviewer. Ü bezeichnet die Dolmetscherin, die in der Interviewsituation anwesend war. Kursiv geschriebene Stellen sind im Anschluss an das Interview durch eine zweite Übersetzerin übersetzte, im Original russisch gesprochene Passagen der Befragten sowie zum Teil der Dolmetscherin.

> „weißt du, für mich hab ich bestimmte Pläne schon. Ich will wahrscheinlich mich weiter bilden im psychologischen Bereich und was für Migranten anbieten. Immer wieder. Zweisprachig, weil ich denke, in dem Bereich des ist wirklich nichts, das ist eine Marktlücke momentan" **(Text Ukraine W 50-; Position 58 – 58)**.

Dazu wird an Plänen der Weiterbildung und Fortbildung gearbeitet. Wenigstens aber wird soweit die Karriere in der Migrationsarbeit verfolgt, dass eine Etablierung zustande kommt, die die eigene Existenz sichert. Migrationsarbeit wird zu einem Geschäft, zu einem Markt, auf dem die berufliche Karriere vorangebracht werden kann.

Im Zuge dieser Etablierungsbestrebungen wird in der Migrationsarbeit auf ‚professionalisierte' Wissensbestände zugegriffen, um Unterstützung für Migranten strategisch an ebendiesen Wissensbeständen auszurichten, das heißt professionell-analytisch, empathisch distanziert und sachorientiert zu arbeiten.

Eher in der Funktion einer Öffentlichkeitsarbeiterin der Wohlfahrtsorganisation als in der Funktion einer Helferin präsentiert sich eine junge türkische Mitarbeiterin:

> „wo ab Beginn der Integrationskurse auch eine Power-Point-Präsentation gemacht wird. Wir stellen unsere Einrichtung vor, geben unsere Kontaktdaten her. Flyer werden verteilt. Also wir machen viel Öffentlichkeitsarbeit. Und eben auch immer wieder in den Sozialbürgerhäusern, wo wir teilnehmen an den Veranstaltungen, da werden wir immer eingeladen, wo wir uns nochmal präsentieren können" **(Text: Türkei W 50-; Position: 32 – 32)**.

Biografisch-herkunftskontextuelle Erfahrung als Bedingung für ‚Eigeninteresse' im Engagement

Der biografische Hintergrund Befragter bildet nicht selten eine herkunftskontextuell beeinflusste Sicht auf die Aufgabenstellung, sich sozial für andere einzubringen. Eine Vorstellung wird sichtbar, die die Forderung beinhaltet, soziale Arbeit (staatlich) zu honorieren.

Gespeist wird diese Forderung durch zum Beispiel herkunftskulturell oder -systemisch[187] strukturierte Einschätzungen. Durch sie bleibt es für Migrationsarbeiter aus den Gebieten der ehemaligen UDSSR kaum begründbar, Migrationshilfe staatlicherseits nicht zu honorieren. Ein ‚dritter Sektor', der sich auf Bürgerschaftlichkeit stützt und daraus nicht honorierte Unterstützung für andere ableitet, ist ihnen unbekannt oder ist für die Befragten nicht einsichtig. So ist soziale Wohlfahrt genau wie Bildung und auch Arbeitsplatzvergabe Sache des Staates und sich in diesem Bereich einzubringen, von ihm angemessen anzuerkennen.

Ein Befragter sieht sich in Deutschland mit einer ‚Psychologie' konfrontiert, die im Vergleich zum Herkunftsland mehr Eigeninitiative notwendig macht:

> „von Psychologie drüben war ganz anderes, die Erziehung, die Erziehung der Kinder war, hat Staat sich genommen, was die ganze Erziehungsweise, beide Eltern hat gearbeitet, ja fast zwölf Stunden, und hat Schule gemacht und Pionierlager und so Pioniere war, und der kommt (…?) und so hat sich wichtige, die Kinder und Jugendliche hat erzogen Staat einfach so, und mit solche Psychologie wir kommen auch hier. Jemand muss machen, nicht wir, verstehen Sie das? (Lachen) selbstständig denken sehr schwierig war, weil die bis jetzt, heute noch, weil muss sich in Kapitalismus hier musst du selber sehen, wie überleb ich, nicht verlassen mich auf Staat, Arbeitsamt, Polizei und so" **(Text: Kasachstan M 60+; Position: 4 – 4, zitiert in anderem Kontext in Kapitel 9.1.2.2 und 10.1.1)**.

---

187 Hier wird unter systemisch das herkunftspolitische System verstanden.

Wenn sich Befragte sozial einbringen möchten, erwarten sie dafür Anerkennung. Die Anerkennung von Leistungen des Sozialen heißt aber nicht, sich mit Lob abzufinden, sondern an der eigentlichen Verantwortung des Sozialstaates gemessen bezahlt zu werden.

Biografisch-herkunftskontextueller Hintergrund und quasi-professioneller Wissenseinsatz

Die Funktion und Position, die Befragte dieser Untersuchungsgruppe in der Migrationsarbeit einnehmen, hängt also eng mit ihrer Biografie und ‚Herkunft' zusammen. Ihr besonderes Wissen, das sie daraus ableiten, kann wenig professionell kontrolliert für andere Migranten zum Einsatz gebracht werden. Die Befragten sehen ihre Arbeit als spezielle Hilfe für Migranten, die an Kriterien des freien Engagements anschließt, welches es erlaubt, kulturelles Erfahrungswissen so einzubringen wie es laienhaft möglich ist. Spezielles kulturelles und Migrationswissen weicht die Grenze zwischen Professionalität und Beruflichkeit auf der einen Seite und Engagement auf der anderen Seite auf. Aus dem Interview, das mit einer jungen wohlfahrtsorganisational eingebundenen Mitarbeiterin geführt wurde, wird erkennbar, dass sich ihr ‚Hintergrund' als irgendwie verkörperte, von außen vorausgesetzte, kulturelle Kompetenz entpuppt, die über ihre professionelle, Funktion hinausreicht. Ihr Zugang ist ein anderer:

> „ich weiß nicht, letztens hat einer gesagt, der war dann, der hat dann gemeint, der hat mich gefragt, woher ich komm, und dann hat der gemeint, ja, sie sehen aus wie wir, ja also vielleicht auch ganz banal, das ist vielleicht, dass sie vielleicht sich nicht ausgeschlossen fühlen, allein schon weil sie wissen, die Person hat auch einen Migrationshintergrund" **(Text: Türkei W 50-; Position: 67 – 78)**.

Einer Sonderpositionierung durch spezifisches kulturelles und Migrationswissen entkommt auch diese Befragte, trotz Beharrens auf Kriterien der Professionalität, nicht.

Eigeninteresse im Vergleich der Generationen

Diese Unterscheidung ist zu treffen mit Blick auf den Wissensbestand, der gegeben ist, aufgrund der Aufnahmevoraussetzungen, die vormals[188] galten und nun aktuell innerhalb der Wohlfahrtsverbände zunehmend ‚anders' gelten. Während der Einstieg älterer Migranten in Wohlfahrtsorganisationen ‚früher' meist ohne strikte Voraussetzung eines professionellen, zum Beispiel sozialpädagogischen, Bildungsgrades möglich war, ist der professionelle und damit reguläre Einstieg jüngerer Migranten in Wohlfahrtsorganisationen der Migrationsarbeit nur mehr unter Vorweisung einschlägiger Zertifikate möglich[189]. Nun ältere Menschen, die sich einstmals in freiem Rahmen engagierten, sind mit zunehmender wohlfahrtsorganisationaler Professionalisierung in Engagement- beziehungsweise Arbeitsumfelder geraten, die

---

188 Das heißt vor einem Zeitpunkt, zu dem professionelle Qualitätsstandards sukzessive in Wohlfahrtsorganisationen Einzug gehalten haben.
189 Dies missfällt auch der deutschen befragten Leiterin einer Wohlfahrtsorganisation, die selbst als Quereinsteigerin in ihre Position gelangt ist **(Text: Deutschland W 50+; Position: 3 – 3)**.

von ihnen immer mehr fordern, Standards der Professionalisierung einzuhalten[190]. Ein Befragter stellt fest, dass seine Position in der Wohlfahrtsorganisation an Kriterien der Profession geknüpft wird, während die Position anderer, Älterer, das nicht ist beziehungsweise war:

> „drei oder vier Monate nach meine Anstellung, die haben festgestellt nein der Mann ist nicht Sozialpädagoge, das war nicht nur ich, aber das ging um mehr. Die anderen, die nicht Sozialpädagog, es gibt einige Kollegen, die nicht Sozialpädagog waren, aber sie mussten nicht studieren. Sie können nur ein paar Fortbildungen besuchen, Seminare besuchen. Und ich muss entweder studieren oder ich flieg raus"**(Text: Burkina Faso M 50+; Position: 29 – 31).**

Älteren engagierten Migranten kommt dies einerseits für die eigene Positionierung in der Migrationsarbeit insoweit zugute, als sie damit einen anerkannten Tätigkeitsstatus verbinden und weitere Legitimation ihrer Arbeitshaltung erhalten.

Andererseits sehen sie sich mit weitergehendem Entzug von selbst in freier Regie erarbeiteten Handlungsregeln und -freiheiten konfrontiert. Zum Beispiel hat eine Befragte (60+), aktuell als Rentnerin Engagierte und früher wohlfahrtsorganisational Beschäftigte, im Zuge von Weiterbildungen beziehungsweise Fortbildungen innerhalb der Wohlfahrtsorganisation ihren Platz gefunden. Im Text zu ihrem Interview kann die stetig anwachsende Komplexität der zunehmend professionalisierten Betätigungsfelder gelesen werden:

> „Ich war auch bei der, ahm, Mutterberatung in die (NAME STRASSE), ahm, wir sind von der (NAME WOHLFAHRTSORGANISATION), einmal in der Woche, einmal ich als Frau und noch die andere war auch als, mit der Reihe waren wir jeden Mittwoch oder, ich hab vergessen jetzt und dann die haben uns ja in der (NAME) Schule, gibt's auch hier gegenüber, der, diese Straße gibt's eine Schule, (NAME) Schule gibt's auch Mutterberatung, die haben gesagt, ja, sie können mit denen arbeiten, aber Mutterberatung ist ganz anders (lachen) Familienberatung, Gesundheitsberatung ist ganz anders" **(Text: Türkei W 60+; Position 89 – 89).**

Die zunehmende Professionalisierung in den Strukturen der Wohlfahrtsverbände geht bei jüngeren und älteren Befragten gleichermaßen mit ihrer Funktionsveränderung in den Organisationen einher, die mit Wandlungen, Veränderungen, Sprüngen von ‚freiem' Engagement zu Ehrenamt oder gar zu Beruf und eventuell zurück zum ‚reinen' Engagement zusammenhängt oder auch mit der Parallelität ihres Ablaufs. Eine jüngere Befragte berichtet:

> „ja, ich arbeite ja auch mit Migrantinnen, das ist mein Hauptjob, im, ahm, das ist ein Qualifizierungsprojekt bei (NAME VEREIN), das ist auch und, ahm, das ist also mein Hauptjob, also da bin ich mit 30 Stunden dabei, aber das ist natürlich auch mein Herz, meine Seele dabei, aber ich verdiene auch Geld dabei. Also meinen Lebensunterhalt,, **(Text: Kosovo W 50-; Position: 24 – 24).**

> „ich besuch dann auch außerhalb der Arbeit irgendwelche Arbeitskreise oder Sonstiges, und man macht viele Überstunden, und natürlich kann man die Überstunden nicht so erklären, (lachen) abbauen, und, ahm, versucht auch immer, wenn man zum Beispiel 'ne Art Schnittstelle, wenn man irgendwie, wenn ich irgendwo unterwegs bin, dann werb ich immer auch" **(Text: Kosovo W 50-; Position: 26 – 26).**

Die Befragte aus dem Kosovo kann als Beispiel dafür gelten, wie so ein Wechsel zwischen beruflicher Einbindung und freier Migrationsarbeit vonstatten geht. Ihrer Hauptbeschäfti-

---

190 Bemerkbar wird dies an der verwendeten organisational eingelassenen Terminologie Befragter. Casemanagement, Zielvereinbarung etc. sind nur einige der Begriffe, die darauf hindeuten, dass mit organisationaler Einlassung sich Terminologien für die Beschreibung der Hilfe für Migranten verändern (siehe dazu auch Kapitel 7.2.1).

gung in der Migrationsarbeit geht sie in einem Verein zur Hilfe für Migranten[191] nach. Die Befragte wurde zu einem Interviewkontakt aber erst über eine Freiwilligenagentur. Sie engagiert sich auch in einem ‚Migrantencafé'[192].

‚Fliegender Wechsel' kann als Beispiel für den Übergang vom „Ehrenamt in die befristete Beschäftigung und gegebenenfalls wieder zurück zum Ehrenamt" (Bode/Graf 2000: 162) gesehen werden. Dieser Wechsel wird nach Bode/Graf immer leichter möglich und darf schon als Regel bezeichnet werden (vgl. Kapitel 5.3).

Wissen ist an die immer wieder wechselnde Einbindung in institutionelle Organisationsformen gebunden. Es wird von den Befragten angenommen und weitertransportiert – jeweils abwechselnd von ‚organisational eingebundenem' in ‚freies' Engagement und zurück.

10.2.1.2 Prekaritätsengagement

Befragte reagieren zum Teil auf Angebote aus staatlich geförderten Projekten von Wohlfahrtsorganisationen. Eine Art Migrationsbeschäftigung wird von ihnen wahrgenommen, um aus eigener prekärer Lage zu entkommen, manchmal als letzte Chance, einen Arbeitsplatz beziehungsweise einen Platz zum Arbeiten zu erhalten, wenn auch ‚nur' aufgrund ihres Migrationserfahrungswissens. Diese kategoriale Verdichtung des ‚Prekaritätsengagements' könnte so ähnlich auch der Kernkategorie des ‚kulturkritisch-aufklärenden Engagements' untergeordnet werden, weil auch aus dieser Funktion heraus Strategien erwachsen können, die sich beispielsweise als mütterlich oder väterlich beschreiben lassen (siehe Kapitel 10.1.2). Sie wird bewusst an dieser Stelle präsentiert, da sie vornehmlich den gesampelten Aussagen von Befragten aus einem geförderten sogenannten Lotsenprojekt entnommene Konzeptionalisierungen enthält, einem Projekt, das ziemlich eindeutig, wenn auch in guter Absicht, prekäre Arbeits- oder Engagementverhältnisse in der Migrationsarbeit beherbergt[193].

Über eigene Erfahrungen des Scheiterns wird – weitgehend unter der Regie der beherbergenden Organisation – mit ‚gescheiterten' Migranten ein Weg der Hilfe ausgehandelt. Dabei ist es das vordringliche Ziel der Befragten, eine reguläre Beschäftigung in der Migrationsarbeit aufnehmen zu können.

Einigen (jüngeren und älteren) in der Migrationsarbeit engagierten Migranten steht der Weg, sich zum Beispiel in einem sogenannten Lotsenprojekt ‚bürgerschaftlich' zu betätigen, als einziger offen. Wohlfahrtsorganisationen[194] schließen damit eine Arbeitsmarktlücke und bieten in ihrem Migrationsarbeitsspektrum neben Jobs auch die Möglichkeit, sich freiwillig einzubringen oder zum Beispiel im Rahmen von Ein-Euro-Jobs zu arbeiten. Im Rahmen solcher Projekte werden Menschen mit Migrationshintergrund auch ganz offensiv staatlicherseits an Wohlfahrtsorganisationen verwiesen, um sie in einem ‚Zwischenraum' von

---

191 Der Verein legt seine Arbeitsschwerpunkte auf die Gesundheitsförderung, Prävention und Qualifizierung von Migrantinnen sowie auf interkulturelle Altenarbeit.
192 Das sogenannte ‚Migrantencafé' ist eine Initiative, die sich an Illegalisierte wendet.
193 Aus diesem Projekt, das Migranten die Möglichkeit gibt, sich auf Basis eines sogenannten Ein-Euro-Jobs als Lotsen für andere Migranten aus ihrem Viertel zur Verfügung zu stellen, stellten sich insgesamt sieben Personen für ein Interview zur Verfügung, wovon aber nicht alle in die Analyse einbezogen wurden.
194 Das Lotsenprojekt ist ein Projekt einer Kirche.

Beschäftigung und Engagement unterzubringen. Aber auch aus dieser Position wird ‚freiwilliges' Engagement für Migranten als solches offenbar.

Orientiert an Zahlen des SOEP[195] konstatiert Munsch (2003) das allgemein bekannte Muster, dass mit zum Beispiel steigendem Einkommen oder mit steigendem Bildungsgrad ebenfalls das Engagement steigt. Jedoch ist ‚Lebenserfahrung' ein Potenzial auch Benachteiligter, worunter Munsch unter anderem Arbeitslose und explizit zudem Migranten subsummiert (siehe Kapitel 5.5).

Aufgrund von Arbeitslosigkeit und wohl auch des Merkmals, Migrant zu sein, von einer Arbeitsagentur einem Lotsenprojekt für Migranten in einem Stadtviertel zugewiesen zu werden, erweist sich im untersuchten Projekt zum Teil als Anstoß, eigene Erfahrung der Migration und Integration in die Migrationsarbeit einzubringen und sich damit zunächst auch selbst zu helfen. Von hier aus kann verstärkt auf gleicher Ebene mit Hilfesuchenden über Problematiken des eigenen und zu beseitigenden Scheiterns anderer zusammengearbeitet werden. Es ist ein „Geben und Nehmen", das in dieser Funktion ausschlaggebend wird:

„ich helf gern anderen Migranten. Des war sehr groß, des war praktisch so der Hauptgrund, weil ich gedacht hab, ok, nur mein Bekannten zu helfen und so, da hat man das Gefühl, man wird ausgenutzt mit der Zeit, weils auch, glaub ich, schon so war, und hier konnt ich des abstellen, zu Hause lassen und sagen, ok, hier werd ich nicht ausgenutzt, sondern, ahm, ich fühl mich halt besser hier, weil ich weiß, das ist meine Arbeit, die kommen hier ganz normal mit Problemen, ich versuch des zu lösen, also ist son Geben und Nehmen, obwohl (lachen) mit dem Geld, also ich verdien ja hier nichts vieles, aber mehr geben" **(Text: Polen W 50-; Position: 59 – 62, in anderem Kontext zitiert in Kapitel 9.2.3).**

Die Befragte des obigen Interviewausschnitts bezieht sich darauf, wie sie ihre gemeinsam mit ihr migrierten Eltern zunächst unterstützt und daraus Erfahrung zur Unterstützung anderer Migranten generiert.

In einem anderen Fall tritt zu der Migrations- beziehungsweise Integrationserfahrung, die diesem familiären Interaktionsgefüge zu entnehmen ist, die Erfahrung des eigenen Scheiterns am ersten Arbeitsmarkt oder des privaten Scheiterns hinzu:

„Na ja, ich war auch selbstständig hier in Deutschland, ich habe, das ist mein größter Lebensfehler, ich habe eine Lokal gemacht, eine griechische Taverne (…) ahm, paar Monate später ich habe gesehen, es funktioniert nicht mehr, und ich habe dann große Schuld, habe viele Geld verschmeißen" **(Text: Griechenland M 60+; Position: 47 – 47).**

Ahm, und wenn, ahm, in Antrag für Hartz IV es gibt eine Frage für solche Themen, was hat jemand, die sagen sofort nein. Und so wie, ahm, jemand sagt, das kann man merken, stimmt oder stimmt nicht. Ahm, und ja (…) ja, natürlich, ich rede mit die Leute, und dann die Leute sagen, ooo, ja, schon, ich habe etwas, aber musst nicht schreiben (Telefon klingelt) aber ok, das ist eigene Schuld, ich habe keine Schuld dazu. Ich erkläre was, so wie das funktioniert und dann ist mir egal wenn die Leute lügen oder so, aber wenn jemand sagt, ja, ich arbeite nur schwarz, bekomme ich 1000 Euro in Schwarzarbeit, das ist eine Beleidigung für mich, weil meine Kollege hier arbeiten mit Ein-Euro-Job und das bedeutet 150 Euro pro Monat, und wir helfen allen Leute **(Text: Griechenland M 60+; Position: 5 – 7).**

Wie das Beispiel zeigt, können eigene Erfahrungen des Scheiterns und der Umgang damit im Rahmen des sogenannten Prekaritätsengagements an Hilfesuchende und gegebenenfalls ebenfalls vom Scheitern Bedrohte herangetragen werden.

In dieser Position gestatten sich Engagierte, auch bei erklärter Empathie zu Hilfesuchenden mit einer Geschichte des Scheiterns, zumeist wenig Ermessensspielraum bei der

---

195 Sozioökonomisches Panel

Gestaltung von Hilfe für Migranten. Vorwiegend weisungsgebunden treten Haltungen zutage, die empathisch distanziert ‚Orientierung an der Sache' (vgl. Schmidt 2008: 842) aufzeigen. Empathisch bedingter Beziehungsaufbau soll vermieden werden. Vermischungen von Privatem und der Arbeit zum Beispiel im Lotsenprojekt soll vorgebeugt werden. Dass das so ist, spielt in den Gesprächen stets eine wichtige Rolle. Eindeutig wird dies in der Aussage der befragten Migrationsarbeiterin mit polnischem Hintergrund, wenn sie zum Thema des Einbezugs von Bekannten als Hilfesuchende in das Projekt die deutsche Leitung des Lotsenprojekts mit „sie hat aber gsagt, wir sollens in nem Rahmen lassen" (**Text: Polen W 50-; Position: 78 – 80**) zitiert.

Die im Material präsente Darstellung, sich aufgrund der eigenen prekären Lage (beziehungsweise dem Wunsch, daraus zu entkommen) in (Wohlfahrts-)Organisationen einzubringen, liefert die Begründung dafür, sich zunächst locker an die Organisation zu binden, also originär ehrenamtlich oder freiwillig tätig zu sein. Angestrebt wird aber auch hier, in die Organisation als Mitglied beziehungsweise als Beschäftigter aufgenommen zu werden – dies insbesondere bei älteren Befragten. Sie arbeiten an Strategien der eigenen Sichtbarmachung, daran, über verstärktes Engagement oder besonderen Fleiß bemerkt und auf irgendeine Art und Weise eingebunden zu werden (**Text: 2 x Russland M/W 60+**). Jüngeren Befragten steht ohnehin meist kein anderer Weg mehr offen, als der der eigenen Vorprofessionalisierung im Sinne von zertifizierter Bildung, wenn Einlass in Wohlfahrtsverbände gesucht wird.

Zusammenfassung: Aus der Position, Angestellte(r) zu sein, sei es in regulärer Migrationsbeschäftigung oder einer von der Arbeitsagentur zugewiesenen Beschäftigung in der Migrationsarbeit, wird ein Status in der Migrationsarbeit eingenommen oder auch angestrebt, der zunächst ökonomische Sicherheit, aber auch gesellschaftliche Teilhabe verspricht. Dabei bewegen sich ältere (wohlfahrts-)organisational eingebundene Befragte in einem Spannungsfeld herkunftskontextualisierter Vorstellungen von angemessener Anerkennung für soziale Tätigkeiten und Vorstellungen angemessener Hilfe für Migranten, die sich nur mit der ‚Qualifikation', die Migrationserfahrung mit sich bringt, bewerkstelligen lässt. Diese ‚Qualifikation' ist jüngeren Migrationsarbeitern mit Migrationshintergrund ebenfalls gegeben. Sie setzen sie entsprechend der Vorstellung von Organisationen in der Migrationsarbeit ein und verbinden sie mit professionellem Wissen zur Bearbeitung von Problemen von Hilfesuchenden. Professionalität steht ihnen nicht im Wege, sie ist Mittel zur Erreichung des Ziels eigener Positionsfestigung in der Migrationsarbeit. Älteren Befragten ist sie Hindernis und Segen zugleich, weil sie Positionen festigen, aber auch bisherige Freiheiten in der Migrationsarbeit einschränken kann.

In ‚prekärer Migrationsarbeit' fällt der Aspekt der Professionalisierung weitgehend weg. Dennoch ist vordringlicher Beweggrund des Engagements, für sich eine geeignete oder letzte Chance auf Teilhabe an der Gesellschaft zu finden. Daraus wird Engagement in der Migrationsarbeit abgeleitet, in einer Funktion, die pragmatisches Helfen mindestens in dem gleichen Maße repräsentiert, wie die Funktion regulärer Beschäftigung älterer und jüngerer Befragter.

10.2.2 Casemanagement (Praxis)

‚Casemanagement' als Bezeichnung, die dem Material direkt entnommen wurde, markiert kategorial die (wohlfahrts-)organisational angeleitete und gleichzeitig selbst gestaltbare

Praxis der Untersuchungsgruppe jüngerer und organisational eingebundener älterer Migrationsarbeiter. Es schließt unmittelbar an die Einordnung der Engagierten als Quasi-Professionelle an und führt diesen Gedanken in der strategisch-praktischen Ausführung der Migrationsarbeit weiter.

Casemanagement scheint durch eine Vielzahl von Merkmalen gekennzeichnet, die auf eine Professionsorientierung der Praxis der hier maßgeblichen Untersuchungsgruppe hindeuten[196]. Gleichzeitig orientieren sich die Befragten im organisational eingebundenen Kontext an ihrer Migrationserfahrung[197].

Dies hat neben der Funktionsbestimmung (Kapitel 10.2.1) der Migrationsarbeiter dieser Untersuchungsgruppe Konsequenzen für ihre praktische Tätigkeit in der Migrationsarbeit. Konsequenzen betreffen weniger eine mögliche intrinsische Motivation, anderen Migranten zu helfen, die ähnliche Erfahrungen wie die Befragten gemacht haben. Sie betreffen aber sehr wohl die von Befragten beschriebenen Handlungsschritte (das heißt die Bezeichnung der Handlungsschritte), die sich in der Folge eines ‚Engagements in der Beschäftigung'[198] ergeben.

Zunächst wird ein Beispiel für den biografischen Hintergrund geliefert, der sich auf Casemanagement als Praxis der Untersuchungsgruppe auswirkt. Anschließend wird gezeigt, wie im Material Fälle zu Fällen konstruiert werden. Der Umgang mit der organisationalen Vorgabe der ‚Zielgruppenneutralität' in der wohlfahrtsorganisationalen Migrationsarbeit bildet eine Unterkategorie, die Casemanagement ausmacht. Daraufhin wird auf den Umgang mit Wissen eingegangen, das im Casemanagement und darüber hinaus zum Einsatz kommt, gefolgt von Strategien der praktischen Migrationsarbeit Befragter, die in der von ihnen erfahrungsbiografisch aufgeweichten Routine der Wohlfahrtsorganisationen abläuft.

10.2.2.1 Casemanagement im Kontext biografischer Kontinuität

In der biografischen Kontinuität der Befragten wird Casemanagement als ‚Engagement in der Beschäftigung' lesbar.

Migrationsarbeiter in wohlfahrtsorganisationaler Einbindung unterwerfen sich zwar den Regeln der Verbände, ganz im Sinne der Unterwerfung von Angestellten unter die Weisungen von Arbeitgebern. Diese Unterwerfung erfolgt aber mit Vorbehalt. Der Vorbehalt ist in der konkreten Arbeit mit Migranten über ethnisch-kulturelle oder migrationserfahrungsbedingte Verbindungen zu Klienten als Hilfesuchenden definiert. Ambitionen, sich für ‚Ähnliche' im Sinne von ‚Ähnlichbetroffenen' oder ‚Ähnlicherfahrenen' zu engagieren, werden in der Kontinuität von Biografien sichtbar.

---

196 Vgl. dazu Parsons zit. n. Schmidt 2008: 835 ff. Siehe dazu auch weiter oben Kapitel 10.2.1.
197 Wie oben bereits angedeutet, folgen Befragte der Untersuchungsgruppe den Arbeitsprämissen von Organisationen weitgehend. Gleichzeitig orientieren sich Befragte an ‚biografisch-privater' (Migrations- beziehungsweise Integrations-)Erfahrung. Diese wird nicht in das Wissensreservoire der Organisationen aufgenommen; sie kann hier nicht gespeichert werden. Sie bleibt ausschließlich an den Migrationsarbeitern als erfahrungsverkörpernden Personen haften.
198 Mit dem Begriff des ‚Engagements in der Beschäftigung' wird zum Ausdruck gebracht, dass Migranten in wohlfahrtsorganisationaler Einbindung sich als Engagierte in der Migrationsarbeit sehen können. Dieser Begriff schließt an die Funktion der Befragten als ‚Quasi-Professionelle' an, insofern die Funktion in eine dem ‚Eigeninteresse im Engagement' (Kapitel 10.2.1) ähnliche Richtung deutet.

Im Falle einer Befragten mit tunesischem Hintergrund äußert sich das in der Chronologie ihrer Biografie wie folgt:

> „aber ich hab schon, seitdem ich eigentlich zwölf bin, Nachhilfe gegeben für die Kinder in der Nachbarschaft, also ich bin in nem Viertel aufgewachsen, wo's nen sehr hohen Migrationsanteil gab, auch weil meine Eltern eben Migranten sind, und, ja da hab ich oft dann einfach die Schüler, die ein Jahr jünger waren als ich oder ein bisschen jünger, halt son bisschen immer mitgezogen, da so'n bisschen Taschengeld verdient, teilweise auch nur Dankeschön gekriegt oder 'ne Tafel Schokolade" **(Text: Tunesien W 50-; Position: 12 – 12)**.

Sich sukzessive mit den eigenen und den Integrationsproblemen anderer Ähnlichbetroffener auseinanderzusetzen, ist Teil des biografischen Hintergrundes der Befragten.

Im Rahmen organisationaler Einbindung wird von den Untersuchungspersonen, die für diese Kategorie maßgeblichen sind, insgesamt die Beschränkung auf Casemanagement dennoch als oberstes Prinzip präsentiert.

Im Text zum Interview mit der tunesischen Befragten lassen sich trotz ihrer (noch nicht etablierten Mitarbeiter-)Position in der Organisation insofern Tendenzen in Richtung Casemanagement ablesen, als sie die organisational eingelassene Sprache anwendet und sich in ihren Handlungen eng an den Organisationskontext anlehnt. Sie wendet sich an die verantwortlichen Casemanager, um ihr Arbeitsvorgehen zu planen **(Text: Tunesien W 50-; Position: 18 – 18)**.

Dass die in das Engagement aufgenommenen nachverfolgbar Ähnlichbetroffene sind, ist im organisationalen Kontext ihres Engagements weiterhin zu sehen, jedoch generalisiert auf alle hilfesuchenden Migranten sind sie dem Hilfsradius der Organisation untergeordnet:

> „ansonsten hängt's glaub ich einfach zusammen mit den Statistiken in (NAME STADT), dass einfach ein hohen Anteil an Türken gibt, also Personen mit türkischem Hintergrund, und dass man viele von denen hat, genau. Also ich glaub nicht, dass das mit mir zusammenhängt" **(Text: Tunesien W 50-; Position: 76 – 76)**.

10.2.2.2 Fälle werden zu Fällen gemacht

Im Vordergrund bleibt in den Erzählungen dieser Untersuchungsgruppe der Umgang mit Klienten als Fällen.

Was Fälle ‚manageable' macht, beruht auf einem der Entscheidung bezüglich der Problemlösungen vorgelagerten Arbeitsschritt[199]: der Fallfeststellung. Sie ist die nach Regeln der Organisation zu eruierende Notwendigkeit, einen Fall als Fall zu konstruieren, zuzulassen oder aufzunehmen. Es geht darum, Hilfesuchende (Klienten) als Fälle behandeln zu können. Fälle sind für die Befragten dieser Untersuchungsgruppe dann Fälle, wenn sie einen bestimmten Arbeitsaufwand perspektivieren, der nach bestimmten Kriterien abgearbeitet werden kann. Genauer gesagt werden Hilfesuchende materialisiert als Fälle in Karteien aufgenommen, sofern sie zum einen ein oder mehrere Probleme mitbringen, die sie alleine nicht lösen können. Zum anderen, wenn die Arbeit mit Migranten sich zeitlich über mehrere Klientenkontakte erstreckt:

> „unterschiedlich, es gibt Kurzberatung und theoretisch erste Mal, wenn das nur erste Mal, das ist nur Kurzberatung. Wenn er weiter kommt und Fragen hat, dann ist es Casemanagement. Das heißt, man erstellt einen Plan, Entwicklungsplan und so weiter, Assessmentsachen, was man da alles so machen muss, was man alles

---

199 Dies ist zunächst so im Material vorzufinden und in der Literatur (vgl. Hitzler 1994: 23) belegt.

abklopfen muss damit. Und da sind Fälle, wo man halt, und wir streben danach, eigentlich nach Casemanagement zu arbeiten. Verstehst du, nicht, dass man Kurzberatung macht. Natürlich, wenn kommen Senioren zu mir, die 75 sind und Hilfe brauchen, weißt du, das ist kein Casemanagement, und ich kann sie auch nicht stehen lassen. Wenn sie keine Verwandten haben, dann brauchen sie natürlich Hilfe" **(Text: Ukraine W 50-; Position: 28 – 28)**.

Fälle werden somit zunächst festgestellt, bevor ein Plan zur Problembehebung ausgearbeitet wird. Fälle werden dann als Problemfälle erkannt und gleichsam mit Problemen identifiziert. Hilfesuchende werden in diesem Moment von Menschen mit Fragen beziehungsweise Problemen zu Problemfällen. Diese Gleichsetzungsabfolge, mit der Menschen zu Fällen konstruiert werden, weist den Hilfesuchenden einen Platz zu, auf dem Hilfe geleistet werden kann.

Dass die in (Wohlfahrts-)Organisationen beschäftigten und gleichzeitig engagierten Migrationsarbeiter diese Hilfe leisten können, obliegt ihrer Kompetenz, die sie in erster Linie professionell erlernt haben. Sie wissen um die konkreten Schritte der Hilfsgestaltung, die angefangen von der Fallfeststellung über die Zielsetzung hin zur Problembearbeitung strukturell hinter der Tätigkeit liegen, diese also stets mit konstruieren.

10.2.2.3 Zielgruppenneutralität

Bei dieser Tätigkeit bleibt es zunächst unerheblich, ob der Helfer dem Hilfesuchenden denn helfen will, ob er sich empathisch dazu in der Lage sieht, ob Sympathie überhaupt gegeben ist. Verlangt ist, im Sinne professionalisierter Sozialunterstützung, eine „höherstufige(r), universelle(r) Solidarität" (Schmidt 2008: 845) mit Hilfesuchenden, die Zielgruppenneutralität voraussetzt, also zum Beispiel ethnisch-kulturelle Bindungen zumindest nicht fokussiert.

Hinsichtlich der (wohlfahrts-)organisationalen Hilfsauffassung, spezifischen Migrationshintergrund samt meist nur einer Fremdsprache aufzuweisen, gleichzeitig aber alle Migranten, ganz gleich aus welcher Region sie nach Deutschland migrieren, gleich bedienen beziehungsweise betreuen zu können, tritt ein Paradox auf, mit dem Solidarität und Verantwortlichkeitsgefühl anders als selbstgewählt und damit abgeschwächt erscheinen. Das Verantwortlichkeitsgefühl bewegt sich weg von der ‚Arbeit am Menschen' (siehe Kapitel 10.1.3) und hin zu einer ‚Verantwortung für Zuständigkeiten' (siehe Kapitel 10.2.3). Trotz des Aufnahme- oder Einstellungskriteriums, als Mitarbeiter eine (einzige) Migrationsgeschichte aufzuweisen, wird von einer Spezifik der Eignung für die Unterstützung einer bestimmten Migrantengruppe abstrahiert und seitens der (Wohlfahrts-)Organisationen eine Ausdehnung der Unterstützungsarbeit auf alle Klienten erwartet; unabhängig davon, wie sie ethnisch-kulturell und sprachlich einzuordnen sind oder sich selbst einordnen. „Der Zugang ist ein anderer" **(Text: Türkei W 50-; Position: 67 – 78)**, bemerkt eine jüngere Mitarbeiterin einer Wohlfahrtsorganisation, wenn sie ihren Umgang mit Herkunftsähnlichen beschreibt.

Befragte Migrationsarbeiter lassen sich auf die Widersprüchlichkeit der Anforderungen ein. Sie erkennen dafür eine Tendenz der Klienten, sie nun doch nach Kriterien der ähnlichen herkunftskulturellen Einlassung als Helfer gerade wegen ihres spezifisch ethnisch-kulturellen und Migrationserfahrungshintergrundes zu suchen. Wie in dem Text zum Interview mit dem Befragten aus Burkina Faso zu sehen ist, wird auch nach anfänglicher Distanz von Hilfesuchenden zu dem offiziellen, gleichzeitig ethnisch-kulturell nahe erscheinenden Helfer Vertrauen aufgebaut. Hier erfordert die beidseitige Arbeit an der Vertrauensbeziehung mehr Energie, weil zu viel vorausgesetzte Nähe, die zum Beispiel über eine ethnische Community entsteht, zunächst Skepsis bezüglich der Verschwiegenheit des Helfers hervorruft.

Wenn diese Skepsis überwunden ist, scheint der gewünschte Helfer gefunden worden zu sein:

> „war schwer und langweilig, weil gab zuerst kein Vertrauen. Die Afrikaner hier kommen lieber, sie gehen zu eine Weiße, weil sie gehen davon aus, Weiße ist eine Deutsche (…) Und mit der Zeit hab ich auch versucht, Ausbildung zu machen als Sozialpädagoge. Und während dieser Zeit jetzt sie die Leute, haben mehr Vertrauen gehabt und von Kultur her auch, sie hatten Angst, dass was sie mich erzählen, als Probleme werden weiter erzählen, und hab ich immer versuchen, mit Leute wirklich, derjenige, der zu mir kommt, zu sagen, hier wird wirklich mit Datenschutz gearbeitet. Das heißt, was wir hier erzählen, das bleibt unter uns. Das wird nie mehr weiter erzählt an jemand anders, an eine dritte Person, nein das ist unter uns. Und davon angefangen, jetzt Vertrauen zu haben. Und das, das so mit Mundpropaganda jetzt, weil wirklich hab ich die Arbeit gut gemacht, derjenige, der zu mir kommt, ist wirklich zufrieden, und er geht wirklich zufrieden, und er erzählt weiter. Und so kam mein Chef, fragen wie hab ich das gemacht, denn es sind viele Kollegen hier, das funktioniert nicht mehr. Aber bei mir, das ist Wahnsinn, ich arbeite Teilzeit, nicht Vollzeit, aber ich sag Ihnen, ich bin wirklich überfordert" **(Text: Burkina Faso M 50+; Position: 15 – 15).**

> „ja, mit dieser Gruppe, die meisten aus Afrika. Wenn ich diese Leute berät, das ist, wie ich rede mit eine Bruder oder eine Schwester. Wir haben fast gleich Geschichte, gleiche Kultur (…) Wir haben fast gleiche Geschichte. Und daher die Kommunikation passt gut, die Vorgehensweise mit der Problematik auch ist, wird, leichter, und Verständnis, uns gegenseitig zu verstehen, ist auch relativ leichter. Weil ich, ich habe diese Geschichte erlebt einfach, und ich weiß, was, wenn jemand zu mir kommt, ich weiß, was er will sofort. Wenn er von seine Problem erzählt, ich habe vielleicht tausendmal gleiche gehört (lachen), oder hab ich sogar gleiche erlebt (lachen)" **(Text: Burkina Faso M 50+; Position: 91 – 91).**

Im Ergebnis sammeln sich diejenigen Klienten um den Helfer, die sich ihm ethnisch-kulturell und erfahrungsmäßig ähnlich sehen[200]. In diesem, von Klienten aufgrund von ethnisch-kultureller Nähe gesuchten Helfer-Hilfesuchendem-Verhältnis, spiegelt sich ein Interaktionsgefüge, das den Klienten scheinbar ein Gelingen von Problemlösungen eher verspricht, als wenn Probleme an ethnisch-kulturell fern empfundene ‚Deutsche' herangetragen würden.

Die Helfer geraten dabei in Klientenbeziehungen, die von den Organisationen so nicht vordergründig geplant sein müssen. Diese Beziehungen gelangen mit den Befragten als Mitglieder von Organisationen in das Organisationsgefüge. Diese Konstellationen kommen den Engagementmotivationen Befragter zum Teil entgegen. Sie fühlen sich gebraucht und nachgefragt. Der ‚Output' geleisteter Hilfe kommt wohl auch den (Wohlfahrts-)Organisationen zugute. Es wird – trotz der geforderten Zielgruppenneutralität – von keinem Einspruch der Organisationen bezüglich des Zustandekommens einer solchen Helfer-Hilfesuchender-Beziehung berichtet.

---

200 Vertrauen aufgrund von Ähnlichkeit wird vonseiten der Klienten zusätzlich über das Geschlecht hergestellt: „zu mir kommen halt hauptsächlich die Männer also, wir haben auch türkischsprachige Frau, und die wollen lieber mit einer Frau sprechen. Das sagen sie auch, gibt's da nicht eine Frau? und so. Oder kennen sie sie, so namentlich, verlangen sie dann auch sie" **(Text: Türkei M ca. 50; Position: 33 – 35).**

10.2.2.4 Wissensgenerierung aus Klientengesprächen und allgemeinem Integrationswissen der (Wohlfahrts-)Organisationen

Vor dem Hintergrund dieser Helfer-Hilfesuchender-Konstellation werden typische Kategorien der Wissensgenerierung aus Beständen organisationaler Routinen abgeleitet, wie zum einen das *Klientengespräch*[201].

Dieses Gespräch wird von Migrationsarbeitern mit ähnlichem Migrationshintergrund wie ihre Klienten besser weil effektiver geführt als zum Beispiel von deutschen Sozialberatern. Die ukrainische Befragte schildert dies, indem sie darauf eingeht, dass sie zwischen ukrainischen oder russischen Hilfesuchenden und deutschen Sozialberatern vermitteln muss. Anderenfalls würden Kommunikationshemmnisse die Beratung behindern:

> „des ist genau die Brücke, wo Konflikte entstehen. Mit vielen Sozialberatern und Arbeitsberatern sie verstehen nicht, warum Leute nicht mitziehen oder warum sie absagen, und dann bin ich gerne dabei bei Gesprächen, weil das ist einfach andere Einstellung, und sobald sie es verstehen, dann suchen sie was anderes, oder, weißt du man versucht dann, sich einzupassen, ein bisschen flexibler zu sein, weil des ist einfach, was sie sagen, dass sie's weiß, für die Person ist es schwarz und eine Katastrophe, obwohl da ist nix dabei, wenn du aber, das ist immer Aufklärungsarbeit. Hier ist so, so und so, der will von euch gar nichts. Er will euch nur helfen" **(Text: Ukraine W 50-; Position: 54 – 56)**.

Allgemeine Informationen, die nicht an ethnisch-kulturell Ähnliche beziehungsweise Ähnlicherfahrene weitergegeben werden, sind eine weitere organisational eingelassene Quelle des Wissens für Problembearbeitungen. Sie werden den Hilfesuchenden, ohne Berücksichtigung ihres konkreten Herkunftskontextes, geliefert. Sie sind beispielsweise Bestandteil von sogenannten Informationsveranstaltungen oder (Integrations-)Unterrichtseinheiten:

> „und dann, ahm, sieht es so aus, das ist genau Deutschunterricht ist des, ahm, und ein Teil Orientierungskurs, politische Belange, weil des ja alles dann abgefragt wird. 645 Stunden sind des, 600 Stunden is es ein Deutschkurs und die 45 Orientierungskurs, wo eben diese geschichtlichen, politischen Dinge auch besprochen werden, ahm, da bieten wir auch viel an mit diesen Integrationskursteilnehmern von überall her. Hab ich schon, ahm, mit meiner Kollegin zusammen, ahm, Präsentationen gemacht hinsichtlich Schuldnerberatung und präventiv, dass man also keine Schulden macht. Da haben wir so jemand von 'ner Bank eingeladen, dass wir da auch schon mal Informationen weitergeben konnten" **(Text: Türkei W 50-; Position: 36 – 36)**.

Es geht in diesen Veranstaltungen um die Weitergabe grundsätzlichen Wissens zum praktischen Zurechtkommen in Deutschland. Dieses Wissen kann sich für hilfesuchende Migranten jedweder Herkunft, Ethnie, Kultur als wirksam erweisen. Es ist auf die Ordnung des Aufnahmelandes gerichtet und benötigt keinen Bezug zu der Herkunft der Migranten[202]. Diese Veranstaltungen lassen ethnisch-kulturelle Herkunftskontexte von Hilfesuchenden unberücksichtigt.

Das erweist sich in Klientengesprächen als wenig sinnvoll. Mit Flyern zur Schuldenberatung oder zur Gesundheitsvorsorge wird hier kaum oder nur am Rande gearbeitet.

---

201 Sogenannte Klientengespräche werden typischerweise in Einzelbetreuungen- oder Beratungen geführt.
202 Im Rahmen dieser Veranstaltungen werden von Migrationsarbeitern Vorstellungen der Solidarität mit ‚Fremden' oder ‚ethnisch-kulturell Fernen' berührt; sie bewegen sich auf der Ebene globaler Solidaritätsvorstellungen, die den Vorstellungen von Wohlfahrtsorganisationen entsprechen oder ihnen zumindest nicht widersprechen.

Im Klientengespräch entstammt das Problemlösungswissen der Migrationsarbeiter eben diesem Klientengespräch. In diesem Gespräch werden Erfahrungsüberschneidungen im Helfer-Hilfesuchenden-Kontakt aufgedeckt. Dieses Gespräch bringt die zum Gelingen einer Beratung notwendige Migrations- und Integrationserfahrung von Migrationsarbeitern zur Geltung.

In diesen Überlegungen zeigt sich, dass der konzeptionelle Rahmen der Hilfe – Großveranstaltungen oder Klientengespräche – bestimmte Wissensformen oder -Quellen festlegt. Diese können im ersten Fall Globalinformationen zum Zurechtkommen in Deutschland und im zweiten Fall ethnisch-kulturell konnotierte und gemeinsame Erfahrungen der Helfer mit Hilfesuchenden sein.

10.2.2.5 Beratende Vermittlung – Routine mit Einschränkungen

Helfende Praxis (jüngerer und älterer organisational eingebundener Migrationsarbeiter) sind im Folgenden benannte Handlungsweisen.

Migrationsmitarbeiter von (Wohlfahrts-)Organisationen befinden sich in ständiger Kommunikation mit Behörden, die zum Beispiel den rechtlich-sozialen Status und Anspruch von Klienten zu klären helfen beziehungsweise die final dafür zuständig sind. Daher ist *Kooperation* wichtiger Bestandteil der Arbeit. Diese Kooperation erklärt sich aus der Unausweichlichkeit, sich für Klienten mit Entscheidungsinstanzen in Verbindung zu setzen, sich mit ihnen auseinanderzusetzen. Kooperation bezeichnet zunächst die Aufgabe, mit Behörden umzugehen, beispielsweise um zu cruieren, was für Klienten getan werden kann. Hier endet nach Abwägung des „Gleichgewichts" **(Text: Ukraine W 50-; Position: 18 – 18)** der Aufgaben, für die sich Befragte zuständig sehen, oft der Einsatz für Klienten. Sie werden an die zuständigen Instanzen weiterverwiesen:

> „Dann gibt es andere Maßnahmen, wo man das schon zusammen mit Arbeitsamt absprechen muss, weil wir sind keine Geldgeber, verstehst du? Wir können Kurse nicht für Menschen finanzieren. Wir sind so eine Brücke. Und dann wir haben bestimmte Kooperationspartner und über so, wo man dann Kontakte aufnimmt, und überlegt zusammen, sozusagen kann man Eingliederungsvereinbarung machen, was besser für diese Person ist" **(Text: Ukraine W 50-; Position: 4 – 4, in anderem Kontext zitiert in Kapitel 10.2.3).**

Vereinzelt ist *Begleitung* von Klienten zu Behörden Teil der Tätigkeit von organisational eingebundenen Migrationsarbeitern. Sie übersteigt nicht selten die Kapazität beziehungsweise das leistbare Arbeitspensum. Insbesondere kommt dieser Aspekt in einem Interview mit einer jüngeren Befragten zur Geltung:

> „Wir haben auch Außentermine, das heißt, mit manchen Klienten geh ich zusammen zu Arbeitsamt, kommt drauf an wohin, das kann auch (NAME VERWALTUNGSBEHÖRDE) sein oder Ausländerbehörde, ich kann zum Beispiel auch in die Schule gehen, des ist, es ist flexibel einerseits, aber, halt, wir haben Statistik, die wir jeden Quartal abgeben müssen. Und da müssen Zahlen sein. Aber theoretisch und praktisch wir haben die Möglichkeit, wirklich sehr gut Leute zu betreuen und zu begleiten. Aber ich sag immer, man muss das Gleichgewicht sehen. Weil manche neigen dazu: können Sie mit mir zum Arzt gehen und so solche Sachen. Kommt drauf an. Wenn ich sehe wirklich, das ist nötig, und wenn das wirklich, weil wir betonen immer, wir sind keine Übersetzer, verstehst du? Das ist auch, halt, es gibt extra Übersetzungsbüro dort, diese Information hab ich auch, und so weiter und man muss es schon definieren können **(Text: Ukraine W 50-; Position: 18 – 18, zum Teil in anderem Kontext zitiert in Kapitel 10.2.3).**

Dennoch gehört Begleitung nach Ermessen der Migrationsarbeiter zum Tätigkeitsbereich dazu; insbesondere für ältere Migrationsarbeiter, die sich dafür in der Pflicht sehen, beziehungsweise sich nicht davon abhalten lassen wollen, Klienten auch bei kleinem zeitlichem Spielraum zum Beispiel bei Behördengängen zu begleiten:

> „Ahm, natürlich, der Beamte sieht uns auch nicht gerne, wenn ich ihn begleite, weil er weiß, dass ich ja ihn unterstütze, nicht, und in diesem Fall ich mache gerne" **(Text: Irak2 M 50+; Position: 37 – 37)**.

Begleitungen werden als Mittel zur Stärkung der Position der Hilfesuchenden gerechtfertigt gegenüber einem vermeintlich rigoros beurteilenden, Leistung gewährenden oder Rechte verweigernden Staat **(Text: Irak2 M 50+; Position: 37 – 37)**. Begleitung als Zusatzleistung geht gleichzeitig auf eigene Erfahrung im Umgang mit Behörden im Zuge eigener Migration zurück **(Text: Irak2 M 50+; Position: 51 – 52)**. Auch kann der Einsatz des Instruments ‚Begleitung' mit der fehlenden Sprache der Klienten begründet werden und den Hilfesuchenden als Legitimation verschaffendes Sprachrohr dienen **(Text: Irak2 M 50+; Position: 27 – 27)**. Mitarbeiter einer (Wohlfahrts-)Organisation zu sein, verschafft Migrationshelfern Respekt, nicht ausschließlich aufgrund von Seniorität beziehungsweise Alter, sondern auch aufgrund ihres ‚Amtes' (siehe Kapitel 10.2.3).

Migrationshelfer agieren mitunter als Vorbilder, die den Hilfesuchenden ‚richtige' Integration erklären; sie sind in dieser Funktion in der Lage, *aufzuklären und befähigend anzuleiten*. Dieser Aufgabenschwerpunkt, den Befragte für sich beanspruchen, entlastet von der konkreten Begleitung von Klienten zu Behörden. Klienten werden einerseits über die Sachverhalte deutscher behördlicher Ordnung aufgeklärt, andererseits aber auch bezüglich der Werteordnung, die für sie gilt, die sie erlernen müssen, um alleine zurechtzukommen:

> „Und unsere Arbeit ist ja auch nicht nur immer die Leute begleiten, unterstützen, sondern, dass sie selbstständig werden" **(Text: Irak2 M 50+; Position: 27 – 27)**.

Bisweilen wird aus der Position (wohlfahrts-)organisationaler ‚quasi Amtlichkeit' der Anspruch abgeleitet, Klienten anzuleiten oder gar *zurechtzuweisen,* annähernd zu *sanktionieren*[203], wenn vermeintliche Integrationsunwilligkeit erkannt wird. Dies macht sich bemerkbar an Praktiken der ‚Aktivierung', also des Gebens und gezielten Verweigerns von Hilfe, um zu erziehen:

> „es war bequem für die Person, aber es, die Person, wurde nicht selbstständig, genau, und des soll sich eben ja jetzt ändern, also, find ich auch ganz gut, deshalb soll des Ziel sein, dass die eben befähigt, also die Selbstbefähigung soll, soll, da sein oder gestärkt werden, das heißt, wenn die kommen mit Formularen, wir füllen keine Formulare mehr aus, ahm, wir arbeiten ja mit dem Casemanagementverfahren, das heißt, eigentlich wollen wir das nicht, dass einer kommt, ahm, sagt ich kann das nicht ausfüllen, füll aus und dann geht die Person wieder" **(Text: Türkei W 50-; Position: 39 – 41)**.

---

[203] Sanktion erscheint hier ähnlich der Strategie einer Bevormundung im Rahmen des „mütterlich-väterlichen" oder „quasi-familiären" Engagements (siehe Kapitel 10.1.2). Die Strategien unterscheiden sich dennoch aufgrund der Haltungen, die im ersten Fall der Sanktionierung schlicht der Aufgabenstellung entlehnt ist, Migranten ‚zu befähigen', während im zweiten Fall die Haltung einem emotional-empathischen Impetus geschuldet ist, der aus einer familienähnlichen Beziehung der Helfer zu den Hilfesuchenden resultiert.

> *Zusammenfassung*: Casemanagement wird als Praxis des Engagements jüngerer und organisational eingebundener älterer Befragter eingeführt. Es bezeichnet die Praxis pragmatisch-helfenden Engagements insofern, als es konkrete Handlungen widerspiegelt. Angefangen bei der Konstruktion von Menschen zu Fällen fällt der Blick auf die Handlungsausrichtung der Zielgruppenneutralität, die weitgehend gewahrt bleibt, jedoch gleichzeitig mit einem unkontrollierbaren Zustandekommen von Beziehungen zwischen Helfer und Hilfesuchenden aufgrund Herkunfts- und Migrationserfahrungen der Helfenden konfrontiert ist. Sie wird aufgeweicht im Zuge der Praxis der Klientengespräche, in denen ethnisch-kulturelle Herkunft eine Rolle spielt. Weitere Handlungsausrichtungen zeigen sich in Strategien der Kooperation, der Begleitung, der Aufklärung und Zurechtweisung. Sie alle zielen auf die geordnete Bearbeitung von Fällen.

10.2.3 Verantwortung für Zuständigkeiten (Haltung)

Die erarbeiteten Unterkategorien ‚pragmatisch-helfenden Engagements' stehen in engen Zusammenhängen[204]. Jedoch setzen sie inhaltlich verschiedene Schwerpunkte. Verantwortung für Zuständigkeiten bezeichnet im Wesentlichen die Haltung der jüngeren und älteren organisational eingebundenen Migrationsarbeiter. Im Gegensatz zu der ‚Arbeit am Menschen' (Kapitel 10.1.3) wird hier an Zuständigkeiten gearbeitet beziehungsweise wird für Zuständigkeiten viel eher eine Haltung der Verantwortung entwickelt. In der Haltung der Verantwortung für Zuständigkeiten spiegelt sich dementsprechend auch nicht dasselbe praktische Vorgehen wider wie in Kapitel 10.1.3 (‚Arbeit am Menschen') und in Kapitel 10.2.2 (‚Casemanagement'). Eine Haltung der ‚Verantwortung für Zuständigkeiten' weist aber auf Praxen des ‚Casemanagements' hin: ‚Verantwortung für Zuständigkeiten' manifestiert sich hinter der Praxis, als Haltung gegenüber kontrastierend sichtbaren Vorgehensweisen die Fälle (Cases) in den Mittelpunkt zu rücken, während Menschen in ihrer Ganzheitlichkeit (siehe Kapitel 10.1.3 ‚Arbeit am Menschen' und Kapitel 10.2.2 ‚Quasi-familiäre Fürsorge') für diese Untersuchungsgruppe aus dem Blick geraten.

Für den ersten Kategorienkomplex des ‚kulturkritisch-aufklärenden' Engagements (Kapitel 10.1) wurde eine Schwerpunktabfolge in der Reihenfolge Funktion-Haltung-Praxis gewählt. Die Stellung der Kategorien ‚Verantwortung für Zuständigkeiten' an den Schluss des Kapitels 10.2 ‚pragmatisch-helfendes Engagement' gibt der Präsentationspragmatik Vorrang: Erst nach der Einführung in Strategien ‚praktischer Hilfe' wird für Erläuterungen der ‚Haltung' Bezug zum Beispiel auf Unterkategorien des ‚Casemanagements' genommen.

Praktische *Begleitung* (in Kapitel 10.2.2 ‚Casemanagement') von Migranten zu Behörden ist an die Haltung der wohlfahrtsorganisational angeleiteten Zuständigkeit geknüpft. Sie wird in Abwägung der Fülle der Aufgaben innerhalb der Wohlfahrtsorganisationen und des Postulats der ‚Befähigung' der hilfesuchenden Migranten bis zu einer gesetzten, organisationalen Grenze geleistet[205].

---

204 Sie stehen in engem Zusammenhang zueinander und darüber hinaus im Zusammenhang mit Unterkategorien der Kernkategorie ‚kulturkritisch-aufklärenden Engagements'.
205 Im Gegensatz zu dem an dieser Stelle vorrangigen wohlfahrtsorganisational organisierten Engagement erscheint Begleitung im Rahmen des ‚freien' Engagements und des Engagements älterer Migrationsarbeiter als

„theoretisch und praktisch, wir haben die Möglichkeit, wirklich sehr gut Leute zu betreuen und zu begleiten. Aber ich sag immer, man muss das Gleichgewicht sehen" **(Text: Ukraine W 50-; Position: 18 – 18, in anderem Kontext zitiert in Kapitel 10.2.2)**

Das von der zitierten Befragten beachtete ‚Gleichgewicht' in der Arbeit mit Migranten weist darauf hin, dass Migrationsarbeiter in Wohlfahrtsorganisationen zum einen ihre Aufgaben abwägen müssen, um sich nicht zu überfordern. Zum anderen verweist es auf eine Abwägung von Zuständigkeiten, die die Befähigung der Hilfesuchenden im Blick hat. Ständige Begleitung in allen möglichen Angelegenheiten würde Hilfesuchende nicht zu einer angestrebten Selbstständigkeit führen.

Kooperation mit staatlichen Behörden als Unterkategorie des ‚Casemanagements' (Kapitel 10.2.2) weist ebenfalls auf eine Haltung der Verantwortung für Zuständigkeiten hin, führt man sich den vernetzten, bisweilen routinierten Umgang der in Wohlfahrtsorganisationen tätigen Migrationsarbeiter mit Institutionen des Sozialstaates vor Augen. Mit ihnen gemeinsam wird darüber entschieden, welches das adäquate Vorgehen für hilfesuchende Migranten sein soll **(Text: Ghana 60+; Position: 56 – 56)**. Für die Migrationsarbeiter in Wohlfahrtsorganisationen bleibt nicht selten lediglich die Aufgabe übrig, Klienten als Fälle an Arbeitsagenturen, Krankenkassen etc. zu verweisen oder zusammen mit Behörden Maßnahmen für die Integration von Klienten abzusprechen. Problembearbeitungen können nicht vom Anfang bis zum Ende begleitet werden. Finanzielle Mittel, die von Behörden und sozialen Leistungsträgern benötigt werden, markieren die Grenzen der Orientierung ‚am ganzen Menschen'. Die Kooperation mit staatlichen Leistungsträgern markiert entsprechend den Zuständigkeitsbereich von organisational eingebundenen Befragten.

In folgendem Zitat stellt sich die Befragte als wohlfahrtsorganisational eingebundene Helferin in diesem Kooperationskontext dar. Sie spricht die Grenzen ihres Einsatzes an, und gibt Anlass zu der Interpretation, Verantwortung ‚lediglich' bis zu diesen Grenzen ihrer Zuständigkeiten übernehmen zu können:

> Dann gibt es andere Maßnahmen, wo man das schon zusammen mit Arbeitsamt absprechen muss, weil wir sind keine Geldgeber, verstehst du? Wir können Kurse nicht für Menschen finanzieren. Wir sind so eine Brücke. Und dann, wir haben bestimmte Kooperationspartner und über so, wo man dann Kontakte aufnimmt und überlegt zusammen sozusagen kann man Eingliederungsvereinbarung machen, was besser für diese Person ist **(Text: Ukraine W 50-; Position: 4 – 4, in anderem Kontext zitiert in Kapitel 10.2.2).**

Spezialmigranten von Amts wegen[206]

‚Verantwortung für Zuständigkeiten' wird über die Positionierung der Befragten kategorial relevant. Als *Spezialmigranten ‚von Amts wegen'* beanspruchen wohlfahrtsorganisational organisierte und zumeist jüngere Befragte Legitimation für die Arbeit an ihren Zuständigkeiten in der Migrationsarbeit. Diese Legitimation wird zum Teil wörtlich an einen Ausweis

---

[206] Selbstverständlichkeit. Sie wird im Rahmen des ‚freien', ‚kulturkritisch-aufklärenden Engagements' als selbst gesetzte Pflicht gegenüber Schützlingen gedeutet (siehe Kapitel 10.1.2). ‚Von Amts wegen' Spezialmigrant zu sein, bedeutet nicht, tatsächlich ein Amt zu bekleiden, oder auch Mitarbeiter oder Beamter einer staatlichen Behörde zu sein. In einer Wohlfahrtsorganisation tätig zu sein, sei es auch ‚nur' in prekärer Migrationsbeschäftigung, weist die Befragten dennoch als legitimierte Migrationsarbeiter aus.

geknüpft. *Respekterwartung* basiert auf diesem Ausweis, der ‚amtlich' erscheint. Als Beispiel soll ein Auszug des Interviews mit einem pakistanischen Befragten, der in dem oben bereits erwähnten Lotsenprojekt tätig ist, dienen:

> „Dann irgendwie sind wir zum Regierung von Oberbayern, (NAME STRASSE), hingefahren, die Dame war sehr nett, weil sie, ich hab sie Dienstkarte, Ausweis, gezeigt, und dann sie war auch in der Umgebung von Stadtteil, und das hat's gesagt, und den Fall des wird ich weiter, das ist aber die Frau, die Kinder, die brauchen eine Dach und wir werden eine geben. Und sie hat dene dann in Asylheim geschickt. Wo können die da wenigstens schlafen konnten. Und ich betreue diese Familie heute noch" **(Text: Pakistan M 60+; Position: 46 – 46, in anderem Kontext zitiert in Kapitel 10.1.3.1).**

Respekt wird von den Befragten als Amtsrespektierung verstanden und von kooperierenden Instanzen wie von hilfesuchenden Migranten erwartet. Erstere werden teilweise unter Vorlage eines Ausweises, sicher aber in Kenntlichmachung eines offiziellen Auftrags kontaktiert. Mit ihnen wird kooperiert. Letztere werden zum Teil mit quasi-amtlicher Legitimation zu Behörden begleitet.

Insbesondere im Fall des befragten pakistanischen Migrationsarbeiters wird aus seinem Interview ersichtlich, dass sein Bestreben über eine Arbeit an Zuständigkeiten hinausgeht. Diesem Bestreben für Hilfesuchende ‚mehr zu tun' sind in quasi-professioneller Funktion Grenzen gesetzt.

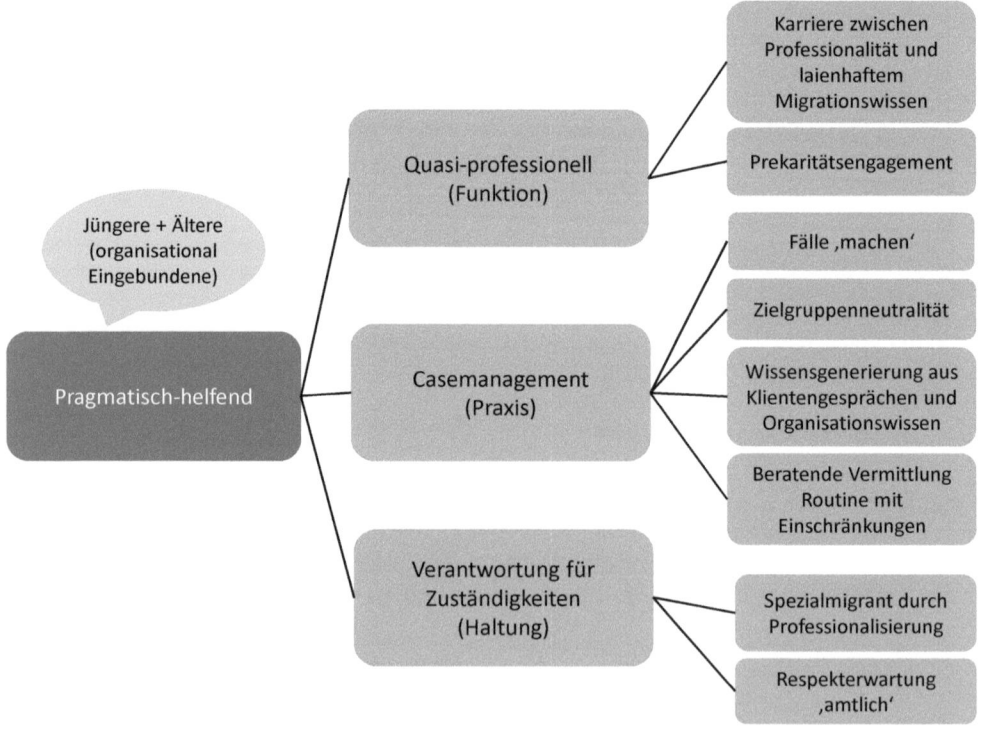

Abbildung 6: Die Kategorie des ‚pragmatisch-helfenden Engagements'

Wo diese Grenzen liegen, bleibt vage aufgrund der unklaren definitorischen Einordnung der Migrationsarbeit im Zwischenfeld von beruflicher beziehungsweise Erwerbsarbeit und Engagement.

Es besteht Unsicherheit über Pflichten, über die Anfangs- und Endpunkte der Zuständigkeit, die insbesondere bei älteren, vormals wenig aber nun zum Teil zunehmend professionalisierten Engagierten sichtbar wird.

Insofern wird nicht nur bis zu etwaigen Grenzen der Zuständigkeit gearbeitet. Verantwortung wird mit Blick auf die Position getestet, die Migrationsarbeiter in Organisationen innehaben. Das heißt, es geht nicht ausschließlich um die Haltung der Verantwortung für Zuständigkeiten, sondern es wird auch an der Verantwortung für Zuständigkeiten selbst gearbeitet. Die Grenzen werden ausgelotet.

> *Zusammenfassung*: Verantwortung für Zuständigkeiten liegt als Haltung hinter den Praxen des Casemanagements und schließt an diese unmittelbar an. Sie kann beispielhaft an der Begleitung von Hilfesuchenden und der Kooperation mit Behörden veranschaulicht werden, indem die Grenzen der Verantwortungsübernahme von Befragten für Hilfesuchende aufgezeigt werden. Diese Grenzen werden im Rahmen des ‚Amtes' als offizieller Mitarbeiter einer Wohlfahrtsorganisation insbesondere von älteren Migrationsarbeitern ausgelotet.

11 Einzelfallinterpretationen

Die folgenden Einzelfallinterpretationen[207] dienen der Nachvollziehbarkeit der Untersuchungsergebnisse. Mit ihnen wird der Schritt zurück ins Material geleistet. Gleichzeitig veranschaulichen sie den Hergang der Untersuchung. Angelehnt an die offene Kodierung aller Interviews in einzelnen MAXqda-Projekten wurden vier Einzelfälle ausgewählt, die für die Untersuchung ausschlaggebend waren. Sie sind in ihrem Aufbau an den biografischen Kristallisationspunkten orientiert (siehe Kapitel 8.2)[208]. Über sie werden Verbindungen zu Vergleichs- und Kernkategorien sichtbar (siehe Kapitel 9 und 10)[209].

11.1 Türkei W 60+

11.1.1 Privilegierte Zuwanderung

Frau T. wandert privilegiert nach Deutschland ein. Sie versteht sich nicht als Gastarbeiterin, sondern als Einwanderin, die ein ambitioniertes Bildungs- beziehungsweise Berufsziel ver-

---

207 Für die einzelnen Interviews wurde kein typbezeichnender beziehungsweise ‚interview-falltypischer' Titel gewählt. Dieser würde sonst verschleiern, dass die Interviewten keine Typen sind. Erst in der analytischen Abstraktion aller Daten werden typische Haltungen, Handlungen und Funktionen hervorgebracht.
208 Eine skizzierte Veranschaulichung des Zusammenhangs mit den Kristallisationspunkten findet sich am Ende des Kapitels 11.
209 Am Ende jeder Fallschilderung befinden sich in einem Kasten zusammenfassende Verweise zu den verdichteten Kategorien.

folgt und deswegen ihr Heimatland bereits in den 70er-Jahren verlässt. Ob ihr offizieller Status dennoch der einer Gastarbeiterin ist, bleibt für sie unerheblich. Ihre Berufschancen in der Türkei erscheinen ihr trotz Oberschichtzugehörigkeit gering. Die Möglichkeit, zwischen den Ländern zu reisen, nutzt Frau T., verlegt aber ihren Lebensschwerpunkt nach Deutschland: „ich in die Türkei zurückgekehrt dann wiedergekommen" **(Text: Türkei W 60+; Position: 33 – 33)**. Sie beginnt hier ein Wirtschaftsstudium mit dem Ziel, im Bereich der Werbung beruflich Fuß zu fassen. Zunächst arbeitet sie als Praktikantin, anschließend bei einem renommierten deutschen Technologieunternehmen als Programmiererin und wechselt zu einer Bank. Von Bildungsentwertung sieht sie sich damit nicht betroffen. Frau T. kann neben dem Beruf eine Familie aufbauen. Sie heiratet. Ihre Tochter kommt noch in der Zeit der ersten beruflichen Etablierungsversuche in Deutschland zur Welt.

11.1.2 Orientierung in Deutschland aus Distanz: Bemerken von Migrantennöten

Erste Orientierungen im Aufnahmeland verlaufen im Kontext von Beruf und Familie reibungslos. Im Zuge dieser Orientierungen gelangt Frau T. zu der Einsicht, dass es ihr im Vergleich zu anderen ‚Landsleuten' besser geht. Frau T. wagt daraufhin den Schritt in die Migrationshilfe, zunächst nebenbei, später endgültig.

Frau T. ist bereits in den ersten Jahren ihres Aufenthalts in Deutschland bemüht, sich der Probleme insbesondere von türkischen Migranten anzunehmen. Sie erkennt ihre deprivierte Lage aus der Perspektive einer laizistisch sozialisierten Oberschichtsangehörigen. Explizit grenzt sie sich von Einwanderern aus ländlichen Gebieten in der Türkei ab:

> „und so ich hab auch die Leute gesehen, die wirklich hilflos waren. Ich bin natürlich aus Istanbul gekommen, ich hab ganz andere Gesellschaft, ganz andere Anschauung und, ahm, viele sind aus ländlichen Gebieten sind gekommen" **(Text: Türkei W 60+; Position: 35 – 35, in anderem Kontext zitiert in Kapitel 9.1.2.2)**

Aus der Perspektive des städtischen und durch Bildung gehobeneren Status ist es ihr möglich, die Nöte der Migranten aus der Türkei zu erkennen; ebenso die Rahmenbedingungen, die verhindern, dass sie sich entfalten oder gesellschaftlich aufsteigen können. Frau T. beobachtet ihre Hilflosigkeit und entschließt sich zu helfen. Es handelt sich deshalb um eine Form der Sonderpositionierung, die sich aus verschiedenen sozialstrukturellen Abgrenzungen zu anderen Migranten aus der Türkei ergibt, seien es Schicht, Bildung oder regionale Abgrenzungen (Stadt-Land). Ethnisch-kulturelle Identifikation mit Migranten aus der Türkei wird über diese Abgrenzungen jedoch nicht ausgeschlossen. Frau T. identifiziert sich mit Landsleuten über ihr Wissen über sie aus der Distanz.

11.1.3 Widerständen trotzen – keine Vereinnahmungen zulassen

In dieser Sonderposition erlaubt Frau T. niemandem einen Zugriff auf sie selbst und ihre Art zu arbeiten beziehungsweise sich zu engagieren. Sie lehnt politisch-weltanschauliche Vereinnahmungen ab, ist nicht ‚parteiisch beziehungsweise parteipolitisch':

> „zum Beispiel wir haben dieses Jahr diese Gruppe eingeladen, ich wollte auch, meistens die sind auch politisch interessiert, Parteien, welche, in welche weiß ich nicht SPD, Grüne, FDP, weiß ich nicht, ich kann dazu nichts sagen, weil ich frage auch nicht, weil ich möchte auch nicht parteipolitisch zusammenkommen und aber wir äußern unsere Meinungen frei" **(Text: Türkei W 60+; Position: 69 – 69)**.

Frau T. distanziert sich auch von ‚herkunftsnationaler' Einflussnahme auf ihr Engagement:

> „noch andere ja, türkische Lehrer aus der Türkei, was haben sie gemacht, die sind gekommen, ich bin Türkin, aber man muss das auch wirklich, wir haben gekämpft, weil wir haben ganz andere Weltanschauung gehabt, wir wollten die Kinder und Familie helfen und was haben sie gemacht, sie haben wieder türkische Familie überall besucht – bringen sie ihre Kinder türkische Klasse, das und jenes" **(Text: Türkei W 60+; Position: 41 – 41)**.

Sie lehnt ethnisch-national bestimmte Problemlösungen ab. In diesem Kontext ist insbesondere der Umgang mit Kindern von Migranten für sie ein Problemthema. Das zeigt sich daran, dass sie bereits früh ein Staatsabkommen zwischen der Türkei und Bayern kritisiert. Dieses Abkommen schlägt eine schulische beziehungsweise schulklassenspezifische Separierung türkischer Kinder von deutschen Kindern vor; zwar mit der Absicht, türkische Kinder besser zu fördern, jedoch mit einer gegenteiligen Wirkung: Sonderförderung türkischer Kinder wies ihnen institutionell eine Platzierung meist in Sonderschulen zu:

> „und dann die haben immer mit diesen Schulen, Sonderschüler habe ich auch so viel Streit gemacht. Auch es gibt ein Abkommen zwischen Bayern und Türkei ah ah die türkische Lehrer unter denen könnten nach Bayern kommen ja, mit dem Vertrag türkisch, türkische ah wie heißt das, türkische ah Klassen ja, türkischen Klassen, außer da plötzlich Sonderschule überall türkische Klassen, könne Sie das vorstellen?" **(Text: Türkei W 60+; Position: 41 – 41)**.

Wege der adäquaten Förderung türkischer Kinder hin zu einem guten beruflichen Einstieg in Deutschland wären damit verbaut gewesen. Eigene Strategien der face-to-face-Überzeugung direkt an den Wohnungstüren betroffener Familien fruchteten, zur Frustration der Befragten, nicht immer. Diese Strategie war dem Vorgehen der Initiatoren des Abkommens entliehen: Auch sie (beauftragte türkische Lehrer) gingen von Tür zu Tür, um türkische Familien für ihre Pläne zu gewinnen, türkische Kinder in Sonderklassen, zumeist auf Sonderschulen zu schicken:

> „wir sind auch in den Häuser gegangen und haben wir Versammlung gehabt, haben wir gesagt – nein" **(Text: Türkei W 60+; Position: 41 – 41)**.

Ein langer Atem zur Aufklärung und Überzeugung türkischer Migranten ist Frau T. gegeben. Strategien der Überzeugung scheitern jedoch zuweilen mit negativen Konsequenzen für Betroffene. Das zeigt sich auch am Beispiel von ‚Sammelumzügen' von Migranten in ein Neubauviertel, die zu verhindern versucht wurden, und die sich später als Fehlentscheidungen der Betroffenen herausstellen werden **(Text: Türkei W 60+; Position: 81 – 81)**.

Nationalen Vereinnahmungen steht Frau T. stets entgegen, wenn sie sie für falsch hält. Damit hängen auch ihre Bestrebungen zusammen, sich gegen konfessionelle Vorurteile und Hindernisse zu wehren. Türkisch-muslimische Autoritäten in Deutschland und der Türkei hält sie für wenig hilfreich, wenn es darum geht, Ressentiments zwischen Migranten und der ‚Mehrheitsbevölkerung' abzubauen. Abzulesen ist dies für Frau T. an der Skepsis dieser Autoritäten gegenüber ihrer ‚freien' Einrichtung[210]. Stein des Anstoßes sind Aktionen, die sich mit Zweisprachigkeit und christlich-konfessioneller Unterstützung an das türkische Elternpublikum in Deutschland richten. Diese erscheinen suspekt und stehen beim Zielpub-

---

210 Frau T. schließt sich zunächst in den 70er-Jahren mit türkischen Frauen zur Selbsthilfe zusammen. Sie wird später Mitbegründerin zweier Einrichtungen, die es auch heute noch gibt. In einer ist Frau T., nunmehr als Rentnerin, engagiert.

likum selbst in dem Verdacht, die Konversion muslimischer Kinder zum Christentum zu beabsichtigen **(Text: Türkei W 60+; Position: 81 – 81)**. Frau T. wehrt sich gegen konfessionellen Druck, der institutionell aufgebaut wird.

Ressentiments bestehen in der Erzählung von Frau T. auch von ‚deutscher Seite' gegenüber ihren Aktivitäten. Nicht zuletzt sind es gefühlte „Ausländerfeindlichkeit" **(Text: Türkei W 60+; Position: 97 – 97)** und Tendenzen, die sich „stark gegen türkische und muslimische Leute" **(Text: Türkei W 60+; Position: 81 – 81)** richten, die ‚zum Kampf auffordern'. Zwar wird großen Wohlfahrtsverbänden nicht explizit Ausländerfeindlichkeit vorgeworfen, dennoch hat ihre Handlungsweise unmittelbar Einfluss auf die Handlungsfähigkeit der ‚kleinen' und ‚unabhängigen' Einrichtung von Frau T. Sie wären in der Lage, Initiativen zu fördern, und sei es auch ‚nur' mit dem Zurverfügungstellen von Räumen. Sie verweigern dies aber zum Ärger von Frau T:

> „Wir wollten zu und dann (NAME EINRICHTUNG) hat ein Konzept erstellt, wollte auch überwiegend türkische Seniorinnen, auch die anderen ja, aber wir haben ganz tolle Konzept gehabt, die haben das abgelehnt, weil große Verbände die wie Innere Mission, Arbeiterwohlfahrt oder Caritas, da gibt's so viele Leute, ich muss sagen, bei denen die politisch beeinflussen können und die haben uns nicht das genehmigt" **(Text: Türkei W 60+; Position: 94 – 94)**.

Frau T. nennt dies „geheime(n) Ausländerhass" **(Text: Türkei W 60+; Position: 97 – 97)**, der nicht offenkundig, aber für sie fühlbar ist. Ihr und ihren Mitstreiterinnen wird von ‚deutscher (wohlfahrtsorganisationaler) Seite' kein Vertrauen entgegengebracht. Sie haben sich zu rechtfertigen und sehen sich beim Vortragen ihrer Anliegen gar mit dem Vorwurf der Lüge konfrontiert, den sie jedoch detailliert zu entkräften wissen **(Text: Türkei W 60+; Position: 97 – 97)**. Einen Grund für die ablehnende Haltung der ‚Großen' sieht Frau T. nicht zuletzt in ihrer eigenen Fähigkeit zur Gegenwehr. Sie, also die ‚Kleinen', sind „so stark geworden" **(Text: Türkei W 60+; Position: 83 – 83)**, dass sie Ressentiments hervorrufen. Stark sind sie aufgrund des Kampfes mit den Mitteln, die sie zur Verfügung haben; manchmal auch mit dem Aufgebot der Masse, die sie als Migranten darstellen:

> „sie wollte nicht zu uns geben, aber wissen Sie, wir haben Kind und Kegel und Behinderte mit dem Rollstuhls (lachen) alle ich weiß nicht wie viel Leute, wir sind marschiert zum Rathaus und dann ob das und jenes und dann haben sie uns hier genehmigt" **(Text: Türkei W 60+; Position: 81 – 81)**.

Ihre eigene Position erklärt die Befragte über ihre Selbsteinordnung als ‚Vertreterin des Laizismus' **(Text: Türkei W 60+; Position: 123 – 123)**. In ihren Handlungen spiegelt sich gleichzeitig eine Ablehnung egalitärer Behandlung bei Voraussetzung nicht gleicher Menschen, in diesem Fall von Schülern, die vor ihrem Migrationshintergrund nicht gleichen Prüfungsmodalitäten unterworfen sein dürften wie zum Beispiel deutsche Kinder **(Text: Türkei W 60+; Position: 39 – 39)**.

Frau T. mischt sich ein. Sie wählt nicht selten den direkten Weg zu den Autoritäten und Institutionen, um Misslagen anzuprangern. In ihrer (späteren) Funktion als Mitarbeiterin einer Wohlfahrtsorganisation befindet sie sich in einer institutionalisierten Position. Diese ist nicht dazu angelegt, sich gegen Verbandsebenen aufzulehnen; dennoch nutzt Frau T. ihre Funktion so, wie sie es für richtig hält. Im Vordergrund steht das Wohl der zu betreuenden Migranten. Sie arrangiert für sich eine individualisierte, widerständige Haltung, die im ehemals ‚freien Engagement'[211], ebenso in einer wohlfahrtsorganisationalen Beschäftigung und dann wieder im ‚reinen Engagement' als Rentnerin gilt.

11.1.4 Frauen- und Familienzentrierung

Raumsuche mit und für Frauen

Mit anderen Frauen gemeinsam entsteht zunächst eine provisorische Kooperation, die nach Möglichkeiten sucht, Hilfe zu organisieren **(Text: Türkei W 60+; Position: 79 – 79)**. Es finden sich Partner vor allem im christlich-konfessionellen Umfeld. Raumsuche ist erste Priorität; physischer Raum wird zur Verfügung gestellt. Frau T. fühlt sich „umarmt" **(Text: Türkei W 60+; Position: 39 – 39)**, das heißt mit ihren Anliegen und Vorstellungen für die Migrationsarbeit ernst- und angenommen.

Beziehungsnähe als Grundvoraussetzung für Engagement

Die grundlegende Haltung der Hilfe ist für Frau T. dadurch gekennzeichnet, dass sie für hilfesuchende Migranten Verstehen antizipiert, dass sie sich ihnen nahe fühlt[212].
Sie arbeitet vor allem mit ‚kulturell Nahen'. Sie geht mit ihnen vornehmlich auf einer persönlichen, das heißt manchmal auf einer familiär anmutenden Ebene um. Insbesondere ist es das sogenannte ‚Frauenschicksal', das Frau T. für ihre Unterstützungshandlungen motiviert. Nicht zuletzt sind es die Frauen, die bei ihr Rat und Hilfe suchen. Die Klientinnen kommen auf Frau T. zu. Sie ist gut bekannt und meist über Hörensagen vermittelt **(Text: Türkei W 60+; Position: 125 – 125)**.

Familienprobleme familiär regeln – ganzheitlich und ohne Rezept

Frauen sind Ansprechpartner in Familienangelegenheiten. Probleme von Kindern zu lösen, gelingt ebenfalls nur über den Einbezug der Frauen beziehungsweise Mütter. Mit Frauen gemeinsam die Probleme der Frauen und damit ihrer Familien in Angriff zu nehmen, wird zum Problemlösungsansatz für Migranten. Eine hilfesuchende Frau ist in einem speziellen Fall **(Text: Türkei W 60+; Position: 107 – 109)** von Abschiebung aufgrund familiärer Diskrepanzen und damit existenziell bedroht. Die Strategie von Frau T. ist, sich mit dieser Frau ‚ganzheitlich' intensiv auseinanderzusetzen, sie und ihre Lage genau kennenzulernen, zu begreifen und in Antizipation der Folgen ihrer Handlungen möglichst alle Menschen mit einzubeziehen, die die Problemsituation der Frau entspannen können. Frau T. stehen keinerlei Rezepte des Vorgehens zur Verfügung. Sie setzt auf die eigene Lebenserfahrung und

---

211 Im Jahr 1978 beteiligt sich Frau T. an der Gründung eines Vereins der Migrationshilfe.
212 Eine der Anstellung in der Wohlfahrtsorganisation geschuldete institutionell vorgegebene Ausdehnung von Klientenbetreuung auf alle infrage kommenden ethnischen Gruppen nimmt Frau T. dabei gerne hin. ‚Sie kann auch mit anderen' als mit Türken **(Text: Türkei W 60+; Position: 91 – 91)**.

damit auf die eigene Überzeugungskraft, Beteiligte menschlich-einsichtig und milde zu stimmen. Sie hofft auf eine Form der ‚Gnade'[213] derer, die die Lage der Frau mit beeinflussen können. Sie übernimmt gleichzeitig in der Familie für die zu betreuende Frau gewissermaßen die Rolle des Familienoberhaupts.

Frauensolidarität fordern

In dem berichteten Fall ist Familie für die Hilfesuchende von enormer Bedeutung: Sie ist Anker ihrer Existenz in Deutschland. Von ihr verstoßen zu werden, kommt einer Verstoßung aus Deutschland gleich, das heißt konkret, dass ohne die Unterstützung der Familie die Ausweisung droht. Frau T. geht zunächst keinen rechtlichen Weg. Sie empfiehlt in Absehung wohlfahrtsorganisational geleiteter Ansätze der Klientin, sich nicht mit Mitteln juristischen Rechts zur Wehr zu setzen, sondern Frau T. setzt darauf, die Familie beziehungsweise die Verwandtschaft der Klientin einzubeziehen. Sie selbst setzt sich als Bittstellerin bei der Familie der Klientin ein; sie umwirbt die Familie geradezu, einsichtig zu sein, sich in die Lage der Frau zu versetzen. Die Schwägerin der Klientin wird zur ‚Frauensolidarität' aufgefordert, Ihr wird gar eine Identifikation mit der Betroffenen nahegelegt:

> „dann hab ich auch diese Verwandte diese Frau auch gebeten, bitte wir müssen sie helfen, wenigstens sie soll hier bleiben, wenn sie jetzt zurückkehren soll, was wird diese Kinder und so. Sie hat gsagt, ja ich kann nicht einmischen, ich kann nicht einmischen, mein Mann wird böse sein und so, ich hab gesagt ja du kannst auch in ihre Stelle sein ja, ich hab gebeten, gebeten, ich hab gesprochen vom Gott von (lachen) wie sie denken, ja" **(Text: Türkei W 60+; Position: 109 – 109, in anderem Kontext zitiert in Kapitel 10.1.3.4).**

Männer argumentativ überzeugen

Der Schwager der Betroffenen wird dazu aufgefordert, Position für die hilfesuchende Frau zu ergreifen[214]. Frau T. nutzt den „Respekt gegenüber mir" **(Text: Türkei W 60+; Position: 111 – 111),** also ihr, und insistiert auf seine Unterstützung bei der Lösung des Problems. Insistieren heißt in diesem Fall, hartnäckig bis aufdringlich zu sein, wiederholt auf seine Unterstützung zu bestehen. Dabei werden auf den ersten Blick zusammenhanglose (Familien-)Beziehungen zielführend zusammengeführt.

Die Absicht des Ehemannes, für sich und andere seine Auffassung von geordneten Familienverhältnissen wiederherzustellen, wird über die Aufklärung der gesamten Familie konterkariert. ‚Familienehre' konstruiert Frau T. argumentativ darüber, dass einem Familienmitglied beigestanden wird. Frau T.'s Hartnäckigkeit erstreckt sich bis hin zu konkreten Drohungen mit juristischen Konsequenzen, die sie, wenn auch kaum fundiert, zur Wirksamkeit ihrer Forderung einsetzt **(Text: Türkei W 60+; Position: 111 – 111).**

---

213 ‚Gnade' wird hier als Begriff gewählt, um das Einlenken oder Entgegenkommen zu beschreiben, das Frau T. evozieren möchte. Diese Forderung nach Einlenken der Familie scheint einer traditionellen Perspektive entliehen.
214 Dies aufgrund einer ehemals für ihn geleisteten Unterstützungsmaßnahme der Befragten. Das heißt, es geht um eine Form der Reziprozität. Damals handelte es sich um ein Drogendelikt **(Text: Türkei W 60+; Position: 119 – 119).**

Über das zugänglichste Familienmitglied, in diesem Fall die Schwägerin, stellt sie Kontakt zu dem Schwager der Hilfesuchenden her. Frau T. verfolgt mit ihren Bemühungen ein Minimalziel, sie hat eine Minimalforderung: der Frau beizustehen, ihr Schicksal quasi innerfamiliär auszuhandeln, ohne dass rechtliche Schritte eingeleitet werden müssten[215]. In dieser speziellen Konstellation, also vor dem Hintergrund von speziellen kulturell konnotierten Erwartungen, sieht sich Frau T. in der Lage, dadurch am besten helfen zu können, dass sie genau auf diese Erwartungen Bezug nimmt und den Konflikt auf familiärer Ebene zu lösen versucht.

Formell werden, wenn Informelles ausgeschöpft ist

Im Falle der Überschreitung von Grenzen nationalstaatlicher Problemlagen und Zuständigkeiten scheut Frau T. auch nicht davor zurück, Kontakte herzustellen, hier in die Türkei. Mit gleichen Mitteln wie der Gegner (der Ehemann) wird mit einem Richter in der Türkei korrespondiert, dadurch wird rechtlich eine Beeinflussung zugunsten der Klientin initiiert. Der Strategie des gegnerischen Ehemanns, im Ausland (also der Türkei) eine Scheidung zu erwirken, unter anderem wegen der geringen Bildung seiner Frau, stellt sich Frau T. entgegen, indem sie das Gegenteil behauptet und die Klientin in Schutz nimmt. Sie trägt die benachteiligte Lage der Frau als spezifisch sozialisierte Frau beziehungsweise Ehefrau vor:

„aber was können wir machen unsere Schicksal, Frauenschicksal in die Türkei, die Eltern haben nicht ahm in die Schule geschickt, aber ihr Mann wusste, dass Analphabet war" **(Text: Türkei W 60+; Position: 111 – 115).**

In Anbetracht dessen, dass sie nun gezwungen ist, sich auch rechtlich mit dem Fall auseinanderzusetzen, greift Frau T. in den Konflikt ein und zieht Experten hinzu, die ihr da zur Seite stehen, wo ihre Expertise endet:

„aber ich habe eine Frau, Rechtsanwaltin gekannt und dann, dann ich hab sie angesprochen und sagte, ich werde diese Frau helfen, sie sie war auch ahm von eine berühmte Familie so, reiche Familie, sie hat nur so für Vergnügen das gehabt, so wenig Unkosten" **(Text: Türkei W 60+; Position: 111 – 115).**

Frau T. weiß diese Unterstützung für sich zu organisieren. Im Gegensatz zu der Betroffenen, die einer (Bildungs-)Unterschicht angehört, ist sie als immer schon Oberschichtsangehörige (s. o.) vernetzt, sogar eng mit einer türkischen Rechtsanwältin in Deutschland. Sie weiß auch um die Notwendigkeit, diese türkische Rechtsanwältin einzuschalten, die die rechtliche Lage in der Türkei kennt. Gemeinsam mit ihr wird ‚der richtige Ton' hinsichtlich der Beeinflussung der richterlichen Entscheidung eingesetzt.
Parallel dazu organisiert Frau T. alle Bereiche des alltäglichen Lebens für die Betroffene, nicht zuletzt, um Voraussetzungen für ein positives Urteil zu schaffen. Die Betroffene soll selbstständig leben können:

---

215 Anzunehmen ist, dass Trennung beziehungsweise Scheidung von Eheleuten als alltäglicher Prozess verstanden werden kann, der im Rahmen sozialberatender Betreuung für Klienten als solcher schlicht begleitet werden sollte.

> „dann ahm haben wir für sie weil früher haben viele Putzfirmen zu mir auch angerufen, ja ich brauch, wir wissen, dass auch Frauenverein, Frauenarbeit ist, sie suchten immer Arbeitskräfte, die Frauen ja, dann haben wir auch eine Arbeit gefunden für sie" **(Text: Türkei W 60+; Position: 111 – 115).**

Erst nach der Sicherung zum Beispiel des Bleiberechts etc. werden auch gegen familiäre Widerstände mutigere rechtliche Schritte unternommen (insbesondere die Ehescheidung), die der Frau Unabhängigkeit garantieren und weitere familiäre Konflikte eindämmen.

(Beziehungs-)Vermischungen

Die Hilfesuchende wird über die lange währende Betreuungszeit zur Freundin der Befragten. Vermischungen beziehungsweise Überschneidungen privater und öffentlich ‚im Amt' hergestellter Kontakte scheinen in der Tätigkeit von Frau T. recht häufig zu sein. Die Betreute hält den Kontakt zu Frau T. aufrecht; dieser Kontakt ist von großer Nähe und Intimität geprägt. Frau T. sind ‚im wohlfahrtsorganisationalen Amt' aufgebaute Kontakte wichtig. Sie fühlt sich ‚im Amt' und anschließend in ihrer Funktion als nunmehr ehrenamtlich Tätige in der Migrations- und Integrationshilfe so wohl wie zu Hause:

> „ich bin fast hier aber wie Zuhause aber freitags Leute, die mich seit über dreißig Jahre kennen, ich treffe in der Straße auf der Straße, die sagen, sie wollen mit (...) ich sage nein [NAME LABEL] ist dort, dort ist (...) aber manche muss ich helfen, ich fühle mich verpflichtet" **(Text: Türkei W 60+; Position: 99 – 99).**

Beziehungsvermischung geschieht quer zu der Formalisierung der Tätigkeiten in der Migrationsarbeit, das heißt im ‚reinen' Engagement, das in der Fortführung ihrer früheren Tätigkeit als Mitarbeiterin einer Wohlfahrtsorganisation stattfindet. Sie leistet hier wie dort die gleiche Arbeit, sie tut die gleichen Dinge, es gibt keinen wesentlichen Unterschied für sie.

Wichtig ist ihr, dass Menschen gleich sind, was für sie die Grundvoraussetzung ist, ihnen gleichermaßen emphatisch nahezukommen: „Ich liebe die Menschen" **(Text: Türkei W 60+; Position: 125 – 125).** Um sie zu erreichen, geht Frau T. Kompromisse ein. Sie vermittelt zwischen Ämtern, Behörden, Großverbänden, Politik etc. und der Einrichtung, genauso wie zwischen den Klienten und insbesondere ihren Familien. Herausragend sind ihre Bemühungen, Frauen – vor allem religiös sozialisierte und lebensweltlich ethnisch-kulturell organisierte Frauen – aus ihrer von Männern dominierten Rolle herauszuholen, aber nur sofern dies ohne größere Konflikte vor sich gehen kann – sei es auch unter Inkaufnahme von Kompromissen mit den Männern dieser Frauen:

> „Mein Name ist bekannt, deshalb die ehh ehh Männer erlaubt ja, ich (...?) das heißt älteste Schwester, heißt (unverständlicher Name?) und dann die haben jetzt Vertrauen gewonnen ja, auch ich Vertrauen gewonnen bei den Männer, bei ihre Männer (lachen) deshalb Anfang wollten sie, aber was ich in Wochenendseminar mache oder ab und zu kommen sie nur einemal, zweimal im Jahr. Gemischt mache ich, die wissen schon und dann hab ich gesagt, wenn ihr Männer wollen, dann können sie auch mitmachen, ja, damit sie sich auch bisschen erweitern nicht nur Frauen, ja" **(Text: Türkei W 60+; Position: 125 – 125).**

Zusammenfassende Verweise zur Kernkategorie: In der Analyse des Falls von Frau T. werden Aspekte sichtbar, die ihre Widerständigkeit als Spezialmigrantin verdeutlichen. Diese Widerständigkeit, die auf ‚kulturkritisch-aufklärende' Strategien des Engagements hinweist, setzt sie ein, um familienzentriert, in der Funktion eines Familienoberhaupts Probleme von Hilfesuchenden zu lösen. Sie nimmt hier eine Haltung ein, die ‚quasi-familiärer Fürsorge' (Kapitel 10.1.2) zugeordnet werden kann. In der Auseinandersetzung mit Familienangehörigen, die sie zur Problemlösung hinzuzieht (Kapitel 10.1.3.4 ‚Einbezug Relevanter') stellt sie sich zwischen Fronten, in deren Zwischenbereich sie stetig Handlungsweisen erfindet, die sie innovativ und bisweilen bis an die Grenzen des Üblichen einsetzt (Kapitel 10.1.3.1 ‚Kreative Tipps'). Die Suche nach Raum für ethnisch und aufgrund von gemeinsamer Erfahrung nahe Migranten scheint ihr notwendig, um aus diesem Raum heraus gruppenspezifisch helfen zu können (Kapitel 10.1.3.2 ‚Rauziehen und Raumsuche'). Vermischung von privaten und Engagementkontakten geht direkt in die Kategorie (Kapitel 10.1.3.3 Arbeit in der Zuständigkeit für herkunfts- und erfahrungsähnliche Migranten) ein.

11.2 Kasachstan M 60+

11.2.1 Herkunft: Unterprivilegierung und Diskriminierung

Das Problem von Urbanität und Raum

Die biografische Erzählung des Herrn A. kann anhand von Berichten, die Differenzen zwischen Herkunfts- und Aufnahmeregion betonen, weit zurückverfolgt werden. Sie startet im Herkunftsland. Allgemeine Bemerkungen, die sich auf Aussiedler aus Kasachstan beziehen, lassen erahnen, dass K. sich einem dörflich-ruralen Kontext zurechnet, in dem Selbstversorgung üblich ist. Eine räumliche Verortung wird dadurch beschrieben, dass es ausreichend Platz gab, Ausdehnung möglich war, auch im öffentlichen Bereich. Hier und heute fehlt dieser Platz. Fehlen von Platz markiert für ihn ein Defizit, das für seine Engagementausrichtung bedeutsam wird. Dieser Platz wird physisch, aber auch sozial definiert:

> „sie von einer Ecke Kasachstan, Usbekistan, Tadschikistan kommen nach Deutschland, kommen in solche Hochhäuser wie in Käfige, weißt du, da sitzen die meisten, der weiß nicht soll er machen, hat nichts zu tun und dann hat Depression und ganze Krampf und die hat (unverständlich) ghabt und die Männer sind immer, sie wollen irgendwo sich treffen, spielen Domino, Schach ahm Karten oder etwas. Bei Deutsche ist so, jeder hat eine Lokal, gehen sie dort hin, fertig. Hier gibt's kein russisches wenig und (unverständlich) ist klar" **(Text: Kasachstan M 60+; Position: 21 – 21).**

> „ja ich lache, weil bei uns in Kasachstan oder Usbekistan, Tadschikistan oder Russland ist riesige große Land ja" **(Text: Kasachstan M 60+; Position: 15 – 15).**

Ethnisch-nachkriegszeitliche Diskriminierung

Was ihm hier und heute fehlt, wie es damals und dort fehlte, ist nicht allein Raum, sondern in diesem Raum als Mensch mit allen bürgerlichen Rechten gleichberechtigt zu sein. Es geht

Herrn K. darum, als gleich angesehen und akzeptiert zu sein, wenn er sich seine eigene geringe Akzeptanz in der/den Gesellschaft(en) bewusst macht:

> „Hier, ja ist nicht anderes wie drüben und hier. Dort warst du Faschist, hier bist du Russ (lachen) weil dort drüben, die haben dich nicht akzeptiert als Mensch und hier auch. Wie Unterschied, ich seh kein Unterschied ja. Hier bisschen anders, hier gibt es Gesetze. Noch hat da drüben gibt's keine Gesetze, das ist Gesetz nur noch (schlägt mit der Faust in seine Hand) eigene Gesetz, deine Stärke musst zeigen, dann akzeptieren sie dich, hier brauchst du das nicht mehr" **(Text: Kasachstan M 60+; Position: 48 – 49, in anderem Kontext zitiert in Kapitel 9.1.2.2).**

Schwere Diskriminierung erfährt Herr K. als Minderheitsdeutscher unter Kasachen und Russen. „In der früheren Sowjetunion war es den mehrere Millionen zählenden Mitgliedern der deutschen Volksgruppe (…) sehr schlecht ergangen" (Wolf 1993: 153). Explizit wird dies auf den zweiten Weltkrieg zurückgeführt. Über Generationen hatte dies Konsequenzen, die auch für Herrn K. spürbar sind:

> „Die Deutschen aus Russland, ja das ist eine Geschichte, musst erst die Geschichte kennen von diesen Leuten und nicht drüber reden so, ohh die sind ungelernt, die kommen hier, ja da muss man erst einmal wissen, warum sind ungelernt, weil die durften nicht studieren erst also was weiß ich Bauingenieur oder wie ich Landwirtschaftingenieur kannst schon, also als wie Medizin, dann später du darfst auch als Jura oder etwas in Politik oder Polizei darfst nicht. Das war ganz anders und viel kann nicht die deutsche Sprache, weil war verboten und die Deutsche war dort mehr untergedrückt von den Russen wie Beispiel in Rumänien" **(Text: Kasachstan M 60+; Position: 61 – 62).**

Herr K. berichtet von existenziellen Ängsten, die zwar über die Zeit abgeschwächt werden, jedoch stets präsent sind **(Text: Kasachstan M 60+; Position: 80 – 80)**. An spezifischen Ereignissen, die in der Erzählung der Kindheit platziert sind, verdeutlicht er traumatisches Erlebnisse, die Überleben nur mit strategisch angewendeten und dann sozialisierten Methoden möglich machte.

11.2.2 Entwertung des Mitgebrachten in Deutschland

Der erste Anknüpfungspunkt der Selbsterzählung von Herrn K. ist sein beruflicher Umbeziehungsweise Einstieg in Deutschland, der ihm eine grundlegende Neuorientierung abverlangt. Seine Einwanderungsgeschichte kann zwar gemeinhin als privilegiert eingeordnet werden, für ihn selbst ist sie jedoch keineswegs mit Privilegien verbunden. Wie für viele Aussiedler bedeutet Migration für Herrn K. berufliche ‚Degradierung'. Sein Studium wird nicht offiziell anerkannt. Sein Wissen ist hier nicht gefragt. Seine bisherigen Bemühungen scheinen zunächst vergebens gewesen zu sein. Den geballten Ansturm von Aussiedlern auf die Bundesrepublik Deutschland zu Beginn der 90er-Jahre sieht Herr K. als zusätzliches Hindernis, sich adäquat in der neuen Gesellschaft platzieren zu können:

> „seit '93 bin ich in Deutschland. Ich hab da drüben studiert als Wirtschaft ahm Agronomie Wirtschaftingenieur ahm Landwirtschaft bin ich Landswirtschaftingenieur und hier ist nicht anerkannt (…) wie ich bin zu dieser Arbeit gekommen, das war einfach großes Problem hier, weil so viele Ausländer sind gekommen Rumäniendeutsche, Russlanddeutsche oder war auf einmal es war '93, '94 und keiner hat sich gekümmert für die Leute" **(Text: Kasachstan M 60+; Position: 3 – 3).**

11.2.3 Orientierung in Deutschland in strategischer Auseinandersetzung

Vergleich mit Migranten: Ambivalenz von Ähnlichkeit und Abgrenzung

Herr K. möchte sich von Migranten nicht abgrenzen. Er versucht da anzuknüpfen, wo eine Etablierung den größten Erfolg verspricht. Damit finden in gewissem Sinne doch Separierungen statt. Herr K. stellt Vergleiche an, nimmt sich Einwanderer zum Vorbild, die ihm als integriert erscheinen und kopiert strategisch ihre Verhaltensweisen und -wege. Gleichzeitig grenzt er sich von jenen ab, die in seinen Augen keinen Integrationserfolg aufweisen können und in mitgebrachten Verhaltensmustern innerhalb eines Migrantenmilieus verbleiben. Er beschreibt diese Migranten als wenig offen für neue Ordnungen, wenig bereit, sich auf diese Ordnungen einzulassen. Ihnen wirft er vor, sich zu sehr auf einen unangebrachten Stolz auf ihr vermeintliches mitgebrachtes kulturelles Erbe zu berufen.

Einheimische gelten zunächst ebenfalls nicht als Vorbilder. Sie erscheinen zu weit weg, als eine Größe, der nur mit größter Anstrengung nahegekommen werden kann.

Migranten jedweder Ethnie oder Kultur eignen sich eher als Vergleichsgrößen; zum einen aufgrund der ähnlichen Schicht oder des Milieus, in dem sie sich bewegen, und zum anderen aufgrund der Migrationserfahrung, die ihnen gemeinsam ist **(Text: Kasachstan M 60+; Position: 60 – 61, in anderem Kontext zitiert in Kapitel 10.1.1)**.

Abschauen bei Einheimischen und Professionellen

Kontakt zu neuen Netzwerken sucht Herr K. gezielt im Bereich des Engagements (für Migranten)[216]. Sich hier etwas ‚abzuschauen' gehört zu seinen bewusst präferierten Methoden, um das zu erreichen, was er sich vorstellt – für sich und für andere. Herr K. sucht nach Informationen, um ‚Zurechtkommen' zu planen. Es geht um das selbstinitiierte ‚Suchen und Finden' der richtigen weil nützlichen Informationen. Mit diesen Informationen zu der Ordnung und Einordnung in die ‚deutsche' Gesellschaft erfasst er das ‚Wie' dessen, was er bei anderen als Handlung und Konsequenz der Handlung beobachtet:

> „und dann ich hab, ich bin ahm in bayerische Jugendring jetzt eingetreten und so und da bieten auch verschiedene Seminare und Schulung und so, na ja, ich hab langsam alles kapiert, wie funktioniert das alles in Deutschland, weil ich hab das nie gewusst wie funktioniert" **(Text: Kasachstan M 60+; Position: 11 – 12)**.

Herr K. nutzt die Lücken, die im System staatlicher beziehungsweise wohlfahrtsstaatlicher Funktionen zu finden sind. Er nutzt sie, wenn es um sein Engagement für Aussiedler aus Kasachstan geht. Herr K. beobachtet zunächst Aktivitäten, die Jugendlichen von etablierten sozialen Einrichtungen geboten werden. Er eignet sich auf Umwegen professionelles Wissen an, das notwendig ist, um diese Art von Aktivitäten selbst in eigenen Projekten anbieten zu

---

216 Nützliche Informationen sind zunächst die, die Herrn K. selbst helfen, insbesondere im Bereich des beruflichen Fortkommens. Hier begreift er die Notwendigkeit des Aushandelns, selbst mit Arbeitgebern und Behörden. Herr K. handelt mit seinem ersten Arbeitgeber in Deutschland (noch nicht in der Migrationsarbeit) eine angemessene Position für sich aus **(Text: Kasachstan M 60+; Position: 59 – 59)**.

können. Dazu gehört auch formales Wissen zu Beantragung von Mitteln und zur Durchführung von Projekten:

> „Sehe Jugendliche fahren mit Kanu und Boot, ich hab gedacht, das kann nur leisten Reiche. Ich hab (lachen) von Stadtjugendring, Kreisjugendring ist keiner zu uns gekommen, hat gsagt he hallo wir sind da, kommen sie zu uns, wir machen solche Angebote, wir fahren da hin und machen Fußballturniere oder etwas, keiner ist zu uns gekommen, darum diese Problem ja. Dann hab durch verschiedene Mundpropaganda ok so und so und dann lernst du, und so wie diese ich hab gedacht, es gibt keine Jugendorganisation, weil ist zu uns keiner gekommen. Und dann langsam hat das alles mögliche rausbekommen, ja bei uns gibt es diese Organisation und diese das, das hab das so gruppiert, ich hab sportliche Aktivitäten gemacht und so, dann ich hab das alles mitgekriegt, so war das" (**Text: Kasachstan M 60+; Position: 11 – 12**).

11.2.4 Methodisch-doppeltkulturell und väterlich-patenhaft

Methoden Herkunftsland: Zurückschlagen – Gewaltaushandlung

> „Ich raus aus diesem Kino und die Russen hat mich geschlagen, es geht nicht mehr, ich hab geblutet, bin nach Hause gekommen und mein Vater so, warum weinst du? Ich, ja die Russen hat mich geschlagen. Mein Vater, hau auch, hau zurück, hau in die Fresse" (**Text: Kasachstan M 60+; Position: 80 – 80**).

Eine Methode im Herkunftsland ist, ‚bei Angriff zurückzuschlagen', sich nichts gefallen zu lassen und mit gleicher Münze zurückzuzahlen. In so beschriebener archaischer Manier wie ‚Auge um Auge, Zahn um Zahn' wird zuweilen körperliche Gewalt eingesetzt, um sich durchzusetzen. Es wird nicht argumentativ, sondern über Gewalt ausgehandelt; sei es lediglich über die Androhung von körperlicher Gewalt oder dann eben über die konkrete Ausübung dieser Gewalt. Diese Methode hat nicht Herr K. ‚erfunden'. Er setzt sich damit zur Wehr, nicht zuletzt, weil ihm dieser Weg bereits von seinem Vater als der richtige beziehungsweise effektive vermittelt wird. Auch sieht er den Erfolg, den er damit hat. Gewalt, verkörpert in körperlicher Stärke, gilt als respektabel. Herr K. ist damit aufgewachsen, sich mit „hau in die Fresse" selbst zu behaupten, um damit gesellschaftlich verankerten, historisch-kulturell gesetzten Urteilen anderer über ihn als Mitglied einer ethnischen Gruppe entgegenzutreten.

Methoden Aufnahmeland: Zivilisierung

Herr K. überträgt seine Erfahrungen bereits in seiner biografischen Erzählung unmittelbar auf die Praxis seines Engagements. Er bringt ein Beispiel, das diese Form archaischer Sozialisierung im Konflikt mit den Erfordernissen in Deutschland veranschaulicht:

> „Mit solcher Methode, die hat es drüben, es gibt keine andere Methode. Nur hau in die Fresse und viel Deutsche aus Russland sind gekommen mit meinem Alter – hau in die Fresse. Ich war, ich bin oft bei Gericht und was wird festgestellt, die Älter sind mit dieser Methode aufgewachsen – hau in die Fresse und die denken, hier geht das auch so. Aber hier ist ganz anders, ganz andere Gesetze und ich war, ich komm oft zum Gericht ja und eine Mädchen hat auch in die Fresse ghaut anderer, weil die hat gsagt, du bist eine Russin und er hat Anzeige gemacht und war Gerichtsverhandlung und dann nach dem Gericht Vater kommt zu seiner Tochter und sagt beim nächsten Mal, die hat schon Strafe bekommen, musste eine Woche in (NAME STADT) sitzen und Vater sagt, wenn die sagt nochmal auf dich Russin, hau in die Fresse. Verstehst. Ja so dies, ja ich bin zum Vater gekommen, du pass auf, du machst das ganze Leben kaputt für dieses Kind. Sagt wieso in Russland auch, die

dann der Russen hat nie gesagt Faschist weißt, aber das war Russland aber hier ist weißt, der kapiert das nicht, ich hab gesagt, erstens Kind braucht Lehrstelle, braucht Polizeiführungszeugnis und so weiter. Wennst die im Knast oder gewalttätig oder so, dann geht nix, verstehst, und dann machst ganzes Leben kaputt und dann er hat es kapiert, weil es geht nicht hau in die Fresse, drum das war das das Einzige" **(Text: Kasachstan M 60+; Position: 80 – 80).**

Ein zivilisatorischer oder Modernitätsrückstand drückt sich darin aus, dass Herr K. Gewalt als übliche Aushandlungspraxis im Herkunftsland beschreibt, die nun überdacht beziehungsweise neu verhandelt werden muss. Die Uneinsichtigkeit bezüglich der Unangemessenheit dieses Mitteleinsatzes spiegelt eine sozialisatorische Grundeinstellung wider, die mit neuen Einsichten und Verhaltensweisen nur schwer vereinbart werden kann. Institutionelle (in diesem Fall sogar gerichtliche) Intervention erhält nicht die Aufmerksamkeit, die eine neue Handlungsausrichtung hervorbringen würde. Herr K. versucht nun, argumentativ zu intervenieren, indem er negative Konsequenzen des Handelns für das Mädchen aufzeigt und die Bemühungen benennt, die erforderlich sind, um Angemessenheit herzustellen. Herr K. erkennt Ordnungen und Ordnungsunterschiede. Er selbst lässt sich darauf ein und vermittelt sie weiter.

Ein differentes Ordnungsverständnis leitet Herr K. davon ab, dass politische Systeme sich unterscheiden, wobei er in jedes Einblick hat. Der Kommunismus der Sowjetunion hinterlässt danach Spuren, die sich sogar in den Familienbeziehungen finden lassen. Erziehung war Staatssache, unter anderem übernahmen ‚Pionierlager' Erziehungsaufgaben. Eltern waren dazu angehalten, sich beruflich einzubringen. Ein Hausfrauenmodell, auch in dörflichen Regionen, war nicht vorgesehen. Für Migranten ist nach Sicht des Befragten eine verstärkte Verantwortungsübernahme für die Erziehung ihrer Kinder zumindest ungewohnt und eine Herausforderung. Erste Herausforderung ist, diese Verantwortung zunächst zu erkennen. Herr K. beschreibt jedoch eine Haltung von russischen Eltern, die sich aus der Aussage erschließt: „jemand muss machen, nicht wir". Er selbst hat eine Haltungsumorientierung vollzogen, nicht nur für sich und seine Familie, sondern – ob der Dringlichkeit offenkundiger Problemlagen jugendlicher Aussiedler – auch für andere. Selbstständig zu denken und nicht darauf zu vertrauen, dass andere Erziehungspflichten übernehmen, „das hab ich schnell kapiert". Verantwortungsübernahme und selbstständiges, selbstinitiiertes Handeln stellt eine enorme Herausforderung dar:

„Orientierungslos hier Eltern. Ich hab zwei Söhne und sind viele Jugendliche reingerutscht mit Drogen, sind viele sind viel gestorben. Und da darum ich hab das angefangen. Ich bin zum Eltern gegangen, wir müssen etwas machen, wir sind Eltern. Ab von Psychologie wir sind aufgewachsen in kommunistischem Land, von Psychologie drüben war ganz anderes. Die Erziehung, die Erziehung der Kinder war, hat Staat sich genommen. Was die ganze Erziehungsweise, beide Eltern hat gearbeitet ja, fast zwölf Stunden und hat Schule gemacht und Pionierlager und so Pioniere war und der kommt (…?) und so hat sich wichtige die Kinder und Jugendliche hat erzogen, Staat einfach so und mit solche Psychologie wir kommen auch hier: jemand muss machen nicht wir, verstehen sie das? (lachen) Selbstständig denken sehr schwierig war, weil die bis jetzt heute noch, weil muss sich in Kapitalismus hier musst du selber sehen wie überleb ich, nicht verlassen mich auf Staat, Arbeitsamt, Polizei und so. Muss selber denken, wie kommst du durch und das ist ein großes Problem bei Ausländern. Hab das schnell kapiert. Hab gedacht, wir müssen etwas machen, nicht Staat. Wir müssen kämpfen für unsere Kinder, sonst die sterben aus ja mit Drogen" **(Text: Kasachstan M 60+; Position: 4 – 4, teilweise zitiert in anderem Kontext auch in Kapitel 9.1.2.2 und 10.1.1).**

Zivilisierung heißt nicht, dass Herr K. seine Methoden einem vorausgesetzten zivilisierten Aufnahmekontext anpasst. Seine Methoden sind auf seine Sicht von Zivilisierung beispielsweise von Delinquenten ausgerichtet.

Die Herangehensweisen im Engagement des Herrn K. muten bisweilen ‚väterlich'-patenhaft an. Dies ist seiner Praxis zu entnehmen, die er gegenüber russischen Jugendlichen anwendet, um sie davon abzuhalten, andere zu berauben. Er setzt zum einen sein Wissen ein, das er über Herkunftskontexte von russischen Migranten hat, indem er wiederum russische Jugendliche für seine Zwecke rekrutiert, die mit den Delinquenten eine gemeinsame Vergangenheit haben. Diese kennen sich untereinander und auch ihre Eltern kennen sich. Zum anderen bringt sich Herr K. selbst in die Position, mit ‚Gefallen' handeln zu können. Da er seinen Helfern Raum zur sportlichen Betätigung zur Verfügung stellt, fühlen sich diese ihm gegenüber verpflichtet:

„wie es auf Russisch heißt, Russisch das heißt, es gibt es so, weißt du, wenn die Tür nicht zu geht, wie heißt das?] I: Keil] B: Keil mit ein Keil haust du andere Keile raus, das heißt so so ist nicht anders gegangen mit die andere Jungs und mit solche Methode arbeite ich, was sollst machen?" **(Text: Kasachstan M 60+; Position: 69 – 70).**

11.2.5 Direktanknüpfung an Erfahrungen der Migranten

Herr K. wendet Strategien an, die an die antizipierten sozialisatorischen Erfahrungen der Aussiedler direkt anknüpfen. Dabei ist es für sein Engagement unerheblich, ob es sich um ältere oder jüngere Aussiedler handelt.

Den Generationen wird von Herrn K. dabei ein besonderes Sozialisierungs‚paket' bescheinigt. Ältere Aussiedler sind dabei stärker im Licht der Prägung in der Herkunftsregion beziehungsweise Kultur selbst zu sehen, jüngere eher im Licht eines spezifischen Migrantenmilieus im Aufnahmeland.

Hilfe für Ältere: Raum für Gewohnheiten

Ältere Aussiedler gehören zu Herrn K.'s Klientel, wenn sie in Problemlagen geraten, hier zum Beispiel bei Führerscheinentzug **(Text: Kasachstan M 60+; Position: 15 – 15 und 13 – 13, in anderem Kontext zitiert in Kapitel 10.1.1).**

Ihre Gewohnheiten nicht als abweichend von der Normalität zu erkennen, sondern eben als mitgebrachte Normalität, bringt ihn der Klientel nahe. Herr K. versteht das Anliegen der Klienten, für sich Raum zu finden – weniger privaträumlichen als vielmehr öffentlich zugänglichen Raum. Ältere Klienten suchen einen Ort, der „gemeinnützig" ist und aus dem „Käfig" **(Text: Kasachstan M 60+; Position: 21 – 21)** der Hochhäuser befreit. Der Gefahr, von öffentlichen Plätzen vertrieben zu werden, muss mit Herrn K.'s Hilfe begegnet werden. Russische Senioren treten an ihn mit der Bitte heran, Raum für sie zu suchen, damit sie sich so bewegen können, wie sie es gewohnt sind. Ihr so verstandenes Grundrecht auf Bewegungsfreiheit bezieht sich darauf, einen Platz zum beziehungsweise im Leben zu haben, und damit als Menschen akzeptiert zu sein. Sie fordern für sich gewissermaßen natürlich empfundene Bedingungen: ‚Die Männer wollen draußen spielen' **(Text: Kasachstan M 60+; Position: 21 – 21)**. Ein raumbezogener Konflikt zwischen staatlich und privat wird dabei offenbar.

Herrn K.'s Strategie ist es, diesen Bedürfnissen nachzugehen, indem in Abstimmung mit Behörden ein Raum abgesteckt wird. Dies ist bis dahin im Herkunftsland beziehungsweise in der dörflich strukturierten Herkunftsregion nicht notwendig **(Text: Kasachstan M 60+; Position: 21 – 21).**

Hilfe für Jüngere: Widerstand mit ‚Rausziehen' begegnen

Junge Aussiedler zählen, im Vergleich zu Älteren, zu Herrn K.'s Hauptklientel. Ihre eher milieuspezifische und darin eingelassene kulturell herkunftsgebundene Mentalität wird für Herrn K. darüber sichtbar, dass Widerstände gegenüber ‚deutschen Sozialpädagogen' und deren Sichtweisen und Handlungsanweisungen existieren. Die Vorstellungen der jugendlichen Russlanddeutschen und die der deutschen Sozialpädagogen bezüglich Geselligkeit, Feiern, Zusammensein gehen stark auseinander. Während auf der einen Seite (der jugendlichen Migranten) eine derbe, manchmal exzessiv erscheinende Art und Weise der Zusammenkunft beschrieben wird, besteht auf der anderen (sozialpädagogischen) Seite ein Verständnis von Geselligkeit als Arbeit an sich selbst und der Gruppe. Deutsche Sozialpädagogen gelten für russische Jugendliche als Störenfriede, als ‚Spaßbremsen':

> „Kommt, steht wie Depp, die lachen und reden auf Russisch, die fluchen auf Russisch, der hat keine Lust mehr arbeiten gehen" **(Text: Kasachstan M 60+; Position: 69 – 69 in anderem Kontext zitiert in Kapitel 10.1.3.2).**

Aus einer hierarchisch und ethnisch homogenen Gruppe wird der Sozialpädagoge aufgrund ethnischer Kategorien und sprachlich gesetzter Barrieren ausgeschlossen.

Herr K. zieht die ‚Problemjugendlichen' raus aus dem ‚Problemviertel'. Nicht Sozialisierung im Viertel gemeinsam mit Anwohnern etc., sondern ihre gezielte Entfernung erscheint ihm wirkungsvoll beziehungsweise als der richtige Weg. Damit will er Konflikten vorbeugen, die er selbst schon beobachtet hat. Es wird abermals ein Ort geschaffen (beziehungsweise von der Stadt zur Verfügung gestellt), an dem gelebt werden kann, ganz so, wie in diesem Fall der jugendlichen Russen, gelebt werden will:

> „und ich hab solche Hütte noch dort draußen, bei die Idee war von mir, auch weil früher die Jugendliche hingen, musst halt verstehen, gab es Beschwerde mit Einwohnern und so da hat Stadt so Angebot gemacht, sollen uns irgendwo ein Jugendtreff dort wo kann Jugendliche sich treffen und wir haben solche Container hingestellt, weißt du, als irgendwo aussn in (NAME ORT) und die Jugendlichen treffen sich dort und ich hab so Jugendliche ausgebildet als Gruppenleiter, wer Stadtjugendring er ist verantwortlich in der Hütte. er ist Schlüsselträger und die sollen wissen, darf man dort nicht Alkohol konsumieren, Drogen und etwas und die sind unter Kontrolle. Die Kontrolle ist prima, läuft etwas schief, macht Licht aus mach sperr zu diese Gruppe raus, andere Gruppe kommt rein weil muss kontrolliert sein und so geht das. Beispiel oft es gibt's bei uns oft (NAME ORT) ist Tiefgarage, die Jungs, die finden immer irgendwo wo kann man kiffen oder oder trinken oder so was und da komm ich in die Hütte, ich weiß die Hütte gehört zum Stadt, ich bin verantwortlich, ich kann etwas zu sagen stopp" **(Text: Kasachstan M 60+ Position: 69 – 69).**

Deutsche Sozialpädagogen anleiten

Herr K. spricht deutschen Sozialpädagogen die Fähigkeit beziehungsweise Kompetenz ab, sich in die Arbeit mit russischen Aussiedlern angemessen einbringen zu können. Seine Versuche, deutsche Sozialpädagogen zu seiner Arbeitsweise einzuladen, scheitern an deren Unvermögen, sich in die ‚Mentalität' der russischen Jugendlichen hineinzuversetzen:

> „Beispiel, ich hab so ein Beispiel, ich hab ein Mädchentreff, Mädchentreff, nicht ich, ich organiser das alles und betreu Diplomsozialpädagogen aus Gesundheitsamt die verschiedene Angebote ahm wegen Nationalität. Ich hab das festgestellt, war auch das große Problem mit sechzehn, die kriegen schon Kinder, die ist noch selber Kind, das irgendwo stimmt nicht. Darum ich hab mit die Diplomsozialpädagogen von Gesundheitsamt gesprochen, wir müssen was machen, Migranten aufklären. Ich darf das nicht machen, ich bin ein Mann, zweitens ich bin kein Diplom-

> sozialpädagoge. Derjenige der sich spezialisiert hat mit die Mädchenarbeit und ich hab von bayerische Jugendring ein Haus in Gebirge, ist Richtung (NAME STADT) bin dahin gefahren, ich hab das organisiert und als Mann erstens ich darf nicht betreuen Mädel, zweitens ich will das nicht machen. Ich muss wegen dem Haus und alles und ich hab in (NAME STADT) gibt's Universität, Uni du dort studieren Diplomsozialpädagogen. Ich hab, es gibt's so schwarzes Brett, ich hab das aufgehängt, wer möchte, wer studiert Diplomsozialpädagogik, wer möchte für Deutsche aus Russland, Mädchen als Betreuerin für zwei Wochenenden. So hat sich angemeldet eine und ist mitgefahren und die hat Gott sei Dank waren zwei Mütter noch dazu. Die is mitgefahren und ersten Tag, zweiten Tag die ist abgehaut. Warum? Ja ich versteh die Mentalität nicht, ich verstehe die Leute nicht. Sag warum studierst du dann als Diplomsozialpädagogin, kannst du nicht mit Mädchen umgehen, dann musst du etwas anderes mit PC oder mit etwas, verstehen sie, was meine ich, die studieren, die haben keinen Zugang zu Menschen, ja sowas gibt es auch" **(Text: Kasachstan M 60+; Position: 45 – 45, in anderem Kontext zitiert in Kapitel 10.1.1).**

Sie „hauen ab", wenn es ‚brenzlig' wird, wenn sie mit Problemsituationen nicht umgehen können. Alle Professionalität gereicht ausgebildeten Pädagogen nicht zum Durchhalten. Gleichwohl begegnet Herr K. Sozialpädagogen, die sich auf diesem Gebiet einbringen wollen, mit Wohlwollen. Nur denen, die nicht den gebotenen Ernst mitbringen, der notwendig ist, um so zu agieren, wie es eine ‚Berufung' zum Sozialarbeiter erfordern würde, bringt er dieses Wohlwollen nicht entgegen. Ihm erscheint der Weg, Jugendliche professionell zu betreuen, keineswegs obsolet, jedoch kann dieser Weg nach seinem Dafürhalten nur effektiv sein mit der Unterstützung durch Menschen wie ihn, die Zugang zu der Problemgruppe haben. Hilfe seinerseits kann in Form begleitender Unterstützung für Professionelle ohne Migrationshintergrund erfolgen.

11.2.6 Vermittlung – Reinziehen

Herrn K.'s Strategie richtet sich auf Vermittlung – nicht nur zwischen ‚öffentlich' und ‚privat', sondern auch zwischen Ethnien und Generationen.

Im ersten Fall spielt nicht nur die Differenz zwischen Deutschen und Russen eine Rolle, sondern auch die zwischen zum Beispiel Russen und Türken. Möglichen Rivalitäten soll durch den Einbezug von jeweils anderen Gruppen vorgebeugt werden. Herr K. befürchtet die Zerstörung eines zu erbauenden Spielpavillons durch Türken, wenn ausschließlich Russen an seiner Konstruktion beteiligt werden.

Er befürchtet im zweiten Fall auch eine Zerstörung des Pavillons durch Jugendliche, falls er ausschließlich für und mit Senioren gebaut wird. Daher geht er auch hier vermittelnd vor: Er bezieht Jugendliche verschiedener Ethnien ein sowie ältere und jüngere Migranten. In seinen Worten ausgedrückt ‚lockt er sie rein' **(Text: Kasachstan M 60+; Position: 77 – 78)**, er ‚zieht sie rein' in seine Projekte:

> „hab reingezogen Jugendliche, die Jugendliche mit verschiedene Migrationshintergrund. Türkische, Deutsche, aus Russland, weil ich weiß was geht sonst, weil wir bauen das wo nur Russen, dann Türken machen kaputt] I: ach so, mhm] B: das ist so, die machen kaputt, weil auch Russen. Darum ich hab die Idee gehabt, die Jugendlichen mit Senioren zusammen bauen. Es hat funktioniert" **(Text: Kasachstan M 60+; Position: 21 – 21).**

> *Zusammenfassende Verweise zur Kernkategorie:* Herr K. etabliert sich als Spezialist der Erfahrung (Kapitel 10.1.1), indem er seine Erfahrung in Abgrenzung und Annäherung zu Migranten und Deutschen beziehungsweise Professionellen modifiziert und einbringt. Seine Haltung lehnt sich an ‚quasi-familiäre oder paternalistische' (Kapitel 10.1.2) Strategien an, insofern er zum Beispiel die Rolle eines wissenden Vaters übernimmt, wenn ein Vater seiner delinquenten Tochter nicht adäquat helfen kann. In diesem Rahmen väterlich-patenhafter Zuwendung werden Tricks zum Einsatz gebracht, um delinquente Jugendliche vom Diebstahl abzuhalten (Kapitel 10.1.3.1 ‚Kreative Tipps'). Ebenso ist Raumsuche (Kapitel 10.1.3.2) kennzeichnender Teil der Strategien von Herrn K. Er zieht Jugendliche aus gesellschaftlichen Kontexten raus, und bringt andere rein, um Gelegenheit zur Stärkung zu bieten. Herr K. knüpft an die Erfahrungen der Migranten direkt an und ‚arbeitet' dadurch ‚am Menschen' (Kapitel 10.1.3). Herr K. leistet sich diese Engagementstrategien vor dem Hintergrund, eigene Projektausrichtungen in einer konfessionellen Wohlfahrtsorganisation einbringen zu dürfen.

11.3 Bosnien W 60+

11.3.1 Auswegsuche und Flucht

Als politisch aktive Journalistin muss sich Frau B. ab den ersten freien Wahlen nach dem Tito-Regime Jugoslawiens mit einer Situation auseinandersetzen, die wenig Handlungs- und Entfaltungsspielraum offen lässt.

„Parallel zur politischen und religiösen Fragmentierung verlief die Spaltung der Medien im Herkunftsland, die sich immer mehr zum Sprachrohr der jeweiligen Ethnie beziehungsweise politischen Parteien wandelte. Eine unabhängige und freie Presse hatte nach den ersten Wahlen zu bestehen aufgehört" (Rüb 2000: 183).

Sich in einer geordneten, zivilen Opposition in Bosnien stark zu machen, gelingt Frau B. nicht[217].

Widerständige Einbettung in Tradition und Sozialismus

Frau B. sieht sich in einer Tradition des Sich-zur-Wehr-Setzens gegen tradierte Rollen und Verhaltensvorschriften, die bereits im Herkunftsland ihren Ausgang nimmt. Bereits hier stellt

---

217 „Die Partei, des jugoslawischen Premier Ante Markovic, die allen Nationalitäten offenstand und der Nationalisierung des politischen Lebens ebenso entgegen treten wollte wie die der reformierten Kommunisten, brachten es zusammen nur auf 27 von insgesamt 130 Sitzen im Parlament" (Rüb 2000: 182). Eine ausgeprägte Zivilgesellschaft gab es schon während der Tito-Ära nicht. „Das Regime war hier (...) besonders repressiv und wegen der multi-ethnischen Zusammensetzung der Republik xenophob und antiwestlich. Eine oppositionelle Zivilgesellschaft gab es nicht. Und danach verschwand mit der Ethnisierung der Parteienlandschaft der letzte Rest etwaiger konstruktiver Zivilgesellschaftlichkeit" (Rüb 2000: 182 f.). Länder Ex-Jugoslawiens sind zum Zeitpunkt der Flucht von Frau B. „nach innen (...) zerstörte Gesellschaften" (Rüb 2000: 195).

sie sich gegen traditionelle Muster des Denkens in Kategorien religiös-moralisch verfestigter Vorgaben, die auf Ausgrenzung von anderen ausgerichtet sind.

Der Sozialismus im Jugoslawien Titos ermöglichte es, ethnisch-religiösen Kategorien zu entkommen, diese abzulegen beziehungsweise sie aktiv infrage zu stellen. Sozialistische Modernisierung bot alternativ an, ein sozialistisches Menschenbild anzunehmen, was fernab der Tradition zunächst größere individuelle Entfaltung versprach. Frau B. kann reisen, ihren Horizont erweitern. Sie lernt dadurch zugunsten derer, die vormals benachteiligt waren, zu handeln. Das kommt in ihren konkreten Handlungsweisen da zum Tragen, wo es sie zunächst selbst betrifft beziehungsweise ihre eigene Familie:

> „Eine Tante hatte keinen Mann, das war in Bosnien, hatte Kind ohne Mann, eine Hebamme, da in Bosnien war unglaublich. Da war eine sehr traditionelle Gesellschaft, muslimische Gesellschaft und hatte keinen Mann. Und mein Cousin. der geboren ist wie ich, ist mit uns aufgewachsen, da mussten wir immer für ihn kämpfen, dass er nicht wie ein Bastard oder so angesehen wird und ich hab von jung, von jungem gelernt in Jugoslawien war gut, dass sich junge Leute engagieren konnten. Wir haben uns sehr engagiert in Pionieren, schon ab erste Klasse, dann später Pfadfinder, dann später (unverständlich) und Bergsteiger. Wir konnten uns sehr engagieren und dadurch auch Jugoslawien durften auch reisen. Wir konnten überall reisen. Studentin und Mittelschülerin bin ich sehr viel gereist, ich hab viel gesehen und viel gekämpft und das hat mir hier, hatt ich hier gute Konditionen hier in Deutschland zu kämpfen" **(Text: Bosnien W 60+; Position: 30 – 30).**

Frau B. sieht sich selbst als Produkt einer Form von (traditioneller) Verschiedenheit in der (sozialistischen) Gleichheit. Innerfamiliär zeigt sich das darin, dass ihre Familie multiethnisch und multireligiös zusammengesetzt ist, was wiederum Bevölkerungszusammensetzungen von Gesellschaften am Balkan entspricht. Es gibt christliche und muslimische Zusammenhänge sowie kroatisch-serbisch-bosnische Zusammenhänge[218]:

> „Ja ich komme, ich komme aus zwei Familien. Halt meine Mutter ist aus Herzegowina, das ist so Bosnien Herzegowina. Ich bin wirklich sehr interkulturell erwachsen" **(Text: Bosnien W 60+; Position: 30 – 30).**

> „meine Familie war dann wirklich multiethnisch, meine Mutter hat vier Schwestern. Eine Schwester hat in Deutschland geheiratet, gerade in (NAME ORT), hat einen Deutschen geheiratet und zweite Schwester hat einen Serben aus einen orthodoxen Serben geheiratet und dann eine Tante hatte keinen Mann, das war in Bosnien" **(Text: Bosnien W 60+; Position: 30 – 30).**

Frau B. nutzt die gesellschaftspolitischen und ethnisch-religiösen Gegebenheiten nicht vordringlich zur Erklärung beziehungsweise Rechtfertigung ihres Handelns als Engagierte; implizit werden sie zu Bedingungsfaktoren ihrer späteren Engagementausrichtung. Viel expliziter werden sie in der Erzählung von Frau B. zur Erklärung ihrer Zwangslage im Herkunftsland genutzt, aus der sie einen Ausweg sucht.

Familie prägt und erdet

Ihr aktives, widerständiges Handeln sieht Frau B. in ihrer eigenen Person begründet, das heißt ihrer Selbstcharakterisierung als Kämpferin, die „nie konform und konventionell" agiert.

---

[218] Auch in Deutschland wird mit der Partnerwahl ähnlich verfahren, eine Verwandte heiratet einen deutschen Mann, Frau B. selbst lebt in einer Partnerschaft mit einem deutschen Mann **(Text: Bosnien W 60+; Position: 30 – 30 und 15 – 15).**

Wenn es um die Entwicklung ihrer Persönlichkeit geht, wird insbesondere die Großmutter erwähnt, die mit ihrer Weisheit den Grundstein ihrer Persönlichkeit legt. Sie kann als Vorbild gelten, weil sie sich in einer männlich dominierten, muslimisch-konservativen Umgebung zu behaupten weiß oder zumindest ihre Ratschläge und gleichnishaften Lebensweisheiten nicht an den Regeln der Umgebung ausrichtet, sondern zur Ermutigung ihrer Enkelin Frau B. nutzt, sich selbstständig zu entwickeln **(Text: Bosnien W 60+; Position: 30 – 30)**.

Familie hat dennoch an erster Stelle zu stehen – ein Grund mehr, die nun eigene Familie so zentral zu setzen, dass vordringlich sie und ihr Schicksal Grund für Flucht beziehungsweise Migration wird. Ihre Mutterrolle überragt für Frau B. mögliche berufliche Karriereaussichten. Das im Herkunftsland Erarbeitete zählt weniger als die Töchter. Trotz oder gerade wegen ihrer politischen und journalistischen Karriere in Bosnien muss Frau B. fliehen. Zunächst als Oppositionelle „enthusiastisch [und] (…) wirklich patriotisch" mit den dazugehörigen Privilegien einer politisch aktiven Journalistin **(Text: Bosnien W 60+; Position: 30 – 30)**, dann von Verfolgung bedroht, entscheidet sie sich zum Schutz ihrer Kinder zur Flucht:

> „aber dann kam Krieg. '92 und ich habe erst meine drei Kinder und meine jüngere Schwester geschickt (…) und später im Juli hab ich gemerkt, in Bosnien ist kein Krieg, Befreiungskrieg, wie in Jugoslawien '91, '95, ahm '41, '45. Das war ein Krieg der Mafia gegen Bevölkerung. Da waren nationalistische Oligarchen, Mafiosi, die dann gegen alle Bevölkerung, die haben diese nationalistische und religiöse missbraucht, um Machtpositionen zu bekommen, da haben sie auch die große Mafiosi der Welt, die Puffhälter, Kasinohälter haben sie sich da eingemischt, ich habe gespürt als schon erfahrene Politikerin, dass ist nicht Krieg für mich. Ich war wirklich enthusiastisch, ich war wirklich patriotisch. Mir ging nicht um Macht, niemals" **(Text: Bosnien W 60+; Position: 30 – 30, in anderem Kontext zitiert in Kapitel 9.1.1)**.

Als oppositionelle Politikerin und unbequeme Journalistin sieht Frau B. sich selbst und ihre Familie in existenzieller Gefahr. Ein Leben in Sicherheit ist für sie in ihrem Herkunftsland unmöglich. Ihren Kindern will sie ein Leben in stabilen Verhältnissen bieten.

Die Flucht vor bürgerschaftlicher Instabilität im Zuge unmenschlicher kriegerischer Vorgänge stellt in ihrer Biografie das Ereignis dar, das ausschlaggebend ist für den Startpunkt ihrer weiteren Lebensgestaltung.

11.3.2 Selbstbehauptung: Abgrenzung und Identifikation im Aufnahmeland

Orientierung im Schnelldurchlauf: Widerständigkeit bei der Statussuche

Frau B. hält sich nicht damit auf, Problematiken der eigenen Integration in Deutschland zu schildern. Das heißt nicht, dass sie für sie keine Bedeutung hätten. Im Gegenteil zeigt sich in diesem Punkt explizit ihre Widerständigkeit gegenüber Auffassungen von ‚normalen' Wegen der Integration. Frau B. will sich nicht von der Mehrheitsbevölkerung unterscheiden, vor allem nicht, wenn es um ihren bürgerschaftlichen Status und ihre Rechte als Bürgerin geht. Eine Orientierung in der Aufnahmegesellschaft findet darüber statt, dass sie sich sofort entschließt, nicht nur sich, sondern anderen Migranten zu helfen. Sie fühlt sich von behördlicher Seite in ihrem selbst bestimmten Handeln gehindert. Frau B. ist zunächst über diese Lage verzweifelt.

Sie realisiert, dass sie wie alle Migranten nach einem Verteilungsschlüssel zu einem Aufenthalt an einen Ort in Deutschland verpflichtet wird. Freizügigkeit wird ihr abgesprochen **(Text: Bosnien W 60+; Position: 30 – 30).** Sie gibt sich damit aber nicht zufrieden und geht in die Offensive.

> „Auch hier sofort Zähne gezeigt (…) ein Mensch mit der Duldung hat keine Rechte" **(Text: Bosnien W 60+; Position: 11 – 11).**

Eigene Gewichtung von Privatheit und Öffentlichkeit

Ihre Widerständigkeit offenbart sich im Zusammenhang mit der in der deutschen Engagementlandschaft vorgefundenen Auffassung darüber, wie man sich als Migrant verhalten soll. Gegen diese Auffassung lehnt sich Frau B. auf[219]. Sie versteht sich zwar selbst nicht als traditionelle Mutter im Sinne einer Hausfrau – bringt aber den Frauen mit Migrationsgeschichte viel Verständnis entgegen, die sich darauf beschränken. Deutsche Frauen sieht sie als Kontrastfolie zu Frauen mit Migrationsgeschichte. Eine klare Trennung von Tradition und Migration versus modern und westlich-deutsch wird offenbar:

> „Weil die Deutsche sagen, die Ausländer sind faul und Ausländer sagen, die Deutschen sind kalt und überheblich. Nein, stimmt nicht, ist alles Vorurteile. Nur sie verstehen sich nicht. Sie verstehen sich nicht. Die Deutschen verstehen nicht, dass diese Frau daheim war, hatte ihren Mann, ihren Kinder, hat gekocht, das auch schön. Sagt um Gottes Willen nein, ich sage hier Frau, um Gottes Willen, mir sind diese Frauen, wenn ich über Sinn des Lebens nachdenke, viel lieber. Ihre Rolle ist mir viel lieber, als diese Rolle wie ohne Kind ohne Katz leben wie ein Schwein (lachen) Entschuldigung" **(Text: Bosnien W 60+; Position: 36 – 36, in anderem Kontext teilweise zitiert in Kapitel 10.1.2).**

Frau B. selbst versucht, für sich eine Position dazwischen zu finden, indem sie ihr Leben so organisiert, dass sie zunächst Familie priorisiert. Dabei erhält ihre Tätigkeit als vormalige Leiterin des selbst gegründeten Vereins zur Hilfe für Migranten und aktuell ehrenamtliche Mitarbeiterin desselben Vereins einen untergeordneten Platz. Ihre Gewichtung von Privatheit und Öffentlichkeit beziehungsweise von Familie und Beruf oder Engagement ist dennoch eng verwoben mit einer familiären Handlungsausrichtung in der Migrationsarbeit. Eine Trennung von Beruf oder Engagement und Familie, die sie am Beispiel deutscher Kolleginnen beobachtet, erscheint Frau B. als Nachteil für deren Lebensgestaltung:

> „Wenn meine Tochter angerufen hätte und hat gesagt wer holt (NAME DER ENKELIN) ab [vom Kindergarten], würde ich sagen ja. (NAME DES SOHNES) mein Sohn, (NAME) mein Schw, dann muss ich machen. Tut mir leid dann kommen Sie nächstes mal. Verstehen Sie, das ist einfach, das ist so die Leute sind so wer in ihrem Automatismus haben sie jeden Bezug zu Wirklichkeit und zu Leben verloren. Und dagegen kämpfe ich auch hier in meinem Verein, dass man auf eine andere Art und Weise arbeitet. Viel so sinnlicher, besinnen, besinnen nicht verkrampft und verloren und automatisch sondern besinnen" **(Text: Bosnien W 60+; Position: 36 – 36).**

Sich selbst als Frau mit Migrationshintergrund (wie auch anderen Frauen mit Migrationshintergrund) schreibt Frau B. die Kompetenz zu, ‚familiär-sinnlicher' agieren zu können als deutsche und gleichzeitig in der Migrationsarbeit professionell tätige Frauen. Diese seien nicht fähig, ihre Prioritäten richtig zu setzen, und damit nicht so sehr geeignet, Migranten zu helfen; zumindest nicht so sehr, wie Frau B. selbst. Damit grenzt sich Frau B. von Deutschen

---

219 Sie grenzt sie damit insbesondere von deutschen professionellen der Migrationsarbeitern ab.

ab und zielt darauf, ihre Sichtweise davon, was ‚richtig' ist in Deutschland und insbesondere in der Migrationshilfe beizubehalten und durchzusetzen.

Widerstand eröffnet Freiheiten – Sonderpositionierung

Frau B. begreift sich als Ausnahmemigrantin[220] **(Text: Bosnien W 60+; Position: 40 – 40).** Im Gegensatz zu anderen Migranten widersetzt sie sich der Andersbehandlung durch die deutsche offizielle Seite. Dieser Widerstand eröffnet ihr Freiheiten. Hintergrund bleibt immer das Bewusstsein, ‚Gast zu sein, dankbar sein zu müssen' **(Text: Bosnien W 60+; Position: 32 – 32)** dafür, aufgenommen worden zu sein, und mit allen gebotenen Vorzügen in Sicherheit leben zu können. Das inkludiert Ausbildung für ihre Kinder, Chancen der Selbstentfaltung etc. Frau B. bekundet ihren Respekt vor Gesetz, Regeln, Traditionen und Kultur der Aufnahmegesellschaft. Sie respektiert das alles, das heißt, sie lässt es für sich existieren, toleriert alles, nimmt es aber nicht unhinterfragt an, internalisiert es nicht vollständig, sondern nimmt mit, was sie braucht, was ihr sinnvoll erscheint[221]:

> „Erste Sache, dass ich immer im Rahmen des Gesetzen und in, dass ich das akzeptieren musste, nicht nur Gesetz, sondern auch die Deutschen ihre Kultur, ihre Tradition, ihre Art und Weise wie sie Handeln muss ich respektieren, natürlich ich bin ihr Gast. Das hab ich nie vergessen, auch meine Dankbarkeit zum Ausdruck zu bringen, dass ich hier mit meinen Kindern kommen durfte und auch meine Kinder weiter sich entwickeln konnten, wir sind alle drei, jetzt beide machen Magisterarbeit Hochschulausbildungen, höchste Ausbildungen, beste Ausbildung haben sie bekommen. Natürlich musste ich das, aber immer mit eine Würde und Ehre habe ich das, auch was ich für gut finde, habe ich auch offen gesagt und was ich auch schlecht finde, hab ich auch gesagt, aber immer in gegebenen Rahmen. Nicht als ein Revolutionar, denn das muss ein Deutscher machen, nicht ich als Bosnierin will ich nicht hier Revolution machen. Ich will als Bosnierin hier mein Beitrag leisten. In diesem Sinne habe ich immer gesagt" **(Text: Bosnien W 60+: Position: 32 – 32).**

In gesetztem Ordnungsrahmen sucht Frau B. nach Projekten, wie sie in der Praxis der Unterstützung für Migranten üblich sind, jedoch nur nach solchen, die ihr die Freiheit lassen, so zu agieren, wie sie es will **(Text: Bosnien W 60+; Position: 22 – 24).** Dadurch allein kann und will sie Änderungen im Umgang mit Migranten bewirken.

Sie ist keine ‚Opportunistin' **(Text: Bosnien W 60+; Position: 30 – 30)**, sondern sie opponiert an geeigneter Stelle. Zwar versucht sie, sich davon abzugrenzen, ‚revolutionär' zu sein. Allein jedoch, dass sie eine gedankliche Verbindung zu Revolution herstellt, lässt erahnen, dass hier ein erhebliches Potenzial, ein ausgesprochener Wille besteht, etwas zu bewegen. Frau B. will ganz in der Tradition ihrer eigenen oppositionellen Haltung, die sie in der frühen Biografie als Politikerin und Journalistin in Ex-Jugoslawien lebte, Dinge ändern. Mit ihrem Engagement in der Migrationsarbeit will sie das politische und insbesondere das Engagementsystem verändern.

---

220 Mit ihrer Selbstdarstellung als Ausnahmemigrantin grenzt sich Frau B. von anderen Migranten ab.
221 Sinnvoll erscheinen ihr zum Beispiel der Umgang mit Geld und der Respekt gegenüber staatlichen Institutionen in Deutschland **(Text: Bosnien W 60+; Position: 13 – 13).**

11.3.3 Ganzheitlichkeit im Engagement: menschlich-mütterlich

„Erfahrung und Herz für die Leute" **(Text: Bosnien W 60+; Position: 36 – 36)** geht bei Frau B. einher mit der Forderung, so aufopfernd an die Arbeit mit Migranten heranzugehen, wie sie selbst es tut. Das entspricht dem Bild, das die traditionelle Mutterrolle für sie darstellt.

Frau B. selbst gibt sich mütterlich-altruistisch, wohingegen deutsche Helfer (vor allem in der Funktion bürokratischer Entscheider) so handeln, wie es der Marie Antoinette unterstellte legendäre Ausspruch „wenn sie kein Brot haben, sollen sie Kuchen essen" nahelegt **(Text: Bosnien W 60+; Position: 20 – 20)**.

Menschliche Lücken des deutschen Engagements füllen

Frau B. geht es darum, „dass man auf eine andere Art und Weise arbeitet" **(Text: Bosnien W 60+; Position: 36 – 38)**. Sie möchte für sich ausgewiesen haben, dass es ihr um den ganzen Menschen geht, darum, denen, die Unterstützung benötigen, als Mensch zu begegnen und ihnen Menschlichkeit entgegenzubringen. Alles andere wäre „unmenschlich" **(Text: Bosnien W 60+; Position: 22 – 22)**. Dem vorgefundenen Unterstützungssystem wirft sie vor, sich von (migrierten) Menschen und ihren Bedürfnissen abgewandt zu haben. Sie selbst geht daher „unkonventionell mutig bis zur Verrücktheit" vor **(Text: Bosnien W 60+; Position: 11 – 11)**. Die anderen müssen sich (zurück-)„besinnen" **(Text: Bosnien W 60+; Position: 36 – 38)**. Besinnen kann als ein Rückbezug zu Wurzeln des Menschseins gedeutet werden, die den Deutschen und dem Westen durch Modernisierung etc. verloren gegangen zu sein scheinen. Bezüge zu biologistisch anmutenden Bedingungen des Menschseins bilden einen menschlichen Kern, der nicht reguliert werden sollte oder sich nicht regulieren lässt, insbesondere nicht, wenn es darum geht, anderen zu helfen. Mit Sinnlichkeit zu agieren, ergibt für Frau B. Sinn, alles andere ist bürokratischer Ballast. Andere scheinen implizit das ‚Regulative' neben der eigentlichen Hilfe ernster zu nehmen als notwendig.

Frau B. fordert ‚Sinnlichkeit' im Sinne von Sensitivität für Menschen. Konkret geht es ihr darum, die Zeit und den Engagementaufwand entsprechend der Bedürfnisse Hilfesuchender zu dosieren und zu organisieren. Es finden sich Anklänge an ihr Menschenbild und Menschheitsideal, das in gewissem Sinne einem ‚Mütterlichkeitsideal' mit der damit verbundenen Selbstaufopferung entspricht:

> „Und habe mehr Erfolg dadurch als durch Organisation. Jeder Mensch muss auf seine Art und Weise handeln und ich mache auf meine" **(Text: Bosnien W 60+; Position: 16 – 16)**.

Familiäre Erfahrung ungefiltert zur Weitergabe nutzen

Statt sich auf Problemdefinitionen zu verlassen, legt Frau B. großen Wert darauf, die eigenen Erfahrungen zur Grundlage ihres Helfens zu machen. Erkenntnisse aus dem eigenen Umgang mit Schwierigkeiten des Zurechtkommens gehen in ihre Hilfe für andere Migranten unmittelbar ein.

Frau B. reflektiert ihre eigene Sprachlosigkeit und daraufhin die Notwendigkeit, Migranten zügig in der deutschen Sprache zu unterrichten. Ebenso sieht sie die fehlenden materiellen Mittel, die Migranten zur Integration benötigen, vor dem Hintergrund der eigenen familiären Erfahrung:

> „weil man musste sein Unterhalt zahlen, ich hatte auch drei Kinder, kleine Kinder als ich kam bis zehn Jahre, ganz kleine, man musste für Kinder sorgen, für die Schulen, richtige Schulen, musste arbeiten, musste Deutsch lernen, das überhaupt keine einfache Situation für Migranten" **(Text: Bosnien W 60+;Position: 7 – 7).**

Frau B. erkennt den Wert der Sprache für das Zurechtkommen in Deutschland. An dieser Erkenntnis wird eine Form der Inschutznahme von Migranten veranschaulicht, denen nicht selten zu viel abverlangt wird, wenn es um ihre Integration in Deutschland geht. Die eigenen Schwierigkeiten werden benannt und in Verbindung zu den Problemlagen der Migranten gesetzt: Sprache zu lernen, gleichzeitig die Verantwortung für Kinder zu tragen, ihnen die notwendige materielle Sicherheit zu bieten, sie in ihrer Bildung etc. zu fördern, fällt Frau B. ebenso schwer, wie den zu unterstützenden Migranten. Frau B. kann diese Schwierigkeiten nachvollziehen, die essenziellen Problemlagen kennt sie bereits aus ihrer eigenen Erfahrung.

Neben fehlender Sprache erkennt Frau B. fehlende (Freundschafts-)Netzwerke als Hindernis für die Etablierung ihrer eigenen Person in Deutschland und für Migranten insgesamt:

> „Es ist sehr schwer für Ausländer in Deutschland, sehr schwer. Nicht nur, dass wir hier keine Leute mit denen wir studiert haben, mit denen wir in die Schule gegangen (…) keine, keine, keine Bezuge, keine Freunde keine. Es nicht nur so, sondern leider in Deutschland ist noch immer heute trotz alle politische Floskel und gesetzliche Feststellungen, ist immer so, dass Ausländer keine richtige Position kriegen können. Ich will keine Kanzlerin sein, bewahre mich Gott, auch nicht Bürgermeister" **(Text: Bosnien W 60+; Position: 11 – 13).**

Frau B. sieht sich wegen ihrer Mehrerfahrung durch Migration und ihrer Andersserfahrung aufgrund ihrer Nichtzugehörigkeit zum Mainstream des Engagements für Migranten in Deutschland in einer distanzierten Position zu Deutschen und Professionellen. Gleichzeitig weist sie keine Berührungsängste zu Autoritäten, Behörden und Entscheidern[222] auf, die sie davon abhalten könnten, so zu handeln, wie sie es will. Aus dieser Position ist es für sie leicht, „unkonventionell" ihre eigenen biografisch-familiären und Migrations- beziehungsweise Integrationserfahrungen in ihr Engagement einzubringen. Frau B. hat auch einen Erfahrungsvorsprung gegenüber hilfesuchenden Migranten. Aus eigenen biografisch-familiären Erfahrungen modelliert sie eine Haltung in der Migrationsarbeit, die laienhaft den ganzen Menschen in den Blick nehmen *darf*. Gleichzeitig *kann* sie, aufgrund der eigenen Erfahrung, die im Zuge von Migration und Integration gemacht wird, diese Haltung aufweisen.

Schnelle Rundumversorgung

Im Transkript zum Interview mit Frau B. werden Strategien sichtbar, die Ganzheitlichkeit konkretisieren. Frau B. kümmert sich intensiver um Migranten als das System der Migrationshilfe in Deutschland und ist damit schneller:

> „Meine, alle Projekte sind tagtäglich. Ich glaube nur in eine Arbeit, die tagtäglich stattfindet. Wir haben Maßnahmen für junge Flüchtlinge, die kommen, Unbegleitete, die tagtäglich in den Schulen unterrichtet werden von meine Leute, speziellen Maßnahmen, mit speziellen Methoden, nicht wie in der Schule, das sind so Grup-

---

[222] Das rührt hypothetisch daher, dass Frau B. bereits im Herkunftsland in verantwortlicher Position war.

pen bis höchstens fünfzehn Leute, wir haben mehrere Gruppen und das geht ganz schnell, wenn wir merken, ein Kind ist sehr talentiert, wir geben ihn weiter, wir warten nicht drei Jahre sechste, siebte, achte Klasse. Dann gebe ich ihn immer weiter. Wir haben mittlerweile Hauptschulabschluss machen wir, das Kind ganz schnell Hauptschulabschluss macht, ist sehr in der Jugendhilfe ist, diese Zeit besser auszunutzen und dann geben wir ihn in andere Projekt, Qualifizierungsmaßnahme, Ausbildung. Da haben wir jetzt zwei Mädchen, die vor einem Jahr aus dem Irak kommen aus Basra, die bei uns alle mögliche, erstmals am ersten Tag Erstaufnahmestelle besucht unsere Kurse, wir haben Kurse auch in Erstaufnahmestelle, wo Flüchtlinge sofort kommen, dass sie nicht Zeit verlieren. Wir betreuen sie sofort am nächsten Morgen und versuchen sie dann zu motivieren, dass sie nicht da weinen oder so, sondern, dass sie dass diese Zeit, die sie noch haben und nicht zu arbeiten müssen, dass sie da lernen. Und diese zwei haben binnen eines Jahren Deutsch gelernt alle möglich Kurse durch von (alpha... unverständlich) bis Anfänger, Fortgeschrittene in einem Jahr, haben sie jetzt geschafft im Oktober Hauptschulabschluss. Und wir haben jetzt sofort hatten Glück im November Ausbildungsstelle. Eine Arzthelferin und andere Kinderbetreuerin. In einem Jahr. Normale Projekte dauern fünf bis sechs Jahren bis Flüchtlinge Hauptschulabschluss und finde ich das unverschämt. Wenn wir sowas tun und wir versuchen, wir haben schon unsere Kinder die studieren, weil ich sage meine Flüchtlingen nicht wie alle Hauptsache, dass du irgendwo Stelle hast, dass du putzen, nein sag ich, letzte was ich dir wünschen ist, dass du Koch wirst, wenn nicht kannst, talentiert bist, oder Putzfrau, Reinigung. Ihr könnt mehr sein, ihr könnt mehr sein. Ihr müsst mehr wünschen und mehr sich bemühen" **(Text: Bosnien W 60+; Position: 26 – 26).**

Schnelligkeit kommt nebenbei auch in der Ungeduld der Befragten zum Ausdruck, wenn sie ihren eigenen Legalitätsstatus in Deutschland gar nicht erst abwartet, bevor sie transnationale Projekte der Hilfe für Bosnien in Angriff nimmt. Sie ist immer „einen Schritt weiter" **(Text: Bosnien 60+; Position: 11 – 11)** als die als träge eingeschätzte Bürokratie der Migrationshilfe in Deutschland.

Konkret lässt sich die Strategie einer ‚schnellen Rundumversorgung' daran ablesen, dass Frau B. zunächst weiß, wie sie sich selbst als Migrantin schnell helfen kann. Übertragen auf die engagierte Unterstützung für andere Migranten geht es für Frau B. darum, ‚Direkthilfe' zu leisten, *wo es nötig ist*, um zum Beispiel Flüchtlinge davor zu bewahren, ihre Chancen auf ein Zurechtkommen zu verspielen, wenn möglich *sofort* nach der Ankunft von Flüchtlingen in der Erstaufnahmestelle. ‚Direkthilfe' soll auch geleistet werden, *wie es nötig ist*, das heißt nicht entlang der üblichen (Projekt-)Wege. Frau B. bietet Migranten eine Rundumversorgung, das heißt zeitlich komprimierte Betreuung, zeitlich unverzögerte (Weiter-) Vermittlung an geeignete Ausbildungsstellen. Es geht ihr nicht rein um Vermittlung von Bildung, sondern um eine Betreuung, die die Traumata vor allem jüngerer Flüchtlinge berücksichtigt, ihr „Weinen" ernst nimmt **(Text: Bosnien W 60+; Position: 26 – 26).**

Frau B. ‚holt die Flüchtlinge dort ab, wo sie stehen'. Sie wartet nicht ab, bis die Chancen vertan sind, sondern geht direkt dahin, wo Förderung (noch) vielversprechend erscheint. Abwarten könnte sonst die Abstiegsgefahr, die Gefahr des Scheiterns vergrößern. „Normale [deutsche] Projekte" **(Text: Bosnien W 60+; Position: 26 – 26)** erscheinen Frau B. zu realitätsfern. Sie sind auf zu lange Zeit angelegt und bieten zu viel Freiraum für Untätigkeit; sie zwingen zu Untätigkeit, die sich fatal auswirken kann. Statt beispielsweise auf fünf bis sechs Jahre, legt Frau B. ihre Unterstützung auf drei bis vier dichte Monate „tagtäglicher" Unterstützung an **(Text: Bosnien W 60+; Position: 26 – 26).**

Nachhaltigkeit: Rückführung und Förderung

Sich im Rahmen eines Rückführungsprojekts darum zu kümmern, dass es den Menschen nach ihrer Rückkehr in ein Herkunftsland gut geht, führt dazu, dass diese Menschen auch dort bleiben. Es handelt sich bei ‚Rückführungsprojekten' um ein Konzept, das nicht neu ist[223], jedoch für Frau B. ob ihrer eigenen Arbeitsweise eine eigene Errungenschaft darstellt[224]. Sie begibt sich auf die Suche nach Erfahrungen durch sporadische Erkundung auch in den Herkunftsländern. Sie knüpft also nicht ausschließlich an eigene biografische Erfahrungen als Migrantin an, sondern sucht aktiv nach Wissen, das ihr konzeptionelles Handeln unterfüttert. Nur durch den kontinuierlichen Nachschub relevanter Erfahrungen erhält sie die Bestätigung für ihr Vorgehen beziehungsweise kommt erst dadurch die Idee zum Einsatz, adäquate Mittel für das Ziel, Menschen zu helfen, und nicht bloß Zahlen (der Rückführung) zu schaffen **(Text: Bosnien W 60+; Position: 34 – 34, in anderem Kontext zitiert in Kapitel 9.1.1 und 10.1.3.2)**.

Anerkennung von Projektseite erhält Frau B. aber dann doch durch den Erfolg der Zahlen. Hintergrund dieser Zahlen ist jedoch der Erfolg, Menschen Gutes getan, sie nicht alleine gelassen, sondern den selbst gesetzten Auftrag erfüllt zu haben, das Optimum für die Betroffenen erreicht zu haben.

Das Engagement von Frau B. erstreckt sich aber nicht nur auf ‚Rückführungen', sondern genauso – dem Bedarf der Migranten entsprechend – auf ihre Förderung vor Ort mit dem Ziel der Integration in Deutschland **(Text: Bosnien W 60+; Position: 18 – 18)**. Auch hier setzt sie auf selbst gemachte Erfahrung im Feld, auf Beobachtungen, die ihr selbst zugänglich sind. Sie verlässt sich nicht auf Vorgaben, die andere setzen, besucht deswegen Schulen, setzt sich mit Ämtern in Verbindung und erwirkt mit Überzeugungskraft Möglichkeiten, sich und ihre Vorstellungen einzubringen. Dabei hofft sie auf Erfolg, der erstens zum Umdenken im System führt (zum Beispiel der Schule oder der Bildung). Das passiert mit vollem Einsatz und mit ‚Opfervorschuss', der im Prozess des ‚learning by doing' nicht nur ihr selbst Erfolge aufzeigt, sondern auch denen, die darüber entscheiden, in ihre Projekte zu investieren. Umdenken fordert Frau B. zweitens auch von den Migranten selbst. ‚Ihren Flüchtlingen' **(Text: Bosnien W 60+; Position: 26 – 26)** legt sie nahe, das selbe Selbstbewusstsein zu zeigen wie sie, und so für sich Ziele zu erreichen, die von der Gesellschaft nicht ohne Weiteres im Rahmen der (nur vorgeblichen) Chancengleichheit vorgesehen sind.

Durch ihren Erfolg gerät Frau B. in die Position, Forderungen stellen zu können. Das vordergründige Angebot, ihrerseits auch deutsche Mitarbeiter in ihren selbst gegründeten Verein zur Migrationshilfe aufzunehmen, knüpft sie an die Forderung, so zu arbeiten wie sie selbst. Dabei delegiert sie und lässt Raum für Kreativität, die jedoch an die Bedingung geknüpft wird, ebenso zu arbeiten wie sie selbst (als Migrantin):

> „Mein Verein ist für Migranten und Flüchtlinge aber die Deutsche arbeiten bei mir. Diese Deutsche. die akzeptieren eine neue kreative Art zu arbeiten, die in der Lage sich zu entwickeln und Entscheidungen selber zu treffen, nicht dass ich wegen jedem Einzelnen eine Entscheidung treffe, dass ich alle Entscheidungen auf meine kleine Rücken trage. Nein, sondern, dass sie selber in diesem gegebenen Rahmen und gegebenen Geldrahmen und anderen sich weiterentwickeln„ **(Text: Bosnien W 60+: Position: 16 – 16)**.

Frau B. sieht sich in der Lage, Migranten so zu unterstützen, dass diese Hilfe auch bei ihnen ankommt, dass sie verstanden und ‚mitgenommen' werden. Das funktioniert mit der unkonventionell-nahen und traditionell-mütterlichen Haltung der Befragten, der Erfolg gibt ihr recht. Frau B. fordert vor dem Hintergrund ihrer Erfolge in der Migrationsarbeit, dass ihre Arbeitsweise rezipiert wird und als progressiv in die Migrationsarbeit Eingang findet.

---

223 Rückführungsprojekte gehören zu den wesentlichen Aufgaben der Migrationsarbeit in Deutschland. Siehe dazu: Amnesty international, „Europäische Asylpolitik", www.proasyl.de.
224 Rückführung bedeutet dann Arbeit für das ‚Zurechtkommen' im Sinne von Integration im Herkunftsland.

> *Zusammenfassende Verweise zur Kernkategorie*: Gegen den Strom zu schwimmen, prägt die Vergangenheit von Frau B. genauso wie die Gegenwart ihrer Engagementausrichtung. Sie sieht sich dadurch in einer Sonderposition, aus der heraus sie anderen Migranten helfen kann. Als Gründerin ihres eigenen Vereins für Migrationshilfe hat sie bereits während ihrer ‚aktiven' Zeit kaum Kompromisse geschlossen, wenn es darum geht, ihre Sicht der Dinge durchzusetzen. Auch als Rentnerin in ehrenamtlicher Position in ihrem Verein engagiert sie sich ganzheitlich für ihre ‚Schützlinge' (Kapitel 10.1.3 ‚Arbeit am Menschen'). Insbesondere ihre Haltung als Mutter (Kapitel 10.1.2 ‚Quasi-familiäre Fürsorge') in einem von ihr als traditionell verstandenen Sinn will sie dem Engagement für Migranten in Deutschland nahelegen. Diese Haltung bringt sie ein in Praxen der humanen Rückführung (Kapitel 10.1.3.2 ‚Rausziehen und Raumsuche') und der schnellen Rundumversorgung.

11.4   Ghana M 60+

11.4.1   Koloniale Unterprivilegierung ausgleichen

Herr G. geht in seiner Erzählung kaum auf seine Lage im Herkunftsland ein. Seine Migration findet in einem Alter von circa zwanzig Jahren statt. Bezüge zu dieser Vergangenheit beschränken sich auf Anekdoten zum familiären Umgang untereinander. Wenn der Befragte punktuell und nicht chronologisch am Beginn seiner Erzählung die Armut der Großfamilie im Herkunftsland erwähnt und schildert, wie mit dieser Armut demütig und genügsam umgegangen wird **(Text: Ghana M 60+; Position: 53 – 54)**, muten seine Ausführungen als Geschichten an, die eine ferne, entbehrungsreiche Zeit beschreiben. Armut und Chancenlosigkeit scheinen Motivation für seine Migration zu sein. Sie stehen charakteristisch für Situationen, aus denen ausgebrochen werden will. Offen steht Herrn G. dafür der Weg der ‚kolonialen' Wanderung.

Über seine ‚koloniale Privilegierung' als Ghanaer wählt Herr G. seinen Migrationsweg über England, wohin er aufgrund der historisch-kolonialen Verbindung zwischen den Ländern Zugang hat. Zunächst ist Bildung der Ausweg aus Ghana. Ein ‚Jugendaustauschprogramm' ist die Ausgangsbasis, von hier aus gelingt es Herrn G., über ein ‚Betriebswirtschaftsstudium' den Aufenthalt in England zu rechtfertigen; oder der Aufenthalt in England wird notwendig, um studieren zu können[225].

Bereits in Ghana macht Herr G. eine Ausbildung zum Lehrer, die sich jedoch wohl erst mit der Migration ökonomisch lohnen sollte. Als ausgebildeter Lehrer den (Rück-)Schritt in ein Jugendaustauschprogramm zu wagen, legt nahe, dass eine bestimmte Form der Migration das vordringliche Ziel gewesen sein kann; eine Migration, die sich in der Weiterverfolgung von Bildungs- und Berufszielen auszahlt. Den Bildungsweg konsequent zu gehen, wird

---

225   Sozialwissenschaftliche Literatur beschreibt, dass afrikanische Familien nicht selten die gemeinsame Strategie verfolgen, in die Bildung eines Familienmitglieds zu investieren, um dann über dessen Auswanderung und Weiterbildung im Ausland das eigene gesamtfamiliäre Auskommen zu sichern (vgl. Koller/Kokemohr 2006: 80 f.). Das wird in diesem Interview so nicht explizit angesprochen. Es leitet aber zu einem Verdacht beziehungsweise einer Hypothese, die als solche bestehen bleiben muss.

Strategie des Bleibens. Bildung an einer englischen Hochschule erscheint als Ziel anstrebenswert:

> „bevor ich nach Europa gekommen bin, ahm, bin ich als Lehrer ausgebildet worden in Ghana, woher ich kommen, mehrere Jahre gearbeitet als Lehrer und dann kam ich nach England als junger Mensch und es war auch wie ein Austausch, Jugendaustauschprogramm und bei dem Programm, 18 Monate aus dem ich mich entschließen, weiter zu studieren, und hab ich mich eingeschrieben ahm (NAME) college und hab ich Betriebswirtschaft studiert" **(Text: Ghana M 60+; Position: 7 – 8).**

Heirat folgt danach als Zufall beziehungsweise als Konsequenz des Zufalls ‚Liebe' zu einer Engländerin in Deutschland, die Bundesrepublik wird damit nächstes Migrationsziel. ‚Dazukommen' nach Deutschland, wo die Partnerin ihren damals aktuellen Lebensstandort hat, gilt als eine Alternative zur Absicht, sich allein in England durchzuschlagen, auch um den Preis, nun nicht mehr die Privilegien[226] zu haben, die aufgrund der kolonialen Verbindung zu England gegeben waren. In England nutzbare Ausbildungen kommen in Deutschland vorerst nicht zum Tragen. Herr G. ist wie jeder andere Migrant darauf angewiesen, von vorne beziehungsweise unten anzufangen, Sprache neu zu erlernen, beruflich neu zu starten:

> „und nach dem Studium oder kurz bevor Ende meines Studiums da hab ich eine Frau kennengelernt, eine Engländerin, die damals hier in (NAME DEUTSCHER STADT) lebte und phh wie immer die Situation ist ja, wir haben uns verliebt und zusammen nach Deutschland gekommen (unverständlich), ahm ich habe dann hier Schwierigkeiten gehabt, um entsprechende passende Arbeit zu finden ja" **(Text: Ghana M 60+; Position: 7 –8).**

Herr G. ist nun von Bildungsentwertung betroffen. Er sucht weiter nach Etablierung und wendet Strategien an, die bei anderen Migranten nicht selten ähnlich verlaufen. Er geht diese Situation aktiv mit ‚learning by doing' an, das heißt, er schaut ab, er beobachtet, lernt Sprache in wenig verantwortlicher (Berufs-)Position durch alltäglichen Austausch mit Kollegen:

> „Zehn Monate lang, als Küchenhelfer und Geschirrspüler, alles Mögliche, und dann hab ich in dieser Zeit die Sprache gelernt, ich bin in die Schule abends gegangen und habe Sprache gelernt. Und dann fand ich einen Job als Tierpfleger in der Universitätsklinik ja hier in (NAME STADT) (unverständlich) und ich hab dort, dort hab ich die Sprache gut gelernt, weil die ganzen Tierarzt und die Ärzte, die dort so arbeiten, haben alle versucht nicht mit mir Englisch zu sprechen, sondern Deutsch und jeder hat mich motiviert und da hab ich und ich war dort neun Jahre lang" **(Text: Ghana M 60+; Position: 8 – 8).**

11.4.2 Anlehnung an Community – Einfinden in Engagement(-formen)

Die erste Orientierung bietende Anlaufstelle des Befragten in Deutschland ist eine kirchliche Einrichtung, eine Studentengemeinschaft afrikanischer Studenten unter dem Dach der evangelischen Kirche. Sie bietet ersten Anschluss und gibt bereits an diesem Punkt die Richtung des Engagements vor, gleichwohl beeinflusst sie die berufliche und Engagemententwicklung:

> „Das ist auch interessant, weil als ich herkam, ich kam aus England damals und in England gibt's sehr verschiedene Organisationen und hier ich war verloren, ja und er hat gefragt und ah ja es gibt hier Studentengemeinde (NAME) und dann bin ich einfach dahin gegangen und hab gesehen ah, ich kann was machen" **(Text: Ghana M 60+; Position: 19 – 19).**

---

226 Als Privileg kann insbesondere das Beherrschen der englischen Sprache gelten. Nicht weniger bedeutsam ist es für Herrn G., in England einen vergleichsweise sicheren bürgerschaftlichen Status zu besitzen.

„weil danach war ich auch in die Studentengemeinde, evangelische Studentengemeinde als Tutor wo ich viele Ausländer so Afrikaner unterstützt habe und Beratungszeit und sowas weiter, es war eine interessante Zeit" **(Text: Ghana M 60+; Position: 8 – 13).**

Herr G. entwickelt von hier aus Ideen zur Migrationshilfe für Afrikaner, die er unter anderem als Vorsitzender eines Vereins als Dachverband afrikanischer Gemeinschaften realisiert **(Text: Ghana M 60+; Position: 20 – 20)**. Aufgaben, die er in der ehrenamtlichen Migrationsarbeit übernimmt, lassen Medien auf ihn aufmerksam werden. Herr G. wird „entdeckt", über ihn und seine Arbeit wird journalistisch berichtet. Über diese mediale Präsenz wiederum findet sich Herr G. in der Situation, für die Migrationsarbeit bei einer konfessionellen Wohlfahrtsorganisation angeworben zu werden **(Text: Ghana M 60+; Position: 38 – 40)**. Herrn G.'s Engagement in der afrikanischen Community wird nach außen sichtbar, aus unentgeltlichem Engagement wird offizielle Mitarbeit in einer großen Wohlfahrtsorganisation.

Die Übergänge zwischen Engagement und Beruf in der Migrationsarbeit kommen im Zusammenwirken mit Netzwerken zustande, die Herr G. im Zuge seines Engagements sukzessive aufbaut.

Dennoch rechnet Herr G. seinen Aufstieg seiner Person zu, sein Agieren erscheint auch planvoll. Er beschreibt sich als Initiator seines Engagements vor allem dann, wenn es um sein explizites Interesse für die Unterstützung ethnisch-kulturell Ähnlicher geht. Sein Engagement im selbst gegründeten Verein führt Herr G. parallel zu seiner Beratertätigkeit in der Wohlfahrtsorganisation fort. Hier bringt er explizit seine Vorstellungen zur Migrationsarbeit ein.

Diese Vorstellungen orientieren sich an *Unterschieden zwischen Migranten*, auch zwischen afrikanischen Migranten, die sich in der Community offenbaren. ‚Franzosen' als von Frankreich kolonialisierte Afrikaner unterscheidet Herr G. von Engländern, zu denen er sich selbst zählt. Diese Gruppen sind französisch oder englisch geprägt und in seiner Sicht im Umgang miteinander nicht komplikationslos:

„aber uns Afrikaner, ich weiß nicht wie erlebt mit anderen, aber wo ist Afrikaner, wir haben verschiedene Hintergründe, wegen Kolonialismus. Weil die Leute, die von Franzosen kolonialisiert waren, das heißt Französisch sprechende Afrikaner oder Englisch sprechende Afrikaner, dass die manchmal Probleme Mentalität ist, weil wir die Engländer haben diese english gentlemen easy going, die Franzosen genießen ihr Leben ja (lachen) (…). Der kamen wir her, wenn wir uns nicht auf Deutsch reden, verstehen uns nicht. Weil die anderen sprechen Französisch, andere Englisch. Ja, und das waren die Konflikte, das heißt, wenn wir uns getroffen haben, die Franzosen gruppieren sich und sprechen Französisch, ja und die Engländer verstehen das nicht. Und so hat unsere Verein gelitten, sehr viel gelitten, allerdings wir haben sehr viel gemacht, wir haben sogar ein Haus hier gehabt, ja hier (NAME STRASSE) (NAME HAUS) gehabt, aber es ist auch eine Geschichte" **(Text: Ghana M 60+; Position: 20 – 20, in anderem Kontext zitiert in Kapitel 9.1.2.2).**

11.4.3 Autonome Bestimmung des Hilfsradius

Herr G. bestimmt die Richtungen und den Radius seines Engagements selbst. Er engagiert sich in einem organisationalen Kontext, der an deutsche Engagementtraditionen (hier speziell einer konfessionellen Wohlfahrtsorganisation) anschließt, und Migranten in ihrer Gesamtheit (also in Absehung bestimmter Herkunftskontexte) in den Blick nimmt.

Er engagiert sich auch innerhalb einer Organisationsform, die ethnisch ausgerichtet ausschließlich afrikanische Migranten einbezieht. Zunächst bezogen auf eine gesamtafrikanische Community in Deutschland, wendet Herr G. später (in höherem Alter) seine Aufmerksamkeit einer spezifisch ghanaischen Organisation zu, die er selbst im Rahmen eines transnationalen Projekts aufbaut.

Herr G. engagiert sich nicht einseitig für die Integration von Migranten in Deutschland oder für potenzielle Migranten in Ghana. Sein Engagement für Ghanaer in Ghana ist vielmehr darauf ausgerichtet, Zurechtkommen von Hilfesuchenden *in* Ghana zu unterstützen. Hier spielt die berufliche Ausbildung von jungen Ghanaern eine wichtige Rolle. Sie wird durch deutsche Spenden finanziert und entspricht in ihren Prinzipien im weitesten Sinne der vom Westen für Afrika präferierten Entwicklungszusammenarbeit[227]:

> „also wir sammeln Spenden. Ahm das ist unsere große Motivation hier, wir schreiben also Anfangphase hab ich einige Leute die mich unterstützt haben und denn dann hab ich ein Verein gegründet, Deutsch-Ghanaischer-Freundschaftsverein ist ja. Und mit diese Verein haben wir bei uns ein Netzwerk erweitert und jedes Jahr schreiben wir Bericht über die ganze Projekt an alle Spender und Freunde und wir schicken Bilder. Wir sind im Rahmen der Entwicklung, denn die auch Spenden ahm wir haben Anfang paar Leute, die unsere großen Spender sind, die ich habe einen Freund, einen Professor, der mit mir sogar zweimal in Ghana gewesen war und er hat sehr viel mit diese Projekt gegeben, sehr viel Geld investiert. Ich habe einen Frau kennengelernt, ahm die ist eine Kunstsammlerin, und sie hat sehr viel Geld gespendet und ich wie ich vorhin erwähnt habe, haben wir auch durch ahm Antrag an die BMZ haben wir viel Geld bekommen um diese Gebäude da zu errichten" **(Text: Ghana M 60+; Position: 32 – 32).**

Form 1: Engagement für Afrikaner und Ghanaer in Deutschland

Eine Solidarisierung beispielsweise ausschließlich mit Menschen national-ghanaischer Herkunft erscheint fraglich, vergegenwärtigt man sich die Entstehungsgeschichte Ghanas. Wie auch andere vormals unter kolonialer Herrschaft stehende Territorien ging das Land aus mehr oder weniger willkürlichen kolonialen Grenzziehungen hervor.

Herr G. ordnet sich selbst ethnisch als Ashanti ein, als Angehöriger einer der zahlreichen Ethnien Ghanas[228]. Sein Engagement sollte sich zunächst auf eine Form der gegenseitigen Afrikahilfe in Deutschland konzentrieren. Der Dachverband der Afrikahilfe, in dem sich Herr G. zunächst engagiert, ist darauf ausgerichtet, Afrikaner in Deutschland (beziehungsweise Afrikaner aus der deutschen Stadt, in der Herr G. lebt) zusammenzubringen, sie in einer Community zusammenzuschließen. Daraus sollte aus der als gegeben vorausgesetzten afrikanischen Solidarität gegenseitige Hilfe generiert werden oder Solidarität erst entstehen, die sich in gegenseitiger Hilfe manifestieren würde. Allerdings sprach in der Praxis einiges dagegen. Herr G. berichtet über Differenzen zwischen Afrikanern unterschiedlicher nationalstaatlicher Herkunft, die weniger durch möglicherweise traditionelle Unterschiede, die es im ethnisch kaleidoskophaft aufgesplitterten Afrika gibt, sondern vielmehr durch kolonial oktroyierte Differenzen zu erklären sind. Diese Differenzen geben für Herrn G. den Ausschlag, sich mit seinem Engagement von der so konzipierten gesamtafrikanischen Community abzuwenden. Die konstruierte Gemeinschaft sieht er als mehr und mehr fragmentiert. Französisch und englisch beeinflusste Gewohnheiten, Lebensarten, Sprachen stellen sich als schwer zu überbrücken heraus, Separierungen sind die Folge (siehe oben, Zitat in Kapitel 11.4.2).

---

227 Sie stellt sich dar als Zusammenarbeit der ‚Geber' mit zum Beispiel Selbsthilfeeinrichtungen (vgl. Hillebrand 1994: 64).
228 Zu den Ethnien Ghanas siehe: Westafrikaportal „Ghana", www.westafrikaportal.de.

Anders verhält es sich bei der Gründung und Aufrechterhaltung der ghanaischen Community in der Stadt, in der Herr G. lebt. In fortgeschrittenem Alter präsentiert er sich als Leiter und Vorsitzender dieser Community. Insbesondere hier wird der kulturelle Zusammenhalt gefördert, um ghanaische Identität zu bewahren. Es wird offenbar, dass für Herrn G. Community im Sinne einer Diasporacommunity kaum unbegrenzt ausdehnbar ist; nicht auf ganz Afrika und möglicherweise auch nicht auf eine begrenzte Community afrikanischer Migranten. Diasporacommunity bleibt für Herrn G. im Sinne der Definition gemeinschaftliches Konstrukt[229]. Sie ist hier Selbsthilfestützpunkt und Ort für Ähnliche, das heißt in diesem Fall vor allem ethnisch Ähnliche.

Form 2: Transnationale Ausdehnung: paternalistische Positionierung

Herr G. macht *in höherem Alter* den Schritt von der ‚Selbsthilfe' im Aufnahmeland innerhalb der Ghana-Community zur Förderung der Hilfe zur Selbsthilfe in Ghana. Mit zunehmendem Bekanntheitsgrad gelingt es Herrn G., sein Engagement auszudehnen; es wird transnational und dennoch baut es auf dem Konzept der ethnisch-gruppeninternen Nähe auf.

Herrn G. wird von Förderern seiner Initiative zugetraut, die Bedingungen und Interventionsmöglichkeiten in seiner Herkunftsregion zu kennen. Er gilt als sozialisiert in die kulturellen und systemischen Bedingungen Ghanas, auch wenn er bereits in seinem zwanzigsten Lebensjahr migriert ist. Die Förderer sind bereit, ihm einen Vertrauensvorschuss zu gewähren, damit er ‚das Richtige' tut, das heißt konkret, das gespendete Geld adäquat einsetzt und die Situation Hilfesuchender in ihrer Gänze bearbeitet:

„BMZ Bundesministerium für Zusammenarbeit mit der dritten Welt ja ahm und ahm sie haben uns dreimal, dreimal ahm unseren Antrag genehmigt, ja um neu jemand neue Gebäude herzustellen, den Kindergarten, das wir jetzt bauen, haben sie zu fünfundsiebzig Prozent finanziert ja, und die da also das heißt diese Projekt, ahm müssen wir mindestens fünfundzwanzig Prozent von unsere eigenen Initiative und da können wir nur durch Spende. Wir machen aber ab und zu Veranstaltungen, ahm aber wie gesagt, es ist eine persönliche, unsere Mitgliederzahl ist nicht so hoch ahm, jeder Mitglied zahlt 40 Euro im Jahr, ahm das ist nicht genug, damit kann ich nicht sowas machen, aber ahm immer ich hab ja Leute zu finden, Schule habe ein paar Schulen hier in (NAME DEUTSCHE STADT) (NAMEN GYMNASIEN) und die machen jedes Jahr Weihnachtsbasar und dann spenden sie uns ahm ein paar Tausend Euros. Und mit all diese Geld, dann haben wir sogenannte Sponsoring, individuelles Sponsoring, das heißt, wir haben Schüler oder Studenten da, die von sehr, sehr armen Familien sind, und die können nicht ohne Hilfe von außen die Schule besuchen. Und so haben wir hier Sponsoring, Leute die gern machen möchten, das ist individuell ja, wir haben keine Massen ahm Arten (...) eins und eins, da wenn jemand sagt, ich will einen Paten, dann suchen wir einen für das Projekt, und diese Paten läuft ahm, ist die Schulzeit lang" **(Text: Ghana M 60+; Position: 34 – 34).**

„da ist ehm da muss eine große Hilfe und wir sprechen immer sehr individuell, ja weil ich mag nicht diese große ahm große Patenschaften, wo das ganze Geld in einer Sammlung drauf geht, man weiß nicht, wo mein Geld hingeht. Aber wir geben die Sponsor, die Pateneltern schon, wenn sie wollen, sie könne direkt mit diese Patenkinder kommunizieren, ja einige Leut sagen nein, sie vertrauen mich, also sie wissen, jemand das Geld bekommt ok. Es gibt ein paar Leute, die gerne mit diese Kinder kommunizieren, ja, und sogar über diese, diese Patengeld hinaus sie schicken diese Leute Geschenke. Zum Beispiel, wenn ich nach Hause fliege, ahm fragt oh, ok nimm diesen Kugelschreiber, gib an mein Patenkind, ja, und die Kinder freuen sich ja, und sie schreiben

---

[229] Diasporacommunitys teilen gemeinsame Erfahrungen und verbinden diese mit ethnischen und kulturellen Merkmalen. Mit Faist (2000: 122) handelt es sich um Gemeinschaften, die weit verstreut und in Gemeinschaften der Erinnerung an gleiche Merkmale leben, die sie einer vorgestellten Heimat verdanken.

schon in Briefe mit ihren eigenen Bilder und ich bringe auch zu die Pateneltern hier, also so schaffen wir ganzen Dinge" **(Text: Ghana M 60+; Position: 36 – 36).**

Bereits die Tatsache der antizipierten Zugehörigkeit zu einer bestimmten national-ethnischen Gruppe weist Herrn G. in den Augen der Spender offenbar als Experten für die Herkunftsregion und damit als mögliche Verbindungsperson beziehungsweise möglichen Ansprechpartner aus. Ihm wird schlicht über den kulturellen Hintergrund, den er als Person repräsentiert, Wissen zugeschrieben. Herr G. nimmt diese Positionierung an und engagiert sich in der ehemaligen Herkunftsregion.

Das transnationale Engagement des Befragten beschränkt sich aber nicht auf das Spendensammeln und den Transfer von Geldern, sondern die Initiative geht weit darüber hinaus: Herr G. kann innerhalb der Initiative als Akteur in einer „one-man-show, die um die dominierende Figur eines ‚Gründungsvaters' rotier(en)[t]" (Hillebrand: 65), gesehen werden. Dieser Rückschluss auf die Literatur ergibt sich zum Beispiel aus folgendem Zitat, in dem Herr G. verdeutlicht, dass er allein bestimmt, wie Hilfe in dem Projekt auszusehen hat. Er allein entscheidet, wer mitbestimmt, und das ist nach seinem Dafürhalten nicht die ghanaische Regierung[230]:

> „Irgendwann wollte ich die ganze Projekt in die Regierung, Gouvernment geben, aber habe gesehen nein, das Geld sie konnten das nicht machen. Weil sechs Monate haben sie den Lehrern nicht bezahlt und es so bürokratisch und so und so wollten wir nicht, ja so habe ich die Schule wieder in die Hand genommen" **(Text: Ghana M 60+; Position: 36 – 36).**

Was in den Erzählungen zu Herrn G.'s Engagement in Ghana auffällt, ist die geringe Thematisierung von Vertrauensbeziehungen zu Unterstützten in Ghana. Anders verhält es sich in seinen Erzählungen über ein Wirken im Rahmen wohlfahrtsorganisationaler Tätigkeit.

Form 3: Hilfe im Rahmen der Wohlfahrtsorganisation: generalisierte Vertrauensbildung

Große Wohlfahrtsverbände unterstreichen ihr besonders migrantenfreundliches weil interkulturell angelegtes Vorgehen in der Integrationsarbeit[231]. Die Praxis zeichnet sich nicht in allen Wohlfahrtsverbänden durch Interkulturalität aus, auch nicht in der Migrations- und Integrationseinrichtung, in der Herr G. tätig ist. Ein Gespräch mit der regionalen Leitung seiner Einrichtung[232] verdeutlicht, dass Beschäftigung von Menschen mit Migrationshintergrund vor Ort kaum realisiert ist. Bis auf einen Mitarbeiter (Herrn G.) in regulärer Position sind Menschen mit Migrationshintergrund allenfalls in der Kantine oder in der Kinderbetreuung der

---

230 Gleichzeitig fügt sich diese Art der Engagementorganisationen den Erfordernissen afrikanischer Gesellschaften. Hillebrand (1994: 59 f.) rekurriert auf das westlichem Verständnis zum Teil entgegenstehende Repertoire, aus dem afrikanische Zivilgesellschaft schöpft, wenn es vorkolonialen, traditionalen kulturellen Mustern folgt.
231 Zum Beispiel die Arbeiterwohlfahrt: AWO Berlin (2012), „Information über und Auseinandersetzung mit sozialpolitischen Themen aus AWO-Perspektive" (www.awo-südost.de.). Interkulturelle Öffnung ist bereits langjähriger Bestandteil der Ausrichtung nicht nur in der Migrationsarbeit der AWO. (AWO Bremen Kreisverband e. V. (2010): Interkulturelle Öffnung der AWO Bremen).
232 Herr G. ist Mitarbeiter dieser konfessionellen Wohlfahrtsorganisation.

wohlfahrtsorganisationalen Einrichtung untergebracht **(Text: Deutschland W 50+; Position: 3 – 3 und 36 – 36)**. Herr G. bildet die Ausnahme.

In seiner Position ist er den Arbeitsweisen der Organisation verpflichtet. Sowohl ‚deutsche' Mitarbeiter als auch jene mit migrantischem Herkunftskontext sind dazu angehalten, anhand des sogenannten Casemanagement-Verfahrens[233] Klienten zu bedienen. Diese vereinbaren ganz im Stil behördlicher Verfahren einen Termin mit einem der Mitarbeiter. Sie können dabei auch einem Mitarbeiter zugeteilt werden, der ihre Sprache nicht spricht, geschweige denn ihren kulturellen Erfahrungshintergrund teilt. Wie andere Befragte fügt sich auch Herr G. dieser Regelung:

> „Und unsere Arbeit ist sehr sehr umfassend, weil in (NAME STADT) is a sogenannte Aufnahmeeinrichtung für die Leute, die hier (NAME BUNDESLAND) kommen und Asyl suchen, egal woher sie kommen, sie kommen von der ganzen Welt. Und wir sind der erste, wie sagt man, Auffang- so Situation, also irgendeine, deshalb sie kommen zu uns in unser Haus (…) Das heißt, wir beraten die Leute, wir betreuen die Leute, wir begleiten die Leute in alle ihre Bedürfnisse" **(Text: Ghana M 60+; Position: 14 – 14)**.

Vor diesem Hintergrund scheint Herr G. innerhalb der Einrichtung im Vergleich zu seinen deutschen Kollegen *kaum anders* in der Lage zu sein, Klienten zu helfen, er erscheint austauschbar.

Als Mitarbeiter der Wohlfahrtsorganisation befindet sich Herr G. als ‚Ausländer' und ‚Afrikaner' in einer besonderen Position. Diese Sonderstellung erwähnt er: „ahm ich bin der einzige, wie man sagt, Ausländer oder Schwarze, Afrikaner, die in Dienststelle arbeite" **(Text: Ghana M 60+; Position: 15 – 17)**, misst ihr aber keine besondere Bedeutung bei. Herr G. kümmert sich den Regeln der Einrichtung entsprechend um alle, die zu ihm kommen beziehungsweise ihm zugewiesen werden, uneingeschränkt, das heißt in Absehung ihrer territorialen insbesondere ethnischen oder kulturell-religiösen Herkunft:

> „und wir betreuen nicht nur oder ich betreue nicht nur Afrikaner, sondern jede der hinkommt und es kamen Leute aus Osteuropa, aus China, aus Südamerika, aus Asien" **(Text: Ghana M 60+; Position: 15 – 17)**.

Ihnen allen kann Herr G. dabei helfen, ihren Status zu klären, sie in rechtlichen und gesundheitlichen Belangen zu beraten und weiter zu verweisen. Genauso können dies prinzipiell auch seine deutschen Kollegen. Das Vertrauensverhältnis, das in der Helfer-Hilfesuchenden-Beziehung aufgebaut wird, schränkt die Übertragung von Klientenfällen zwischen Kollegen jedoch ein:

> „also wir sind momentan sind wir, also in unserer Dienststelle wo ich bin, sind wir vier Leute ja. Diese vier Leute, zwei sind Volltime, Fullzeit eingestellt, die andere sind Teilzeit eingestellt. Dann haben wir unsere Dienststellenleiterin, die macht meistens Kontakte, Verwaltung und Treffen und so, nur unsere Job ist, wir sind alle da als Berater, Betreuer, Begleiter, das heißt, die Leute kommen, ja und entweder sie kommen zu mir oder sie gehen zu meinen Kollegen. Und jeder, der welche Probleme hat ja, das heißt, ich betreue nicht nur spezifische Menschen, aber es ist interessant weil bestimmte Leute kommen zu dir und wie du die Leute empfängst, ja dann sie bringen auch ihre andere Leute, weil es passiert oft, dass die Leute kommen zu mir, ich bin nicht da ja, aber sie gehen nicht zu meinen Kollegen, weil sie kennen sie nicht ja, oder sie vertrauen, dass sie von mir aufgebaut haben. Genau so die Leute kommen, die Kollegin ist nicht da, aber sie kommen nicht zu mir, weil sie war mit ihr, ja. Oder ich fang irgendeine Fall an und bin nicht (unverständlich) weil ich muss Briefe schreiben oder telefonieren und einige Sachen dauert ja, und wenn ich wie jetzt, wenn ich krank bin, wenn ich meine Kollegen nicht anruf und sag, du, ich habe dies und jenes gemacht, es kann sein, diese Person kommt, bitte so, so, so muss gemacht werden, dann weiß sie nicht, was ich gemacht habe, ja, ahm genauso wie sie, das heißt, wenn

---

233 Zum Casemanagement-Verfahren siehe genauer Kapitel 10.2.2.

ich nicht da bin, dann muss ich ihr sagen, das, das, das das hab ich gemacht, falls die Leute kommen, dann sie weiß wie sie weiter (unverständlich), genauso wie sie ja, ahm diese Verletzung ich hab was für sie gemacht, weil sie irgendein Mädchen oder Frau mit Kind muss verlegt werden und sie hätte diese Familie zum Bahnhof bringen, aber sie konnte nicht, sie war nicht da. So muss ich das organisieren ja, das heißt, wir arbeiten zusammen ahm mit einem davor einem da. Und es gibt doch eine Situation, wo man nicht weitergeht, weil ich weiß, weil die andere gemacht haben. So müssen die Leute bitten, komm morgen, wenn meine Kollegin da ist ja und genau so wie sicher ein paar Tage zu Hause bin, es gibt einige Leute, die kommen und sie kann nicht mit anfangen, das heißt, sie muss denen sagen, der ist krank, ja, wenn es ist brennend, dann muss sie die ganze Sache nochmal von vorne anfangen ja und erledigen" **(Text: Ghana M 60+; Position: 42 – 42).**

Das aufgebaute Vertrauen zu den eigenen Klienten ist essenziell für Herrn G.'s Arbeit mit Migranten in der Einrichtung der Wohlfahrtsorganisation. Seine Position, die zunächst austauschbar erscheint, erweist sich dennoch als nicht ohne Weiteres ersetzbar.

Die Klienten vertrauen Herrn G. in gleichem Maße wie deutschen Kollegen, seine migrantische Biografie spielt hier keine Rolle. Lediglich sein Status als Mitarbeiter der Wohlfahrtsorganisation, als Helfer unter Helfern, ist generalisierte Basis des Vertrauensaufbaus sowie für die beratende und begleitende Arbeit mit Migranten. Auch wenn Regeln der Austauschbarkeit von Migrationsarbeitern unabhängig von ihrem möglichen Migrationskontext ihren Weg in den Dienstablauf der Wohlfahrtsorganisation gefunden haben, stellt sich ein Vertrauensverhältnis zwischen Herrn G. und seinen Klienten erst in der engen Zusammenarbeit her und bleibt dort verortet. Planung von Vertrauen gerät hier an Grenzen.

Wenn Herr G. von seinen Klienten in der Wohlfahrtsorganisation, der Arbeit mit ihnen und ihren Problemen explizit berichtet, ist eine nationale, ethnische Differenzierung nicht zentral. Was den Klienten passiert, womit sie umgehen müssen und wobei Herr G. ihnen hilft, ist auf Menschen und speziell Migranten jedweder ethnischen oder kulturellen Einordnung übertragbar.

Herr G. berichtet von gravierenden Problemlagen, die ganz besonderes Vertrauen zwischen Helfer und Klient erfordern: Kindsmordanklagen, HIV-Diagnosen und Ähnliches machen es für ihn zur Pflicht, sich intensiv mit Klienten zu befassen, ihnen beispielsweise Mut zuzusprechen, der nur aus einem gewachsenen Vertrauensverhältnis heraus Wirkung zeigen kann. Dass Herr G. dabei ein besonders Vertrauen von Afrikanern oder Ghanaern begegnen würde, ist aber nicht erkennbar. Die Ausrichtung in seiner Position als Mitarbeiter der Wohlfahrtsorganisation scheint nicht ethnisch-national zu sein. Seine Selbstdarstellung als Helfer für alle Klienten entspricht an diesem Punkt den antizipierten Vorstellungen und Anforderungen der Einrichtung.

Hält man sich die drei Formen im Sinne eines Radius des Engagements vor Augen, bemerkt man, dass es Herr G. in seinem Engagement für Migranten gelingt, seine Vorstellungen bezüglich angemessener Hilfe in eigener Initiative durchzusetzen und gleichzeitig an Vorstellungen deutscher Organisationen der Wohlfahrt anzuknüpfen.

Zusammenfassende Verweise zur Kernkategorie: Herr G. ist langjähriger Migrationsmitarbeiter in einer konfessionellen Wohlfahrtsorganisation. In diese Position ist er über vormals freies Engagement gelangt. Über seine Migrations*beschäftigung* hinaus engagiert er sich in transnationalen und auf seine Herkunftsgruppe ausgerichteten Projekten. In der Parallelität seiner Tätigkeiten entspricht seine Funktion der des ‚Spezialmigranten der Erfahrung' (Kapitel 10.1.1), während sie insbesondere in wohlfahrtsorganisationaler Einbindung auch auf ‚quasi-professionelle Hilfe' (Kapitel 10.2.1) hinweist. In beiden Funktionen werden Haltungen offenbar, die Ganzheitlichkeit im Herangehen an Hilfesuchende erfordern (Kapitel 10.2.3 ‚Arbeit am Menschen'). Nahenorientierung bezogen auf ethnisch-kulturell Nahe wird für den Befragten im Alter zunehmend bedeutsam, was eine ‚Vermischung von Zuständigkeiten und Rollen' (Kapitel 10.1.3.3), betrachtet über die Parallelität seiner Engagements, hervorbringt. Herr G. tritt auch als ‚paternalistisch-väterlicher' Akteur auf (Kapitel 9.1.2), indem er insbesondere in transnationalem Engagement die Vorgehensweise im Projekt quasi in einer ‚One-Man-Show' bestimmt.

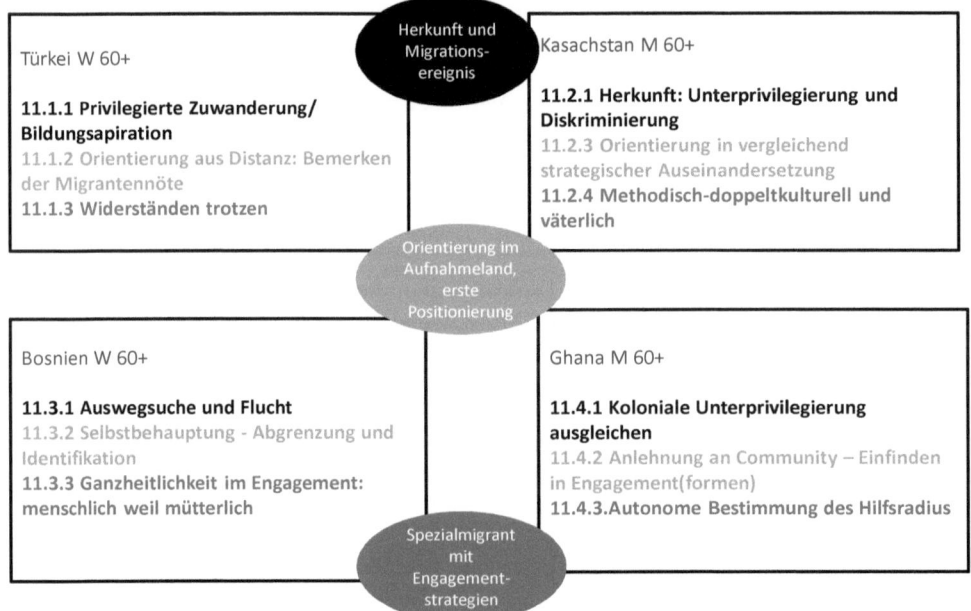

Abbildung 7: Gliederung der Einzelfallinterpretationen, farblich veranschaulicht nach den biografischen Kristallisationspunkten

V Zusammenfassende Gedanken zur Untersuchung

12 Rückblick auf die Ergebnisse und Ausblick

Empirische Befunde werden im Folgenden auf die Hauptlinien der Untersuchung verdichtet. Sie werden überdies hinsichtlich der Möglichkeiten ihrer theoretischen Einordnung und ihrer praktischen Anschlussmöglichkeiten in Politik und Zivilgesellschaft dargestellt[234].

Definitionsproblem: Engagement versus Nichtengagement

Migrations- und Integrationsarbeit von Menschen mit Migrationshintergrund bewegt sich in einem Spektrum breiter Einordnungsmöglichkeiten in freiwilliges Engagement und wohlfahrtsorganisationale Beschäftigung. Diese in gängigen Engagementdefinitionen strikt voneinander getrennten Einordnungsmöglichkeiten bereiten insbesondere älteren Migrations- und Integrationsarbeitern ein Problem (siehe dazu weiter unten: „Organisationale Eingebundenheit oder Engagementfreiheit"), insofern sie als duale Kategorisierungen der Migrations- und Integrationsarbeit – entweder als Engagement oder als Beschäftigung – von außen an sie herangetragen werden. Politik und Zivilgesellschaft sind aufgefordert, das Problem dieser Dualität für ein Engagement von Migranten für Migranten zu erkennen und anzugehen.

Zwar wird der Wert freiwilligen Engagements in der *Politik* gesehen: Es trägt dazu bei, soziales Kapital zu schaffen und ist Basis gesellschaftlicher Solidarität[235]. Der Beitrag von Migranten findet ebenfalls Anerkennung – jeweils im Rahmen definierter Bereiche bürgerschaftlichen Engagements[236]. Sich an die strukturelle Öffnung der dualen Kategorisierung in Engagement und Nichtengagement heranzuwagen, bleibt im öffentlichen und politischen Diskurs jedoch weiterhin heikel, weil kaum kontrollierbar.

Hält man sich Literaturlagen der *Engagementforschung* vor Augen, haben sich Engagierte in allen Bereichen des Engagements bestimmten Kriterien unterzuordnen. Jedoch wandeln sich Abgrenzungskriterien der Einordnung in zivilgesellschaftliches beziehungsweise bürgerschaftliches Engagement mit neuen Entwicklungen am Arbeitsmarkt. Engagementtheorie erkennt seit langem, dass in einer individualisierten Gesellschaft klassische Abgrenzungen des Engagements in der Realität immer weniger vorzufinden sind (siehe

---

234 Die Ergebnisse der Untersuchung sind keine Handlungsanleitungen für die Sozialpolitik. Sie können aber, an den Strategien Befragter orientiert, wiederum allgemeine Strategien in der Migrationsarbeit zum Beispiel in Institutionen der Wohlfahrt nahelegen.
235 Vgl. Bundesministerium für Senioren, Frauen, Jugend (2004: 18), online verfügbar unter http://www.bmfsfj.de.
236 Vgl. Bundesamt für Migration und Flüchtlinge (2010), online verfügbar unter http://www.bamf.de.

Kapitel 5.3). Es gibt neue Engagementmodelle, die einem Wertewandel in der Gesellschaft folgen (vgl. Klages 2000: 156).

Abgrenzungsintervalle, die traditionelles Engagement und neue Engagementformen abbilden, werden mit dieser Studie erweitert. Das Engagement von Migranten für Migranten weist auf Funktions-, Haltungs- und Handlungskategorien der Befragten hin, die das Spektrum der Einordnung von Tätigkeiten in freiwillige oder etwa bezahlte Migrationsarbeit öffnen. Abgrenzungen zwischen Engagement und Nichtengagement gelten im untersuchten Feld nicht immer (siehe Kapitel 9.3 zur Dekonstruktion und Neukonstruktion des Engagementbegriffs in den Bedeutungssetzungen Befragter). Sie werden von Befragten zum Teil nur gelten gelassen, weil Alternativen scheinbar (noch) nicht gegeben sind. *„In die Tiefe der individuellen Biografie zurückweisende Entwicklungsgänge, die [bei Befragten] auf eine selektive Weise zum Engagement hinführen"* (Klages 2000: 164, Hervorhebung im Original), deuten jedoch auf ein Aufweichen von Ordnungsgrenzen hin, die Engagement in Deutschland bisher festschreiben.

Kernkategorien: ‚kulturkritisch-aufklärendes' und ‚pragmatisch-helfendes' Engagement

Die Materialanalyse bringt die zwei Kernkategorien des ‚kulturkritisch-aufklärenden Engagements' und des ‚pragmatisch-helfenden Engagements' hervor, während das zentrale Forschungsergebnis der Untersuchung sich in der Kernkategorie des ‚kulturkritisch-aufklärenden' Engagements insbesondere älterer, aber auch frei engagierter, jüngerer Migranten in der Migrations- und Integrationsarbeit verdichtet (Kapitel 10.1). In ihr zeigt sich eine widerständige und kreative Haltung und Praxis des Engagements.

Den in der Literatur vorhandenen Interpretationen von Integration als Akkulturation oder Assimilation (vgl. Stonequist 1961: 2 f.) kann mit der Kreativität der Befragten begegnet werden, die das Sample des ‚kulturkritisch-aufklärenden Engagements' wesentlich ausmachen: Ihr Engagement für Migranten durchbricht tradierte Sichtweisen des statischen Engagementbegriffs in Deutschland zum Beispiel durch eigene Deutungen von Individualisierung[237] (siehe Kapitel 10.1.1). Als individualisierte Akteure füllen diese Befragten einen „institutionell eröffneten, diskursiv bewegten und mit spezifischen Disponierungen bestückten Raum der Ambivalenz und Kontingenz durch Praxis" (Poferl 2010: 304). Dieser Raum kann als ‚Schauplatz kreativer Intervention' verstanden werden, auf dem der ‚hegemoniale [Engagement-]Diskurs'[238] irritiert wird (vgl. Ploder 2009: 5). Sergio Costa (2005: 288) beschreibt kreative Intervention als „Akt", der von einem „diskursiven Ort (…), welcher außerhalb geschlossener Repräsentationssysteme liegt", ausgeht. Kreative Engagement-‚Intervention' findet bei Befragten außerhalb und innerhalb des Repräsentationssystems deutschen bürgerschaftlichen Engagements statt: ‚außerhalb', wenn Engagement ‚frei' gestaltet ist, und ‚innerhalb', wenn es zum Beispiel im Rahmen von Institutionen der Wohlfahrt abläuft. In beiden Formen des ‚freien' und des ‚wohlfahrtsorganisational eingebundenen' Engagements sind vor allem *ältere* Befragte die Kreativen. Dies gilt hinsichtlich des eigenen

---

237 Individualisierung kann als Strukturkonzept ‚gesellschaftlicher Modernisierung' aufgefasst werden. Sie wird für Befragte zu einer Identitätsstrategie und zu einer Strategie des Engagements für Migranten.
238 Als ‚hegemonialer Engagementdiskurs wird in dieser Untersuchung der Diskurs um bürgerschaftliches oder zivilgesellschaftliches Engagement in Deutschland verstanden.

Zurechtkommens sowie bei der Hilfe, die sie für Migranten mit ihrem Zurechtkommen leisten. Vor allem diese Befragten sind es, die eigenwillig individualisierte Haltungen und Handlungen bezüglich eigener Integration und der Hilfe zur Integration anderer aufweisen. Nicht allein die aufsteigende Zählung von einer ersten zu einer zweiten oder zu einer dritten Generation von Migranten in Deutschland markiert eine entsprechend zunehmend individualisierte Gestaltung des Zurechtkommens bei Befragten und im Anschluss daran eine kreative, ‚kulturkritisch-engagierte' Hilfe und Unterstützung für Migranten[239]. Kreativität und Innovation sind gerade bei Befragten festzustellen, die zum Beispiel in erster Generation migrierten und nun ein höheres Alter aufweisen.

Die Kreativität und Innovation der älteren (und zum Teil auch jüngeren und ‚frei' engagierten) Befragten basiert auf ihrer eigenwilligen Deutung von Individualisierung: Dabei werden ‚traditional-bewahrende' und ‚individualisiert-progressive' Muster nicht auf ‚Herkunfts'- und ‚Ankunftskultur' verengt – wobei traditional die gemeinschaftlich oder familiär strukturierte Herkunftskultur und progressiv die aus Traditionen freigesetzte, individualisierte Ankunftskultur beschreibt. Mit der Materialinterpretation gelingt eine Neudefinition von Begriffen als Begriffspaar: ‚Traditional-progressiv' spiegelt in den Deutungen der Befragten ihre Funktion, Haltung und Praxis in der Migrationsarbeit, die als progressiv beschrieben werden kann, obwohl oder gerade weil sie auf zu Bewahrendes, Herkunftstraditionelles ausgerichtet ist. Die eigenwillige Ausrichtung der Arbeit mit Migranten im Spannungsfeld von Herkunftskultur und Kultur der Aufnahmegesellschaft kann als Form hybrider Engagementstrategie verstanden werden[240]. Über sie gelingt es Befragten, sich in der Migrationsarbeit als ‚kulturkritische Aufklärer' zu platzieren.

‚Kulturkritisch-aufklärendes' Engagement entspringt einer Beziehung zwischen Helfern und Hilfesuchenden, die auf ähnlicher (herkunfts-)kultureller und Migrations- beziehungsweise Integrationserfahrung aufgebaut ist. Diese Erfahrung ist zwischen Helfern und Hilfesuchenden ungleich gewichtet, da sie aufseiten der Helfer ‚Mehrerfahrung' bedeutet und ihnen eine gewisse Freiheit des Engagements ermöglicht. Befragte, die sich dieser Kategorie zuordnen lassen, gelten vor diesem Hintergrund als Spezialisten der eigenen Biografie (Funktion). Ihre biografische Erfahrung bringen sie in ihr Engagement in der Migrationsarbeit ein, indem sie ganzheitlich am Menschen arbeiten (Praxis). Quasi-familiär motiviertes Engagement markiert ihre Haltung gegenüber den Hilfesuchenden.

Verdichtung erhält die Kernkategorie des ‚kulturkritisch-aufklärenden Engagements' über die Abgrenzung zu einem ‚pragmatisch-helfenden Engagement' jüngerer (und daneben älterer, organisational eingebundener) Migranten in der Migrationsarbeit (Kapitel 10.2). Dieses Engagement bewegt sich vornehmlich in den Bahnen des ‚Etablierten'. Über die Kategorie des ‚pragmatisch-helfenden' Engagements geraten Kontrastierungen zum ‚kulturkritisch-aufklärenden Engagement' in den Blick, weil Strategien zum Vorschein kommen, die an professionelle Funktion, Haltungs- und Handlungsweisen anschließen.

Die Beziehung von Helfern und Hilfesuchenden speist sich im ‚pragmatisch-helfenden' Engagement aus einer distanzierten quasi-professionellen Funktion. Migrations- und Integrationserfahrung wird von Helfenden in der Praxis der Migrationsarbeit unterstützend hinzu-

---

239 Eine eigenwillige Selbstidentifizierung in der Schnittmenge von Herkunfts- und Aufnahmekultur wird in der Literatur insbesondere Einwanderern in zweiter Generation attestiert (vgl. zum Beispiel Nederveen Pieterse 2005: 407).

240 Nicht zuletzt kann vor diesem Hintergrund auch eine hybride Identitätsgestaltung der Befragten angenommen werden, ganz im Sinne Stuart Halls (1994) oder Nederveen Pieterses (2005) (siehe dazu genauer Kapitel 6.2).

gezogen, jedoch gewinnt diese Erfahrung im Vergleich zu organisational gespeistem Wissen weniger Bedeutung. Verantwortung für Zuständigkeiten und Casemanagement bezeichnen hier Haltungen und Handlungen.

Die Gegenüberstellung der beiden Hauptkategorien wirft Fragen nach einem kategorialen Dach für die Theoriebildung auf. Davon wird in dieser Untersuchung abgesehen, weil es theoretisch nicht weiterführend ist und daher in einer Schlüsselkategorie nicht in Erscheinung tritt. Es bleibt bei einer Darstellung der Schlüsselkategorie in Form zweier gegensätzlicher Engagementstrategien. Die Funktions-, Haltungs- und Handlungstypen der beiden Kernkategorien spiegeln Gegensätze, die an den Strategien der Befragten abzulesen sind.

Nach der zusammenfassenden Darstellung der beiden Kernkategorien ist abschließend noch einmal auf die empirisch hervorgebrachten Vergleichsdimensionen des Engagements zu achten. Mit diesen Dimensionen werden die Migrationsarbeiter untereinander vergleichbar, bezogen auf Bedingungen für die Migrationsarbeit, die auf Herkunftsethnie und -kultur sowie Migrations- und Integrationserfahrung, Alter als ‚Mehrerfahrung' und organisationaler Eingebundenheit oder Engagementfreiheit beruhen (siehe Kapitel 9). In diesem Sinne sind sie differenzierte Bedingungen des Engagements Befragter für Migranten[241]. Die Untersuchung des Verhältnisses von Migrationsarbeitern zu Hilfesuchenden ist dabei wesentlicher Bestandteil des Vergleichs der Migrationsarbeiter untereinander. Die folgenden Ausführungen sollen mit Verweisen auf kernkategoriale Ergebnisse der Untersuchung eine Diskussion der wichtigsten Vergleichsaspekte bieten.

Herstellung von Nähe aufgrund Herkunft und Migrations- beziehungsweise Integrationserfahrung

Zunächst wird auf Herkunftsethnie oder -kultur und Migrations- beziehungsweise Integrationserfahrung im Sinne Nähe stiftender Kriterien zwischen Helfern und Hilfesuchenden eingegangen (siehe Kapitel 9.1). Nähe spielt als ethnisch-kulturell konnotierte Vergleichskategorie eine untergeordnete, wenn auch nicht zu vernachlässigende Rolle im Engagement Befragter für Migranten. Im Rahmen der Kernkategorie ‚kulturkritisch-aufklärenden Engagements' verweist ethnisch-kulturelle Herkunft auf Ähnlichkeitsannahmen zwischen Helfern und Hilfesuchenden. Diese kommen vor allem bei älteren, aber auch zum Teil jüngeren, ‚frei' Engagierten zum Tragen (siehe Kapitel 9.1.1). Nähe bezieht sich jedoch auch auf die Ähnlichkeit der konkreten Ethnie und Kultur übergreifenden Migrations- und Integrationserfahrung, die befragte Engagierte mit Hilfesuchenden verbindet (siehe Kapitel 9.1.2)[242]. In beiden Nähe- beziehungsweise Ähnlichkeitsvorstellungen manifestiert sich Emotionalität als Empathie gegenüber Hilfesuchenden, die sich (noch) nicht zurechtfinden in der neuen, gesellschaftlichen Umwelt. Diese Empathie wird in praktisches Engagement für diejenigen Hilfesuchenden umgesetzt, die als nahe empfunden werden.

Konkrete Erfahrungen der Migration und Integration, die Helfer mit Hilfesuchenden verbinden, reichen zunächst in eine Orientierungsphase der Befragten im Aufnahmeland

---

241 Die Bedingungsdimensionen des Engagements stehen in enger Verflechtung zueinander.
242 Im Anschluss an Kurasawa (2004) kann gemeinsame Erfahrung, zum Beispiel der Ungerechtigkeit, Menschen unterschiedlicher Herkunft insofern verbinden, als sie, insbesondere bezogen auf ein gemeinsames Problem oder eine ähnliche zu bewältigende Situation, voneinander lernen können (vgl. Kurasawa 2004: 249).

zurück (siehe Kapitel 8.2 und 9.1.2.2). Neben älteren stehen diese Erfahrungen auch jüngeren Befragten zur Verfügung[243]. Dabei werden in der Helfer-Hilfesuchenden-Beziehung Verknüpfungen offenbar, die speziell Integrationsproblematiken berühren: Von Helfern gefundene Lösungen zu Problemen der Migration und Integration, die Eingang in ihren Wissensbestand gefunden haben, werden anderen, hilfesuchenden Migranten angediehen, weil zum Beispiel angenommen wird, dass das ‚harte Schicksal' der Migration und Neuetablierung ihnen große Anstrengung abverlangt – genauso wie dies bei den Helfern einst selbst der Fall war. Nähe wird hier über eine abstrakte Annahme hergestellt: und zwar die, dass das gemeinsame Problem der Migration und Integration mit Hilfesuchenden geteilt wird, mit dem Unterschied, dass Helfer damit besser umgehen können als Hilfesuchende.

Darüber hinaus kann meist für ältere Migrationsarbeiter geltend gemacht werden, dass ihre engagierte Hilfe an gemeinsame Werte und Überzeugungen mit Hilfesuchenden ähnlicher ethnischer und kultureller Herkunft anknüpft. Antizipierte Erfahrungsnähe zu diesen Hilfesuchenden reicht in die weiter zurückliegende Vergangenheit zumeist im Herkunftsland zurück (siehe Kapitel 8.2 und 9.1.2.1).

Alter als ‚Mehrerfahrung'

Die zweite Vergleichs- oder Bedingungskategorie der Engagementstrategien Befragter ist Alter im Sinne einer ‚längeren und inhaltlich spezifischen Erfahrung' (siehe Kapitel 9.2). Biografische Erfahrungen älterer Befragter starten zunächst in einer entfernten Vergangenheit, zumeist in einem ‚Herkunftsland'. Sie finden ihre Fortsetzung in der Auseinandersetzung mit Migration und Integration in Deutschland. Die eigenen Herkunfts-, Migrations- und Integrationserfahrungen erlangen in den Erzählungen älterer Befragter mehr Aufmerksamkeit, als es bei jüngeren Migrationshelfern der Fall ist. Ihr eigenes ‚Zurechtkommen' wird deutlicher in den Kontext mehrerer (beziehungsweise mindestens zweier) gesellschaftlicher Ordnungen gestellt. Dieses ‚Zurechtkommen' haben ältere Befragte über einen längeren Zeitraum als jüngere Befragte eingeübt. Das stellt sich als Vorteil für sie heraus: Sie können in ihrer Arbeit mit Migranten aus einem umfangreichen ‚Erfahrungsschatz' (Kapitel 3.1.3 und 3.2) schöpften. Ihre ‚Mehrerfahrung' gilt als Bedingung für ‚anderes' Engagement, verglichen mit weniger erfahrenen (jüngeren) Migrationsarbeitern[244].

Zunächst ist Engagement als Hilfe der einen für die anderen prinzipiell asymmetrisch strukturiert. Helfer und Hilfesuchende haben keine Beziehung auf Augenhöhe. Jedoch ermöglicht die von älteren Befragten auf eigentümliche Weise hergestellte Distanz zwischen ihnen und Hilfesuchenden ein Einfühlen oder Mitfühlen mit Schützlingen[245]. Diese Distanz basiert auf der ‚Mehrerfahrung' der Befragten im Vergleich zu Hilfesuchenden. Allerdings beinhaltet die Mehrerfahrung älterer Befragter eine Form ethnisch-kulturell und migrations-

---

243 Hier wird die Relevanz des Migrationszeitpunktes offenbar. Jüngere Befragte haben Migration und Integration zum Teil bewusst erlebt. In ihrer biografischen Erfahrung werden sie bedeutsam. Sie prägen mithin ihre Engagementausrichtung. Ausführungen zur Relevanz des Migrationszeitpunktes finden sich in Kapitel 9.2.3.
244 Zu sehen ist dies unter anderem daran, dass Befragte insbesondere ‚im Alter' zu einer Zielgruppe Herkunftsähnlicher zurückfinden (siehe Kapitel 9.1.1, 9.2 oder im Einzelfall 11.4.3).
245 Diese Distanz bildet sich in den Abgrenzungsstrategien von Befragten zu Hilfesuchenden ab (siehe Kapitel 10.1.1).

erfahrungsbedingt konnotierter ‚Parteilichkeit' zugunsten von hilfesuchenden Migranten, was eine Abschwächung der Distanzprämisse[246] gegenüber Schützlingen mit sich bringt. Partielle Identifikation mit Hilfesuchenden im Sinne von Parteilichkeit aufgrund inhaltlich ähnlicher (Herkunfts- und Migrations-)Erfahrung unterstützt *gerade* und verhindert *nicht* die Migrationsarbeit älterer Befragter. Sie bringt Hilfe auf besondere Art und Weise praktisch hervor: Mehrerfahrene Migrationsarbeiter sind in ihrem Engagement für Migranten zum Teil mutiger, freier und kreativer als jüngere Migrationsarbeiter (siehe Kapitel 10.1).

Alter als Mehrerfahrung bewahrt in organisationaler Einbindung nicht vollständig davor, vorrangig Regeln der Unterstützung zu folgen und damit eigene (Herkunfts-)Sozialisation als Bedingung des Engagements für andere Migranten auszublenden. Dennoch werden Tendenzen einer ‚Selbstermächtigung' im Sinne einer Selbstbestimmung der Hilfe für Migranten auch in der wohlfahrtsorganisationalen Einbindung älterer Befragter deutlich. Ältere Migrationsarbeiter mit Migrationsgeschichte fühlen sich auch in wohlfahrtsorganisationaler Einbindung merklich frei, auf ihr biografisch aufgeschichtetes Herkunftswissen zurückzugreifen. Sie setzen es in ihrem praktischen Engagement für Migranten um.

Organisationale Eingebundenheit oder Engagementfreiheit

Organisationale Eingebundenheit oder Engagementfreiheit, stellvertretend für Definitionen des Engagements versus Nichtengagements, bezeichnet die dritte Vergleichskategorie (siehe Kapitel 9.3). Distanz herzustellen aufgrund von Vorgaben professioneller Organisationen der Wohlfahrt, ist keine Voraussetzung dafür, dass Unterstützung für hilfesuchende Migranten gelingt. In den Bedeutungssetzungen vor allem älterer Befragter behindert professionelle Distanz das Gelingen von Migrations- und Integrationsarbeit sogar. Angeleitet durch die Wohlfahrtsorganisation, ist bestimmten Schritten zu folgen. Sich dagegen ganz und gar auf die Hilfesuchenden einzulassen, ihnen ‚ganzheitlich' zu helfen (siehe Kapitel 10.1.3) gelingt vornehmlich älteren Befragten und ‚frei' engagierten Jüngeren.

Im Kontext des Wechsels zwischen Engagement und Beruf verschwimmen allerdings Grenzen zwischen ‚rein organisiertem Engagement' beziehungsweise ‚organisierter Beschäftigung' und ‚originär freiem Engagement', was sich in der praktischen Hilfe der Befragten zeigt. Wiederum zeigt sich diese Facette des Ergebnisses bei den älteren Befragten, die sich auch im organisationalen Kontext Freiheiten bewahren, die sie mit ihrer biografischen und Migrationserfahrung begründen. Diese Stellung im Zwischenfeld – oder besser gesagt in der Gleichzeitigkeit von freiem und organisational eingelassenem Engagement – stellt in der Untersuchung der Biografien Befragter eine wesentliche Schwierigkeit dar. Umgekehrt ist sie ein wichtiger Kontrastpunkt, der von einem Denken in eindeutigen Kategorien des Engagements oder Nichtengagements wegführt und neue Sichtweisen hervorbringt. Überlegungen zu der Einordnung der Tätigkeiten Befragter als Engagement versus Nichtengagement führen im Verlauf der Untersuchung zu einem begrifflichen Wandel: ‚Engagement versus Nichtengagement' wird sukzessive durch das Begriffspaar ‚organisationale Eingebundenheit versus Nichteingebundenheit' beziehungsweise ‚organisiert versus frei' ersetzt. Dadurch

---

246 Kannonier-Finster/Ziegler (2005) beschreiben diese Abschwächung im Rahmen des Verhältnisses von Forschern zu Beforschten. Sie ist auch auf das Verhältnis zwischen Migrations- beziehungsweise Integrationshelfer und Hilfesuchendem zu übertragen.

werden die Tätigkeitsdeutungen Befragter aufgenommen. Diese überschreiten diskursive Bedeutungen von Engagement als zum Beispiel nichtbezahlt oder exklusiv-öffentlich.

Synthese

Mit Blick auf die Untersuchungsgruppe der älteren Migrations- und Integrationsarbeiter beziehungsweise -engagierten können die Ergebnisse der Untersuchung in einer Synthese festgehalten werden[247]:

- ‚Älteren' engagierten Migranten ist Nähe zu hilfesuchenden Migranten essenzielle Voraussetzung ihres Tuns. Diese Nähe ist Erfahrungsnähe, die herkunftskulturell konnotiert sein kann, zumeist aber auch über die gemeinsame Erfahrung der Migration und Integration konstruiert ist. Sie drückt sich in empathisch-praktischer Zuwendung gegenüber Hilfesuchenden aus.
- ‚Ältere' engagierte Migranten in der Migrationsarbeit weisen in ihrem Engagement für Migranten die Tendenz zu einem, wenn auch niedrigschwelligen, zivilen Ungehorsam auf, die von Kritikfähigkeit an strukturellen Rahmensetzungen des Engagements sowie gleichzeitig an den als inadäquat eingeschätzten Vorstellungen von hilfesuchenden Migranten gekennzeichnet ist. An der Engagementhaltung und -praxis dieser Befragten ist abzulesen, dass sie Formalisierungen der Hilfe skeptisch gegenüberstehen. Befragte Ältere bringen ‚Gegenwissen'[248] in den Diskurs um ‚bürgerschaftliches' Engagement ein. Formalisierungen der Hilfe werden mit Gegenwissen aus der (migrations-)biografischen Lebenserfahrung umgangen, wodurch zum Beispiel ‚persönliche' Beziehungsnähe zu Hilfesuchenden in den Vordergrund rückt, während zum Beispiel öffentlicher Raum zur Unterstützung von Migranten uminterpretiert wird.
- Fehlende Nähe wird aus der Sicht älterer Befragter zu einem Defizit, das Migrationshelfern ohne Migrationshintergrund sowie vor allem ‚Entscheidern des Sozialen'[249] zugeschrieben wird. Das heißt für die Praxis des Engagements für Migranten oder der Migrations- und Integrationshilfe, dass Migranten in der Migrationsarbeit aufgrund ihrer ‚zeitlich langen' und ‚inhaltlich spezifischen' Erfahrung dieses Defizit ausgleichen können, weil sie Hilfesuchenden nahe sein können (sich eindenken und einfühlen können) und vor allem nahe sein dürfen (Distanzwahrung interpretieren dürfen). Sie sind dadurch in der Lage, die herkunftskulturell geprägten Vorstellungen des ‚Zurechtkommens' Hilfesuchender in ein selbst definiertes Lot zu öffentlich und wissenschaftlich diskursiv gefestigten Vorstellungen in der Aufnahmegesellschaft zu bringen. Die eige-

---

247 Dem Resümee ist noch einmal vorauszuschicken, dass ältere Befragte insbesondere der Kernkategorie des ‚kulturkritisch-aufklärenden Engagements' zugerechnet werden. Zum Sample dieser Kategorie gehören neben ihnen auch jüngere ‚frei' Engagierte Befragte. Beide Gruppen zeichnet eine im Vergleich zu ‚pragmatisch-helfenden' Engagierten vergleichsweise freie, widerständige und kreative Ausrichtung des Engagements aus.
248 Gegenwissen bezeichnet hier eine Form von Sonderwissen beziehungsweise Sondererfahrung, die in die Arbeit mit Migranten eingebracht wird. Befragte ältere Migrationsarbeiter können mithin gewissermaßen als Gegenexperten (siehe Kapitel 2.3) zum öffentlich-politischen Diskurs um bürgerschaftliches Engagement gesehen werden. Gegenexpertise gehört zu der zivilgesellschaftlichen Grundausstattung (Habermas 1994 [1992]: 451), sie ist im Kontext gesellschaftlicher Modernisierung bezeichnend für eine ‚Entmonopolisierung der Erkenntnis' (vgl. Beck 2000 [1986]: 266).
249 Im Sinne von Mitarbeitern von Behörden

nen Vorstellungen befragter Älterer grenzen sich von beiden Vorstellungen beziehungsweise Vorstellungswelten von hilfesuchenden Migranten und deutschen professionellen Migrationsarbeitern ab. Ältere Migranten in der Migrations- beziehungsweise Integrationsarbeit haben die Möglichkeit (das Wissen) und die Freiheit (der Handlung) dazu.

Wissenschaftliche und sozialpolitische Anschlüsse

Wissenschaftliche Anschlüsse an diese Erkenntnisse lassen sich mit einem Ausblick zu Literaturlagen herstellen, die sich mit Formen und Ausprägungen von Ferne und Nähe befassen; Ferne und Nähe zu Hilfesuchenden, die empfunden wird und die zu Handlung auffordern kann[250]. Diese Handlung drückt sich als Hilfe und Unterstützung für andere (hier Migranten) aus.

Sich anderen (Migranten) nahe zu fühlen, ist nicht selbstverständlich und dem Einzelnen je nach Perspektive unterschiedlich gegeben. Solidarität für nahe Menschen entfaltet sich gemeinschaftlich, national, post- oder transnational[251]. Sie ist in der Arbeit der Befragten mit Migranten nicht eindeutig einem Paradigma zuzuordnen. Im Engagement älterer Migranten in der Migrations- und Integrationsarbeit werden biografisch-lebensweltliche Bezüge bei den Befragten offenbar, die sich den Diskursen um den Radius der Zuständigkeit, der Solidarität oder der Verantwortung für andere nicht entziehen. Gleichzeitig finden Befragte ihren eigenen Weg, sich in diesen Diskursen zu bewegen: handelnd und unter Rückgriff auf ihr besonderes Wissen, ihre Erfahrung, die sich aus unterschiedlichen kulturellen Ordnungen speist[252], spezifisch lange und inhaltlich aufgeschichtet ist[253] und bestimmten Organisationsformen ihres Engagements für Migranten unterliegt[254].

Migrationsengagement oder -arbeit erweist sich als Feld, auf dem handelnde Unterstützung für nahe oder fern empfundene Menschen zu untersuchen ist. Es scheint prädestiniert zu sein in der Differenzierung jüngerer und älterer Migrationsarbeiter[255] sowie in der Differenzierung (wohlfahrts-)organisationaler Eingebundenheit (oder Nicht-Eingebundenheit),

---

250 Zum Beispiel Linklater (2007)
251 Zum Beispiel Brunkhorst (1999 und 2002), Preuß (1998), Poferl (2006)
252 Regional-ethnisch-kulturelle Bedingung (Kapitel 9.1)
253 Bedingung des Alters als ‚Mehr- und sozialisierte Erfahrung' (Kapitel 9.2)
254 Bedingung der organisationalen Eingelassenheit in Formen des Engagements beziehungsweise der Migrationsarbeit (Kapitel 9.3)
255 Über den Vergleich jüngerer und älterer Befragter, der unter anderem in dem Konzept der ‚Mehrerfahrung' (Kapitel 9.2.2) mündet, ließen sich auch alterssoziologische Anschlüsse finden: Ältere Befragte berufen sich in ihrem Engagement vermehrt auf vermeintlich gemeinsame herkunftskulturelle Erfahrungsaspekte, die sie mit Hilfesuchenden verbindet – jedoch geht es dabei nicht um Erfahrungen, die mit gleichaltrigen Menschen geteilt werden. Ein konjunktiver Erfahrungsraum ‚Älterer' wird nicht konstituiert. Ob Alter einen eigenständigen Sinn hat oder eine eigenständige Sozialkategorie ausmacht, darf mit dieser Arbeit bezweifelt werden. „Alte Menschen wollen einfach nicht als alt angesehen werden" (Saake 2006: 21). Sie definieren sich und ihre Arbeit nicht über ihr Alter, sondern in dieser Untersuchung über ihre ‚Mehrerfahrung', die sukzessive angesammelt wird und nicht ab einem bestimmten Alter feststeht. Diese ‚Mehrerfahrung' für das Engagement für Migranten entreißt Befragte einem ‚Schonraum' (vgl. ebd.: 22), der außerhalb der Gesellschaft platziert für ‚ältere', wenig aktive Menschen reserviert ist.

weil hierdurch Nähe und Ferne zu vermeintlich ethnisch-kulturell Ähnlichen oder zu Ähnlichen aufgrund konkreter Migrationserfahrung in expliziten Hilfsstrategien aufscheinen.

Anschlüsse für die Sozialpolitik lassen sich darüber herstellen, dass die Forderung an Zivilgesellschaft und Politik gestellt werden kann, sich der diskursiven Selbstverortung älterer Migranten in der Migrationsarbeit bewusst zu werden, und auf die laienhaft anmutende aber dennoch wirksame Haltung und Praxis von Migrationsarbeitern mit Migrationshintergrund zu setzen. Befragte fordern auf Basis von direkt artikulierten Verbesserungsvorschlägen Folgendes: Zum einen soll ihnen als Menschen mit eigenem Migrationshintergrund von politischen und zivilgesellschaftlichen Institutionen Integrationsarbeit verstärkt zugetraut werden beziehungsweise sie als Migranten in die Migrations- und Integrationsarbeit einbezogen werden. Zum anderen richten Befragte Forderungen an Politik und zivilgesellschaftliche Wohlfahrtsorganisationen, die auf die Aufwertung ihres Tuns zielen **(siehe zum Beispiel Text: Türkei W 60+; Position: 138 – 139 oder Text: Türkei M 50+; Position: 61 – 61)**. Es geht bei beiden Vorschlägen beziehungsweise Forderungen darum, Anerkennung seitens der Gesellschaft zu evozieren und damit den Blick der Gesellschaft auf Migrations- und Integrationsthematiken zu lenken und zu schärfen. Betrachtet man die Vorschläge der Befragten vor dem Hintergrund der gesamten Interviews, werden die in der Untersuchung erarbeiteten Strategien der Migrationsarbeit(er) sichtbar, die der Anerkennung (noch) bedürfen. Diese Strategien werden von Befragten als ‚anders' im Vergleich zum Mainstream der deutschen Engagementpraxis dargestellt und deshalb für die Migrationsarbeit in Deutschland als neu und nützlich.

Dem Engagement (älterer) Migranten in der Migrationsarbeit soll *Anerkennung* entgegengebracht werden um damit Vertrauen zu beweisen, das durch konkrete Zugeständnisse an ihre Kompetenz erbracht wird. Im Raum steht die *Finanzierung* von Projekten mit wenig kontrollierenden Auflagen. Viel mehr Gewicht hätte wohl Vertrauen in ihre Kompetenz als *Supervisoren*, Berater etc. in der Migrationsarbeit. Wichtig, und den Ergebnissen der Untersuchung direkt zu entnehmen, ist der Vorschlag der Migrationsengagierten, ihrer Arbeit *Raum* zu geben, im wahrsten physischen und im übertragen sozial-interaktionalen Sinne.

13 Abschließende Anmerkungen zur Konzeptionalisierung der Untersuchung

Zum Ende der Untersuchung sollen methodische Implikationen der Konzeptionalisierung rekapituliert werden.

Grundlage der Analyse ist eine auf empirisch begründete Theorie- beziehungsweise Thesenbildung ausgerichtete, ‚sozialkonstruktivistisch-wissenssoziologisch' angeleitete Forschungsfrage nach Formen und Mustern der Engagementgestaltung von (älteren) migrationsengagierten Migranten. Die Frage muss auf die Wissensbestände und die Engagementpraxis von Untersuchungspersonen zielen, um wiederum die Konstruktion und Konstitution von Engagementhaltungen und -handlungen rekonstruieren zu können. Das Wissen Befragter findet in diese Untersuchung vor allem als Erfahrungswissen Eingang. Dieses Erfahrungswissen erstrecken sich auf Zeiträume der (beruflich oder freiwillig ausgeführten) Migrationsarbeit und geht gleichzeitig in die weitere Vergangenheit zurück, die bei Befragten zum Teil Vorstellungswelten einer ‚anderen' Herkunftskultur beziehungsweise eines ‚anderen' Herkunftssystems berühren. Der gesellschaftspolitische Systembezug und die kulturelle Einbettung von Erzählungen zum Engagement in der Migrationsarbeit weisen auf die Notwendigkeit hin, Biografien von Engagierten in die Untersuchung aufzunehmen. Anhand von biografischen Narrativen ist nachzuverfolgen, wie parallel zu privaten und gemeinschaftlichen Bedingungen (sozialpolitisches) System und Kultur erfahren werden[256]. Sich zur Biografieforschung zusätzlich einem Konzept des ‚trajectory' und der ‚Verlaufskurve' zu widmen, erklärt sich gerade über die in Interviews berichteten Einflüsse des Systems, der Kultur und deren Akteure auf die Engagementhaltung und -praxis der Befragten. Den Blick auf diese Akteure und die mit ihnen interaktional und handelnd zustande gekommenen Sichtweisen zu lenken, erweist sich im Rahmen der als Grounded Theory angelegten Studie als wertvoll, da sich Strategien des Engagements in Situationen und Akteurskonstellationen herausgebildet haben, die Teil von Handlungsnetzwerken sind. In der Untersuchung schälen sich biografische Kristallisationspunkte heraus, die Lebensverläufe von Befragten dort kennzeichnen, wo sie sich in bestimmten Akteurskonstellationen befinden. Im Zuge der Kristallisationspunkte ‚Orientierung in der Aufnahmegesellschaft' und ‚Spezialmigrant' (Kapitel 8.2 und 9.1.2.2, 9.1.2.3) rückt das konkrete Engagement für Migranten in den Vordergrund. Dieses Engagement ist als Teil der Bestrebungen, im Aufnahmeland zurechtzukommen, zu verstehen. Es kommt in der interaktionalen Aushandlung mit Vertretern staatlicher Institutionen und zum Beispiel Wohlfahrtsorganisationen darüber zustande, dass Möglichkeiten der eigenen Etablierung gefunden werden und greift über in Haltungen und Praxen der Hilfen für das Zurechtkommen anderer Migranten.

Methodisch wird diesem Umstand dadurch Rechnung getragen, dass bereits in der Interviewführung eine konzeptionelle Teilung vorgenommen wird: nach oder vor (herkunfts-) biografischen Erzählungen werden Fragekomplexe eingebaut, um gezielt Berichte zur Beschreibung des Arbeits- beziehungsweise des Engagementalltags zu generieren. Diese Vorgehensweise erweist sich für den Kontext der Untersuchung – biografische Erfahrung und gleichzeitig (laienhafte) Expertise in der Migrationsarbeit zu erheben – als fruchtbar: Der Absicht narrativer Interviewführung wird dadurch gefolgt, weil zunächst ohne Unterbrechung des Erzählflusses biografische Narrative störungsfrei verlaufen können. Erst einem Hauptteil der Erzählung angeschlossene oder dem Narrativ vorangestellte Fragen zum Engagement locken die Erzählung von Handlungspraxen in ihrer interaktionalen und gesellschaftlichen, manchmal gesellschaftspolitischen Genese hervor.

Analytisch-rekonstruktiv erweist sich diese Vorgehensweise insofern als gewinnbringend, als Konstruktionen der Person als Helfer ebenso sichtbar werden wie Wissensbestände, auf die in der Hilfe für andere zurückgegriffen wird. Muster der Engagementhaltung und -handlung können so im Lichte biografisch-herkunftskultureller sowie gleichzeitig integrations- und engagementbiografischer Konstruktionen erkannt beziehungsweise rekonstruiert werden.

---

[256] Dies gilt einschließlich für das Engagementsystem beziehungsweise die -kultur als Biografiegenerator (siehe Kapitel 3.2).

Literaturverzeichnis

Adloff, Frank (2005): Zivilgesellschaft. Theorie und politische Praxis. Frankfurt, New York: Campus.
Alheit, Peter/Dausien, Bettina (1985): Arbeitsleben. Eine qualitative Untersuchung von Arbeiterlebensgeschichten. Frankfurt am Main: Campus.
Amnesty International (2006): Europäische Asylpolitik. Rückführung „irregulärer" Migranten: Die Perspektive der Menschenrechte. Online verfügbar unter http://www.proasyl.de/fileadmin/proasyl/fm_redakteure/Newsletter_Anhaenge/113/menschenrechte_ai.pdf, zuletzt geprüft am 21.01.2013.
Aner, Kirsten/Karl, Fred/Rosenmayr, Leopold (2007): Die neuen Alten – Retter der Sozialen? Anlass und Wandel gesellschaftlicher und gerontologischer Diskurse. In: Fred Karl (Hg.): Die neuen Alten – Retter des Sozialen? Wiesbaden: VS, S. 13–38.
Anheier, Helmut K./Toelper, Stefan (2003): Bürgerschaftliches Engagement zur Stärkung der Zivilgesellschaft im internationalen Vergleich. In: Deutscher Bundestag (Hg.): Enquete-Kommission „Zukunft des bürgerschaftlichen Engagements". Bürgerschaftliches Engagement im internationalen Vergleich. Opladen: Leske + Budrich, S. 13–56.
Anheier, Helmut K. (2007): Reflections on the Concept and Measurement of Global Civil Society. In: *Voluntas: International Journal of Voluntary and Nonprofit Organizations* 18 (1), S. 1–15.
Anheier, Helmut K./et al. (2012): Ein Jahr Bundesfreiwilligendienst. Erste Erkenntnisse einer begleitenden Untersuchung. Herausgegeben von: Centrum für soziale Investitionen der Universität Heidelberg, online verfügbar unter https://www.csi.uni-heidelberg.de/downloads/Untersuchung%20BFD_CSI%20Hertie%20School.pdf, zuletzt geprüft am 23.10.2012.
AWO Bremen Kreisverband e. V. (2010): Interkulturelle Öffnung der AWO Bremen. Online verfügbar unter http://www.awo-bremen.de/sites/default/files/IKOE_Broschuere_rz5_ES_Ansicht.pdf, zuletzt geprüft am 21.01.2013.
AWO Berlin Kreisverband Südost e. V. (2012): Information über und Auseinandersetzung mit sozialpolitischen Themen aus AWO-Perspektive. Online verfügbar unter http://www.awo-südost.de/awo-newsletter, zuletzt geprüft am 21.01.2013.
Bayertz, Kurt (1998): Begriff und Problem der Solidarität. In: Kurt Bayertz (Hg.) Solidarität. Begriff und Problem. Frankfurt am Main: Suhrkamp, S. 11–53.
Beck, Ulrich (1996): Das Zeitalter der Nebenfolgen und die Politisierung der Moderne. In: Ulrich Beck, Anthony Giddens, Scott Lash und Philipp Rang (Hg.): Reflexive Modernisierung. Eine Kontroverse. Frankfurt am Main: Suhrkamp, S. 19–112.
Beck, Ulrich (1998): Wie wird Demokratie im Zeitalter der Globalisierung möglich? Eine Einleitung. In: Ulrich Beck (Hg.): Politik der Globalisierung. Frankfurt am Main: Suhrkamp, S. 7–66.
Beck, Ulrich (1999): Wie wird Demokratie im Zeitalter der Globalisierung möglich? In: Hans Eichel (Hg.): Ende des Staates – Anfang der Bürgergesellschaft. Über die Zukunft der sozialen Demokratie in Zeiten der Globalisierung. Reinbek bei Hamburg: Rowohlt Taschenbuch, S. 41–61.
Beck, Ulrich (2000[1986]): Risikogesellschaft. Auf dem Weg in eine andere Moderne. Frankfurt am Main: Suhrkamp.
Beck, Ulrich (2004): Der kosmopolitische Blick oder: Krieg ist Frieden. Frankfurt am Main: Suhrkamp.
Beck, Ulrich/Grande, Edgar (2010): Jenseits des methodologischen Nationalismus. In: *Soziale Welt* 61 (3), S. 187–216.
Becker, Howard S./Strauss, Anselm (1972): Karriere, Persönlichkeit und sekundäre Sozialisation. In: Thomas Luckmann und Walter M. Sprondel (Hg.): Berufssoziologie. Köln: Kiepenheuer & Witsch, S. 355–371.
Beck-Gernsheim, Elisabeth (1999): Juden, Deutsche und andere Erinnerungslandschaften. Im Dschungel der ethnischen Kategorien. Frankfurt am Main: Suhrkamp.
Beck-Gernsheim, Elisabeth (2004): Wir und die Anderen. Vom Blick der Deutschen auf Migranten und Minderheiten. Frankfurt am Main: Suhrkamp.
Berger, Peter L. (1977): Einladung zur Soziologie. München: dtv.
Berger, Peter A. (2004): Individualisierung als Integration. In: Angelika Poferl und Natan Sznaider (Hg.): Ulrich Becks kosmopolitisches Projekt. Auf dem Weg in eine andere Soziologie. Baden-Baden: Nomos, S. 98–114.

Berger, Peter L./Luckmann, Thomas (2007 [1969]): Die gesellschaftliche Konstruktion der Wirklichkeit. Eine Theorie der Wissenssoziologie. Frankfurt am Main: Fischer Taschenbuch.

Bertelsmann Stiftung (Hg.) (2007): „Das vielfältige Engagement älterer Menschen als gesellschaftliche Ressource erkennen", online verfügbar unter www.bertelsmann-stiftung.de, zuletzt geprüft am 01.06.2013.

Blaschke, Roland (2003): Arm, Arbeitslos und aktiv. Bürgerschaftliches und politisches Engagement armer und arbeitsloser Bürger in eigener Sache. In: Chantal Munsch (Hg.): Sozial Benachteiligte engagieren sich doch. Über lokales Engagement und soziale Ausgrenzung und die Schwierigkeiten der Gemeinwesenarbeit. Weinheim: Juventa, S. 45–78.

Blumer, Herbert (1969): Symbolic interactionism. Perspective and method. Englewood Cliffs, N.J.: Prentice-Hall.

Bode, Ingo (2004): Nicht mit ihm und nicht ohne ihn. Dritter Sektor und Gerechtigkeitsproduktion im gesellschaftlichen Wandel. In: Stefan Liebig, Holger Lengfeld und Steffen Mau (Hg.): Verteilungsprobleme und Gerechtigkeit in modernen Gesellschaften. Frankfurt am Main: Campus, S. 247–270.

Bode, Ingo/Graf, Achim (2000): Im Trend, aber auf eigenen Wegen. Arbeit und Organisation im dritten Sektor. In: Hanns-Georg Brose (Hg.): Die Reorganisation der Arbeitsgesellschaft. Frankfurt am Main, New York: Campus, S. 139–172.

Böhle, Fritz et al. (2004): Der gesellschaftliche Umgang mit Erfahrungswissen: Von Ausgrenzung zu neuen Grenzziehungen. In: Ulrich Beck und Christoph Lau (Hg.): Entgrenzung und Entscheidung. Was ist neu an der Theorie reflexiver Modernisierung? Frankfurt am Main: Suhrkamp, S. 59–122.

Bonß, Wolfgang et al. (2004): Biographische Sicherheit. In: Ulrich Beck und Christoph Lau (Hg.): Entgrenzung und Entscheidung. Was ist neu an der Theorie reflexiver Modernisierung? Frankfurt am Main: Suhrkamp, S. 211–233.

Bourdieu, Pierre (1991): Die biographische Illusion. In: *BIOS, Zeitschrift für Biographieforschung und Oral History* 4 (1), S. 75–81.

bpb Bundeszentrale für Politische Bildung (2012): Geschichte der Zuwanderung nach Deutschland nach 1950. Online verfügbar unter http://www.bpb.de/politik/grundfragen/deutsche-verhaeltnisse-eine-sozialkunde/138012/geschichte-der-zuwanderung-nach-deutschland-nach-1950?p=all, zuletzt geprüft am 13.12.2012.

Breinig, Helmbrecht/Lösch, Klaus (2002): Introduction. Difference and Transdifference. In: Helmbrecht Breinig, Jürgen Gebhardt und Klaus Lösch (Hg.): Multiculturalism in contemporary societies. Perspectives on difference and transdifference. Erlangen: Universitätsbund Erlangen, S. 11–36.

Brunkhorst, Hauke (1999): Lässt sich die Solidarität der Bürgergesellschaft globalisieren? In: Hans Eichel (Hg.): Ende des Staates – Anfang der Bürgergesellschaft. Über die Zukunft der sozialen Demokratie in Zeiten der Globalisierung. Reinbek bei Hamburg: Rowohlt Taschenbuch, S. 218–227.

Brunkhorst, Hauke (2002): Solidarität. Von der Bürgerfreundschaft zur globalen Rechtsgenossenschaft. Frankfurt am Main: Suhrkamp.

Bundesamt für Migration und Flüchtlinge (Hg.) (2010): Migrationsbericht 2010. Online verfügbar unter http://www.bamf.de/SharedDocs/Anlagen/DE/Publikationen/Migrationsberichte/migrationsbericht-2010.pdf?_blob=publicationFile, zuletzt geprüft am 20.01.2013.

Bundesministerium der Finanzen (Hg.) (2012): Bundesregierung fördert ehrenamtliches Engagement. Online verfügbar unter http://www.bundesfinanzministerium.de/Content/ DE/Pressemitteilungen/Finanzpolitik/2012/10/2012-10-24-PM68.html?view=renderPrint, zuletzt geprüft am 19.01.2013.

Bundesministerium für Familie, Senioren, Frauen und Jugend (2004): Perspektiven für Freiwilligendienste und Zivildienst in Deutschland. Bericht der Kommission Impulse für die Zivilgesellschaft. Online verfügbar unter http://www.bmfsfj.de/RedaktionBMFSFJ/Broschuerenstelle/Pdf-Anlagen/perspektiven-f_C3_BCr-freiwilligendienste,property=pdf.pdf, zuletzt geprüft am 19.03.2013.

Bundesministerium für Familie, Senioren Frauen und Jugend (2005) (Hg.): Fünfter Bericht zur Lage der älteren Generation in der Bundesrepublik Deutschland. Potenziale des Alters in der Wirtschaft und der Gesellschaft. Der Beitrag älterer Menschen zum Zusammenhalt der Generationen. Bericht der Sachverständigenkommission. Online verfügbar unter http://www.bmfsfj.de/RedaktionBMFSFJ/Abteilung3/Pdf-Anlagen/fuenfter-altenbericht,property=pdf,bereich=,rwb=true.pdf, zuletzt geprüft am 19.01.2013.

Bundesministerium für Familie, Senioren, Frauen und Jugend (2010) (Hg.): Hauptbericht des Freiwilligensurveys 2009. Zivilgesellschaft, soziales Kapital und freiwilliges Engagement in Deutschland 1999-2004-2009. Ergebnisse der repräsentativen Trenderhebung zu Ehrenamt, Freiwilligenarbeit und Bürgerschaftlichem Engagement. Unter Mitarbeit von TNS Infratest Sozialforschung. Online verfügbar unter www.bmfsfj.de/BMFSFJ/Service/Publikationen/publikationen,did=165004.html, zuletzt geprüft am 04.08.2013.

Çaæglar, Gazi (2003): Die Türkei zwischen Orient und Okzident. Eine politische Analyse ihrer Geschichte und Gegenwart. Münster: Unrast.

Charmaz, Kathy (2006): Constructing grounded theory. A practical guide through qualitative analysis. London, Thousand Oaks, Calif: SAGE.

Clarke, Adele E. (1991): Social Worlds/Arenas Theory as Organisational Theory. In: Anselm L. Strauss und David R. Maines (Hg.): Social organization and social process. Essays in honor of Anselm Strauss. New York: Aldine de Gruyter, S. 119–158.
Clarke, Adele E. (1997): A Social Worlds Research Adventure. The Case of Reproductive Science. In: Anselm L. Strauss und Juliet M. Corbin (Hg.): Grounded theory in practice. Thousand Oaks: SAGE, S. 63–94.
Corsten, Michael/Kauppert, Michael/Rosa, Hartmut (2008): Quellen bürgerschaftlichen Engagements. Die biographische Entwicklung von Wir-Sinn und fokussierten Motiven. Wiesbaden: VS.
Costa, Sergio (2005): Postkoloniale Studien und Soziologie: Differenzen und Konvergenzen. In: *Berliner Journal für Soziologie* (15), S. 283–294.
Creswell, John W. (2007): Qualitative inquiry and research design. Choosing among five traditions. Thousand Oaks [u. a.]: SAGE.
Cumming, Elaine/Henry, William E. (1979): Growing old. Repr. d. Ausg. 1961. New York: Arno Press.
Dallinger, Ursula (2002): Alterssoziologie ohne Theorie? Strategien „qualitativer" Ansätze zur Theoriebildung. In: Andreas Motel-Klingebiel und Udo Kelle (Hg.): Perspektiven der empirischen Alter(n)ssoziologie. Opladen: Leske + Budrich, S. 43–74.
Dausien, Bettina (1996): Biographie und Geschlecht. Zur biographischen Konstruktion sozialer Wirklichkeit in Frauenlebensgeschichten. Bremen: Donat.
Dausien, Bettina (2004): Biographieforschung. In: Ruth Becker und Barbara Budrich (Hg.): Handbuch Frauen- und Geschlechterforschung. Theorie, Methoden, Empirie. Wiesbaden: VS, S. 314–325.
Dewey, John (1988): Kunst als Erfahrung. Frankfurt am Main: Suhrkamp.
Dietzel-Papakyriakou, Maria (1993): Altern in der Migration. Die Arbeitsmigranten vor dem Dilemma: zurückkehren oder bleiben? Stuttgart: Enke.
Düsener, Kathrin (2010): Integration durch Engagement? Migrantinnen und Migranten auf der Suche nach Inklusion. Bielefeld: Transcript.
Düvell, Franck (2006): Europäische und internationale Migration. Einführung in historische, soziologische und politische Analysen. Hamburg: Lit.
Elias, Nelly/Lerner, Julia (2012): Narrating the Double Helix: The Immigrant-Professional Biography of a Russian Journalist in Israel. Hg. v. Forum Qualitative Sozialforschung /Forum: Qualitative Research [Online Journal] (13, 1) Online verfügbar unter http://www.qualitative-research.net/index.php/fqs/article/view/1569, zuletzt geprüft am 05.08.2013.
Enquete-Kommission des Deutschen Bundestags (2002): Bericht. „Zukunft des Bürgerschaftlichen Engagements". Online verfügbar unter http://dipbt.bundestag.de/dip21/btd/14/089/1408900.pdf, zuletzt geprüft am 19.01.2013.
Erlinghagen, Marcel/Rinne, Karin/Schwarze, Johannes (1999): Ehrenamt statt Arbeitsamt? sozioökonomische Determinanten ehrenamtlichen Engagements in Deutschland. In: *WSI Mitteilungen* 4, S. 246–255.
Erlinghagen, Marcel (2008): Ehrenamtliche Arbeit und informelle Hilfe nach dem Renteneintritt. Analysen mit dem Sozio-oekonomischen Panel (SOEP). In: Marcel Erlinghagen und Karsten Hank (Hg.): Produktives Altern und informelle Arbeit in modernen Gesellschaften. Theoretische Perspektiven und empirische Befunde. Wiesbaden: VS, S. 93–117.
Esser, Hartmut (1980): Aspekte der Wanderungssoziologie. Assimilation und Integration von Wanderern, ethnischen Gruppen und Minderheiten: eine handlungstheoretische Analyse. Darmstadt, Neuwied: Luchterhand.
Faist, Thomas (2000): Jenseits von Nation und Post-Nation. Transstaatliche Räume und doppelte Staatsbürgerschaft. In: *Zeitschrift für internationale Beziehungen* 7 (1), S. 109–144.
Fangerau, Heiner (Hg.) (2007): Alterskulturen und Potentiale des Alter(n)s. Berlin: Akademie.
Ferber, Christian von (1991): Subjektive und objektive Arbeitssituation – wo stehen wir in der phänomenologischen Analyse heute? In: Gerd Peter (Hg.): Arbeitsforschung? Methodologische und theoretische Reflexion und Konstruktion. Dortmund: Montania, S. 9–29.
Fischer-Rosenthal, Wolfram/Rosenthal Gabriele (1997/a): Narrationsanalyse biographischer Selbstpräsentation. In: Ronald Hitzler und Anne Honer (Hg.): Sozialwissenschaftliche Hermeneutik. Eine Einführung. Opladen: Leske + Budrich, S. 133–164.
Fischer-Rosenthal, Wolfram/Rosenthal Gabriele (1997/b): Warum Biographieanalyse und wie man sie macht. In: *Zeitschrift für Soziologie der Erziehung und Sozialisation* (17), S. 405–427.
Flick, Uwe (1995): Qualitative Forschung. Theorie, Methoden, Anwendung in Psychologie und Sozialwissenschaften. Reinbek bei Hamburg: Rowohlt Taschenbuch.
Flick, Uwe (2002): Qualitative Sozialforschung. Eine Einführung. Reinbek: Rowohlt Taschenbuch.
Flothow, Johannes/Foitzik, Andreas (2003): Qualifizierung der Jugendhilfe in der Einwanderungsgesellschaft. In: *ajs-informationen* (2), S. 12–22.

Gensicke, Thomas (2001): Das bürgerschaftliche Engagement der Deutschen – Image, Intensität und Bereiche. In: Rolf G. Heinze und Thomas Olk (Hg.): Bürgerengagement in Deutschland. Bestandsaufnahme und Perspektiven. Opladen: Leske + Budrich, S. 283–304.

Glaser, Barney G./Strauss Anselm L. (1965): Awareness of dying. Chicago: Aldine.

Glaser, Barney G./Strauss, Anselm L. (1967): The discovery of grounded theory. Strategies for qualitative research. Chicago: Aldine

Glaser, Barney G./Strauss Anselm L. (1980): Time for dying. Chicago: Aldine.

Grundmann, Mathias (2000): Phänomenologische und strukturgenetische Überlegungen zur biographischen Sozialisation. In: Erika M. Hoerning und Peter Alheit (Hg.): Biographische Sozialisation. Stuttgart: Lucius & Lucius, S. 209–225.

Habermas, Jürgen (1994 [1992]): Faktizität und Geltung. Beiträge zur Diskurstheorie des Rechts und des demokratischen Rechtsstaats. Frankfurt am Mai.: Suhrkamp.

Hacket, Anne/Janowicz, Cedric/Kühnlein, Irene (2004): Erwerbsarbeit, bürgerschaftliches Engagement und Eigenarbeit. In: Ulrich Beck und Christoph Lau (Hg.): Entgrenzung und Entscheidung. Was ist neu an der Theorie reflexiver Modernisierung? Frankfurt am Main: Suhrkamp, S. 281–306.

Hahn, Alois (1988): Biographie und Religion. In: *Soziale Welt* (Sonderband 6), S. 49–60.

Hall, Edward T. (2005): Was ist Kultur? In: Lars Allolio-Näcke (Hg.): Differenzen anders denken. Bausteine zu einer Kulturtheorie der Transdifferenz. Frankfurt am Main: Campus, S. 227–242.

Hall, Stuart (1999): Cultural Studies. Zwei Paradigmen. In: Roger Bromley und Gabriele Kreuzner (Hg.): Cultural Studies. Grundlagentexte zur Einführung. Lüneburg: zu Klampen, S. 113–138.

Hall, Stuart/Mehlem, Ulrich/Koivisto, Juha (1994): Rassismus und kulturelle Identität. Hamburg: Argument (Argument-Sonderbände, N.F., 226).

Halm, Dirk (2005): Ethnic Mainstreaming in deutschen Verbänden. In: *WSI Mitteilungen* (5), S. 278–284.

Halm, Dirk/Sauer, Martina (2005): Freiwilliges Engagement von Türkinnen und Türken in Deutschland. Essen: Stiftung Zentrum für Türkeistudien, Institut an der Universität Duisburg-Essen. Online Verfügbar unter: http://www.bmfsfj.de/doku/Publikationen/engagementtuerkisch/01-Redaktion/PDF-Anlagen/gesamtdownload,property=pdf,bereich=engagementtuerkisch,sprache=de,rwb=true.pdf, zuletzt geprüft am 18.05.2013.

Halm, Dirk/Sauer, Martina (2007): Bürgerschaftliches Engagement von Türkinnen und Türken in Deutschland. Wiesbaden: VS.

Hann, Chris (2000): Zivilgesellschaft oder Citizenship. Skeptische Überlegungen eines Ethnologen. In: Manfred Kocka und Jürgen Hildermeier (Hg.): Europäische Zivilgesellschaft in Ost und West. Begriff, Geschichte, Chancen. Frankfurt am Main: Campus, S. 85–112.

Heckmann, Friedrich (1988): Volk, Nation, ethnische Gruppe und ethnische Minderheiten. In: *Österreichische Zeitschrift für Soziologie* (3), S. 16–30.

Heidbrink, Ludger (2006): Einleitung: Verantwortung in der Zivilgesellschaft. Zur Konjunktur eines widersprüchlichen Prinzips. In: Alfred Hirsch, Ludger Heidbrink (Hg.): Verantwortung in der Zivilgesellschaft. Zur Konjunktur eines widersprüchlichen Prinzips. Frankfurt am Main: Campus, S. 13–39.

Heinz, Walter R. (2000): Selbstsozialisation im Lebenslauf. Umrisse einer Theorie biografischen Handelns. In: Erika M. Hoerning und Peter Alheit (Hg.): Biographische Sozialisation. Stuttgart: Lucius & Lucius, S. 165–186.

Heinze, Rolf G./Olk, Thomas (2001): Einleitung. In: Rolf G. Heinze und Thomas Olk (Hg.): Bürgerengagement in Deutschland. Bestandsaufnahme und Perspektiven. Opladen: Leske + Budrich, S. 11–26.

Hildermeier, Manfred (2000): Rußland oder Wie weit kam die Zivilgesellschaft? In: Hildermeier Manfred/Kocka Jürgen (Hg.): Europäische Zivilgesellschaft in Ost und West. Begriff, Geschichte, Chancen. Frankfurt am Main: Campus, S. 113–148.

Hillebrand, Ernst (1994): Nachdenken über Zivilgesellschaft und Demokratie in Afrika. In: *Internationale Politik und Gesellschaft* (1) 1, S. 57–72.

Hitzler, Ronald/Honer, Anne/Maeder Christoph (Hg.) (1994): Expertenwissen. Die institutionalisierte Kompetenz zur Konstruktion von Wirklichkeit. Opladen: Westdeutscher Verlag.

Hitzler, Roland/Reichertz, Jo/Schröer, Norbert (2003[1999]): Hermeneutische Wissenssoziologie. Standpunkte zur Theorie der Interpretation. Konstanz: UVK.

Hoffmann-Nowotny, Hans-Joachim (1973): Soziologie des Fremdarbeiterproblems. Eine theoretische und empirische Analyse am Beispiel der Schweiz. Stuttgart: Enke.

Honer, Anne (1999): Bausteine zu einer lebensweltlich orientierten Wissenssoziologie. In: Ronald Hitzler, Jo Reichertz und Norbert Schröer (Hg.): Hermeneutische Wissenssoziologie. Standpunkte zur Theorie der Interpretation. Konstanz: UVK, S. 51–70.

Imbusch, Peter/Rucht, Dieter (2005): Integration und Desintegration in modernen Gesellschaften. In: Wilhelm Heitmeyer und Peter Imbusch (Hg.): Integrationspotenziale einer modernen Gesellschaft. Wiesbaden: VS, S. 13–71.

Jakob, Gisela (2003): Biographische Strukturen Bürgerschaftlichen Engagements. Zur Bedeutung biographischer Ereignisse und Erfahrungen für ein gemeinwohlorientiertes Engagement. In: Chantal Munsch (Hg.): Sozial Benachteiligte engagieren sich doch. Über lokales Engagement und soziale Ausgrenzung und die Schwierigkeiten der Gemeinwesenarbeit. Weinheim: Juventa, S. 79–96.

Jehle, P. (2004): Zivil: Zivilgesellschaft. In: I. Ritter, K. Gründner und G. Gabriel ‚Historisches Wörterbuch der Philosophie' Band 12, S. 1357–1362.

Junge, Matthias (2006) Identifikation durch mimetische Imagination und die Bedeutung von Ähnlichkeit für die Vergesellschaftung. In: Winfried Gebhardt und Ronald Hitzler (Hg.) Nomaden, Flaneure, Vagabunden. Wiesbaden.: VS, S. 84–99.

Jureit, Ulrike/Wildt, Michael (2005): Generationen. Zur Relevanz eines wissenschaftlichen Grundbegriffs. Hamburg: Hamburger Edition.

Kannonier-Finster, Waltraud (2005): Liebe, Widerstand und Erkenntnis. In: Ingrid Bauer, Christa Hämmerle und Gabriella Hauch (Hg.): Liebe und Widerstand. Ambivalenzen historischer Geschlechterbeziehungen. Wien: Böhlau, S. 50–68.

Kehl, Konstantin/Then, Volker/Sittler, Loring (2011) Grenzen des Engagements. Herausforderungen für den gesellschaftlichen Zusammenhalt. Policypaper No. 2 des Centrums für soziale Investitionen und Innovationen (CSI) und des Generali Zukunftsfonds (GZF). Online verfügbar unter: https://www.csi.uni-heidelberg.de/downloads/CSI%20Generali_Grenzen%20des%20Engagements-1.pdf, zuletzt geprüft am 18.05.2013.

Keitel, Christoph/Allolio-Näcke, Lars (2005): Erfahrungen der Transdifferenz. In: Britta Kalscheuer, Arne Manzeschke und Lars Allolio-Näcke (Hg.): Differenzen anders denken. Bausteine zu einer Kulturtheorie der Transdifferenz. Frankfurt am Main: Campus, S. 104–117.

Kelle, Udo (2005): „Emergence" versus „Forcing" of empirical data? A crucial problem of „Grounded Theory" reconsidered [52 Aufsätze]. Forum Qualitative Sozialforschung/Forum: Qualitative Social Research [Online-Journal] (6(2), Art. 27). Online verfügbar unter Art. 27, http://nbn-resolving.de/urn:nbn:de:0114-fqs0502275, zuletzt geprüft am 05.09.2014.

Kiwitz, Peter (1989): Erfahrungswissen und Lebenskunst. In: D. Kopf, O. Schäffter und R. Schmidt (Hg.): Produktivität der Alters. Berlin: DZA.

Klages, Helmut (1998): Engagement und Engagementpotential in Deutschland. Erkenntnisse der empirischen Forschung. In: *Aus Politik und Zeitgeschichte* (B 38), S. 29–38.

Klages, Helmut (2000): Engagement und Engagementpotenzial in Deutschland. In: Ulrich Beck (Hg.): Die Zukunft von Arbeit und Demokratie. Frankfurt am Main: Suhrkamp, S. 151–170.

Klages, Helmut/Gensicke, Thomas (1999): Wertewandel und bürgerschaftliches Engagement an der Schwelle zum 21. Jahrhundert. Speyer: Forschungsinstitut für öffentliche Verwaltung.

Klundt, Michael (2008): Von der sozialen zur Generationengerechtigkeit? Polarisierte Lebenslagen und ihre Deutung in Wissenschaft, Politik und Medien. Wiesbaden: VS.

Kohli, Martin (1987): Normalbiographie und Individualität: zur institutionellen Dynamik des gegenwärtigen Lebenslaufregimes. In: Jürgen Friedrichs (Hg.): 23. Deutscher Soziologentag 1986. Sektions- und Ad-hoc-Gruppen. Opladen: Westdeutscher, S. 432–435.

Koller, Hans-Christoph/Kokemohr, Rainer (2006) Bewältigung als Bildungsprozess zur biographischen Verarbeitung von Umbruchs- und Migrationserfahrungen durch Kameruner Studierende in Deutschland. In: Ludwig Gerhard, Heiko Möhle, Jürgen Oßenbrügge, Wolfram Weisse (Hg.): Umbrüche in Afrikanischen Gesellschaften und ihre Bewältigung. Beiträge aus dem Sonderforschungsbereich 520 der Universität Hamburg. Münster, Westf.: Lit, S. 77–90.

Kruse, Andreas (1987): Kompetenzerhaltung, Kompetenzsteigerung und Kompetenzgewinnung im Alter. In: Andreas Kruse, Ursula Lehr und Christoph Rott (Hg.): Gerontologie, eine interdisziplinäre Wissenschaft. Beiträge zur 1. Gerontologischen Woche; Heidelberg, 9.6.–13.6.1986. München: Bayrischer Monatsspiegel.

Küsters, Ivonne (2009): Narrative Interviews: Grundlagen und Anwendungen. Wiesbaden: VS.

Kurasawa, Fuyuki (2004): A cosmopolitism from below: alternative globalization and the creation of a solidarity without bounds. Archives Europeénnes des Sociologie, Tome XLV, Numéro 2, S. 233–255.

Kymlicka, Will (1998): Multicultural Citizenship. In: Shafir, G.: The Citizenship Debates. A Reader. Minneapolis/London: University of Minnesota Press, S. 167–188.

Lee, Evett (1969): A Theory of Migration. In: J. A. Jackson (Hg.): Migration. Cambridge: Cambridge University Press, S. 282–297.

Lessenich, Stephan/Otto, Ulrich (2005): Zwischen „verdientem Ruhestand" und „Alterskraftunternehmer": Das Alter in der Aktivgesellschaft – eine Skizze und offene Fragen zur Gestalt eines „Programms" und seinen

Widersprüchen. In: Ulrich Otto (Hg.): Partizipation und Inklusion im Alter: Aktuelle Herausforderungen. Jena: IKS Garamond, S. 5–18.
Lettke, Frank/Lange, Andreas (2007): Generationen und Familien. Analysen, Konzepte, gesellschaftliche Spannungsfelder. Frankfurt am Main: Suhrkamp.
Liebau, Eckart (1991): Laufbahn oder Biographie. Eine Bourdieu-Lektüre. In: *BIOS, Zeitschrift für Biographieforschung und Oral History* 4 (1), S. 83–89.
Linklater, Andrew (2007): Distant Suffering an Cosmopolitan Obligations. In: International Politics, Vol 44, S. 19–26.
Luckmann, Thomas (1979): Phänomenologie und Soziologie. In: Walter M. Sprondel und Richard Grathoff (Hg.): Alfred Schütz und die Idee des Alltags in den Sozialwissenschaften. Stuttgart: Enke, S. 196–206.
Lüders, Christian/Meuser Michael (1997): Deutungsmusteranalyse. In: Ronald Hitzler und Anne Honer (Hg.): Sozialwissenschaftliche Hermeneutik. Eine Einführung. Opladen: Leske + Budrich, S. 57–80.
Lutz, Helma (2010): Biographieforschung im Lichte postkolonialer Theorien. In: Julia Reuter und Paula-Irene Villa (Hg.): Postkoloniale Soziologie. Empirische Befunde, theoretische Anschlüsse, politische Intervention. Bielefeld: Transcript, S. 115–136.
Maaser, Wolfgang (2006): Aktivierung der Verantwortung. Vom Wohlfahrtsstaat zur Wohlfahrtsgesellschaft. In: Alfred Hirsch, Ludger Heidbrink (Hg.): Verantwortung in der Zivilgesellschaft. Zur Konjunktur eines widersprüchlichen Prinzips. Frankfurt am Main: Campus, S. 61–84.
Mannheim, Karl (1980): „Eine soziologische Theorie der Kultur und ihrer Erkennbarkeit (Konjunktives und kommunikatives Denken)". In: Kettler, David/Meja, Volker/Stehr, Nico (Hg.): Karl Mannheim. Strukturen des Denkens. Frankfurt am Main: Suhrkamp, S. 155–322.
Mannheim, Karl (1985 [1929]): Ideologie und Utopie. 7. Aufl. Frankfurt am Main: Klostermann.
Marotzki, Winfried (1991): Sinnkrise und biographische Entwicklung. In: Detlef Garz und Klaus Kraimer (Hg.): Qualitativ-empirische Sozialforschung. Konzepte, Methoden, Analysen. Opladen: Westdeutscher, S. 409–439.
McLaren, Peter (1997): Revolutionary multiculturalism. Pedagogies of dissent for the new millennium. Boulder, Colorado: Westview Press.
Mecheril, Paul/Schetsche, Karin/Schrödter, Mark (2003): „Ich möchte halt wissen, wie es ist, du zu sein". Die Wiederholung der alienierenden Zuschreibung durch qualitative Forschung. In: Tarek Badawia, Franz Hamburger und Merle Hummrich (Hg.): Wider die Ethnisierung einer Generation. Beiträge zur qualitativen Migrationsforschung. Frankfurt am Main: IKO, S. 93–110.
Meier, Bernd/Schröder, Christoph (2007): Altern in der modernen Gesellschaft. Leistungspotenziale und Sozialprofile der Generation 50-Plus. Köln: Deutscher Instituts-Verlag.
Micus, Matthias/Walter, Franz (2007): Mangelt es an „Parallelgesellschaften"? In: Siegfried Frech/Karl-Heinz Meier-Braun (Hg.): Die offene Gesellschaft. Zuwanderung und Integration, Schwalbach/Ts: Wochenschau, S. 89–119.
Müller-Plamtenberg, Urs (2000): Rawls weltweit. In: *PROLKA Zeitschrift für kritische Sozialwissenschaft* 30 (4), S. 611–626.
Munsch, Chantal (2003): Lokales Engagement und soziale Benachteiligung. In: Chantal Munsch (Hg.): Sozial Benachteiligte engagieren sich doch. Über lokales Engagement und soziale Ausgrenzung und die Schwierigkeiten der Gemeinwesenarbeit. Weinheim: Juventa, S. 7–28.
Munsch, Chantal (2010): Engagement und Diversity. Der Kontext von Dominanz und sozialer Ungleichheit am Beispiel Migration. Weinheim: Juventa.
Nederveen Pieterse, Jan (2005): Hybridität, na und? In: Lars Allolio-Näcke (Hg.): Differenzen anders denken. Bausteine zu einer Kulturtheorie der Transdifferenz. Frankfurt am Main: Campus, S. 396–430.
Neuweg, Georg H. (2004): Könnerschaft und implizites Wissen. Zur lehr-lerntheoretischen Bedeutung der Erkenntnis- und Wissenstheorie Michael Polanyis. Univ., Habil.-Schr.-Linz, 1998. Münster: Waxmann.
Nies, Henk/Munnichs, Joep M./Stevens, Nan (1986): Sinngebung und Altern. Berlin: Deutsches Zentrum für Altersfragen (Beiträge zur Gerontologie und Altenarbeit, 66).
Olbrich, Erhard (1987): Kompetenz im Alter. In: *Zeitschrift für Gerontologie* 20 (9), S. 319–330.
Oldfield, Adrian (1998) Citizenship and Community: Civic Republicanism and the Modern World. In: Shafir, G.: The Citizenship Debates. A Reader. Minneapolis/London: University of Minnesota Press, S. 75–89.
Olk, Thomas/Hartnuß, Birger (2011): Bürgerschaftliches Engagement. In: Birger Hartnuß und Thomas Olk (Hg.): Handbuch Bürgerschaftliches Engagement. Weinheim [u. a.]: Beltz Juventa, S. 145–161.
Park, Robert E. (1964 [1937]): Race and Culture. Essays in the Sociology of Contemporary Man. Human Migration and the Marginal Man. London: Free Press of Glencoe, S. 345–356.
Parsons, Talcott (1968 [1942]): Alter und Geschlecht in der Sozialstruktur der vereinigten Staaten. In: Talcott Parsons (Hg.): Beiträge zur soziologischen Theorie. Berlin Neuwied: Luchterhand, S. 65–83.
Peirce, Charles Sanders (1931 ff.): Collected Papers. Cambridge: Harvard University Press.

Pfadenhauer, Michaela (1999): Rollenkompetenz. Träger, Spieler und Professionelle als Akteure für die hermeneutische Wissenssoziologie. In: Ronald Hitzler, Jo Reichertz und Norbert Schröer (Hg.): Hermeneutische Wissenssoziologie. Standpunkte zur Theorie der Interpretation. Konstanz: UVK, S. 237–266.

Pfadenhauer, Michaela (2003): Professionalität. Eine wissenssoziologische Rekonstruktion institutionalisierter Kompetenzdarstellungskompetenz. Opladen: Leske + Budrich.

Ploder, Andrea (2009): Wollen wir uns irritieren lassen? Für eine Sensibilisierung der Methoden qualitativer Forschung zur interkulturellen Kommunikation durch postkoloniale Theorie. Hg. v. Forum Qualitative Sozialforschung/Forum: Qualitative Research [Online Journal] (10, 1). Online verfügbar unter http://www.qualitative-research.net/index.php/fqs/article/view/1232, zuletzt geprüft am 25.08.2013.

Poferl, Angelika (2006): Solidarität ohne Grenzen? Probleme sozialer Ungleichheit und Teilhabe in europäischer Perspektive. In: Martin Heidenreich (Hg.): Die Europäisierung sozialer Ungleichheit. Zur transnationalen Klassen- und Sozialstrukturanalyse. Frankfurt am Main: Campus, S. 231–252.

Poferl, Angelika (2010): Die Einzelnen und ihr Eigensinn. Methodologische Implikationen des Individualisierungskonzepts. In: Peter A. Berger und Ronald Hitzler (Hg.): Individualisierungen. Ein Vierteljahrhundert „Jenseits von Stand und Klasse"? Wiesbaden: VS, S. 291–310.

Preuß, Ulrich K. (1998) Nationale, Internationale und Supranationale Solidarität. In: Kurt Bayertz (Hg.): Solidarität. Begriff und Problem. Frankfurt am Main: Suhrkamp, S. 399–410.

Pro Asyl (2005): Hier geblieben! Es gibt keinen Weg zurück. Tag des Flüchtlings. Online verfügbar unter http://www.proasyl.de/en/press/archive/presse-detail/news/hier_geblieben_es_gibt_keinen_weg_zuruck/, zuletzt geprüft am 18.01.2013.

Putnam, Robert D. (2000): Bowling alone. The collapse and revival of American community. New York: Simon & Schuster.

Radtke, Frank-Olaf (2000): Politischer und kultureller Pluralismus. Zur politischen Soziologie der ‚Multikulturellen Gesellschaft'. In: Caroline Y. Robertson-Wensauer (Hg.): Multikulturalität – Interkulturalität? Probleme und Perspektiven der multikulturellen Gesellschaft. Baden-Baden: Nomos, S. 91–109.

Rammert, Werner (2000): Nicht-explizites Wissen in Soziologie und Sozionik. Ein kursorischer Überblick. (Working Papers, TUTS-WP-8-2000). In: *Institut für Sozialwissenschaften, Technische Universität Berlin*. Online verfügbar über http://www.ts.tu-berlin.de/fileadmin/fg226/TUTS/TUTS_WP_8_2000.pdf, zuletzt geprüft am 19.01.2013.

Rawls, John (1993): Gerechtigkeit als Fairneß: politisch und nicht metaphysisch. In: Honneth, A. (Hrsg.), Kommunitarismus: Eine Debatte über die moralischen Grundlagen moderner Gesellschaften, Frankfurt am Main: Campus, S. 36–67.

Reichertz, Jo (2003): Die Abduktion in der qualitativen Sozialforschung. Opladen: Leske + Budrich.

Reichertz, Jo/Schröer, Norbert (1992): Polizei vor Ort. Studien zur empirischen Polizeiforschung. Stuttgart: Enke.

Reichertz, Jo/Schröer, Norbert (1994): Erheben, Auswerten, Darstellen. Konturen einer hermeneutischen Wissenssoziologie. In: Norbert Schröer (Hg.): Interpretative Sozialforschung. Auf dem Wege zu einer hermeneutischen Wissenssoziologie. Opladen: Westdeutscher.

Riley, Matilda W. (1991): Social gerontology and the age stratification of society. Online verfügbar unter http://gerontologist.oxfordjournals.org/content/11/1_Part_1/79.full.pdf+html, zuletzt geprüft am 20.01.2013.

Rohleder, Christiane/Bröscher Petra (2000): Freiwilliges Engagement Älterer – integrativ oder sozial selektiv. In: Gerhard Naegele und Gerd Peter (Hg.): Arbeit, Alter, Region. Zur Debatte um die Zukunft der Arbeit, um die demographische Entwicklung und die Chancen regionalpolitischer Gestaltung. Münster: Lit, S. 93–121.

Römhild, Regina (2007/a): Migranten als Avantgarde? In: *Blätter für deutsche und internationale Politik* (5), S. 618–624.

Römhild, Regina (2007/b): Fremdzuschreibungen – Selbstpositionierungen. Die Praxis der Ethnisierung im Alltag der Einwanderungsgesellschaft. In: Brigitta Schmidt-Lauber (Hg.): Ethnizität und Migration. Einführung in Wissenschaft und Arbeitsfelder. Berlin: Reimer, S. 157–178.

Rosenthal, Gabriele (1995): Erlebte und erzählte Lebensgeschichte. Gestalt und Struktur biographischer Selbstbeschreibungen. Gesamthochsch., Habil.-Schr.-Kassel, 1993. Frankfurt am Main: Campus.

Rosenthal, Gabriele (1998): The Holocaust in three generations. Families of Victims and Perpetrators of the Nazi Regime. London, Washington: Cassell.

Rosow, Irving (1977 [1974]): Socialization to old age. Berkeley: University of California Press.

Rüb, Friedbert W. (2000): Von der zivilen und unzivilen Gesellschaft: das Beispiel des ehemaligen Jugoslawien. In: Wolfgang Merkel: Systemwechsel 5, Zivilgesellschaft und Transformation. Opladen: Leske + Budrich, S. 173–201.

Saake, Irmhild (2006): Die Konstruktion des Alters. Eine gesellschaftstheoretische Einführung in die Alternsforschung. Wiesbaden: VS.

Sackmann, Reinhold (1992): Das Deutungsmuster „Generation". In: Michael Meuser und Reinhold Sackmann (Hg.): Analyse sozialer Deutungsmuster. Beiträge zur empirischen Wissenssoziologie. Pfaffenweiler: Centaurus, S. 199–216.
Schmidt, Axel (2008): Profession, Professionalität, Professionalisierung. In: Herbert Willems (Hg.): Lehr(er)buch Soziologie. Für die pädagogischen und soziologischen Studiengänge. Wiesbaden: VS, S. 835–864.
Schmid, Josef (1996): Wohlfahrtsverbände in modernen Wohlfahrtsstaaten. Soziale Dienste in historisch vergleichender Perspektive. Opladen: Leske + Budrich.
Schnettler, Bernt (2006): Thomas Luckmann: Kultur zwischen Konstitution, Konstruktion und Kommunikation. In: Stephan Moebius, Dirk Quadflieg (Hg.): Kultur: Theorien der Gegenwart. Wiesbaden: VS, S. 170–184.
Schnettler, Bernt (2008): Soziologie als Erfahrungswissenschaft. Überlegungen zum Verhältnis von Mundanphänomenologie und Ethnophänomenologie. In: Jürgen Raab, Michaela Pfadenhauer, Peter Stegmeier, Jochen Dreher und Schnettler Bernt (Hg.): Phänomenologie und Soziologie. Theoretische Positionen, aktuelle Problemfelder und empirische Umsetzungen. Wiesbaden: VS, S. 141–150.
Schroer, Markus (2009): Soziologie. In: Günzel Stephan (Hg.): Raumwissenschaften. Frankfurt am Main: Suhrkamp, S. 354–370.
Schröer, Norbert (1997): Wissenssoziologische Hermeneutik. In: Ronald Hitzler und Anne Honer (Hg.): Sozialwissenschaftliche Hermeneutik. Eine Einführung. Opladen: Leske + Budrich, S. 109–130.
Schroeter, Klaus R. (2006): Status und Prestige als symbolische Kapitalien im Alter? In: Klaus R. Schroeter und Peter Zängl (Hg.): Altern und bürgerschaftliches Engagement. Aspekte der Vergemeinschaftung und Vergesellschaftung in der Lebensphase Alter. Wiesbaden: VS, S. 27–61.
Schütz, Alfred (1972): Der Fremde. Ein sozialpsychologischer Versuch. In: Alfred Schütz (Hg.): Gesammelte Aufsätze. Den Haag: Nijhoff.
Schütz, Alfred (2004): Common-Sense und wissenschaftliche Interpretation menschlichen Handelns. In: Jörg Strübing, Bernt Schnettler (Hg.): Methodologie interpretativer Sozialforschung. Klassische Grundlagentexte. Konstanz: UVK, S. 155–200.
Schütz, Alfred/Luckmann, Thomas (2003): Strukturen der Lebenswelt. Konstanz: UVK.
Schütze, Fritz (1982): Narrative Repräsentation kollektiver Schicksalsbetroffenheit. In: Eberhard Lämmert (Hg.): Erzählforschung. Ein Symposon. Stuttgart: Metzler.
Schütze, Fritz (1983): Biographieforschung und narrative Interviews. In: *Neue Praxis, Kritische Zeitschrift für Sozialarbeit und Sozialpädagogik* 13, S. 283–293.
Schütze, Gerhard/Riemann, Fritz (1991): „Trajectory" as a Basic Theoretical Concept for Analyzing Suffering and Disorderly Social Processes. In: Anselm L. Strauss und David R. Maines (Hg.): Social organization and social process. Essays in honor of Anselm Strauss. New York: Aldine de Gruyter, S. 333–358.
Schwertmann, Philipp (2006): Stiftungen als Förderer der Zivilgesellschaft. Univ., Diss.-Schr.-Passau, 2005. Baden-Baden: Nomos.
Şen, Faruk/Sauer, Martina/Halm, Dirk (2001): Integratives Verhalten und (Selbst-)Ethnisierung von türkischen Zuwanderern. Gutachten des ZfT für die unabhängige Kommission „Zuwanderung". In: Andreas Goldberg, Dirk Halm, Martina Sauer (Hg.): Migrationsbericht des Zentrums für Türkeistudien 2002. Münster, Hamburg, Berlin [u. a.]: Lit, S. 19 ff.
Seyd, Christina (2002): Die Zivilgesellschaft in Ghana. Organisations-, Gestaltungs- und Politikfähigkeit ausgewählter ziviler Akteure (1957–1999). Univ., FB Sozialwiss., Diss.-Schr.-Hamburg, 2001. Hamburg: Institut für Afrika-Kunde (Hamburger Beiträge zur Afrika-Kunde, 69). Online verfügbar unter http://www.gbv.de/dms/sub-hamburg/35258453X.pdf, zuletzt geprüft am 13.01.2013.
Shafir, Gershon (1998): The citizenship debates. A Reader. Minneapolis: University of Minnesota Press.
Simmel, Georg (1992 [1908]): Soziologie. Untersuchungen über die Formen der Vergesellschaftung Gesamtausgabe Bd. 2. Frankfurt am Main: Suhrkamp.
Simon-Holm, Hildegard (2004): Interkulturelle Öffnung Sozialer Dienste und interkulturelle Kompetenz. Stationen auf dem Weg zu einer Gesellschaft der Vielfalt. In: Andreas Teichler und Norbert Cyrus (Hg.): Handbuch Soziale Arbeit in der Einwanderungsgesellschaft. Frankfurt am Main: Brandes und Apsel, S. 321–252.
Soeffner, Hans-Georg (1988): Kulturmythos und kulturelle Realität(en). In: *Soziale Welt, Sonderband 6*, S. 3–20.
Soeffner, Hans-Georg (1991): ‚Trajectory'– das geplante Fragment: die Kritik der empirischen Vernunft bei Anselm Strauss. In: *Zeitschrift für Biographieforschung und Oral History*, 4 (1), S. 1–12.
Soeffner, Hans-Georg (1999): Verstehende Soziologie und sozialwissenschaftliche Hermeneutik. Die Rekonstruktion der gesellschaftlichen Konstruktion der Wirklichkeit. In: Ronald Hitzler, Jo Reichertz und Norbert Schröer (Hg.): Hermeneutische Wissenssoziologie. Standpunkte zur Theorie der Interpretation. Konstanz: UVK, S. 39–49.
Soeffner, Hans-Georg (2004): Auslegung des Alltags – der Alltag der Auslegung. Zur wissenssoziologischen Konzeption einer sozialwissenschaftlichen Hermeneutik. Konstanz: UVK.

Soeffner, Hans-Georg (2007): Methodologischer Kosmopolitismus – Die Erhaltung kultureller Vielfalt trotz wirtschaftlicher und kultureller Globalisierung. In: Jochen Stegmaier/Peter Dreher (Hg.): Zur Unüberwindbarkeit kultureller Differenz. Grundlagentheoretische Reflexionen. Bielefeld: Transcript, S. 97–112.

Soeffner Hans-Georg, Zifonun Darius (2005): Integration – eine wissenssoziologische Skizze. In: Wilhelm Heitmeyer und Peter Imbusch (Hg.): Integrationspotenziale einer modernen Gesellschaft. Wiesbaden: VS, S. 391–407.

Soeffner Hans-Georg, Zifonun Darius (2008): Integration und soziale Welten. In: Sighard Neckel (Hg.): Mittendrin im Abseits. Ethnische Gruppenbeziehungen im lokalen Kontext. Wiesbaden: VS, S. 115–131.

Soysal, Yasemin N. (1998) Towards a Postnational Model of Membership. In: Shafir G.: The Citizenship Debates. A Reader. Minneapolis/London: University of Minnesota Press, S. 189–217.

Spohn, Margret (2010): Wir haben Sie nicht vergessen. 10 Jahre Umgang mit Menschen ohne gesicherten Aufenthaltsstatus in der Landeshauptstadt München. München: Sozialreferat der Landeshauptstadt München.

Staudinger, Ursula M./Smith, Jacqui/Baltes, Paul B. (1994): Handbuch zur Erfassung von Weisheitsbezogenem Wissen. Berlin: Max-Planck-Institut für Bildungsforschung.

Staudinger Ursula M./Schindler Ines (2001): Produktivität und gesellschaftliche Partizipation im Alter. In: BMFSFJ (Hg.): Mobilität und gesellschaftliche Partizipation im Alter. Stuttgart: Kohlhammer.

Stonequist, Evett (1961): The marginal man. A Study in Personality and Culture Conflict. New York: Russel & Russel.

Strauss, Anselm L. (1978): A Social Worlds Perspective. In: Norman K. Denzin (Hg.): Studies in symbolic interaction. An annual compilation of research. Vol. 1. Greenwich/Conn: JAI Press, S. 119–128.

Strauss, Anselm L. (1991): Grundlagen qualitativer Sozialforschung. Datenanalyse und Theoriebildung in der empirischen soziologischen Forschung. München: Fink.

Strauss, Anselm L. (1993): Continual permutations of action. New York: Aldine de Gruyter.

Strauss, Anselm L. (2004): Methodologische Grundlagen der Grounded Theory. In: Jörg Strübing, Bernt Schnettler (Hg.): Methodologie interpretativer Sozialforschung. Klassische Grundlagentexte. Konstanz: UVK, S. 427–452.

Strauss, Anselm L./Corbin, Juliet M. (1996): Grounded Theory. Grundlagen qualitativer Sozialforschung. Weinheim: Beltz PVU.

Strübing, Jörg (2002): Just do it? Zum Konzept der Herstellung und Sicherung von Qualität in grounded theory-basierten Forschungsarbeiten. In: *Kölner Zeitschrift für Soziologie und Sozialpsychologie* 54 (2), S. 318–342.

Strübing, Jörg (2007): Anselm Strauss. Konstanz: UVK.

Sundhaussen, Holm (2000): Chancen und Grenzen zivilgesellschaftlichen Wandels. Die Balkanländer 1830–1940 als historisches Labor. In: Manfred Kocka und Jürgen Hildermeier (Hg.): Europäische Zivilgesellschaft in Ost und West. Begriff, Geschichte, Chancen. Frankfurt am Main: Campus, S. 149–178.

Szakolczai, Arpad (2008): Sinn aus Erfahrung. In: Kay Junge, Daniel Suber und Gerold Gerber (Hg.): Erleben, Erleiden, Erfahren. Die Konstitution sozialen Sinns jenseits instrumenteller Vernunft. Bielefeld: Transcript, S. 63–100.

Szydlik, Mark (2009): Neue Generationenliteratur. In: *Soziologische Revue* 32 (4), S. 381–390.

Tartler, Rudolf (1961): Das Alter in der modernen Gesellschaft. Stuttgart: Enke.

Temple, Bogusia/Edwards, Rosalin/Alexander, Claire (2006): Grasping at Context: Cross Language Qualitative research as secondary Qualitative Data Analysis [46 paragraphs]. Forum Qualitative Sozialforschung/Forum: Qualitative Research (7(4) Art. 10). Online verfügbar unter http://www.qualitative-research.net/index.php/fqs/article/view/176/393, zuletzt geprüft am 13.01.2012.

Thomae, Hans (1988): Lebenszufriedenheit im Alter. Geschichte und Gegenwart eines gerontologischen Grundbegriffs. In: Andreas Kruse, Ursula Lehr, Frank Oswald und Christoph Rott (Hg.): Gerontologie. Wissenschaftliche Erkenntnisse und Folgerungen für die Praxis; Beiträge zur II. Gerontologischen Woche, Heidelberg, 18.6.–23.6.1987. München: Bayerischer Monatsspiegel, S. 210–223.

Thränhardt, Dietrich (1984): Von Thron und Altar zur bürokratischen Verknüpfung. Die Entwicklung korporatistischer Beziehungen zwischen Wohlfahrtsverbänden und Staat in Deutschland. In: Rudolph Bauer (Hg.): Die Liebe Not. Zur historischen Kontinuität der „Freien Wohlfahrtspflege". Weinheim: Beltz, S. 164–171.

Trela, James E./Sokolovsky, Jay H. (1979): Culture, Ethnicity, and Policy for the Aged. In: Kutzik A./Gelfand, D. (Hg.): Ethnicity and Aging. Theory, Research and Policy. New York: Springer, S. 117–136.

Villa, Paula-Irene (2006): Fremd sein – schlau sein? Soziologische Überlegungen zur Nomadin. In: Winfried Gebhardt und Ronald Hitzler (Hg.): Nomaden, Flaneure, Vagabunden. Wiesbaden: VS, S. 37–50.

Vogel, Dita (2008): Migration und aktive Bürgerschaft. In: Dirk Lange (Hg.): Migration und Bürgerbewusstsein. Perspektiven politischer Bildung in Europa. Wiesbaden: VS, S. 42–49.

Wahl, Hans-Werner/Tesch-Römer, Clemens/Hoff, Andreas (2007): New dynamics in old age. Individual, environmental, and societal perspectives. Amityville, NY: Baywood.

Walzer, Michael (1993): Die kommunitaristische Kritik am Liberalismus. In: Axel Honneth (Hrsg.): Kommunitarismus: Eine Debatte über die moralischen Grundlagen moderner Gesellschaften. Frankfurt am Main: Campus, S. 157–180.
Walzer, Michael (1995): Towards a Global Civil Society. Oxford: Bergham Books.
Waldenfels, Bernhard (1997): Topographie des Fremden. Frankfurt am Main: Suhrkamp.
Waldenfels, Bernhard (1998): Der Stachel des Fremden. Frankfurt am Main: Suhrkamp.
Weber, Max (1980): Wirtschaft und Gesellschaft: Grundriss der verstehenden Soziologie. Tübingen: Mohr.
Westafrikaportal (2010–2013): Ghana. Online verfügbar unter http://westafrikaportal.de/voelkerghana.html, zuletzt geprüft am 21.01.2013.
Wolf, Markus (1993): Kasachstandeutsche ohne Zukunft? In: *Zeitschrift für internationale Fragen* 44 (2), S. 153–163.
Young, Robert (1995): Colonial desire. Hybridity in Theory, Culture and Race. London, New York: Routledge.
Zemann, Peter (2002): Zur Neugewichtung des Erfahrungswissens älterer Menschen. In: Susanne Huth (Hg.): Grundsatzthemen der Freiwilligenarbeit. Theorie und Praxis des sozialen Engagements und seine Bedeutung für ältere Menschen. Marburg: Wiehl, S. 9–23.
Zifonun, Darius (2009/a): Rezension zum Sammelband Reinhard Johlen/Ansgar Thiel/Josef Schmid/Reiner Treptow (Hg.) (2007) Europa und seine Fremden. Die Gestaltung kultureller Vielfalt als Herausforderung, darin: Martin Söckefeld: ‚Zum Paradigma kultureller Differenz'. Bielefeld: Transcript (S. 41–58). In: *Soziologische Revue* 32 (3) S. 327–333.
Zifonun, Darius (2009/b): Rezension zum Sammelband Reinhard Johlen/Ansgar Thiel/Josef Schmid/Reiner Treptow (Hg.) (2007) Europa und seine Fremden. Die Gestaltung kultureller Vielfalt als Herausforderung, darin: Klaus Seiberth/Ansgar Thiel: ‚Fremd im Sport? Barrieren der Integration von Menschen mit Migrationshintergrund in Sportorganisationen' Bielefeld: Transcript (S. 197–213). In: *Soziologische Revue* 32 (3) S. 327–333.
Zifonun, Darius (2010): Jenseits von „ethnic Community" und „ethclass". Migrantenmilieus als lebensweltliche Individualisierungs- und Differenzierungsphänomene. In: Peter A. Berger und Ronald Hitzler (Hg.): Individualisierungen. Ein Vierteljahrhundert „Jenseits von Stand und Klasse"? Wiesbaden: VS, S. 139–154.
Zimmer, Annett et al. (1999): Gemeinnützige Organisationen im gesellschaftlichen Wandel. Ergebnisse einer Organisationsbefragung. Erste Projektergebnisse. Münster/Berlin: WZB und Westfälische Wilhelms-Universität Münster.

Anhang

1. Interviewanfrage, die potenziellen InterviewpartnerInnen übergeben wurde
2. Leitfaden für die Interviewführung
3. Notationsverzeichnis der InterviewpartnerInnen
4. Angewendete Transkriptionsregeln
5. Arbeitspapier zur Strukturierung von Lesarten

LOGO UNIVERSITÄT
Anschrift Büro

Udo Dengel, Dipl.Soz.

Telefon Büro: xxx
Privat: xxx

E-Mail: xxx

Ihr Zeichen, Ihre Nachricht vom

Datum

Doktorarbeit zu Engagement für Migranten
Suche nach Gesprächs- und Interviewpartnern

Sehr geehrte Damen und Herren,

In meinem Projekt befasse mich mit dem Engagement von Menschen mit Migrationshintergrund für Menschen mit Migrationshintergrund. Ich suche nach erfahrenen Engagierten, die einen eigenen Migrationshintergrund haben. Ich interessiere mich sehr für all Ihre Erfahrungen und dafür wie sie diese für Andere einsetzen.

Das Interview soll den Charakter eines Gesprächs haben, in dem die Möglichkeit besteht, das zu erzählen, was Ihnen wichtig ist. Es soll ca. 45-60 Minuten dauern. Für die Verwendung in meiner Arbeit wird es selbstverständlich anonymisiert.

Ich würde mich sehr freuen, wenn Sie sich angesprochen fühlen und mich unter der angegebenen E-Mail Adresse oder einer der Telefonnummern kontaktieren würden, um näheres zu besprechen und um einen Termin zu vereinbaren.

Mit freundlichen Grüßen,

Udo Dengel

Dienstgebäude   Öffentliche Verkehrsmittel

Leitfaden

Grundlegende Informationen zur Person, Arbeitsgebiet

-Was ist Ihr Arbeitsgebiet? Womit befassen Sie sich in Ihrem Engagement in dieser Einrichtung genau? Wie würden Sie das beschreiben?
-Seit wann arbeiten Sie in der Einrichtung?
-Wie lange (intensiv) arbeiten Sie in der Einrichtung? (z.B. Stunden/ pro Tag/ Woche/ Monat)
-Wen unterstützen Sie hier?
-Wie unterstützen Sie?

Einstieg1: Tag/ Fall/ Ablauf

-Beschreiben Sie bitte einen Tag an dem Sie in der Tätigkeit als Engagierte(r) in der Migrationsarbeit tätig sind!
-Beschreiben Sie einen konkreten Fall, eine bestimmte Person mit der sie arbeiten. Was ist da passiert/ was ist die Geschichte. Was gibt es für Probleme. Wie gehen Sie damit um? Wie werden Klienten von Ihnen selbst unterstützt?
    Was sehen Sie als Ihre spezielle Kompetenz um anderen helfen zu können? (gibt es spezielle Erfahrungen, die Sie in Ihre Arbeit einbringen können?)
    Hintergründe des Engagements. Was ist Ihre Motivation/ warum helfen Sie?

Einstieg2: Kulturelle Kontexte/ Auswirkung auf Arbeit und Engagement

Woher kommt die Motivation?
(Hintergrund sind evtl. eigene Erfahrungen – vermittelte Erfahrungen der Eltern

- Wie kam es zu der Migration – gemeinsamen Migration/ Migration der Eltern
- Wie gestaltete sich die Auswanderung/ Einwanderung? Wie lief es ab? was ist passiert?
- Wie war das Leben im Herkunftsland?
- Wie war es nach der Ankunft im Aufnahmeland?
- Wie ist es nun?
- Gab es Probleme dabei und wie Sind Sie damit umgegangen? (Gestaltung des Lebens in Deutschland
- Wie sind Sie selbst damit umgegangen?
- Wie nutzt Ihnen das Wissen aus Ihrem Herkunftsland? Hier? Bei der eigenen Integration?
- Wie nutzt es Ihnen für Ihre Arbeit für die Integration Anderer?
- Wie läuft es ab? Gibt es Überschneidungen zu den Erfahrungen der unterstützten Migranten? (besonderes Verständnis? besondere Akzeptanz?)

25 Interviewte

Bezeichnungen	statt Engagement/Nichtengagement – organisiert/frei
1) Bosnien W 60+ Frau B	frei
2) Irak M 50+	organisiert/frei
3) Armenien M 60+ Herr A	frei
4) Deutschland W 50+	organisiert
5) Ghana M 60+ Herr G	organisiert/frei
6) Mauritius M 60+ Herr M	frei
7) Türkei W 50- Frau P	organisiert
8) Irak2 M 50+	organisiert
9) Burkina Faso M 50+ Herr B	organisiert
10) Ukraine W 50-	organisiert
11) Tunesien W 50-	organisiert/frei
12) Kosovo W 50- Frau A	organisietrt/frei
13/14) 2X Russland M/W 60+	organisiert/frei
15) Türkei W 60+ Frau T	organisiert/frei
16) Kasachstan M 60+ Herr K	organisiert/frei
17) Griechenland M 60+	organisiert
18) Polen W 50-	organisiert/frei
19) Türkei2 M 50+	organisiert
20) Türkei2 W 50+ Frau W	organisiert/frei
21) Pakistan M 60+	organisiert
22) Kroatien M 60+	organisiert
23) Kuba W 50-	organisiert
24) Griechenland W 60+	frei
25) Türkei M 50+	organisiert

Transkriptionsregeln

(unverständlich) (...?) – unverständliches Wort/ unverständlicher Satz

(Name) – anonymisierte Eigennamen, Städtenamen, Namen von Organisationen (lachen) – Lachen

hhh, phh – betontes Atmen

(Räuspern) – Räuspern

(...) – Sprechpausen

(flüstern:) – im Folgenden Flüstern

(Unterstreichungen___) – Betonungen/ sehr lautes Sprechen

(wegwischen) – z.B. Gesten, ausformuliert

(Telefon klingelt) – z.B. Beschreibung von ablaufenden Aktionen in Interviewsituationen] - Ineinandergreifen von Sprechern

Arbeitspapier zur ersten Strukturierung von Lesarten für Codebäume

Die nachstehende Grafik beinhaltet eine Übersicht zur Kategorienbildung, mit der für eine erste Strukturierung der Lesarten gearbeitet wurde. Enthalten sind sowohl vergleichskategoriale Verdichtungen entlang der Kristallisationspunkte 1, 2 und 3, als auch Ansätze zur Verdichtung der Kernkategorien (Engagementstrategien).

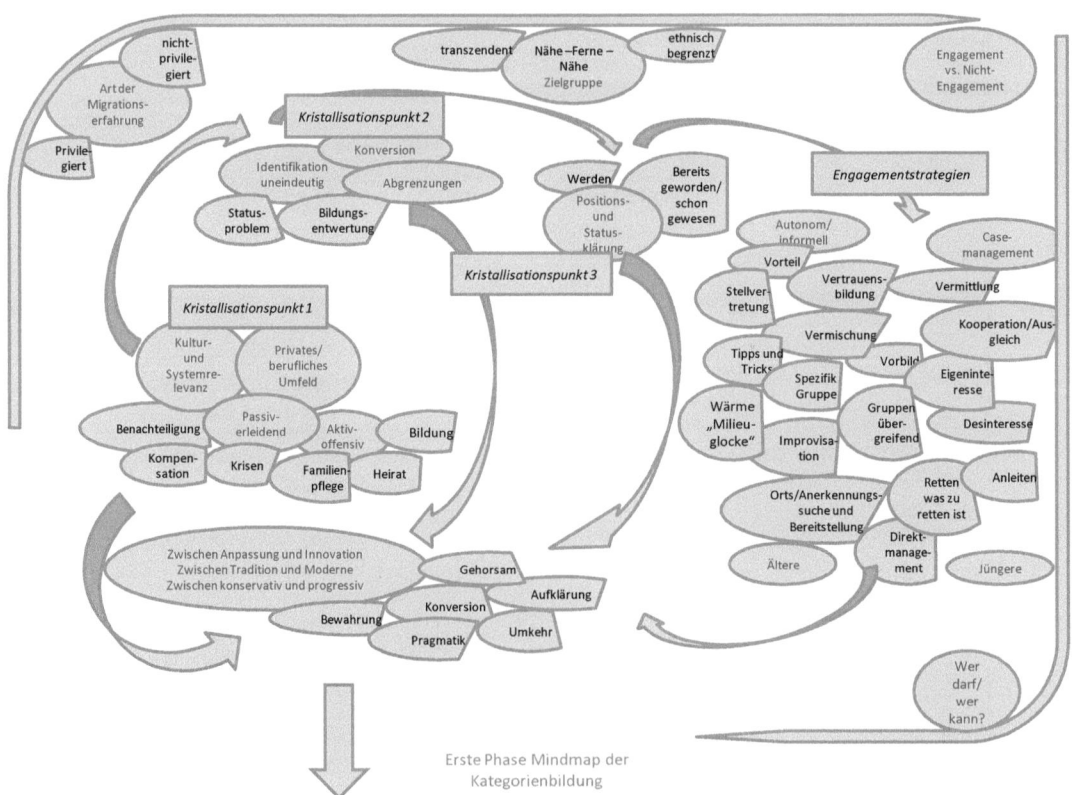

Erste Phase Mindmap der Kategorienbildung

If you have any concerns about our products,
you can contact us on
ProductSafety@springernature.com

In case Publisher is established outside the EU,
the EU authorized representative is:
**Springer Nature Customer Service Center GmbH
Europaplatz 3, 69115 Heidelberg, Germany**

Printed by Libri Plureos GmbH
in Hamburg, Germany